北京农业产业安全理论与政策研究创新团队项目
北京市属高等学校高层次人才引进与培养计划项目(CIT&TCD20140314)
北京市农业经济管理重点建设学科系列学术著作

中国连锁品牌

发展质量报告(2014)

周云　花涛　莫月　主编

中国农业出版社

编写人员名单

顾　　问：祝合良　朱明侠　杨曦伦　何忠伟

主　　编：周　云　花　涛　莫　月

副 主 编：谢永明　陈志鸿　胡宝贵　肖艳伟

参编人员：何继伟　于　建　黄　君　蔡培英

张超锋　苏明丽　邓　蓉　隋文香

赵金芳　何　伟　高　莺　魏崇红

曾叔云　冀春林　李玉红　杨博琼

韩施雨　邱明明　刘晏辰　韩　笑

余　洁　赵天义　段志颖　李　立

佟心洁　魏　静　高　伟　杨　寒

常　悦　任　锋　吴　镁　李　丽

前　言

《中国连锁品牌发展质量报告》至2015年是第三次发布。《中国连锁品牌发展质量报告（2014）》与往年的理论依据不同，选择基于品牌信息本论的品牌质量评估体系作为本次调研报告的研究方法，增加了对品牌质量定量分析的内容。

本报告受中国品牌发展基金专项、深圳连锁协会、深圳零售业协会、北京国信品牌评价科学研究院、北京农学院课题的资金支持以及各地区商委和协会给予的调研地安排。共调研北京、深圳、成都、太原、西安、济南、南昌、阳泉、嘉祥9个城市，共计调研国内连锁业知名品牌178个，涉及16个行业。

本报告在调研和撰写过程中得到首都经济贸易大学祝合良教授、对外经济贸易大学朱明侠教授、北京国信品牌评价科学研究院杨曦伦院长和中国商报中国品牌报道曾叔云主编的悉心指导，在此表示感谢。本报告的调研部分由北京农学院经济管理学院师生完成，并得到了经济管理学院党总支书记胡宝贵教授及北京农学院研究生处处长何忠伟教授的大力支持，在此表示感谢。

本报告首次使用"品牌信息本论——品牌本质的确定及其量的度量理论"为指导，对品牌数据进行了系统的分析和研究，其结果对我国连锁品牌的整体状况具有一定的代表性，可用于企业的品牌决策分析以及相关管理部门的参考依据。需要特别声明的是，在对相关品牌进行分析的过程中，虽然方法相对客观，但由于影响因素较多，书中结论仅为模型论证的结果，编者对其不持任何观点。

本报告从立项至完成用时仅4个月，不足之处在所难免，欢迎广大同行批评指正。

编　者

2015年3月

目　录

第一章 >>>

概　　述

第一节　研究背景和意义

一、立项背景

《中国连锁品牌发展调研报告》立项于国内外经营环境巨变的历史时期。自 2011 年以来，连锁业正在发生重大而深远的变革，市场环境在多重因素的困扰下，无论是品牌塑造，还是消费者购物习惯的选择，或者经济环境的变化，连锁零售企业若是固守传统思路，就会面临当初以连锁模式彻底淘汰柜台式销售一样的结局。由中国品牌发展基金和深圳连锁协会联合主办的“中国连锁品牌质量状况调查研究”活动是在中国连锁业和零售业发展困局的背景下开展的，旨在为中国连锁品牌和企业寻求发展道路和模式。

二、研究意义

《中国连锁品牌质量调研报告》通过对诸多中国连锁品牌在国内市场发展状况的研究来形成对中国连锁品牌质量状况的具体认知，从而能对国内市场中，中国连锁经营企业的品牌现状和前景以及连锁业整体品牌的状况进行分析，为未来中国连锁企业的发展道路和连锁品牌的打造提供一定的参考。本报告建立在对中国连锁企业品牌的具体认知上，调研了国内 178 个知名品牌，通过基于品牌信息本论的质量状况分析方法，形成了对这 178 个知名品牌的质量状况的定量分析，有利于中国连锁企业在未来品牌塑造及发展中能够更为稳定地前进，能在前景展望中高瞻远瞩，获得持久的发展，并促进中国连锁企业的品牌管理的发展，对未来市场中中国连锁品牌形成深远而长久的影响。

第二节　有关连锁品牌的概念

一、连锁及其相关概念

（一）连锁经营模式

所谓连锁经营，是在商业经营流通领域中，若干同一行业的商店以统一的管理手段、统一的店名、统一的标志、统一的经营方式连接起来，共享规模效益、共同进货、分散销售的一种现代化商业组织形式和经营方式。作为一种先进的商业组织形式，连锁经营又被称为当前商业经营中的“神话”，是继超级市场、百货公司之后零售业的“第三次革命”。连锁经营方式起源于美国，在世界各国尤其在发达国家迅速发展，并在其经济发展中扮演着重要角色。我国的连锁经营模式起步较晚，但随着外资餐饮企业的进驻，现代的连锁经营方式也开始传入我国。连锁经营模式在全世界范围内兴起的根本原因在于连锁经营将独立、分散的商店联合起来形成了覆盖面较广的大规模销售体系。

（二）连锁企业类型

1. 直营连锁（Regular Chain，RC） 直营连锁是企业的连锁经营过程中最原始的连锁经营形式，就当前的经营模式而言，其也是狭义的连锁经营模式，由总公司统一经营管理连锁店并拥有其所有权。大西洋与太平洋茶叶公司是世界上成立的第一家连锁经营商店，这家美国的连锁经营商店也是进行茶叶贸易的直营连锁店。直营类的连锁经营就是对处在同一流通阶段的茶叶产业，进行茶叶产品或服务的整合直接经营。就是一个资本总部的集权性管理机构对多个直营连锁店进行统一的领导使他们统一进行类似的经营活动，而单个直营连锁商店的所有权隶属于总部，由总部直接经营所有的这些商店。

2. 自愿连锁（Voluntary Chain，VC） 商店自愿加入连锁体系，并由总部指导业务内容统一的加盟店统一经营。

3. 特性连锁（Franchise Chain，FC） 指由拥有技术或管理经验的总部，以特定的契约关系指导传授加盟店各项经营的技术经验，并收取一定比例的权利金和指导费，各加盟店在契约允许的范围内，在总部的指导和约束下进行统一的经营。

尽管都是统一经营，但由于结合的纽带不同，体现出不同的紧密程度。直营连锁是以资本为纽带，从业务到资本都是统一的，总部拥有全部的所有权和经营权，紧密结合，具有全行业垄断的性质；特许实质上是商标商号、服务标识以及其他经营技术等无形资产为纽带，垄断性企业依仗自己的优势作为特权控制加盟店按照既定的标准化进行经营。自愿连锁是以经营为纽带，仅在进货、促销、广告等业务上统一行动，实质上是各个加盟店在所有权和经营权上均保持独立的松散型的联合组织。

特许连锁是连锁经营企业加盟商与总部协议好相互权利义务相关加盟条件而从事的商业连锁经营的运行模式。即总部按特定的制度把总部企业的商号、商业标志、服务方式以及其独特的管理生产经营相关的复杂技术等专门授权给加盟商使加盟商能够合法地使用，而加盟商也需要为总部尽力一些相关的义务。

4. 直营连锁十特许连锁相结合 如九峰茶叶由几家直营店发展到全国300多家的加盟店，成活率达95%以上。九峰茶叶作为茶叶的连锁机构，产品的多元开发始终在茶产品衍生上。从选苗、种植、采青、制作和加工一条龙管理，每一种产品都经过资深的评茶师来做鉴定。并且连锁店是全程保姆式的营销指导。并且全国首创了“茶＋书＋壶”的商业模式。

二、连锁品牌的确切定义

以连锁经营和特许经营作为品牌主要推广方式的企业类型，即称之为连锁品牌类企业，所使用的品牌即成为连锁品牌。以统一品牌通过连锁模式经营同类商品或服务的商业企业，连锁品牌企业，是所使用的同一品牌即为连锁品牌。

三、本报告所涉及的品牌行业

本报告选择的调研对象是各地协会和商业委员会推荐而来的178个品牌，涉及的16个行业分别是：女装行业、男装行业、内衣行业、箱包行业、童装行业、体育用品行业、休闲服行业、食品行业、餐饮行业、家纺行业、美容化妆品行业、珠宝行业、钟表行业、手机通讯行业、羽绒服行业、鞋类行业。

在这些行业内，连锁经营已被广泛使用，采用连锁方式发展的企业数目众多。而且，这些行业在国内都属于市场化程度较高的行业，行业没有垄断型企业，干扰因素少，适合品牌的发生发展，也集中了一批优秀的自主品牌。

本报告涉及的品牌类型众多，有全国性品牌与区域品牌。在餐饮和食品两个行业内集中几十个“中华老字号”品牌，发展几十年的品牌与发展几年的品牌都有。企业属性也比较复杂，有的品牌属于国企，也有的属于民企，还有少数属于自愿连锁性质的品牌。

第二章 >>>

品牌质量评估体系概述

本报告调查研究所依据的应用理论是基于品牌信息本论的品牌质量评价指标体系，这一体系是以品牌信息本论——品牌信息本质的确定及其量的度量理论为依据，设计出的一套完整的品牌质量评估标准体系，其中包括了对品牌质和品牌量的度量，是中国当代品牌管理学者多年积累凝练而成的全新方法，首次在实务中的应用，是一套最前沿的品牌科学度量理论和方法。

该指标体系其基本思想为量价法原理，从品牌的本质属性开始，确定品牌的度量单位，然后对品牌质量指标逐一进行量化设计，并将所有指标都转换为品牌量的度量；在对任何一个品牌进行度量时都依据这一基本思路，对该品牌在此指标体系下进行每一个指标的度量，然后依据上述方法将确定的指标转换为品牌量，最终形成品牌的质量值。该体系使用 11 个参系数，确定 5 个重要的指标，涉及品牌经营中的企业内部员工、消费者与潜在消费者。每个指标都是可以量化和易于得到的，具有可操作性和易于实现的优点。

基于品牌信息本论的品牌质量评价指标体系在实践中主要运用于 2 个方面：一是用于品牌管理工作，因为它是对品牌质量的精确度量，其中的量化指标和对品牌量的度量随时会反应出品牌管理工作中的某个措施或政策的效果，因而能够依据这一指标体系校正品牌管理工作和决策。二是应用在品牌交易过程中作为品牌交易价格的参考依据，尽管决定价格的原因主要是供需关系，但价格不会背离价值太远，该体系所依据的品牌信息本论——品牌信息本质的确定及其量的度量理论是对品牌量的精确度量方法，加之行业平均价格之后就可以转化为品牌资产的评估，所度量的结果就是品牌价值，它是价格的依据。

此外，使用基于品牌信息量度量框架的品牌质量评价指标体系中的每个指标都在品牌的度量中有确切的位置和换算方式，从最终得出的品牌质量数据中可以很容易地分析出一个品牌存在的优势和问题，并通过对品牌的深入了解还可以寻找到这些问题形成的原因。

该体系的指标只适用于一般意义上的品牌，不涉及有关形象、文化、传统等问题。只要是泛指的、经营工具使用的品牌无形资产均可使用该体系确定其质量。

第一节　质量的概念与品牌质量的内涵

有关品牌量的度量理论在后面予以了详细的阐述，本节介绍有关品牌质的问题。为了与平时人们的习惯一致，在本章里对品牌质都称为品牌质量问题。

一、质量的概念

品牌是个有质有量的事物，对它的评估不能离开质量的含义。此处的质量不仅符合一般质量的含义，而且还是一种大质量的概念。

质量，在《质量管理体系——基础和术语》（ISO9000：2008）中的解释是：一组固有特性满足要求的程度，反映主体满足明确和隐含需要能力的特性总和。其中，狭义质量通常指产品、工程和服务质量。由团体或企业的局部组织（如检验部/质管部）负责，可以通过标准、规范、程序来审核（或检验）其符合程度是否符合要求，控制相对容易。控制重点在设计、制造、施工、安装调试、验收等环节。而广义质量指除产品、工程、服务质量外，已扩展到过程、体系和组织全部，并延伸到全员个人技能、个人与部门工作质量、创新能力、团体精神，还包含了专业技术、财务效益、经营状况、管理思想与管理水平、行为模式与准则、法律制度与道德规范等因素。将质量问题上升为经营战略层面。可直接影响企业的可持续发展问题。质量控制不容易量化，控制难度更大。广义质量的提高在于管理。

大质量已经远远超出原有广义质量内涵，逐步扩大为流程质量、环境质量、经济运行质量、经济增长质量、教育质量、生活质量和企业社会责任等质量管理范畴。

二、品牌质量的内涵

品牌的发展不仅依靠品牌量的积累，更重要的是品牌能够持续、健康的发展，不会盲目地追求一些简单的指标，是一个成熟品牌的含义。

品牌质量的根本内涵可以简化为3个方面：其一，与品牌美誉度有关的赞誉进行自我传播的形成；其二，与品牌忠诚度有关的品牌信息时效性趋稳；其三，与品牌内部忠诚度有关的自传播形成。

1. 品牌质量形成的标志之一（与品牌美誉度有关的赞誉进行自我传播的形成）　品牌的形成是以自传播形成为标志的，因此一个品牌的美誉度是有最低要求的。在品牌信息量度量框架中，美誉度的位置很重要，只是美誉度所决定的自我传播能力不是对品牌信息量的增加，而是信息量的质量的改变。

可以说，美誉度的发生是品牌信息质的改变，一旦达到一定数量的美誉度，品牌的质量会明显改变，在品牌多镒信息曲线中表现为拐点的出现，标志着有相当部分的信息接收者成为自传播信息源。

因此，在品牌质量的内涵中，首先是与品牌美誉度有关的赞誉进行自我传播的形成。

2. 品牌质量形成的标志之二（与品牌忠诚度有关的品牌信息时效性趋稳）时效性是品牌作为信息本质的一个重要体现，也是信息质量的集中体现，质量有差异的品牌信息在时效性上的差异最为明显。而品牌忠诚度是与品牌信息时效性中的一个指标，在品牌度量框架中，对品牌忠诚度的度量是基于其对品牌信息衰减系数的影响。

品牌多镒信息曲线的稳定性来自两个方面，一是重复信息的不断强化过程，二是忠诚度对其衰减的阻滞作用。不断的强化信息是经营的必要，可以增加信息的量，但不会改变信息的质。而品牌信息的质量在时效性中能够体现出来的就是忠诚度的指标了。

它对品牌的意义既有质又有量的影响。因此，在品牌质量的内涵中，不可或缺地要包括与品牌忠诚度有关的品牌信息时效性趋稳问题。

3. 品牌质量形成的标志之三（与内部员工忠诚度有关的品牌自传播形成）内部员工的忠诚度和消费者忠诚度不是一回事，内部员工本身也是消费者，之所以重要，是因为他们最有可能成为品牌自传播的信息源。而受到的影响也比一般消费者多。因此，内部员工的忠诚度对品牌的作用很类似消费者的美誉度问题，也是对品牌质量起作用的指标。所以在品牌质量的内涵中，需要有与内部忠诚度有关的品牌自传播能力的部分。

第二节　基于品牌信息本论的品牌质量的评价体系框架

一、量的指标选择与有效域的解释

基于品牌量的度量理论，在品牌质量的度量体系框架中，选择由知名度和认知度确定的品牌信息量以及由内部员工对品牌的认知程度共同确定的品牌信息量作为基本量，再根据延伸方式的不同，在特定的位置加上联想度确定的品牌信息增量，这样完成了品牌信息量的度量。

这一过程对任何一个品牌都是适用的，所计算出的结果即为品牌信息的量，品牌对消费者影响力的差异皆可归因为品牌量的差异，但这些指标所度量出来的量却不是越高越好，它需要质量指标与之相配合，共同作用达到品牌效果的最优。

以品牌知名度为例，通过大规模的广告或其他手段很容易收效，能够对目标人群达到5%以上的品牌即可成为知名商标，但即使达到90%以上极高知名的商标也不一定能够称之为品牌，还需要品牌质的指标的获得。

品牌量的度量指标在特定阶段是有明显有效域存在的，这些有效域会因行业的不同有所不同，通过对现有品牌的实证分析，基本可以确定一般阈值的范围和评价标准，有关量的阈值和标准见表2-1。

表2-1　品牌知名度的有效阈值表

知名度有效域	[0,5%]	(5%,16.5%]	(16.5%,37.5%]	(37.5%,64%]	(64%,90%]	(90%,100%]
品牌发展状况	仅仅是依靠营销获取的少许知名度，此时的商标几乎没有影响力	此时的商标视为有一定的知名，俗称“名牌”，商标对消费者开始有影响，商品成为营销工具	此时的商标具有相当良好的消费者知晓基础，开始出现深度认知，这一阶段知名度的增加是伴随认知度增长	此时的商标具有稳定的影响力，逐渐成为有效的经营工具，具有一定程度的联想度，使品牌延伸成为可能	此时的商标具有充分的消费者知晓基础，达到一定认知后即可产生自我传播现象，是美誉度产生的基础	商标获得了极高知名度。成为大众熟知的商标。品牌信息的衰减系数因忠诚度的形成而开始减小

从表2-1中可以看出，该行业的商标在获取知名度的过程中要经历5个关键点，第一个关键点是知名度达到5%。一直长期处于5%知名度之下的企业，应该是没有为获得企业知名度做过专门的努力，之所以有一点知名度基本来自营销过程中消费者对产品有体验而自然获取的知晓，这一知名度几乎没有影响力，甚至都不能成为营销使用的工具。企业的营销依然依靠渠道、产品、价格等非品牌的营销工具。当知名度突破了5%之后，商标的意义开始发生变化，处在5%～16.5%的商标一般不会自然获得，企业为了获取知名度进行了努力。企业在获取了此间的知名度即可称之为“名牌”，这时，具有一定知名度的“名牌”就开始对营销产生了一定的作用，商标成为一项营销工具。第二个关键点是16.5%。当商标的知名度突破了16.5%之后，商标开始出现大范围的消费者认知，对产品和企业以及品牌内涵等信息开始有相当部分的消费者具有较深的理解和认知，可以说此时的商标具有相当良好的消费者知晓基础，开始出现深度认知，这一阶段知名度的增加是伴随认知度增长的。第三个关键点是37.5%。此时的商标具有稳定的影响力，逐渐成为有效的经营工具，其品牌强度具有一定程度的联想度，使品牌延伸成为可能。第四个关键点是

64%。达到64%以上的商标可以称之为高知名度商标，具有充分的消费者认知和联想的基础，会产生自我传播现象，消费者之间的口碑传播密度增大，这是美誉度大范围形成的关键时期，此时品牌具有的知名度已经足够饱和，以维持知名度为主，管理的重心应放置在促进美誉度的形成和发展上，如长期没有出现信息量陡增的拐点，说明企业在品牌发展策略上有方向性的问题。第五个关键点是90%。达到90%以上的商标获得了极高知名度，成为大众熟知的商标。此时的品牌多镒信息的衰减规律会有所改变，品牌信息的衰减系数因忠诚度的形成而开始减小，品牌信息的投放时间间隔可以逐步放大，广告等品牌活动的密度可以逐步减小。

阈值的关键点取决于两个方面：其一，根据行业的不同，其中的有效域关键点的选择有所不同，上例只适用于特定的某行业，其他行业具体值会有所调整；其二，按照品牌具有信息量规模不同使用的阈值表也不同，表2-1只是适用于100万比特以下的中小品牌，对其他规模的品牌也并不适用。

此外，每个行业中还有品牌认知度的有效阈值表、内部员工对品牌的认知程度有效阈值表、品牌联想度的有效域值表，经过对照比较分析某个特定品牌的信息量，可以推知该品牌信息量的状况以及调整措施。

二、质的指标选择与有效域的解释

基于品牌量的度量理论，在品牌质量的度量体系框架中，选择美誉度和内部员工忠诚度确定的品牌自传播指标和由消费者忠诚度影响的品牌时效性指标作为品牌质的度量指标。

对于两个信息量相同的品牌而言，其质量也不一定相同，即使同一品牌，也可能会出现量不变而质发生改变的时候，通过品牌信息质的指标有效阈值表对照，可以分析的出品牌质量的变化和发展的程度。如下列举某行业与内部员工忠诚度有关的$N=\left[\frac{S_1}{S}\right]^{\frac{X_2}{S_1}}$指标的有效阈值表阐述品牌质量的比照分析过程（表2-2）。

N值有3个关键点，其一，$N=0$时，品牌对内部员工基本无影响，N取值在（0，1）之间时，品牌对内部的作用开始出现，但还未达到行业的平均水平，它的作用是对品牌单位价格进行调整，但调整方向是调低。其二，$N=1$时，意味着企业内部员工对所在企业的品牌认知达到了行业的平均水平，该品牌单位价格等于行业的均价。超过1之后，企业内部员工的忠诚度超过了行业内其他企业的平均水平，员工出现较高忠诚度，员工自传播现象显著。其三，$N=6.18$时，这是该行业企业管理水平的拐点位置，超过6.18时，企业的品牌管理水平明显优于同行业企业，品牌管理融入企业文化，对员工有很强的凝聚力。

表 2-2　与内部员工忠诚度有关的指标 $N=\left[\frac{S_1}{S}\right]^{\frac{X_2}{S_1}}$ 的有效阈值表（$0\leqslant\frac{X_2}{S_1}\leqslant1$）

N 阈值	[0，1)	1	(1，6.18)	[6.18，+∞)
品牌发展状况	在此阈值中的品牌，品牌对内部的作用开始出现。还未达到行业的平均水平，调低了品牌均价	$N=1$ 时，意味着企业内部员工对所在企业的品牌认知达到了行业的平均水平，该品牌单位价格等于行业的均价	N 取值在（1，6.18）时，企业内部员工的忠诚度超过了行业内其他企业的平均水平，员工出现较高忠诚度	N 值超过 6.18 后，品牌对内部的影响已达到相当高的程度，品牌文化形成，企业具有相对稳定的凝聚力

使用说明：该表是对照表，用于衡量该行业内、且信息量达到 1 000 万比特以上的品牌。

上例阈值的关键点取决于 3 个方面：其一，根据行业的不同，其中的有效域关键点的选择有所不同，上例只适用于特定的某行业，其他行业具体值会有所调整。其二，按照品牌具有信息量规模不同使用的阈值表也不同，表 2-2 只是适用于 1 000 万比特以上的具有较强议价能力的品牌，对其过于微小规模的品牌或是特定类型的品牌并不适用。其三，该阈值适合 2 000 人以上的企业，不适合中小企业。

此外，每个行业中还有品牌美誉度和议价能力的有效阈值表、品牌自传播指标有效阈值表、消费者忠诚度影响的品牌时效性指标有效域值表，经过对照比较分析某个特定品牌的信息量，可以推知该品牌信息质量的状况以及调整措施。

三、评估框架与基本步骤

（一）评估框架

本报告与评估框架以品牌信息本论对品牌作用分析的框架为依据，运用简化度量公式对 178 个品牌进行度量，调研了 16 个行业，针对 9 个典型地区 31 个调研点的消费者进行了较大规模的调研。收回问卷 2 553 份，其中有效问卷 1 775 份，按照简化方法对每个品牌的数据都进行了定量分析和初步诊断。

品牌分析由 5 个层次组成：第一个层次是各个品牌的基础数据统计，基础数据包括了一个品牌在各个城市的知名度、认知度、美誉度和忠诚度，通过样本分层统计，计算得到该品牌在全国的各项指标水平以及目标消费者的知名、认知、美誉和忠诚水平。

第二个层次是将基础数据按照品牌信息的要求转换成品牌的量，从品牌信息本质的角度，确切的计算出每个品牌所具有信息量，这部分是本报告的核心部分。并按照全国市场和目标消费者角度分别计算。

第三个层次是对每个品牌的信息量和基础数据进行定量分析，本次报告选用了3组指标，其一是品牌信息质量比值，用于分析品牌所包含的量中，质与量的关系，是分析品牌质量状况的基本比值。其二是品牌信息均值比，用于分析品牌所处发展周期的位置以及该品牌专业专营的特征是否明显。其三是品牌信息稳定性指标，用于分析品牌信息的有效间隔期及抗风险能力。其三，综合三组指标的分析，对品牌的质量状况进行诊断，可以从众多的指标中发现某些品牌潜在的风险，能否进行跨行业的延伸以及适用的策略类型等。

第四个层次是对一个行业的品牌进行整体分析，本次调研的品牌是由各地商业委员会和行业协会推荐，在行业中有一定影响的品牌，调研量和分析量巨大。如女装行业，市场份额超过0.5%的品牌有34个，本次调研20个品牌，这些品牌的质量状况对该行业的其他品牌有广泛的代表性。

第五个层次是对全国连锁品牌的质量状况做一完整评析。本次调研选择女装、男装、食品、餐饮等连锁经营密集的行业，对全国实施连锁经营的其他行业也具有广泛的代表性。

（二）基本步骤

整个步骤分为6个阶段，

第一阶段，准备阶段，包括关键问题的定义，确定调研对象，调研行程安排，设计标准问卷以及报告提纲。

第二阶段，调研实施，包括30份样本的试调，问卷调整，正式调研。

第三阶段，样本鉴别与数据整理，包括原始数据的鉴别和录入，补充调研。

第四阶段，试算与方法调整，包括对数据进行统计处理，应用评估方法进行试算、方法的调整。

第五阶段，正式计算与自论证期，包括对数据的信息挖掘，各项指标的计算，综合评价以及对结论的论证。

第六阶段，报告的撰写与外围专家论证，包括在评估基础上的报告撰写工作，邀请行业专家对报告内容的审校，修改和定稿。

四、理论依据

（一）评价总模型

$$Q_E = \left[\frac{1}{N(E)-L}\right]^t \times \left\{\left[S \times Z + (R_{\max}-1) \times \overline{R} \times Z \times S\right] \times \left[N^{\frac{\alpha_1-\bar{\alpha}}{Z^{\bar{\alpha}}}}\right]\right\}$$

式中：

Q_E——品牌信息总量；

$N(E)$——衰减函数；

L——品牌忠诚度；

t——品牌信息发出的间隔时间；

S——是目标人群总数；

Z——品牌知名度=知晓该品牌名称/受访者总数×100%；

R_{max}——是一个消费者（或一名员工）完全知道一个品牌所要传播的信息量的极值；

$\overline{R}$——平均认知度；

Z——知名度；

N_Z——是调整系数指数函数中底数，在 $Z=6$ 的情况下，取值 1.62；

α_1——即品牌的美誉度，[−1，1]；

$\overline{\alpha}$——一个行业的平均美誉度，[0，1]。

（二）评估阈值与关键点

见表 2-3。

表 2-3　品牌信息质量的评估参考阈值与关键点参照

<table>
<tr><th>品牌</th><th>度量位置</th><th>分类</th><th>参数或函数</th><th colspan="2">计量公式</th><th>参考阈值与关键点</th></tr>
<tr><td rowspan="5">质</td><td rowspan="3">自传播能力</td><td rowspan="2">消费者与潜在消费者</td><td>品牌美誉度</td><td>$\alpha_1=\frac{x}{s_x}+\eta\frac{y}{s_y}$</td><td rowspan="2">$\mu=N^{\frac{\alpha_1-\overline{\alpha}}{Z^{\overline{\alpha}}}}$</td><td rowspan="2">略</td></tr>
<tr><td>品牌议价能力</td><td>$\beta_1=\frac{\overline{\gamma}-\gamma}{1-\gamma}$</td></tr>
<tr><td>内部员工</td><td>员工忠诚度</td><td>$\alpha_2\frac{x_2}{S_1},\beta_2=\frac{S_1}{S}$</td><td>$N=\beta_2^{\alpha_2}$</td><td>[0，1)
(1，6.18)
[6.18，+∞)</td></tr>
<tr><td rowspan="2">时效性</td><td>品牌自然信息衰减</td><td>多镒信息自然衰减函数</td><td>$T\left[N\left(\frac{x}{S_x}+\eta\frac{y}{S_y},\frac{\overline{t}}{t_i}\right)\right]$</td><td rowspan="2">$T_L=T\left[N\left(\frac{x}{s_x}+\eta\frac{y}{s_y},\frac{\overline{t}}{t_i}\right)-F\left(a,\frac{1}{b}\right)\right]$</td><td>略</td></tr>
<tr><td>阻滞</td><td>品牌忠诚度</td><td>$F\left(a,\frac{1}{b}\right)$</td><td>[−1，1]</td></tr>
</table>

（续）

品牌	度量位置	分类	参数或函数	计量公式		参考阈值与关键点
量	基本量	消费者与潜在消费者	知名度	$Z=\sum_{i=1}^{n}q_i\times Z_i$	$M_1=S\times Z$	[0,5%] (5%,16.5%] (16.5%,37.5%] (37.5%,64%] (64%,90%] (90%,100%]
			认知度	$\overline{R}=\frac{1}{n}\sum_{i=1}^{n}x_{ir}\%$	$M_2=(R_{\max}-1)\times\overline{R}\times z\times s$	略
		内部员工	认知程度	$M_{Z0}=S_N\times Z_0\times H(x)$ $M_{R0}=(R_{\max}-1)\times R_{R0}\times Z_0\times S_N$	$M_0=S_N\times Z_0+(R_{\max}-1)\times R_{R0}\times Z_0\times S_N$	略
	增量	品牌联想	延伸能力	$э=F(O_y,Z_j)$	$J=(S+\Delta s)\times(Z)+\left(1+э\right)^{1+y_1}\left(R_{\max}-1\right)\times r\times m\times s$	略

（三）简化计算公式

本段落对数据计算和统计方法做简要说明：

1. 知名度计算

①调研表第一列选“是”的人数除以有效问卷总数，得：全市人口平均知名度。

②从调研表中筛选出目标消费者，第一列项目选“是”的数目除以目标消费者数目，得：目标消费者选标人群平均知名度。

2. 认知度计算

①（调研表第二列选择正确的人数×0.5＋调研表第三列填写正确的人数×1）/有效问卷总数，得：全市人口平均认知度。

②从调研表筛选出目标消费者，（目标消费者在第二列选择正确的人数×0.5＋调研表第三列填写正确的人数×1）/目标消费者总数，得：目标人群平均认知度为81.81%。

3. 美誉度计算

调研表第五列有效人数的前提是第四列必选，第四列为选择为0项或未选项，第五列选项无效。

①（调研表第五列选择 1 项的有效人数×0.1＋调研表第五列选择 2 项的有效人数×0.5＋调研表第五列选择 3 项的有效人数×1）/调研表第四列选 1 和 2 的人数总和，全市人口平均美誉度为 25％。

②从调研表筛选出目标消费者，（目标消费者调研表第五列选择 1 项的有效人数×0.1＋调研表第五列选择 2 项的有效人数×0.5＋调研表第五列选择 3 项的有效人数×1）/目标消费者调研表第四列选 1 和 2 的人数总和，得：目标人群平均美誉度为 50％。

4. 忠诚度计算

①（调研表第四列选择 1 项人数×1＋调研表第四列选择 2 项人数×7.5）/7.5×有效问卷总数，得：全市人口平均忠诚度为 8.23％。

②从调研表筛选出目标消费者，（目标消费者调研表第四列选择 1 项人数×1＋调研表第四列选择 2 项人数×7.5）/7.5×目标消费者总数，得：目标人群平均忠诚度为 19.39％。

5. 品牌信息量估值

①β 的计算。

$$\beta_{全市人口} = \frac{全市人口平均美誉度 - 该行业平均美誉度}{该行业的平均美誉度}$$

$$\beta_{目标消费者} = \frac{目标消费者美誉度 - 全市人口平均美誉度}{全市人口平均美誉度}$$

②与美誉度有关的价格调整系数 μ 的计算。

$$\mu_{全市人口} = N_Z{}^{\beta_{全市人口}}$$

$$\mu_{目标消费者} = N_Z{}^{\beta_{目标消费者}}$$

6. 目标人群总数估计　以南昌市歌莉娅品牌的目标人群计算为例。南昌市人口 504.3 万，女性占 48.74％，共计 245.8 万人，歌莉娅品牌的目标消费者定位在年龄 18～35 岁之间年轻女性，此年龄段人口占总人口数的比例为 29.2％，得：歌莉娅品牌在南昌市的目标消费者总数为 717 736 人。

7. 品牌信息总量估值

①调研城市全市人口品牌信息总量估值＝

［全市总人口数×全市人口平均知名度＋（消费者最大信息量－1）×全市总人口数×全市人口平均知名度×全市人口平均认知度］×$\mu_{全市人口}$

②调研城市某品牌目标人群的品牌信息量估值＝

［目标消费者总数×目标消费者平均知名度＋（消费者最大信息量－1）×目标消费者总数×目标消费者平均知名度×目标消费者平均认知度］×$\mu_{目标消费者}$

五、评估参数

（一）第一组品牌信息质量评估组

1. 品牌信息总量（Q_E） 品牌信息总量是通过对消费者和潜在消费者及企业内部员工进行大面积调研获得数据后，依据上述总模型计算而得，是品牌信息度量的综合数据之一。

2. 信息基本量（J） 品牌信息基本量包括对消费者和潜在消费者及企业内部员工对品牌的知名度和认知度的调研和计算。由知名度和认知度所决定的信息基本量的度量是精确度量，参见《品牌信息本论》的计算方法，对样本点进行分层调研和统计，并由此推算的品牌信息基本量，是品牌质量的基础数据之一。

3. 品牌信息延伸增量（Y） 对于已经进行延伸的品牌，能够依靠延伸方式所获得的品牌信息的增量，是品牌信息量的组成部分。Y_1 为单一品牌行业内延伸系数，Y_2 为品牌跨行业延伸系数，所以，$Y=Y_1+Y_2$。

4. 品牌信息基本量的贡献率（θ） 品牌信息基本量是贡献率由品牌信息基本量和品牌总的信息量的比值。具体计算公式如下：

$$\text{品牌信息基本量的贡献率}=\frac{\text{品牌信息基本量}}{\text{品牌信息总量}}\times 100\%$$

即

$$\theta=\frac{J}{Q_E}\times 100\%$$

这一比值的含义是品牌信息的基本量在品牌信息总量的比重，表现为品牌所能取得的作用有多少是依靠基础信息取得。该值越小表示基本量在整个品牌信息作用中所占比重越小，品牌越不依赖知名度和认知度，所以该值越小越好。

5. 品牌信息延伸增量的贡献率（η）

$$\text{品牌信息延伸增量的贡献率}=\frac{\text{品牌信息延伸增量}}{\text{品牌总信息量}}\times 100\%$$

即

$$\eta=\frac{Y}{Q_E}\times 100\%$$

品牌延伸的增量是品牌信息的主要来源，该值表示出一个品牌能够发展的空间大小。

6. 增量与基本量之比（σ）

$$\text{增量与基本量之比}=\frac{\text{品牌信息延伸增量}}{\text{品牌总信息基本量}}$$

即

$$\sigma=\frac{Y}{J}=\frac{\eta}{\theta}$$

延伸增量与基本量之比越大意味着品牌的延伸性越强，也意味着该品牌具有越大的发展空间。该比值应越大越好。

7. 品牌信息质的贡献率（φ）

品牌信息质的

贡献率=$\frac{\text{品牌总信息量}-\text{品牌信息基本量}-\text{品牌信息延伸增量}}{\text{品牌总信息量}}\times100\%$

即

$$\varphi=\frac{Q_E-J-Y}{Q_E}\times 100\ \%$$

该值由品牌信息总量中去掉基本量和延伸增量部分所求的品牌的质所带来的品牌信息量，与品牌信息总量的比值构成，表达了品牌质在品牌信息的作用中所占的比重，是品牌发展质量的最重要的指标。

8. 品牌信息质量比值（λ）　理论上，品牌信息质的贡献率应该接近品牌量的贡献率，品牌信息质量比值大于 1 时，该品牌称为有一定影响力的品牌。

品牌信息

质量比值=$\frac{\text{品牌信息质的贡献率}}{\text{品牌信息基本量的贡献率}+\text{品牌信息延伸增量的贡献率}}$

即

$$\lambda=\frac{\varphi}{\theta+\eta}$$

该值是品牌信息质的贡献率与量的贡献率的比值，表示出品牌信息的质量比关系。

分析：品牌信息基本量贡献率和品牌信息质量贡献率的和是 100%，二者的比值是品牌信息质量比 λ，λ 取值理论在（$-\frac{1}{N_Z}$，$+\infty$），实践中根据行业的 $R_{\max}$ 水平和美誉度水平，一般处在（$-\frac{1}{N_Z}$，$R_{\max}N_Z$），即品牌起步时美誉度为 0，即使有知名度或由销售自然产生的美誉度，此时的 λ 取值 $-\frac{1}{N_2}$，λ 取值在（$-\frac{1}{N_Z}$，0）时，意味着品牌有一些美誉度，品牌质量有所好转，但品牌质量状况仍低于该行业的平均水平，λ 大于 0 的品牌意味着该品牌的信息质量状况好于行业。λ 在大于 0 之后可以说这个品牌具有相当数量的自传播现象。

品牌信息质量比值是判定品牌质量高低的指标，该指标的最有参考阈值区间如下：

0.4～1，多数反映出该品牌质有余而量不足的状况，这时就需要企业加大自己品牌的宣传力度，提高品牌信息的量，使得品牌质、量均衡发展。信息质量比值大于1，是具有奢侈品的特征，其针对小众人群。

0.3～0.4，在该区间的品牌质量最优。如果能够具有较大的品牌信息总量，目标消费者在知名度和认知度上与全国知名度和认知度有显著的优势，各项指标间的比例恰当，则该品牌的质量结构最为理想。

0.15～0.3，品牌质量属于优良水平。

0.07～0.15，品牌质量属于良好水平。

0.03～0.07，品牌质量一般，有待加强。

小于0.03的品牌质量不太高，略高于行业水平。

（二）第二组品牌信息平均值评估组

1. 全国人口平均信息量（ω）

$$全国人均信息量=\frac{品牌总信息量}{全国人口总数}$$

即

$$\omega=\frac{Q_E}{G}$$

该值是通过品牌信息的总量对全国人口总数的平均求的，意指国内每一个人平均保有的该品牌信息量。

2. 目标消费者平均信息量（ω_1）

$$目标人群平均信息量=\frac{目标人群总信息量}{目标人群总数}$$

即

$$\omega_1=\frac{Q'_E}{G_1}$$

该值是通过品牌信息的总量对目标消费者总数的平均求的，意指每一个目标消费者平均保有的该品牌信息量。

3. 品牌原产地人口平均信息量（ω_2）

$$品牌原产地平均信息量=\frac{品牌原产地总信息量}{品牌原产地人口总数}$$

即

$$\omega_2=\frac{Q''_E}{G_2}$$

该值是通过品牌信息的总量对该品牌原产地人口总数的平均求的，意指原产地每一个消费者平均保有的该品牌信息量。

4. 地域品牌特征　理论上，全国人均信息量≤原产地平均信息量，即 $\omega \leqslant \omega_2$，原产地平均信息量远远大于全国人均信息量时，该品牌称为地域品牌。

5. 专业品牌特征　理论上，全国人均信息量≤目标人群平均信息量，即 $\omega \leqslant \omega_1$，目标人群平均信息量远远大于全国人均信息量时，该品牌称为专业品牌。

阈的说明：一般情况下，全国人均信息量应当目标人群平均信息量，即 $\omega \leqslant \omega_1$，在品牌发展过程中，某些品牌因品牌信息传播的内容和渠道会导致在有些阶段发生全国人均信息量大于目标消费者平均信息量的情况，这种情况下 $\frac{\omega_1}{\omega}$ 比值会小于1，当目标人群平均信息量大于全国人均信息量该行业质量比 λ 的倒数（$\frac{1}{\lambda}$）倍以上时，该品牌称为专业品牌。

品牌信息均值比是反应品牌的经营范围的指标。参考阈值如下：

大于7.449，说明该企业经营的产品专业化程度高，高度专业化更容易赢得口碑，但不易于品牌的延伸。

1～7.449，属专营经营，专门经营某大类产品的品牌。

0～1，企业属于大众化经营。

（三）第三组品牌信息的稳定性评估组

1. 品牌衰减系数（Γ）

$$品牌衰减系数\ \Gamma=\frac{1}{T\left[N\left(\frac{x}{s_x}+\eta\frac{y}{s_y},\ \frac{\bar{t}}{t_i}\right)\right]}$$

该系数依据《品牌信息本论》中有关时效性研究的方法，由衰减实验测定，表示一个品牌信息的自然衰减规律，是在停止所有品牌信息活动之后，品牌信息衰减至零的规律的参数，是品牌质量的重要指标之一。

2. 品牌信息的衰减速率（γ）

$$品牌信息的衰减速率=\left[\frac{1}{品牌衰减系数-品牌忠诚度}\right]^t$$

即

$$\gamma=\left[\frac{1}{\Gamma-L}\right]^t$$

品牌信息的衰减速率是在品牌信息的自然衰减和品牌信息对消费者发生的重复作用的基础上形成的品牌多镒信息，在品牌忠诚度的作用下，综合而成的结果。该值形象地反映了品牌信息的多镒曲线规律。

3. 品牌信息有效期 t 和品牌信息最优间隔期 由品牌信息的衰减速率推算得到的品牌信息有效期，是指在停止了所有品牌工作后，品牌信息自然衰减稳定于基本量所能持续的时间周期。

$$t=-\frac{\log_2（品牌信息的衰减速率）}{\log_2（品牌衰减系数-品牌忠诚度）}（品牌信息基本量\rightarrow 0）$$

即

$$t=-\frac{\log_2\gamma}{\log_2(\Gamma-L)}$$

4. 品牌稳定性指标 品牌稳定性分析的目的是要对品牌信息质量对自然衰减的抵抗能力、应对环境变化或不可抗力危机的能力进行评估。企业面对的经营环境是具有高度经营风险的环境，品牌的作用之一就是能够为企业增加抗风险的能力，这需要品牌具有相对高的稳定性。

品牌稳定性指标就是用于描述品牌这一性状的指标。是个 1～100 的自然数，通过品牌衰减系数以 2 为底的指数运算，减 1 去整，再乘以 100 获得的指标。

这一指标分为 5 个评估区间，小于 1 的品牌基本不具备稳定性。

＞15，极强稳定性；

9～15，强稳定性；

7.49～9，较强稳定性；

5～7.49，一般稳定性；

3～5，较弱稳定性；

1～3，弱稳定性；

＜1，极弱稳定性。

第三章 ›››

数据收集过程

第一节　调研准备

一、对象选择

首先，项目组接受各地商业委员会及行业协会的推荐，对有一定经营业绩的企业进行初步考量；然后在此基础上，选择178个品牌，名单如下：

女装品牌：歌莉娅、太平鸟、太和、江南布衣、歌力思、影儿、玛丝菲尔、优美世界、娜尔思、淑女屋、朗姿、例外、白领、鄂尔多斯、欧时力、雅莹、红袖、秋水伊人、千百惠、Jessica。

内衣品牌：古今、爱慕、奥丽侬、桑扶兰、曼妮芬、安莉芳、伊丝艾拉、茜茜公主、婷美。

箱包品牌：万里马、迪桑娜、沙驰、袋鼠、金猴。

男装品牌：红豆、杉杉、罗蒙、雅戈尔、报喜鸟、柒牌、七匹狼、九牧王、步森、卡尔丹顿、劲霸、利郎、才子、太子龙、虎都、海澜之家。

羽绒服品牌：波司登、鸭鸭、艾莱依、雅鹿。

休闲装品牌：森马、以纯、美特斯邦威、真维斯、潮流前线、唐狮、Izzue、TOUGH Jeansmith、卡宾。

童装品牌：叮当猫、红黄蓝、小猪班纳、安奈尔。

鞋类品牌：奥康、红蜻蜓、蜘蛛王、康奈、富贵鸟、哈森、SKAP、百丽、千百度、达芙妮、星期六、接吻猫、百思图、意尔康。

体育用品品牌：李宁、安踏、特步、361°、匹克、德尔惠、鸿星尔克。

家纺品牌：梦洁、罗莱、卡撒天娇、埃迪蒙托、雅芳婷。

珠宝品牌：周大生、老凤祥、潮宏基、吉盟、嘉华婚爱、千禧之星、百泰、老庙、明牌、戴梦得、周生生、谢瑞麟、六福珠宝、周大福。

钟表品牌：飞亚达、天王、海鸥、罗西尼、宝时捷、依波、上海。

美容化妆品牌：佰草集、自然堂、雪姬美素、玫瑰人生、首脑、必瘦站。

手机品牌：魅族、朵唯、OPPO、酷派、金立。

食品品牌：自然派、周黑鸭、绝味、好想你、好利来、罗莎蛋糕店、八马、钜记饼家、同兴食品、黄则和、桂美轩、曹祥泰、六必居、古越龙山、德州扒鸡、周村烧饼、冠生园、月盛斋、桂发祥、五芳斋、来伊份。

餐饮品牌：真功夫、大娘水饺、面点王、嘉旺、马兰拉面、全聚德、狗不理、俏江南、东来顺、谭鱼头、小南国、海底捞、香港翠华茶餐厅、龙祥小笼包、龙抄手、开封第一楼、小绍兴、馄饨侯、聚德华天、上海老饭店、咸亨酒店、便宜坊、楼外楼、都一处、知味观、丰泽园、西安饭庄、贾三灌汤包、家得家长沙米粉、起士林、李连贵、杏花楼。

二、问卷设计

问卷分为三组，第一组问卷是面上调研问卷，涵盖本次调研的所有品牌，设计选填项为 5 项，设计为 4 个一级评价指标的度量。

第二组问卷是针对个别企业进行品牌价值精算，对该品牌的内外部进行大面积调研，对消费者和潜在消费者选择 17 个二级指标进行，对企业内部选择 15 个指标进行调研。

第三组问卷是行业调研，对连锁品牌所涉及的主要行业进行调研和二手数据的收集整理，涉及 8 个指标。

三、样本点选择

调研样本选取地按照城市认可数目的级别类型进行分层取样。选择的调研地区为北京、成都、深圳、西安、济南、南昌、太原、阳泉、嘉祥，共 9 个地区。覆盖全国所有人口级别类型的地区，见表 3－1。

表 3－1　调研城市人口及类型汇总表

城市	城市总人口（万人）	代表的城市类型
北京	1 961.24	1 500 万以上人口的地区
成都	1 404.76	1 200 万～1 500 万
深圳	1 035.79	1 000 万～1 200 万
西安、	二城市合并调研，城市人口之和：1 528.18	800 万～1 000 万
济南		600 万～800 万
南昌	504.26	500 万～600 万
太原	420.16	300 万～500 万
阳泉	136.85	100 万～300 万
嘉祥	87.23	100 万以下人口的地区

数据来源：2013 年中国统计年鉴。

第二节　数据收集的实施

一、周期和阶段

本次数据收集任务的实施从 2014 年 7 月 5 日开始，至 2014 年 8 月 9 日结束，共计收回有效问卷 1 775 份。

二、调研地的现场操作流程（现场调查）

1. 首先与要进行调研的目标商场的负责人取得联系，得到商场的允许，确定桌椅摆放区域。

2. 摆放桌椅、易拉宝等宣传工具。

3. 按照标准购买发放给填写问卷消费者的礼品。

4. 开始采取自愿的方式进行调研。

5. 现场指导消费者正确填写，保证有效问卷的回收率。

三、调研数据质量保证的技术措施

（一）问卷设计有针对性

本次调研问卷根据基于品牌信息本论的品牌质量评估体系中“品牌五度”的内容，结合各连锁品牌的发展情况和特点，有针对性和代表性地选择问题，以获得准确的数据；并按照由易到难的原则排列，以保证所得信息的实效性。

（二）调研地点选择具有全面性和代表性

1. 本次调研地区涉及了华北地区的北京、太原、阳泉，华南地区深圳，西南地区的成都，西北地区的西安，华东地区南昌、济南、嘉祥，几乎涉及全国各地区，范围广，具有全面性。

2. 所调研城市涵盖全国一、二、三线城市，调研样本具有代表性。

3. 调研地的选择有百货商场、超市、社区、街道等，涉及不同生活情况、消费类别的消费者。

（三）调研对象选择有全面性

调研中程中，项目组成员按比例要求选择了各年龄层，各收入群体，不同工作性质，男性和女性进行问卷的填写，保证了调研对象的多样性，防止调研信息不全和缺失。

（四）问卷填写信息真实性和完整性

对每一位问卷填写者仔细说明填写内容、要求、方法等，对于消费者不理解的内容及时做出解释；问卷收回时检查确认填写信息的情况，确保信息的完整性和有效性；问卷收回时检查确认填写信息的情况，确保信息的完整性和有效性，大部分问卷于现场填写，对于消费者在填写过程中出现的问题及时指出并完善；少部分带走填写后交回的问卷，检查无问题后收回，未符合要求者对问卷进行补充填写后再收回。消费者填写一份问卷平均用时在 17 分钟。

（五）问卷整理

按样本要求设计好录入表格，完成后的问卷及时交回项目部，在对问卷进行归类后，由录入人员按要求对数据进行录入后，得出最终计算所需数据信息。

本次问卷调研工作严格按计划有步骤地进行，问卷设计科学，调研方法合理，调研人员认真负责，样本涉及全面，消费者配合程度高，所获得的数据质量较高。

第四章 ›››

女装类连锁经营品牌分析报告

本报告所涉及的女装品牌有：例外、红袖、歌力思、歌莉娅、江南布衣、Jessica、太平鸟、淑女屋、影儿、欧时力、雅莹、优美世界、秋水伊人、千百惠、玛丝菲尔、鄂尔多斯、娜尔思、朗姿、太和、白领。

第一节 女装行业品牌状况简述

本报告各地推荐的女装品牌 20 个，具有广泛的代表性，对它们的分析能够代表国内女装行业的整体分析。

根据中华全国商业信息中心的统计，2013 年 12 月份全国重点大型零售企业女装销售前十位品牌市场综合占有率合计达到 25.3%，VERO MODA、ONLY 和拉夏贝尔占据前三位。国内的女装市场的消费调查显示：73.1%的女装终端销售通过品牌进行。相对于众多没有品牌的企业，超过 0.5%市场份额以上的品牌厂商有 34 家，总体来看，该行业市场化程度高，发展阶段成熟，竞争非常激烈，处于垄断竞争市场格局。从本次调研的数据分析看，品牌信息质的贡献率平均 10.39%，λ 均值 0.133 5，距离最优状态（30%～40%）还有一定的差距，但该行业的品牌质量状况整体良好，处于中等水平。通过目标消费者指标和全国人口指标之间的比较可以看出，品牌间差异化程度较小，大部分品牌虽然有定位，但定位不清晰、品牌定位和实际操作过程中的错位现象很普遍，只有 30%左右的品牌能够保持较为合理的品牌指标结构。品牌信息基本量贡献率高达 89.31%，说明大部分厂商仍然依靠大量广告的传播活动维系营销业绩，反映出对品牌的理解和品牌工作的重点依然是“重名轻誉”思想在主导。

本报告的品牌中有例外 1 个品牌的信息质量比值在（0.35，1）之间，占调研品牌的 5%；有 12 个品牌的信息质量比值处于（0.05，0.35）之间，分别是红袖、歌力思、歌莉娅、江南布衣、太平鸟、Jessica、淑女屋、影儿、欧时力、雅莹、优美世界、秋水伊人，占调研品牌的 55%；有 5 个品牌的信息质量比值处于（0，0.05）之间，分别是千百惠、玛菲尔斯、鄂尔多斯、娜尔思和朗姿，占调研品牌的 25%；2 个品牌在 0 及 0 以下，分别是太和和白领，占调研品牌的 10%。分布符合正态分布。均值 =0.133 5，没有品牌处于最优状态。

影儿、例外、秋水伊人、朗姿属于专业化程度很高的专业品牌；淑女屋、太和、歌力思、优美世界、Jessica、红袖、江南布衣属于专业品牌；歌莉娅、太平鸟、娜尔思、欧时力、千百惠、白领、雅宝、玛丝菲尔属于有专营特征的大众品牌；鄂尔多斯属于大众品牌。

按照地区分析品牌信息量构成中，如果在某地区或某类地区的信息量远远高于其他地区时，该品牌称为区域品牌。如优美世界，在深圳的知名度达到 16.26%，而全国知名度平均水平仅有 3.36%，品牌信息量绝大多数由深圳贡献，是典型的区域品牌。

品牌信息的稳定性所要解释的主要是对目标消费者消费偏好影响的持久性问题，女装行业的品牌衰减系数平均为 0.079 832，比艾宾浩斯计算的自然衰减值要高出很多，说明该行业的品牌信息质量总体看还是比较稳定的。所调研的 20 个品牌当中有 1 个具有很强的稳定性，13 个具有较强的稳定性，3 个具有一定的稳定性，3 个品牌稳定性很弱（表 4－1）。

表 4－1　女装品牌分析数据汇总表

品　牌	品牌信息总量（比特）	品牌信息质量比值	信息均值比	品牌稳定性指数
例外	135 330 310.9	0.46	15.358 73 950	3.60
红袖	468 122 976.1	0.22	7.883 60 671	9.93
歌力思	130 440 264.2	0.22	7.953 92 200	2.80
歌莉娅	826 352 299.0	0.21	7.026 02 400	5.83
江南布衣	597 671 538.6	0.17	7.883 61 104	5.29
Jessica	472 919 445.4	0.16	1.034 89 518	14.14
太平鸟	1 631 110 027.0	0.15	6.075 26 259	8.30
淑女屋	869 299 225.7	0.13	9.440 01 740	11.96
影儿	186 648 436.1	0.12	15.358 75 403	4.72
欧时力	469 971 096.7	0.11	5.837 55 652	2.48
雅莹	188 870 240.6	0.09	4.252 30 740	4.41
优美世界	50 928 104.4	0.08	7.954 00 608	0.64
秋水伊人	1 586 399 895.0	0.05	12.462 41 568	5.51
千百惠	565 999 900.2	0.04	5.802 87 220	6.14

（续）

品　牌	品牌信息总量（比特）	品牌信息质量比值	信息均值比	品牌稳定性指数
玛丝菲尔	94 832 058.2	0.04	4.252 33 278	6.85
鄂尔多斯	2 551 884 137.0	0.03	1.497 43 685	18.04
娜尔思	119 906 881.0	0.02	5.879 37 727	0.81
朗姿	75 196 777.2	0.01	12.462 39 063	2.97
太和	40 739 846.3	0	9.392 51 343	0.47
白领	106 520 029.3	−0.01	4.310 46 986	0.84
均值	558 457 174.4	0.121 578 947	7.605 925 558	5.786 5

第二节　女装类连锁品牌质量个案分析

女装行业的参数取值说明：

价格调整系数按照品牌数目取值，全国市场销售占到0.5%以上的品牌为34个，对照 N_Z 取值表 $N_{34}=1.0584$。

中国18～35岁女装消费者每年平均购买服装的次数约为7.5次。

全行业品牌平均美誉度为0.173 6。

女装行业的 R_{max} 为5.042。

为简化计算，本次调研的品牌信息的衰减系数 N（E）全部取平均值2，当期 $t=0$。

一、歌莉娅

1. 品牌简介　歌莉娅品牌，1995年诞生于中国广州广州市格风服饰有限公司。歌莉娅坚持健康、充满朝气的理念，以自然元素、环保舒适的面料、体贴的穿着触感、多种搭配组合，为年轻女性传递拥抱自然、享受时尚的年轻生活态度。歌莉娅希望提供物超所值、物美价更美的购物乐趣。

目前，歌莉娅女装有3个服饰系列：优雅浪漫的Collection系列，让年轻的女性在工作时充满自信；轻松甜美的Relax系列，宛若邻家女孩般亲近可人；潇洒帅气的Jeans系列，让你紧跟时尚步伐，倍添活力。

品牌定位：自然元素、体贴的穿着触感，多种搭配组合，物超所值，物美价更美。

品牌理念：坚持一种健康、充满朝气的品牌理念；传递一种拥抱自然、享受时尚的年轻生活态度。

2. 数据汇总 见表4-2。

表4-2 歌莉娅品牌的基础数据和基础指标汇总表

地区	类别	人口数（万人）	知名度（%）	认知度（%）	美誉度（%）	忠诚度（%）	品牌信息量估值（万比特）
北京	城市总人口	1 961.240 0	29.27	15.24	33.85	5.28	1 071.392 66
	目标消费者	279.125 2	29.41	15.97	25.56	3.92	146.145 13
成都	城市总人口	1 404.760 0	61.26	30.18	11.43	15.92	2 128.375 29
	目标消费者	199.926 6	77.59	37.07	10.42	20.46	442.832 24
深圳	城市总人口	1 035.790 0	62.58	31.35	35.29	15.22	1 773.774 58
	目标消费者	147.414 5	69.96	35.62	35.625	18.35	288.506 11
西安、济南	城市总人口	1 528.180 0	13.13	5.05	10	0.13	245.754 33
	目标消费者	217.536 4	13.43	5.22	0	0	34.868 05
南昌	城市总人口	504.300 0	60.53	30.26	25	8.23	790.480 55
	目标消费者	71.773 6	81.81	40.91	50	18.18	190.336 86
太原	城市总人口	420.160 0	13.76	5.96	17.5	2.08	75.221 74
	目标消费者	59.797 5	26.67	12.22	6.67	2.81	24.884 46
阳泉	城市总人口	136.850 0	35.10	15.89	21.33	3.05	87.648 53
	目标消费者	19.476 6	40.20	19.12	17.50	3.27	15.221 63
嘉祥	城市总人口	87.230 0	45.45	22.73	0	0	80.387 60
	目标消费者	12.414 6	100	50	0	0	41.299 89
全国	总人口	132 344.720 0	30.05	14.12	19.03	4.04	82 635.229 90
	目标消费者	18 836.356 0	39.44	18.93	16.26	5.94	17 778.035 80

3. 品牌质量分析 歌莉娅品牌的信息质量比值为0.21，信息总量达到8亿比特以上，是个质量优良的大规模品牌，各项指标均处于一般水平，但品牌信息质量与指标结构的比例都较为理想，认知度接近知名度的半数，随着知名度自然增长，是一种健康发展的品牌类型，品牌的知名度、认知度、美誉度和忠诚度之间的关系体现出企业对品牌运作的细致及科学的管理水平，目标消费者的基础指标对全国指标的优势也很明显，品牌专业形象并没有因品牌信息总量的增加而稀释，相反，品牌总量和目标人群的信息量比率保持的较为合理。该品牌的问题在于目标消费者的美誉度低于全国总人口美誉度水平，这是个不良信号，说明有消费体验的直接消费者对该品牌的口碑低于没有消费体验的一

般消费者，问题可能出在产品质量或服务水平上，建议企业查清原因，防止该现象恶化。再有是忠诚度相比之下明显偏低，说明该品牌的较好口碑并未形成消费者的重复购买率，对消费者的品牌偏好影响不大（表 4－3）。

表 4－3　歌莉娅的品牌质量比值分析表

品牌	品牌信息总量（比特）	信息基本量（比特）	品牌信息基本量的贡献率（%）	品牌信息质的贡献率（%）	品牌信息质量比值
歌莉娅	826 352 299	680 780 351.5	82.38	17.62	0.21

4. 品牌信息平均值分析　歌莉娅品牌信息均值比是 7.03，属于专营大类产品的品牌，且它的专营特征非常明显，说明它在传播中对目标消费者的定位准确，媒体选择得当，目标消费者对该品牌所属行业的专业专营认识深刻；另外可能是该品牌在刚刚进入市场的时候是以专业品牌导入的，在成长期里进行的是专营经营，渡过成长期后，开始在向泛大众品牌过渡仍保持着原来的传播方式，造成的均值偏高。该品牌不具备了进行跨行业延伸和大幅扩张的条件（表 4－4）。

表 4－4　歌莉娅的品牌信息均值分析表

品牌	全国人口平均信息量（比特/人）	目标人群（人）	目标消费者平均信息量（比特/人）	信息均值比
歌莉娅	0.624 394	188 363 560	4.387 007 227	7.03

5. 品牌信息的稳定性分析　歌莉娅品牌的品牌稳定性指数是 5.83，属于具有一般偏弱稳定性的品牌，属于一种过渡期失稳的状态，品牌信息的最优间隔期较短，抗风险能力较弱。主要原因是该品牌的忠诚度略显单薄，这会影响品牌对消费者偏好影响的持久性，使得品牌信息有效期缩短，也使得品牌在运作中，为了保持品牌影响力而不得不付出较高的成本。综合分析，该品牌处于成长期向成熟期过渡的阶段，为全国性专营经营的大规模品牌，品质优良（表 4－5）。

表 4－5　歌莉娅的品牌稳定性分析表

品牌	N（E）函数值	品牌衰减系数	品牌信息的衰减速率	品牌稳定性指数
歌莉娅	12.300 12	0.081 695	$0.081\ 695^{t}$	5.83

二、太平鸟

1. 品牌简介　品牌所属公司：太平鸟集团有限公司宁波太平鸟时尚服饰

股份有限公司。

太平鸟女装创建于1997年5月，以设计开发和销售太平鸟时尚女装系列产品为主营业务。2011年，因股份制改造成为太平鸟集团旗下品牌服饰业务板块的控股公司，拥有太平鸟女装、太平鸟男装、MINIPEACE、乐町、HOMEPAGE、贝斯堡等服饰品牌和魔法风尚B2C电商平台，初步构建了太平鸟多品牌、多渠道的品牌服饰经营体系。北到黑龙江、内蒙古，西到新疆、西藏，南到昆明、海口，从北京、上海等特大城市，到省会和二、三线城市都可见到。

品牌定位：18～32岁都市女性；设计风格：知性、优雅、性感、大牌风范。

2. 数据汇总 见表4－6。

表4－6 太平鸟品牌的基础数据和基础指标汇总表

地区	类别	人口数（万人）	知名度（%）	认知度（%）	美誉度（%）	忠诚度（%）	品牌信息量估值（万比特）
北京	城市总人口	1 961.240 0	42.94	14.71	12.86	5.25	1 445.343 43
	目标消费者	322.820 1	48.15	29.63	8.33	6.17	379.979 86
成都	城市总人口	1 404.760 0	48.65	23.87	23.46	9.37	1 536.259 41
	目标消费者	231.223 5	70.21	35.11	20.00	14.61	445.978 40
深圳	城市总人口	1 035.790 0	44.26	16.84	34.87	6.6	897.635 36
	目标消费者	170.491 0	43.07	15.47	33.41	8.32	130.395 80
西安、济南	城市总人口	1 528.180 0	34.34	13.13	42.5	1.41	946.905 10
	目标消费者	251.538 4	20	5	0	0	59.514 59
南昌	城市总人口	504.260 0	71.05	32.89	56.25	16.14	1 081.547 46
	目标消费者	83.007 8	80	37.5	62.5	20	193.178 28
太原	城市总人口	420.160 0	35.85	16.04	15.00	10.75	270.351 15
	目标消费者	69.158 3	36.21	15.52	15.00	9.31	44.638 22
阳泉	城市总人口	136.850 0	76.51	37.92	33.33	8.14	321.232 54
	目标消费者	22.525 5	84.13	44.44	32.00	9.74	61.273 94
嘉祥	城市总人口	87.230 0	64	32	23.75	21.60	148.981 27
	目标消费者	14.358 1	50	25	27.50	31.33	16.374 33
全国	总人口	132 344.720 0	50.12	22.48	32.43	8.45	163 111.002 70
	目标消费者	21 784.193 9	50.32	23.33	22.78	9.04	27 821.980 12

3. 品牌质量分析　太平鸟品牌的信息质量比值为 0.15，品牌信息量高达 16 亿比特，是个质量很好的大规模品牌，该品牌拥有很高的知名度，较高的美誉度，美誉度远高于认知度，使得该品牌具有明显的口碑效应，有较高的自传播率。认知度略显不足，说明该品牌传播中，媒体或传播内容选择有问题，不够精准，效率略低。主要问题在于目标消费者的美誉度低于全国总人口美誉度水平，这是个不良信号，说明有消费体验的直接消费者对该品牌的口碑低于没有消费体验的一般消费者，问题可能出在产品质量或服务水平上，建议企业查清原因，防止该现象恶化。再有是忠诚度相比之下明显偏低，说明该品牌的较好口碑并未形成消费者的重复购买率，对消费者的品牌偏好影响不大。目标消费者信息指标与全国指标非常接近，反映出该品牌已经基本完成由专业品牌向大众品牌的过渡，其他各项指标间关系正常，量质关系优良，基本量基数足够推动该品牌进行品牌延伸的战略选择，是一个处在成熟早期的优质品牌（表 4－7）。

表 4－7　太平鸟的品牌质量比值分析表

品牌	品牌信息总量（比特）	信息基本量（比特）	品牌信息基本量的贡献率（%）	品牌信息质的贡献率（%）	品牌信息质量比值
太平鸟	1 631 110 027	1 415 124 173	86.76	13.24	0.15

4. 品牌信息平均值分析　太平鸟品牌信息均值比是 6.08，属于专营大类商品的品牌，且它的专营特征非常明显，强大的品牌基本信息量与较低的信息均值比来自于品牌由成长期进入成熟期过程中使用大众主流媒体对进行传播的结果。这样一方面迅速增加品牌信息量，另一方面会降低信息均值比指标，只要是在合理范围内的，该指标不仅不会影响品牌质量，而且表现出品牌管理阶段的成熟，顺利地完成向泛大众品牌的过渡。该品牌具有一定的可延伸性（表 4－8）。

表 4－8　太平鸟的品牌信息均值分析表

品牌	全国人口平均信息量（比特/人）	目标人群（人）	目标消费者平均信息量（比特/人）	信息均值比
太平鸟	1.232 471	217 841 939	7.487 584 964	6.08

5. 品牌信息的稳定性分析　太平鸟品牌的品牌稳定性指数是 8.30，属于具有较强稳定性的品牌，品牌信息的最优间隔期符合该行业成熟期品牌的规律。品牌对消费者偏好的影响也较为持久，使得品牌信息有效期和有效范围都比该

行业的平均水平高，该品牌具有相当高的应对风险的能力。综合分析，该品牌处于成熟期早期阶段，是一个全国性专营经营的大规模品牌（表 4－9）。

表 4－9　太平鸟的品牌稳定性分析表

品牌	*N*（*E*）函数值	品牌衰减系数	品牌信息的衰减速率	品牌稳定性指数
太平鸟	8.779 631	0.115 085	0.115 085	8.30

三、太和

1. 品牌简介　1989 年太和（TAHAN）诞生于风景秀丽、充满人文气息的港口城市武汉。TAHAN 以其独特的地理位置优势，聚东西南北之时尚元素，融中外流行趋势，演绎出完美体现东方女性之优雅与时尚的女装品牌。并先后荣获“全国最畅销商品金桥奖”、“中国国际服装服饰博览会女装金奖”、“中国十大女装品牌”、“外商投资先进企业”……

太和以倡导“为时尚优雅的女人而设计”（ Designed For Fashion Elegant Women）的理念，以其简约优雅的产品风格倡导着一种精致而新潮的着衣方式。如今，太和终端店铺已覆盖武汉、长沙、成都、昆明、上海、沈阳、天津、郑州、青岛等全国数十个重点城市，并入驻武广、百盛、摩尔等全国著名商场，并以高昂的姿态一路扬帆。

品牌定位：25～40 岁，高贵、优雅、成熟、时尚的女性。

品牌理念：缔造时尚，追求梦想，与国际品牌比肩，走在职业女装的最前沿，创造性地将职业与休闲完美统一，让都市女性穿上太和女装是我们的最终梦想。

2. 数据汇总　见表 4－10。

表 4－10　太和品牌的基础数据和基础指标汇总表

地区	类别	人口数（万人）	知名度（%）	认知度（%）	美誉度（%）	忠诚度（%）	品牌信息量估值（万比特）
北京	城市总人口	1 961.240 0	2.94	1.18	5.00	1.18	58.671 47
	目标消费者	208.813 2	4.76	0	0	0	9.391 07
成都	城市总人口	1 404.760 0	4.50	2.25	0	0	66.501 83
	目标消费者	149.564 8	7.89	3.95	0	0	13.370 05
深圳	城市总人口	1 035.790 0	6.065	2.26	26.67	0.714	72.141 87
	目标消费者	110.280 6	8.29	3.11	24	0.85	10.515 90

（续）

地区	类别	人口数（万人）	知名度（%）	认知度（%）	美誉度（%）	忠诚度（%）	品牌信息量估值（万比特）
西安、济南	城市总人口	1 528.180 0	1.01	0	0	0	14.582 97
	目标消费者	162.705 3	0	0	0	0	0
南昌	城市总人口	504.260 0	7.89	2.63	0	0	42.575 53
	目标消费者	53.682 7	0	0	0	0	0
太原	城市总人口	420.160 0	0.94	0	0	0	3.731 58
	目标消费者	44.734 4	0	0	0	0	0
阳泉	城市总人口	136.850 0	3.36	2.01	0	0.89	4.784 73
	目标消费者	14.570 4	6.45	4.03	0	0.22	1.068 36
嘉祥	城市总人口	87.230 0	0	0	0	0	0
	目标消费者	9.287 4	0	0	0	0	0
全国	总人口	132 344.720 0	2.94	1.03	1.74	0.27	4 073.984 63
	目标消费者	14 090.507 0	2.18	1.06	1.33	0.09	343.702 87

3. 品牌质量分析 太和品牌的信息质量比值为0，它的品牌质量水平约等于该行业品牌的平均水平，品牌信息总量很小，各项指标均较低，也没有明显的区域品牌特征，过低的知名度和认知度使得品牌基本量很小，品牌信息指标间关系比较自然，是在市场竞争中通过营销中消费者的消费体验自行发展的品牌结构，没有大规模有效的品牌运作痕迹，品牌还没有形成鲜明的发展方向。品牌基本信息量等指标均小于该行业平均水平，处于成长早期，品牌效应和作用还没有完全发挥出来，经营主要依靠其他营销手段和渠道（表4-11）。

表4-11 太和的品牌质量比值分析表

品牌	品牌信息总量（比特）	信息基本量（比特）	品牌信息基本量的贡献率（%）	品牌信息质的贡献率（%）	品牌信息质量比值
太和	40 739 846.34	40 900 153.06	—	−0.39	0

4. 品牌信息平均值分析 太和品牌信息均值比是9.39，有很明显的专业品牌特征，在所调研的城市当中，没有明显的区域特征，是个专业化程度很高的小规模品牌。较高的信息均值比说明该品牌对其特定的目标消费者还是有一定的影响力，但过低的基础指标没有反应出该品牌的优势，可能是在某些特定的城市或特定的人群具有影响力，只是受到本次调研样本所限，未能表现出来

（表 4－12）。

表 4－12　太和的品牌信息均值分析表

品牌	全国人口平均信息量（比特/人）	目标人群（人）	目标消费者平均信息量（比特/人）	信息均值比
太和	0.030 783	140 905 070	0.289 129 741	9.39

5. 品牌信息的稳定性分析　太和品牌的品牌稳定性指数是 0.47，属于基本不具备稳定性的品牌，品牌信息的最优间隔期很短。品牌对消费者偏好的影响也非常有限，使得品牌信息有效期和有效范围都比该行业的平均水平低很多，该品牌基本不具备应对风险的能力。综合分析，该品牌处于成长早期，是全国性专业经营的小规模品牌（表 4－13）。

表 4－13　太和的品牌稳定性分析表

品牌	N（E）函数值	品牌衰减系数	品牌信息的衰减速率	品牌稳定性指数
太和	150.375 9	0.006 7	0.0067^t	0.47

四、Jessica

1. 品牌简介　Jessica 是一个年轻与时尚兼备的时装品牌，一向以优良的品质、新颖的设计以及合理的价格作为对顾客的承诺。自 20 世纪 70 年代推出首个系列以来，品牌一直深受紧贴潮流的女士们所追求及爱戴。

2. 数据汇总　见表 4－14。

表 4－14　Jessica 品牌的基础数据和基础指标汇总表

地区	类别	人口数（万人）	知名度（%）	认知度（%）	美誉度（%）	忠诚度（%）	品牌信息量估值（万比特）
北京	城市总人口	1 961.240 0	29.41	10.00	27.78	1.22	897.691 12
	目标消费者	248.778 4	27.97	10.17	25.00	12.73	104.667 46
成都	城市总人口	1 404.760 0	20.72	9.01	6.67	2.70	408.754 18
	目标消费者	178.190 3	27.78	10.19	0	0	70.799 33
深圳	城市总人口	1 035.790 0	20	7.48	19.33	1.52	287.129 33
	目标消费者	131.387 4	18.69	7.51	12.41	1.35	33.173 69
西安、济南	城市总人口	1 528.180 0	12.12	6.06	10	1.41	236.057 84
	目标消费者	193.845 8	10.81	8.11	10	0.72	29.523 25

（续）

地区	类别	人口数（万人）	知名度（%）	认知度（%）	美誉度（%）	忠诚度（%）	品牌信息量估值（万比特）
南昌	城市总人口	504.260 0	23.68	9.21	70	2.63	207.697 45
	目标消费者	63.957 2	30.77	7.69	70	7.69	27.309 99
太原	城市总人口	420.160 0	3.77	0.94	75	1.07	20.031 37
	目标消费者	53.296 2	4.76	0	50	0.32	2.489 36
阳泉	城市总人口	136.850 0	8.72	3.36	25	0.76	14.307 93
	目标消费者	17.359 1	9.47	3.16	50	0.14	2.017 12
嘉祥	城市总人口	87.230 0	4	0	0	0	3.296 67
	目标消费者	11.064 9	25	0	0	0	2.613 59
全国	总人口	132 344.720 0	12.42	4.91	40.78	1.39	23 781.423 74
	目标消费者	16 787.325 0	13.94	4.91	38	2.19	3 121.828 38

3. 品牌质量评价 Jessica的信息质量比值为0.16，处于质量很好的水平，总量2亿比特，是个中等偏小规模的品牌，其品牌质量的各项指标均较低，但美誉度很高，说明该品牌主要依靠口碑传播，消费者对该品牌的产品质量和服务很认可，是个质量不错的品牌。但基础指标偏低，使得该品牌的信息总量偏小，尤其是认知度太低，这可能与传播内容和方式有关，与知名度和美誉度不匹配，忠诚度几乎没有，消费者没有形成重复购买率（表4-15）。

表4-15 Jessica的品牌质量比值分析表

品牌	品牌信息总量（比特）	信息基本量（比特）	品牌信息基本量的贡献率（%）	品牌信息质的贡献率（%）	品牌信息质量比值
Jessica	237 814 237.4	205 132 525.3	86.26	13.74	0.16

4. 品牌信息平均值分析 Jessica品牌信息均值比是1.03，没有专业品牌特征，目标消费者的认知度对全国人口的指标没有优势，是一个大众品牌。在所调研的城市当中，所有指标没有明显的区域特征，是一个全国性品牌。品牌信息总量处于中等略偏下的水平，虽具备了进行品牌延伸和再升级的基本条件，但知名度和认知度还是明显偏低，目标消费者的信息量的明显不足，使得该品牌的延伸很难实施（表4-16）。

表 4-16　Jessica 的品牌信息均值分析表

品牌	全国人口平均信息量（比特/人）	目标人群（人）	目标消费者平均信息量（比特/人）	信息均值比
Jessica	0.179 693	167 873 250	0.185 963	1.03

5. 品牌信息的稳定性分析　Jessica 品牌的品牌稳定性指数是 14.14，属于非常稳定的品牌，品牌信息的最优间隔期很长。品牌信息有效期和有效范围都比该行业的平均水平高很多，该品牌具备很强的应对风险能力，是一个健康发展的品牌。综合分析，该品牌处于成长期中期阶段，全国性大众化经营的中等偏小规模的品牌（表 4-17）。

表 4-17　Jessica 的品牌稳定性分析表

品牌	$N(E)$ 函数值	品牌衰减系数	品牌信息的衰减速率	品牌稳定性指数
太平鸟	5.263 158	0.190 794	$0.190\ 794^t$	14.14

五、江南布衣

1. 品牌简介　江南布衣（JNBY）于 1994 年创建于中国杭州。作为中国本土设计师品牌之一，江南布衣品牌至今已在我国北京、上海、杭州、广州、深圳、沈阳及加拿大温哥华等地建立了直营公司，负责江南布衣品牌区域运营及江南布衣产品的销售服务。

除直营公司外，江南布衣品牌在国内主要运营方式是通过发展和管理品牌经销商来进行。目前，江南布衣品牌已发展了近两百家国内经销商，遍布国内一、二线城市，终端销售卖场达 700 余家。凭借多年以来的品牌运营，江南布衣品牌已成长为目前中国最具品牌特征差异性及综合影响力的服装品牌之一，获得了广大消费者的认同与支持。

2. 数据汇总　见表 4-18。

表 4-18　江南布衣品牌的基础数据和基础指标汇总表

地区	类别	人口数（万人）	知名度（%）	认知度（%）	美誉度（%）	忠诚度（%）	品牌信息量估值（万比特）
北京	城市总人口	1 961.240 0	31.76	27.50	23.89	3.96	1 518.636 59
	目标消费者	248.778 4	34.43	12.65	23.08	4.26	140.016 19
成都	城市总人口	1 404.760 0	33.33	15.77	14.00	4.32	831.305 82
	目标消费者	178.190 3	51.72	25.00	15.56	8.05	209.649 48

（续）

地区	类别	人口数（万人）	知名度（%）	认知度（%）	美誉度（%）	忠诚度（%）	品牌信息量估值（万比特）
深圳	城市总人口	1 035.790 0	34.32	14.19	21.4	3.55	617.925 36
	目标消费者	131.387 4	36.61	16.09	21.75	4.03	87.204 09
西安、	城市总人口	1 528.180 0	18.18	6.57	0	0.13	349.446 94
济南	目标消费者	193.845 8	10.14	3.62	0	0	21.961 05
南昌	城市总人口	504.260 0	55.26	27.63	30	10.88	694.984 12
	目标消费者	63.957 2	69.23	34.62	33.33	16.41	122.334 16
太原	城市总人口	420.160 0	10.38	4.25	6.67	0.38	51.139 18
	目标消费者	53.296 2	21.43	10.71	6.67	0.95	17.588 90
阳泉	城市总人口	136.850 0	20.81	10.07	22.86	1.52	43.716 95
	目标消费者	17.359 1	22.11	10.53	25.00	2.39	5.907 13
嘉祥	城市总人口	87.230 0	28	12	20	7.6	39.541 97
	目标消费者	11.064 9	25	12.5	25	3.33	4.574 08
全国	总人口	132 344.720 0	24.28	11.64	13.82	2.69	59 767.153 86
	目标消费者	16 787.326 2	28.53	13.43	14.82	3.9	9 640.009 09

3. 品牌质量分析　江南布衣品牌的信息质量比值为0.17，质量很好，总信息量达到5亿比特以上，是个中等偏上规模的品牌，品牌信息质量与指标结构的比例也较为理想，品牌的关键指标体现出品牌的信息质量状况优良，目标消费者信息指标对全国指标有一定的优势，但差别不算显著，均在20%以内。较高的品牌信息总量和信息质量比值说明这是一个质量状况健康的品牌，是一个发展趋于成熟的全国性品牌（表4-19）。

表4-19　江南布衣的品牌质量比值分析表

品牌	品牌信息总量（比特）	信息基本量（比特）	品牌信息基本量的贡献率（%）	品牌信息质的贡献率（%）	品牌信息质量比值
江南布衣	597 671 538.6	510 001 071.5	85.33	14.67	0.17

4. 品牌信息平均值分析　江南布衣品牌信息均值比是7.88，目标消费者的认知度对全国人口的指标有优势，专营特征明显，在所调研的城市当中，江南布衣在全国各个级别的城市中的各项指标差异不大，没有区域特征，是一个专业化程度很低的全国性品牌（表4-20）。

表 4-20 江南布衣的品牌信息均值分析表

品牌	全国人口平均信息量（比特/人）	目标人群（人）	目标消费者平均信息量（比特/人）	信息均值比
江南布衣	0.451 602	167 873 262	3.560 254 513	7.88

5. 品牌信息的稳定性分析 江南布衣品牌的品牌稳定性指数是 5.29，属于具较弱稳定性的品牌，品牌信息的最优间隔期较短，应对风险能力较弱，是一种在过渡期失稳的现象。综合分析，该品牌是一个处在有成长期后期向成熟期过渡的阶段、全国性专营经营的中等偏上规模的品牌（表 4-21）。

表 4-21 江南布衣的品牌稳定性分析表

品牌	N（E）函数值	品牌衰减系数	品牌信息的衰减速率	品牌稳定性指数
江南布衣	13.495 28	0.074 315	0.074 315^t	5.29

六、歌力思

1. 品牌简介 歌力思 1995 年成立于深圳，是一家集设计、生产、连锁经营和服务为一体的国内知名品牌服装实业有限公司。公司连续 14 年业绩均以每年 50%的速度增长，且在女装行业有良好的品牌及人才培养口碑。

公司以深圳为中心辐射全国，在全国有 10 家分公司，在全国各大中城市开设了 290 多家专卖店，下属工厂 2 家，员工人数约 1 500 人。

品牌定位：25～40 岁中高收入、讲究优雅、时尚、品味、成熟的都市中产阶级女性为目标顾客。

品牌理念：歌力思女装秉承一贯的经典、雅致、简洁、时尚的风格，简约经典的基本设计，纤秀的轮廓造型，独具创意的细部处理，画龙点睛的珠绣装饰，柔和的色彩搭配，肌理独特考究的进口面料，尽善尽美的板型裁剪，新颖精致的工艺，演绎现代都市职业女性简洁干练、温柔婉约的独特个性。

2. 数据汇总 见表 4-22。

表 4-22 歌力思品牌的基础数据和基础指标汇总表

地区	类别	人口数（万人）	知名度（%）	认知度（%）	美誉度（%）	忠诚度（%）	品牌信息量估值（万比特）
北京	城市总人口	1 961.240 0	4.12	0.59	6.67	0.75	80.348 89
	目标消费者	246.579 4	10.00	0	0	0	23.297 37

（续）

地区	类别	人口数（万人）	知名度（%）	认知度（%）	美誉度（%）	忠诚度（%）	品牌信息量估值（万比特）
成都	城市总人口	1 404.760 0	11.71	5.86	16.00	1.38	212.154 55
	目标消费者	176.615 2	25.64	12.82	17.50	3.59	74.952 85
深圳	城市总人口	1 035.790 0	36.68	16.9	27.74	4.65	727.953 75
	目标消费者	130.226 0	40.46	18.56	20.81	5.52	100.559 96
西安、	城市总人口	1 528.180 0	2.02	0.51	10	0.13	30.910 19
济南	目标消费者	192.132 3	33.33	0	10	4.44	64.037 70
南昌	城市总人口	504.260 0	15.79	7.89	0	0	105.156 50
	目标消费者	63.391 8	22.22	11.11	0	0	20.763 38
太原	城市总人口	420.160 0	1.89	0.47	0	0	7.680 66
	目标消费者	52.825 1	0	0	0	0	0
阳泉	城市总人口	136.850 0	4.70	2.35	20.00	0.85	7.256 42
	目标消费者	17.205 6	8.57	4.29	20.00	1.81	1.793 46
嘉祥	城市总人口	87.230 0	12	6	10	4	13.310 09
	目标消费者	10.967 1	28.57	14.29	10	14.29	5.390 85
全国	总人口	132 344.720 0	7	3.09	8.67	0.59	13 044.026 42
	目标消费者	16 638.924 2	16.68	4.08	7.97	2	3 559.191 36

3. 品牌质量分析 歌力思品牌的信息质量比 λ 是 0.22，是个质量优良的品牌，信息总量刚过 1 亿比特，是个中等偏小规模的品牌，目标人群的基础指标对比全国的指标，知名度和认知度优势比较明显，说明该企业在品牌运营过程中信息传播和投放都比较得当，但目标人群美誉度的指标略低于全国总人口指标，这隐含着比较大的问题，忠诚度几乎没有，该品牌对消费者的影响力有限，总体看基础指标均处低位。该品牌有明显的区域特征，在南方的城市具有较高的知名度，而认知度偏低说明该品牌在传播过程中品牌内容或途径上存有问题，消费者对品牌的认知程度低。该品牌是专业品牌或某类档次的品牌聚焦发展的战略模式，应该是一个成长期后期的品牌类型，这一阶段的品牌容易产生品牌信息量总体结构失衡的情况，该品牌就明显地表现出一种消费者高质量但认知度偏低的现象（表 4－23）。

表 4-23　歌力思的品牌质量比值分析表

品牌	品牌信息总量（比特）	信息基本量（比特）	品牌信息基本量的贡献率（%）	品牌信息质的贡献率（%）	品牌信息质量比值
歌力思	130 440 264.2	107 128 471.2	82.13	17.87	0.22

4. 品牌信息平均值分析　歌力思品牌信息均值比是 7.95，专业品牌特征明显，目标消费者的认知度对全国人口的指标有优势，是个专业性比较强的品牌。在所调研的城市当中，歌力思在深圳的指标明显高于其他城市，说明具有较强的区域特征，即使进入成熟期，该品牌的区域性也不会完全消失。该品牌不具备延伸和扩张的基础，建议企业谨慎选择（表 4-24）。

表 4-24　歌力思的品牌信息均值分析表

品牌	全国人口平均信息量（比特/人）	目标人群（人）	目标消费者平均信息量（比特/人）	信息均值比
歌力思	0.098 561	166 389 241	0.783 946 506	7.95

5. 品牌信息的稳定性分析　歌力思品牌的品牌稳定性指数是 2.80，属于弱稳定性的品牌类型，在成长期后期的品牌，稳定性不强是正常的，尤其是处在区域品牌向全国品牌过渡期的品牌一般都会出现一段时期品牌结构失稳的状态。该品牌应对风险能力和环境变化的能力不足，同时也会出现信息最优间隔缩短的现象，使得企业品牌运营的费用增加。综合分析，该品牌处于成长期后期向成熟期过渡的品牌，这是一个专业化程度很高、有区域品牌向全国性品牌过渡期的中等偏小规模的品牌类型（表 4-25）。

表 4-25　歌力思的品牌稳定性分析表

品牌	*N*（*E*）函数值	品牌衰减系数	品牌信息的衰减速率	品牌稳定性指数
歌力思	25.094 1	0.039 882	0.039 882^{t}	2.80

七、影儿

1. 品牌简介　影儿时尚集团自 1996 年成立以来，先后创建了 YINER（音儿）、PSALTER（诗篇）、INSUN（恩裳）、Song of Song（歌中歌）、OBBLIGATO（奥丽嘉朵）和Ⅻ BASKET（十二篮）品牌，成为一家集投资、研发、创意、营销、服务于一体的大型服装企业。

目前，影儿时尚集团拥有深圳龙华、观澜和上海松江三大产业园，在全国拥有9大分公司以及近1 000家终端实体店和逾百万会员，被业内专家认为是中国服装业国际化的开始，将带动深圳乃至全国女装的国际化发展。

2. 数据汇总 见表4-26。

表4-26 影儿品牌的基础数据和基础指标汇总表

地区	类别	人口数（万人）	知名度（%）	认知度（%）	美誉度（%）	忠诚度（%）	品牌信息量估值（万比特）
北京	城市总人口	1 961.240 0	4.12	1.47	27.50	0.31	89.717 61
	目标消费者	127.697 3	3.79	1.52	36.67	0.30	5.310 20
成都	城市总人口	1 404.760 0	5.41	2.70	20.00	0.36	87.091 86
	目标消费者	91.464 6	5.56	2.78	5.00	0.37	5.556 60
深圳	城市总人口	1 035.790 0	22.45	12.26	32.70	2.20	395.629 09
	目标消费者	67.440 8	26.28	12.52	33.00	2.09	28.926 58
西安、	城市总人口	1 528.180 0	6.06	2.02	0	0.13	96.409 35
济南	目标消费者	99.500 6	7.25	2.17	0	0	7.561 47
南昌	城市总人口	504.260 0	7.89	2.63	50	2.63	50.136 74
	目标消费者	32.829 0	11.76	5.88	50	5.88	5.005 27
太原	城市总人口	420.160 0	4.72	1.89	0	0.13	20.522 84
	目标消费者	27.356 8	5.56	1.85	0	0.25	1.571 16
阳泉	城市总人口	136.850 0	23.49	11.41	10.00	0.29	49.435 43
	目标消费者	8.910 4	26.77	12.99	10.00	0.31	3.947 59
嘉祥	城市总人口	87.230 0	20	8	0	0	23.132 10
	目标消费者	5.679 6	27.27	27.27	0	0	3.475 43
全国	总人口	132 344.720 0	10.27	4.51	13.24	0.66	18 664.843 61
	目标消费者	8 616.893 1	12.28	5.6	13.3	1.14	1 525.609 65

3. 品牌质量分析 影儿品牌的信息质量比值为0.12，信息总量过亿比特，是个质量较好的中等偏小规模的品牌，指标间的比例和结构基本合理，是一个发展比较健康的品牌，但品牌信息基本量和目标人群信息量都明显偏低，总体指标也较低，使得该品牌对消费者的影响十分有限。该品牌有着高于知名度和认知度的美誉度，说明该品牌的口碑很好，具有一定的自传播率，全国总人口指标与目标消费者比率正常，是一个略有区域特征的全国性品牌（表4-27）。

表 4－27　影儿的品牌质量比值分析表

品牌	品牌信息总量（比特）	信息基本量（比特）	品牌信息基本量的贡献率（%）	品牌信息质的贡献率（%）	品牌信息质量比值
影儿	186 648 436.1	166 846 607.9	89.39	10.61	0.12

4. 品牌信息平均值分析　影儿品牌信息均值比是 15.36，是本次调研的品牌当中信息均值比最高的品牌，专业品牌特征非常明显，有可能是在传播中做到了精准营销或其他途径导致了目标消费者的信息量远高于对全国人口的平均信息量，是个专业性很强的品牌。在所调研的城市当中，影儿在深圳的指标明显高于其他城市，仍存有较强的区域特征，尽管全国性指标已经达到较高水平，但区域性仍没有完全消失，这是一个专业化程度很高、有区域品牌向全国性品牌过渡期的中等略偏小规模的品牌类型。综上分析不足以支撑大规模的扩张（表4－28）。

表 4－28　影儿的品牌信息均值分析表

品牌	全国人口平均信息量（比特/人）	目标人群（人）	目标消费者平均信息量（比特/人）	信息均值比
影儿	0.141 032	86 168 931	2.166 075 799	15.36

5. 品牌信息的稳定性分析　影儿品牌的品牌稳定性指数是 4.72，属于弱稳定性的品牌类型，该品牌应对风险能力较弱，但由区域品牌向全国性品牌过渡，即使不失去专业性，其品牌指标结构也会发生较大幅度的变动，稳定性不强是正常的，一般都会出现一段时期品牌结构失稳的状态，同时也会出现信息有效间隔缩短的现象，使得企业品牌运营的费用增加。综合分析，该品牌仍是一个处于成长后期向成熟期过渡的品牌发展阶段，是一个全国性专业经营的中等偏小规模的品牌（表 4－29）。

表 4－29　影儿的品牌稳定性分析表

品牌	$N(E)$ 函数值	品牌衰减系数	品牌信息的衰减速率	品牌稳定性指数
影儿	15.037 59	0.066 55	$0.066\ 55^t$	4.72

八、玛丝菲尔

1. 品牌简介　玛丝菲尔时装有限公司是恩情投资发展有限公司旗下负责时装品牌营运管理的机构，公司管理的女装品牌有 Marisfrolg 和 Masfer. su。

在中国本土女装品牌成长与壮大的十几年历史中，玛丝菲尔与众多本土品牌一起，在面对本身基础薄弱和国际知名品牌巨大竞争压力的恶劣环境时，不惧艰难，努力耕耘，终于杀出了一条“血路”，奠定了中国本土时装品牌在中国市场上的主流地位，玛丝菲尔时装有限公司伴随着中国本土女装品牌从无到有，从弱到强，从边缘到主流的过程中，发展成一家具有较高专业声誉，较强经营实力的品牌管理机构。

品牌定位：30～50岁，具有一定文化修养和社会地位，品味高雅，既时尚又含蓄的成熟女性。

品牌精神：优雅，大气，经典，时尚，既渗透着国际最新的时尚元素，又适应亚洲女性体型特征和审美习俗，每一季的线条、色彩，用材都是经过了千锤百炼，用心良苦，每一季的产品都浑然天成，给人新的惊喜。最大的魔力是深深地理解成熟女性体型变化特点，用巧夺天工的线条抹去岁月的痕迹，让人瞬间焕发出青春的活力和优雅时尚的仪态。

2. 数据汇总 见表4-30。

表4-30 玛丝菲尔品牌的基础数据和基础指标汇总表

地区	类别	人口数（万人）	知名度（%）	认知度（%）	美誉度（%）	忠诚度（%）	品牌信息量估值（万比特）
北京	城市总人口	1 961.240 0	5.29	2.35	0	0.59	109.639 62
	目标消费者	461.224 8	6.90	3.45	0	3.45	35.298 90
成都	城市总人口	1 404.760 0	6.31	3.15	5.00	0.24	98.650 29
	目标消费者	330.357 4	10.42	5.21	0	0.28	41.067 48
深圳	城市总人口	1 035.790 0	16.51	7.61	30	1.14	246.608 10
	目标消费者	243.586 7	17.67	8.95	38.18	1.75	63.438 96
西安、济南	城市总人口	1 528.180 0	4.04	1.01	0	0	61.302 39
	目标消费者	359.382 1	0	0	0	0	0
南昌	城市总人口	504.260 0	7.89	1.32	50	0.35	47.212 91
	目标消费者	118.573 9	8.33	4.17	50	1.11	11.953 90
太原	城市总人口	420.160 0	6.60	2.36	0	0	29.318 08
	目标消费者	98.809 0	9.52	4.76	0	0	11.020 59
阳泉	城市总人口	136.850 0	4.70	2.01	50.00	0.67	7.881 56
	目标消费者	32.183 0	3.70	1.85	50.00	1.23	1.301 84
嘉祥	城市总人口	87.230 0	0	0	0	0	0
	目标消费者	20.513 9	0	0	0	0	0
全国	总人口	132 344.720 0	6.21	2.1	18.8	0.28	9 483.205 82
	目标消费者	31 122.998 5	6.21	3.11	19.1	0.69	2 347.855 64

3. 品牌质量分析 玛丝菲尔品牌的信息质量比值为0.04，品牌信息总量不足1亿比特，属于质量一般的小规模品牌，虽然知名度和认知度都很低，却获得了较高的美誉度，信息量指标间关系松散，认知度明显低，较高的口碑可能来自营销过程中消费者的消费体验，自然积累获得，基础指标中看不出大规模有效运作品牌的痕迹。目标人群指标对全国指标的比率正常，该品牌的产品或服务还是受到直接消费者的高度认可。总体来看，品牌质量处于较低水平，较高美誉度指标可能是来自设计开发、产品及服务质量等其他方面在营销过程中自然获得（表4－31）。

表4－31 玛丝菲尔的品牌质量比值分析表

品牌	品牌信息总量（比特）	信息基本量（比特）	品牌信息基本量的贡献率（%）	品牌信息质的贡献率（%）	品牌信息质量比值
玛丝菲尔	94 832 058.2	90 852 011.9	95.80	4.20	0.04

4. 品牌信息平均值分析 玛丝菲尔品牌信息均值比是4.25，具有专营模式的特征，该品牌在深圳的指标远高于其他地区，是一个典型的区域品牌，综合质量分析来看，该品牌应该是一个处在成长期内采用专营模式经营的中小规模区域品牌。不具备跨行业延伸和扩张的条件（表4－32）。

表4－32 玛丝菲尔的品牌信息均值分析表

品牌	全国人口平均信息量（比特/人）	目标人群（人）	目标消费者平均信息量（比特/人）	信息均值比
玛丝菲尔	0.071 655	311 229 985	0.304 700 905	4.25

5. 品牌信息的稳定性分析 玛丝菲尔品牌的品牌稳定性指数是6.85，属于一般偏上的稳定性水平，具有一定的抗风险抗衰减的能力，原因可能是其目标人群比较集中，且获得了一定规模的消费者的口碑，表现出了趋于小众市场发展的倾向。综合分析，该品牌应该是处于成长期内区域性专营经营的中小规模品牌（表4－33）。

表4－33 玛丝菲尔的品牌稳定性分析表

品牌	N（E）函数值	品牌衰减系数	品牌信息的衰减速率	品牌稳定性指数
玛丝菲尔	10.471 2	0.095 563	0.095 563	6.85

九、红袖

1. 品牌简介 红袖女装是杭州市女装开发较早的品牌之一，成立于1995

年，迄今已有700多家专卖店。红袖公司是一家集设计、生产、销售为主营业的女装公司。其中，红袖的英文名称HOPESHOW，寓意一种希望与展示，象征着红袖品牌的美好将来。

品牌定位：25～35岁的大众女性。

品牌理念：品味生活、创造生活。

2. 数据汇总　见表4-34。

表4-34　红袖品牌的基础数据和基础指标汇总表

地区	类别	人口数（万人）	知名度（%）	认知度（%）	美誉度（%）	忠诚度（%）	品牌信息量估值（万比特）
北京	城市总人口	1 961.240 0	18.82	7.35	12.22	1.73	497.460 47
	目标消费者	248.778 4	17.89	7.32	12.86	2.17	61.114 05
成都	城市总人口	1 404.760 0	19.82	9.46	30.00	2.16	428.574 38
	目标消费者	178.190 3	24.14	12.07	50.00	3.68	71.861 18
深圳	城市总人口	1 035.790 0	12.16	4.52	16.43	1.02	154.186 80
	目标消费者	131.387 4	12.33	5.11	18.34	1.14	20.508 83
西安、	城市总人口	1 528.180 0	14.14	6.06	30	2.02	294.011 04
济南	目标消费者	193.845 8	5.41	2.70	50	2.70	12.374 18
南昌	城市总人口	504.260 0	50	23.68	34.44	21.40	584.928 30
	目标消费者	63.957 2	76.92	38.46	40	38.46	145.925 24
太原	城市总人口	420.160 0	5.66	1.89	0	0.94	24.610 04
	目标消费者	53.296 2	11.90	3.57	0	2.38	7.070 91
阳泉	城市总人口	136.850 0	26.85	13.09	22.31	4.07	61.990 51
	目标消费者	17.359 1	28.42	13.68	32.22	4.00	8.549 130 469
嘉祥	城市总人口	87.230 0	16	4	0	0	15.846 18 993
	目标消费者	11.064 9	25	12.50	0	0	4.260 807 168
全国	总人口	132 344.720 0	19.93	8.94	18.87	4.91	46 812.297 61
	目标消费者	16 787.326 2	24.11	11.15	27.01	8.06	8 796.083 74

3. 品牌质量分析　红袖品牌的品牌信息质量比为0.22，总量接近5亿比特，是一个质量优良的中等规模品牌，基础指标偏低，但指标总体结构处于一种比较理想的状态，该品牌属于协调发展的健康品牌类型，是一种成熟早期渐进鼎盛期的品牌（表4-35）。

表 4－35　红袖的品牌质量比值分析表

品牌	品牌信息总量（比特）	信息基本量（比特）	品牌信息基本量的贡献率（%）	品牌信息质的贡献率（%）	品牌信息质量比值
红袖	468 122 976.1	382 648 192.1	81.74	18.26	0.22

4. 品牌信息平均值分析　红袖品牌信息均值比是 7.88，目标消费者对此品牌的专业化水平具有很高的认识，是一个典型的专业化品牌，在各项指标中该品牌没有明显的区域特征，应该是一个全国性品牌。不具备跨行业延伸和扩张的条件（表 4－36）。

表 4－36　红袖的品牌信息均值分析表

品牌	全国人口平均信息量（比特/人）	目标人群（人）	目标消费者平均信息量（比特/人）	信息均值比
红袖	0.353 715	167 873 262	2.788 549 948	7.88

5. 品牌信息的稳定性分析　红袖品牌的品牌稳定性指数是 9.93，具有很高的稳定性，衰减速率较缓，有效间隔时间长，对目标消费者具有较强的影响力，抵抗环境风险的能力较强。渐进成熟期的品牌一般都有一个较好的品牌指标结构，而且能够具有较强的稳定性，如果该品牌信息总量能够再扩大而指标结构不变，则会进入鼎盛期，成为一个很有价值的优质品牌。综合分析，该品牌处于成熟早期，是一个全国性专业经营的中等规模品牌（表 4－37）。

表 4－37　红袖的品牌稳定性分析表

品牌	*N*（*E*）函数值	品牌衰减系数	品牌信息的衰减速率	品牌稳定性指数
红袖	7.404 665	0.136 536	$0.136\ 536^{t}$	9.93

十、千百惠

1. 品牌简介　公司自 1996 年创立以来，现已拥有千百惠、布根香两大女装品牌。销售总部位于新杭派服饰城三楼，总面积逾 2 000 米^2，是中国服装第一街——四季青服装批发市场展示面积最大的服装企业，内设千百惠缤纷之美广场、品牌策划部、市场推广部、产品质检部、电子商务部、专卖店展示道具设计中心等项目。

品牌定位：20～45 岁都市女性。

品牌理念：缤纷之美，精致生活。

2. 数据汇总 见表4-38。

表4-38 千百惠品牌的基础数据和基础指标汇总表

地区	类别	人口数（万人）	知名度（%）	认知度（%）	美誉度（%）	忠诚度（%）	品牌信息量估值（万比特）
北京	城市总人口	1 961.240 0	23.53	8.53	11.43	2.63	647.282 192 9
	目标消费者	337.982 9	29.41	10.29	13.33	2.03	152.403 203 9
成都	城市总人口	1 404.760 0	17.12	6.31	25.00	1.02	325.026 663 9
	目标消费者	242.084 0	22.58	8.87	25.00	1.83	79.109 055 68
深圳	城市总人口	1 035.790 0	22.84	8.45	25.93	1.92	346.953 270 8
	目标消费者	178.499 0	22.90	8.48	34	1.41	59.393 334 66
西安、济南	城市总人口	1 528.180 0	33.33	12.12	36.67	1.28	874.074 423 6
	目标消费者	263.353 2	32.43	13.51	0	0.36	135.658 944 5
南昌	城市总人口	504.260 0	26.32	6.58	50	2.63	196.658 975
	目标消费者	86.890 3	28.57	10.71	50	7.14	38.229 775 73
太原	城市总人口	420.160 0	26.42	9.91	11.00	1.26	163.046 043 3
	目标消费者	72.406 7	25.53	8.51	3.33	0.85	25.391 987 36
阳泉	城市总人口	136.850 0	26.85	13.09	20.00	1.61	61.524 089 62
	目标消费者	23.583 5	30.00	14.55	25.00	2.06	12.440 665 84
嘉祥	城市总人口	87.230 0	4	2	50	4	4.273 623 825
	目标消费者	15.032 5	16.67	8.34	50	16.67	3.559 663 18
全国	总人口	132 344.720 0	27.16	10.17	26.33	1.68	56 599.990 02
	目标消费者	22 806.757 6	28.3	11.26	17.16	2.25	9 997.618 515

3. 品牌质量分析 千百惠品牌的质量比值为0.04，品牌信息总量达到5亿比特以上，属于质量一般的中等偏大规模的品牌，该品牌拥有较高的知名度和美誉度，但认知度偏低，忠诚度几乎没有，消费者对该品牌的偏好还没有形成。全国调研的样本城市水平接近，是一个全国性品牌，该品牌信息量的主要贡献来自于品牌基本量，原因在于消费者对该品牌的认知度较低，影响了品牌的自传播率，同时也使得重复购买率降低，导致忠诚度偏低，整体看品牌质量虽然优于同行业平均水平，但还是存在品牌信息指标结构不协调的问题，目标消费者指标与全国指标接近，甚至在美誉度指标上低于全国指标，说明该品牌的直接消费者中有部分消费者对该品牌的产品或服务是不满意的，建议企业查清原因，防微杜渐。可见，该品牌的销售更倚重渠道或促销、设计新产品等，而不是品牌。虽然品牌信息量角度知名

度也较高，但仍是一个成长后期的品牌（表 4－39）。

表 4－39　千百惠的品牌质量比值分析表

品牌	品牌信息总量（比特）	信息基本量（比特）	品牌信息基本量的贡献率（%）	品牌信息质的贡献率（%）	品牌信息质量比值
千百惠	565 999 900.2	543 723 910.6	96.06	3.94	0.04

4. 品牌信息平均值分析　千百惠品牌信息均值比是 5.80，消费者人均信息量比全国水平高出 5.8 倍，未能到达专业品牌的水平，但表现出了较强的专营品牌特征，该品牌的运营应该是围绕着专营模式展开的。该品牌不具备大幅度扩张和跨行业延伸的条件（表 4－40）。

表 4－40　千百惠的品牌信息均值分析表

品牌	全国人口平均信息量（比特/人）	目标人群（人）	目标消费者平均信息量（比特/人）	信息均值比
千百惠	0.427 671	228 067 576	2.481 720 156	5.80

5. 品牌信息的稳定性分析　千百惠品牌的品牌稳定性指数是 6.14，属于一般偏上稳定性的品牌。有效间隔时间较短，对目标消费者具有一定的影响力，有一定的抵抗环境风险能力。成长后期的品牌在向成熟期渐进的过程中会有一个较好的品牌指标结构，且质量向好的过程，而且能够具有较强的稳定性。综合分析，该品牌处于成长后期，是一个全国性专营经营的中等偏大规模品牌（表4－41）。

表 4－41　千百惠的品牌稳定性分析表

品牌	*N*（*E*）函数值	品牌衰减系数	品牌信息的衰减速率	品牌稳定性指数
千百惠	11.655 01	0.085 966	0.085 966	6.14

十一、秋水伊人

1. 品牌简介　秋水伊人是浙江印象实业股份有限公司旗下的主打品牌。秋水伊人品牌名称源自于《诗经》中的诗句“蒹葭苍苍，白露为霜。所谓伊人，在水一方。”这句优美诗句，描述人们对美好爱情的执著追求、但又可望而不可及的惆怅心情。演绎到现代的“秋水伊人”女性，就是一群知性、追求浪漫、关注时尚的都市女性，秋水伊人女装通过优雅的设计、浪漫的色彩，演绎都市女性时尚经典而又精致优雅的着衣风格。

品牌定位：20～42 岁都市女性。

品牌理念：精确定位，高效传播，区隔延伸，细心维护。

2. 数据汇总　见表 4－42。

表 4－42　秋水伊人品牌的基础数据和基础指标汇总表

地区	类别	人口数（万人）	知名度（%）	认知度（%）	美誉度（%）	忠诚度（%）	品牌信息量估值（万比特）
北京	城市总人口	1 961.24	56.47	24.71	26.10	9.33	2 559.439 337
	目标消费者	157.374 8	64.29	25.00	28.33	24.29	229.820 743 4
成都	城市总人口	1 404.760 0	52.25	25.68	14.29	11.11	1 667.521 281
	目标消费者	112.721 5	74.29	35.71	18.00	18.67	237.997 314 7
深圳	城市总人口	1 035.790 0	43.48	21.03	25.05	6.32	951.519 684 6
	目标消费者	83.114 4	50.15	24.48	34.29	8.42	95.099 342 28
西安、	城市总人口	1 528.180 0	40.40	18.69	12.50	4.24	1 180.273 089
济南	目标消费者	122.625 0	33.33	16.67	0	0	71.072 346 6
南昌	城市总人口	504.260 0	60.53	30.26	40	13.86	830.148 054 5
	目标消费者	40.458 7	87.50	43.75	40	39.17	113.492 343
太原	城市总人口	420.160 0	43.40	20.75	6.67	9.18	360.310 352 7
	目标消费者	33.714 7	75.00	35.94	6.67	18.54	71.106 699 42
阳泉	城市总人口	136.850 0	70.47	34.90	14.75	7.65	263.875 058 8
	目标消费者	10.981 2	81.82	40.91	13.18	13.21	27.351 897 88
嘉祥	城市总人口	87.230 0	44	22	34	6.13	85.481 480 57
	目标消费者	6.999 6	50	25	75	6.67	8.471 738 36
全国	总人口	132 344.720 0	51.4	24.78	17.21	8.29	158 639.989 5
	目标消费者	10 619.505 2	66.1	32.16	15.29	15.84	19 402.260 58

3. 品牌质量分析　秋水伊人品牌的信息质量比值为 0.05，品牌信息总量 15 亿比特以上，是一个大规模品牌。该品牌信息量主要来自高知名度和较高的认知度，品牌结构是一种逐次下降结构，曾经有过高密度传播活动的痕迹，该品牌美誉度在指标中略偏低，反映出该企业在品牌建设过程中存有重名轻誉的倾向。美誉度的不足，尤其是在目标人群的美誉度上明显不足，影响了整体的品牌质量，使得品牌信息量绝大多数依靠量的增加，而质的贡献率仅为 4.8%，信息质量比值很低。该品牌其他指标间的关系比率基本处于合理区间，基本还属于发展健康的成熟期品牌。目标消费者重复购买率较高，可见该品牌的产品质量受到部分目标消费者的钟爱，但建议在品牌管理方面着重于目标消

费者的自传播率，选择有利于目标消费者自我传播的传播方式，可以快速提高品牌的整体质量（表 4－43）。

表 4－43　秋水伊人的品牌质量比值分析表

品牌	品牌信息总量（比特）	信息基本量（比特）	品牌信息基本量的贡献率（%）	品牌信息质的贡献率（%）	品牌信息质量比值
秋水伊人	1 586 399 895	1 510 341 450	95.2	4.8	0.05

4. 品牌信息平均值分析　秋水伊人品牌信息均值比是 12.46，目标消费者指标对全国人口指标的优势也比较明显，专业化品牌的特点比较明显，目标消费者的信息量很高，说明该品牌的定位精准，传播效率高且准确。该品牌没有区域特征，是一个全国性品牌。具备了扩张基础但不具备跨行业延伸的条件（表 4－44）。

表 4－44　秋水伊人的品牌信息均值分析表

品牌	全国人口平均信息量（比特/人）	目标人群（人）	目标消费者平均信息量（比特/人）	信息均值比
秋水伊人	1.198 688	106 195 052	14.938 54 813	12.46

5. 品牌信息的稳定性分析　秋水伊人品牌的品牌稳定性指数是 5.51，是一般偏弱稳定性，应当是处在成熟早期，该品牌指标是一种刚刚完成了由成长期向成熟期过渡的典型，稳定性在回稳过程中。虽然信息质量比指标明显低，但也是一个具有良好基础的优质品牌。综合分析，该品牌处于成熟早期，是一个全国性专业经营的大规模品牌（表 4－45）。

表 4－45　秋水伊人的品牌稳定性分析表

品牌	*N*（*E*）函数值	品牌衰减系数	品牌信息的衰减速率	品牌稳定性指数
秋水伊人	13.080 44	0.077 387	0.077 387′	5.51

十二、优美世界

1. 品牌简介　优美世界隶属于万象锦程服饰（深圳）有限公司，于 1996 年创立，是集服装设计、生产、销售、品牌管理于一体的大型服饰品牌管理企业。企业总部设于深圳，旗下经营管理有由香港及国内知名设计师设计的：umisky－Ladies（优美世界）、Finette selection（纷丽）、umisky－Young、umisky－Tng 4 个女装品牌。企业现有员工已逾 1 800 人，年服装产量 200 万件，实现年销售额超过5亿元。

万象锦程公司以独特的营销模式和先进的网络资讯管理吸引了250多位加盟商倾情加盟。企业在全国成功的拥有550多家直营专卖店，网络分布在华南、华东、华中、西南、西北、华北、东北等地区。企业以准确的市场定位、稳健的开拓步伐、独特的经营方式、良好的商业信誉吸引着越来越多的有识之士关注、加盟。

品牌定位：20～49岁女性。

品牌理念：在这个优美世界中，每一位女性都是造物主的恩宠，不论20岁、30岁、40岁，每一个阶段都有独特之美，青春活泼、甜美俏丽、知性温柔、优雅浪漫、美丽需要用心营造，给合适的时间，于恰当的地点，就会成为完美的服装。

2. 数据汇总　见表4-46。

表4-46　优美世界品牌的基础数据和基础指标汇总表

地区	类别	人口数（万人）	知名度（%）	认知度（%）	美誉度（%）	忠诚度（%）	品牌信息量估值（万比特）
北京	城市总人口	1 961.240 0	1.76	0.29	0	0	33.090 076 27
	目标消费者	246.579 4	0	0	0	0	0
成都	城市总人口	1 404.760 0	1.80	0.90	0	0	24.974 578 22
	目标消费者	176.615 2	2.56	1.28	0	0	4.547 568 16
深圳	城市总人口	1 035.790 0	16.26	7.29	32.41	2.40	241.940 753 9
	目标消费者	130.226	16.99	7.74	33.33	2.57	30.809 436 32
西安、济南	城市总人口	1 528.180 0	1.01	0	0	0	14.582 972 41
	目标消费者	192.132 3	0	0	0	0	0
南昌	城市总人口	504.260 0	7.89	2.63	10	0.35	43.990 533 01
	目标消费者	63.391 8	0	0	0	0	0
太原	城市总人口	420.160 0	1.89	0.94	0	0	7.858 453 557
	目标消费者	52.825 1	2.70	1.35	0	0	1.439 304 747
阳泉	城市总人口	136.850 0	2.01	1.01	0	0.89	2.731 256 078
	目标消费者	17.205 6	2.86	1.43	0	0.19	0.498 449 957
嘉祥	城市总人口	87.230 0	0	0	0	0	0
	目标消费者	10.967 1	0	0	0	0	0
全国	总人口	132 344.720 0	3.36	1.29	3.28	0.35	5 092.810 444
	目标消费者	16 638.924 2	2.3	1.11	1.84	0.18	446.288 721

3. 品牌质量分析 优美世界品牌的信息质量比值为0.08，品牌质量处于较好水平，但总量太低，属于小规模品牌，原因是除在深圳具有一定的知名度外，在其他城市知名度很低，这是个典型的区域品牌。全国指标看，该品牌还没有形成品牌指标结构，各项指标均很低，没有过大规模有效运作品牌的痕迹，不具有对消费者的影响力，只是在深圳具有比较完整的指标结构，单看所在地深圳的指标，该品牌还是个不错的品牌，有一定的知名度和高美誉度，说明该品牌的产品受到深圳消费者的认可，形成了较好的口碑效应，处于完成导入期进入成长早期的阶段（表4-47）。

表4-47 优美世界的品牌质量比值分析表

品牌	品牌信息总量（比特）	信息基本量（比特）	品牌信息基本量的贡献率（%）	品牌信息质的贡献率（%）	品牌信息质量比值
优美世界	50 928 104.44	47 319 004.81	92.91	7.09	0.08

4. 品牌信息平均值分析 优美世界品牌信息均值比是7.95，专业化特征明显，是一个专业品牌。区域特征也非常明显，消费者也比较集中，但没有在目标消费者中获得足够的美誉度，目标消费者指标比全国指标还要低。使得该品牌未能形成高质量专业品牌应有的小众高密度的局面（表4-48）。

表4-48 优美世界的品牌信息均值分析表

品牌	全国人口平均信息量（比特/人）	目标人群（人）	目标消费者平均信息量（比特/人）	信息均值比
优美世界	0.038 481	166 389 242	0.306 078 108	7.95

5. 品牌信息的稳定性分析 优美世界品牌的品牌稳定性指数是0.64，该品牌还没有形成对目标消费者消费偏好的影响力，品牌指标结构松散不稳定，抗风险能力低。经由导入期刚刚进入成长早期的品牌发展迅速，极易造成品牌各项指标间的失衡，该品牌的有效信息过于集中致使该品牌的经营面临很高的风险。衰减系数很低则表明品牌信息有效间隔时间很短，品牌信息衰减速度快，为了维持品牌和营销，需要高密度的信息传播，企业的品牌运营成本和营销成本会为此居高不下。综合分析，该品牌处于成长早期，是区域性专业化经营的小规模品牌（表4-49）。

表4-49 优美世界的品牌稳定性分析表

品牌	$N(E)$函数值	品牌衰减系数	品牌信息的衰减速率	品牌稳定性指数
优美世界	108.695 7	0.009 2	0.009 2′	0.64

十三、娜尔思

1. 品牌简介　娜尔思隶属于深圳市赢家服饰有限公司，创立于1994年年底，是一家具有独特品牌文化理念、先进研发设计中心、现代化生产基地、健全营销服务系统、高效物流配送和网络管理体系的著名时尚服饰公司。为满足中国盛年女性不同生活方式及多样化着装风格的需求，赢家服饰与欧洲知名设计师联手，分别创立、引进合作及引进代理了四个知名女装品牌：包括“自信相随”的NAERSI（娜尔思）品牌、“优雅高贵”的NAERSI GC（娜尔思金标）品牌、“独立自由”的NAERSILING（恩灵）品牌、“智慧独立”的NEXY. CO（奈蔻）品牌。这四个品牌各有定位和特色，适合风格各异的盛年女性出席不同场合穿着，满足她们不同的审美情趣。

品牌理念：为成年女性装饰美丽、装扮年轻、装点自信成功的人生。

2. 数据汇总　见表4-50。

表4-50　娜尔思品牌的基础数据和基础指标汇总表

地区	类别	人口数（万人）	知名度（%）	认知度（%）	美誉度（%）	忠诚度（%）	品牌信息量估值（万比特）
北京	城市总人口	1 961.240 0	5.29	0.29	10.00	0.08	102.763 76
	目标消费者	333.584 9	12.50	2.08	0	0	43.529 05
成都	城市总人口	1 404.760 0	1.80	0.90	0	0	24.974 58
	目标消费者	238.933 9	2.33	1.16	0	0	5.567 62
深圳	城市总人口	1 035.790 0	8.13	1.61	32.50	0.40	95.665 73
	目标消费者	176.176 2	7.28	1.82	7.50	0.55	13.404 36
西安、	城市总人口	1 528.180 0	6.06	1.01	0	1.01	91.953 60
济南	目标消费者	259.926 2	0	0	0	0	0
南昌	城市总人口	504.260 0	5.26	0	0	0	25.060 54
	目标消费者	85.759 6	0	0	0	0	0
太原	城市总人口	420.160 0	5.67	2.36	0	0	25.186 89
	目标消费者	71.464 5	10.00	5.00	0	0	8.454 34
阳泉	城市总人口	136.850 0	17.45	7.05	7.50	0.36	31.342 01
	目标消费者	23.276 6	25.97	11.04	10.00	0.35	9.589 49
嘉祥	城市总人口	87.230 0	4	0	0	0	3.296 67
	目标消费者	14.836 8	0	0	0	0	0
全国	总人口	132 344.720 0	7.93	2.36	3.77	0.33	11 990.688 10
	目标消费者	22 509.974 0	8.84	3.72	2.33	0.1	2 768.737 05

3. 品牌质量分析 娜尔思品牌的质量比值为0.02，品牌信息总量过亿比特，是个中等偏小规模的品牌，全国指标看，各项指标均较低，还没有形成有效的指标结构，不具备对消费者的影响力。目前的品牌信息的指标结构还存在比率失调的问题，是一个刚刚完成导入期进入成长早期阶段的品牌，品牌仍然存在长期面对很多不确定因素的高风险（表4－51）。

表4－51 娜尔思的品牌质量比值分析表

品牌	品牌信息总量（比特）	信息基本量（比特）	品牌信息基本量的贡献率（%）	品牌信息质的贡献率（%）	品牌信息质量比值
娜尔思	119 906 881	117 406 237	97.91	2.09	0.02

4. 品牌信息平均值分析 娜尔思品牌信息均值比是5.88，仅从这个指标看，有专营特征，但全国认可平均信息量和目标人口平均信息量值都过小，无法反映出该品牌的市场发展倾向，不能确定是否是以小众市场为目标，在调研的城市中没有明显的区域特点。不具备进行品牌延伸的能力和扩张基础（表4－52）。

表4－52 娜尔思的品牌信息均值分析表

品牌	全国人口平均信息量（比特/人）	目标人群（人）	目标消费者平均信息量（比特/人）	信息均值比
娜尔思	0.090 602	225 099 740	0.532 683 339	5.88

5. 品牌信息的稳定性分析 娜尔思品牌的品牌稳定性指数是0.81，属于稳定性极弱的类型。该品牌基本没有抗风险的能力，有效信息的间隔周期短，若要发展品牌经营，需要很高的投入。综合分析，该品牌处于刚刚进入成长期早期的阶段，是全国性专营经营的中小规模品牌（表4－53）。

表4－53 娜尔思的品牌稳定性分析表

品牌	$N(E)$ 函数值	品牌衰减系数	品牌信息的衰减速率	品牌稳定性指数
娜尔思	85.836 91	0.011 65	0.011 65ᵗ	0.81

十四、淑女屋

1. 品牌简介 中国深圳淑女屋服饰有限公司秉承“美好女人的一生”的经营理念，主营淑女屋品牌系列服饰及床上用品，集设计、制造、营销为一体；建有3家大型服装生产制造加工厂，拥有一大批专业精英人才，具有深厚的企业文化底蕴。

淑女屋风格独特，品质优秀，在同类品牌中独树一帜，成为年轻女性们的拥戴品牌。

淑女屋服饰有限公司作为一家集设计、生产与销售为一体的、以“淑女屋”为主导品牌的著名服装企业，旗下拥有童装“小淑女和约翰”、青春女装“淑女屋”、高级成衣“Fairyfair”、男女休闲装“自然元素”、淑女屋床上用品等品牌。

淑女屋品牌自创立以来，以独特的风格、高雅的品位、优秀的产品、体贴的服务，在服装界一直处于领先的地位，颇受消费者的青睐。经过多年的发展，淑女屋在全国大中城市拥有近 500 余家专柜和专卖店，拥有数万 VIP 卡顾客和良好的市场美誉度。2004 年，公司实施多元化、多品牌经营战略，致力于帮助人们实现“美好女人的一生”。公司分别在深圳、武汉两地设有三处生产基地；同时在成都、重庆、北京、上海、广州、长沙、青岛、武汉、大连、西安分别设立了分公司。

2. 数据汇总 见表 4－54。

表 4－54 淑女屋品牌的基础数据和基础指标汇总表

地区	类别	人口数（万人）	知名度（%）	认知度（%）	美誉度（%）	忠诚度（%）	品牌信息量估值（万比特）
北京	城市总人口	1 961.240 0	47.65	23.53	25.61	12.39	2 099.104 981
	目标消费者	207.761 5	53.39	26.27	25.31	13.16	257.674 849 7
成都	城市总人口	1 404.760 0	56.76	28.38	23.33	16.52	1 976.478 269
	目标消费者	148.811 5	69.57	34.78	13.13	21.59	278.088 809
深圳	城市总人口	1 035.790 0	65.68	33.42	26.70	15.68	1 883.289 561
	目标消费者	109.725 1	67.39	33.26	28.28	15.85	198.611 090 2
西安、	城市总人口	1 528.180 0	38.38	17.17	31.25	10.03	1 145.108 536
济南	目标消费者	161.885 8	55.22	24.63	31.25	14.83	200.405 973 8
南昌	城市总人口	504.260 0	34.21	17.11	50	13.16	357.514 381 9
	目标消费者	53.412 3	40	20	83.33	30	44.563 88 668
太原	城市总人口	420.160 0	14.15	6.13	5.00	2.14	74.745 545 4
	目标消费者	44.509 1	32.35	13.24	10.00	5.88	25.412 922 17
阳泉	城市总人口	136.850 0	34.23	17.11	21.67	1.66	88.493 476 75
	目标消费者	14.497 0	39.74	10.40	28.75	2.48	0.089 464 223

（续）

地区	类别	人口数（万人）	知名度（%）	认知度（%）	美誉度（%）	忠诚度（%）	品牌信息量估值（万比特）
嘉祥	城市总人口	87.230 0	16	8	50	4.53	21.792 204 97
	目标消费者	9.240 6	50	25	50	28.33	10.444 188 15
全国	总人口	132 344.720 0	32.6	15.59	24.51	7.3	86 929.922 57
	目标消费者	14 019.534 7	44.68	18.99	31.95	12.64	11 348.645 59

3. 品牌质量分析 淑女屋品牌的信息质量比值为0.13，品牌信息总量达到869 299 225.7比特，是一个质量较好的大规模品牌，该品牌的基础指标较好，且各项指标之间的比率关系均处于合理区间，有较高的知名度，与之匹配的认知度以及高自传播率，形成了明显的口碑效应，目标消费者的指标更显优秀，有一定的忠诚度，在一定程度上形成了消费者对品牌的偏好，重复购买率较高。该品牌指标结构合理，具有良好的成长性和发展空间，是一个质量优良的品牌（表4－55）。

表4－55 淑女屋的品牌质量比值分析表

品牌	品牌信息总量（比特）	信息基本量（比特）	品牌信息基本量的贡献率（%）	品牌信息质的贡献率（%）	品牌信息质量比值
淑女屋	869 299 225.7	770 468 183.6	88.63	11.37	0.13

4. 品牌信息平均值分析 淑女屋品牌信息均值比是9.44，目标消费者的信息指标相对于全国指标的水平的优势明显，反映出这是一个专业品牌，消费者对其高度专业化的品牌信息有着很高的认可程度，而且该品牌在所有调研城市的指标接近，没有区域特征，是一个全国性的品牌，已经进入了发展的成熟期，品牌对企业营销、内部管理和终端服务水平的作用已经非常明显（表4－56）。

表4－56 淑女屋的品牌信息均值分析表

品牌	全国人口平均信息量（比特/人）	目标人群（人）	目标消费者平均信息量（比特/人）	信息均值比
淑女屋	0.656 845	140 195 347	6.200 628 226	9.44

5. 品牌信息的稳定性分析 淑女屋品牌的品牌稳定性指数是11.96，是一个相当稳定的品牌，品牌信息衰减速率缓慢，信息有效间隔期长，使得维护品牌的费用较低，综合分析，该品牌处在成熟早期向鼎盛期发展的阶段，是一个

质量优良的全国性专业经营的大规模品牌（表 4－57）。

表 4－57　淑女屋的品牌稳定性分析表

品牌	*N*（*E*）函数值	品牌衰减系数	品牌信息的衰减速率	品牌稳定性指数
淑女屋	6.259 781	0.163 042	$0.163\ 042^t$	11.96

十五、朗姿

1. 品牌简介　朗姿股份有限公司是中国高端女装国内 A 股第一家上市公司，是一家通过时尚产业，创造美丽，引领女性成就者着装并帮助人们成就美丽人生的时装公司。专业化的管理机制，国际化的研发设计，现代化的生产物流，现已发展为多品牌运作的现代化时装集团公司。旗下有朗姿（LANCY FROM25）、莫佐（MOJO S. PHINE）、莱茵（LIME FLARE）、玛丽安玛丽（marie n°mary）、JIGOTT、LIAA 等品牌，多品牌运作格局，分别诠释着朗姿对时尚的不同理解，实现了顾客群体全面覆盖，满足不同年龄层女性的时尚需求。

品牌定位：引领女性成就者着装品位的高级时装。

品牌内涵：高贵、优雅、自然、浪漫，演绎由内而外的美丽内外合一的女性成熟美。

消费群体：25～50 岁事业有成、追求自我体现的都市成熟女性。

2. 数据汇总　见表 4－58。

表 4－58　朗姿品牌的基础数据和基础指标汇总表

地区	类别	人口数（万人）	知名度（%）	认知度（%）	美誉度（%）	忠诚度（%）	品牌信息量估值（万比特）
北京	城市总人口	1 961.240 0	5.88	3.82	16.67	1.49	137.222 31
	目标消费者	157.374 8	5.00	7.50	50.00	0.59	12.147 49
成都	城市总人口	1 404.760 0	4.50	1.80	0	0	65.146 70
	目标消费者	112.721 5	11.43	4.29	0	0	14.806 23
深圳	城市总人口	1 035.790 0	6.06	1.68	5	0.15	65.389 20
	目标消费者	83.114 4	7.46	2.69	0	0.30	6.652 76
西安、济南	城市总人口	1 528.180 0	3.03	1.01	0	0	45.976 80
	目标消费者	122.625 0	0	0	0	0	0
南昌	城市总人口	504.260 0	13.16	3.95	0	0	75.186 06
	目标消费者	40.458 7	0	0	0	0	0

（续）

地区	类别	人口数（万人）	知名度（%）	认知度（%）	美誉度（%）	忠诚度（%）	品牌信息量估值（万比特）
太原	城市总人口	420.160 0	1.88	0.94	0	0.94	7.816 87
	目标消费者	33.714 7	3.13	1.56	0	0	1.075 47
阳泉	城市总人口	136.850 0	6.04	3.02	30.00	0.76	9.926 20
	目标消费者	10.981 2	5.45	2.73	30.00	2.06	0.680 85
嘉祥	城市总人口	87.230 0	0	0	0	0	0
	目标消费者	6.999 6	0	0	0	0	0
全国	总人口	132 344.720 0	5.12	2.01	6.91	0.49	7 519.677 72
	目标消费者	10 619.505 2	2.9	1.63	8.43	0.44	351.426 71

3. 品牌质量分析 朗姿品牌的信息质量比值仅为 0.01，品牌信息量不足 1 亿比特，是一个质量一般的小规模品牌，各项指标均较小，尤其是目标人群的信息量仅为 3 514 267.1 比特，属于典型的小众市场发展格局的品牌。在知名度和认知度方面，全国指标高于目标消费者，而在美誉度方面全国指标又低于目标消费者，品牌结构微弱松散，没有大规模有效运作品牌的痕迹，是个依靠营销中消费者体验自发形成的指标。总体看，该品牌是一个集中于一、二线城市的小众品牌类型，品牌信息结构比较松散，对消费者的影响也十分有限（表 4－59）。

表 4－59 朗姿的品牌质量比值分析表

品牌	品牌信息总量（比特）	信息基本量（比特）	品牌信息基本量的贡献率（%）	品牌信息质的贡献率（%）	品牌信息质量比值
朗姿	75 196 777.17	74 653 559.72	99.28	0.72	0.01

4. 品牌信息平均值分析 朗姿品牌信息均值比是 12.46，是一个专业品牌，是按照消费层次选择目标人群的品牌，小众品牌特征比较明显，但信息质量指标显示它并没有获得目标消费者的高度认同，这对于选择聚焦发展的品牌来说是十分危险的（表 4－60）。

表 4－60 朗姿的品牌信息均值分析表

品牌	全国人口平均信息量（比特/人）	目标人群（人）	目标消费者平均信息量（比特/人）	信息均值比
朗姿	0.056 819	106 195 052	0.708 100 573	12.46

5. 品牌信息的稳定性分析　朗姿品牌的品牌稳定性指数是 2.97，是一个弱稳定性的品牌，该品牌发展周期不明显，过低的基础指标无法判断其所处的发展位置。综合分析，该品牌处于成长期早期，是一个全国性专业经营的小规模品牌（表 4-61）。

表 4-61　朗姿的品牌稳定性分析表

品牌	N（E）函数值	品牌衰减系数	品牌信息的衰减速率	品牌稳定性指数
朗姿	23.724 79	0.042 158	0.042 158′	2.97

十六、例外

1. 品牌简介　例外是广州市例外服饰有限公司的服装品牌，1996 年由设计师毛继鸿与马可创立，是中国国内现存时间最长的设计品牌之一，其秉承创新的价值追求与传承东方文化，一直致力将原创精神转化为独特的服饰文化以及当代生活方式。例外服饰在中国各大城市拥有约 70 多家专卖店，员工约 400 人。

品牌理念：例外为当代中国女性展示一种现代的生活意识：知性而向往心灵自由；独立并且热爱生活；对艺术、文学、思潮保持开放的胸襟；从容面对自己、面对世界，懂得享受生活。

2. 数据汇总　见表 4-62。

表 4-62　例外品牌的基础数据和基础指标汇总表

地区	类别	人口数（万人）	知名度（%）	认知度（%）	美誉度（%）	忠诚度（%）	品牌信息量估值（万比特）
北京	城市总人口	1 961.240 0	4.71	5.29	34.00	0.90	123.555 02
	目标消费者	127.697 3	1.52	1.52	30.00	0.20	2.075 85
成都	城市总人口	1 404.760 0	8.11	4.05	0	0	129.620 04
	目标消费者	91.464 6	9.72	4.86	0	0	10.458 11
深圳	城市总人口	1 035.790 0	6.84	2.32	21.11	5.35	80.111 66
	目标消费者	67.440 8	6.96	2.35	21.11	5.45	5.250 04
西安、济南	城市总人口	1 528.180 0	3.03	1.52	0	0.13	47.101 76
	目标消费者	99.500 6	4.35	2.17	0	0.19	4.536 88

（续）

地区	类别	人口数（万人）	知名度（%）	认知度（%）	美誉度（%）	忠诚度（%）	品牌信息量估值（万比特）
南昌	城市总人口	504.260 0	28.95	14.47	50	0.35	280.924 31
	目标消费者	32.829 0	31.58	18.42	50	0.70	19.995 98
太原	城市总人口	420.160 0	0	0	0	0	0
	目标消费者	27.356 8	0	0	0	0	0
阳泉	城市总人口	136.850 0	0.67	0	0	0	0.866 30
	目标消费者	8.910 4	0.79	0	0	0	0.066 51
嘉祥	城市总人口	87.230 0	4	0	0	0	3.296 67
	目标消费者	5.679 6	9.09	0	0	0	0.487 79
全国	总人口	132 344.720 0	6.07	3.04	10.44	0.43	13 533.031 09
	目标消费者	8 616.893 1	6.75	3.61	10.22	0.46	969.272 61

3. 品牌质量分析 例外品牌的信息质量比值达到0.46的高水平，是本报告女装品牌中信息质量比最高的品牌，略高于最优区间上限0.4，总信息量过亿比特，是一个质量优良的中等偏小规模品牌，整体指标结构的比例也基本合理，属于健康发展的成长期品牌类型，但知名度仅仅为6.07%，认知度仅仅为3.04%，信息总量还是明显偏小，品牌指标中没有大规模运作品牌的痕迹，是一个依靠口碑传播的品牌，这样的品牌发展的上升空间很大，可选择的方向也很多。可能是对目标消费者的选择要求比较高，使得该品牌的目标人群基数较小。对发展的城市也倾向于发达城市，应该说该品牌聚焦小众市场发展的目标十分清晰，目前该品牌应该在成长期，是品质优秀的品牌。质量比超过最优上限也反映出该品牌质有余而量不足的现状，建议企业适时采取一些针对目标人群的聚焦型媒体，进行适度宣传，可以将质量比调整到最优区间，这样品牌发挥的作用更加明显（表4－63）。

表4－63 例外的品牌质量比值分析表

品牌	品牌信息总量（比特）	信息基本量（比特）	品牌信息基本量的贡献率（%）	品牌信息质的贡献率（%）	品牌信息质量比值
例外	135 330 310.9	92 722 393.56	68.52	31.48	0.46

4. 品牌信息平均值分析 例外品牌信息均值比是15.36，是本报告女装品

牌中专业化程度最高的品牌，高度专业化更容易赢得口碑，这也是该品牌在这样低的知名度和信息总量情况下，却有着相对高的美誉度的原因。该品牌不具备进行跨行业延伸的条件（表 4－64）。

表 4－64　例外的品牌信息均值分析表

品牌	全国人口平均信息量（比特/人）	目标人群（人）	目标消费者平均信息量（比特/人）	信息均值比
例外	0.102 256	86 168 931	1.570 523 266	15.36

5. 品牌信息的稳定性分析　例外品牌的品牌稳定性指数是 3.60，属于较弱稳定性的品牌。该品牌抗风险能力较弱，品牌信息衰减速度较快，若要品牌发挥充分的作用，需要较高的投资。在成长期后半期向成熟期过渡的品牌，品牌信息结构都容易失稳，有时是在其他指标配合的情况下，这也是品牌开始走向成熟的一种标志。综合分析，例外品牌有着很好的品牌质量比值、极高的信息均值比值以及其他基本合理的结构，此时出现弱稳定性有可能含有蓄势待发的姿态，或是渐进成熟的开始。该品牌处于成长期正准备向成熟期过渡的阶段，是高度专业化的小众品牌，成长性好，品质优良（表 4－65）。

表 4－65　例外的品牌稳定性分析表

品牌	$N(E)$ 函数值	品牌衰减系数	品牌信息的衰减速率	品牌稳定性指数
例外	19.569 47	0.051 112	0.051 112^t	3.60

十七、白领

1. 品牌简介　白领品牌创立于 20 世纪的最后 6 年，经过 20 年的潜心经营，白领已经成为中国高级成衣的领军品牌。在标新立异的时尚行业中引领潮流风尚，是中国时尚趋势的风向标。白领目前拥有：WHITE COLLAR，Shee's，K.UU，GOLDEN COLLAR 等著名品牌，分别诠释着白领对时尚的不同理解，这也恰恰满足了各种顾客对时尚的个性需要。

品牌定位：文化、时尚、一流。文化，通过服务、产品系列化和店面形象等诸多方面为载体而呈现出来的一种感觉，树立在消费者心里，并融入白领品牌含义之中；时尚，始终与国际时装界的时尚保持稳步，并挖掘潜在的时尚消费；一流，白领品牌无论产品品质、服务水平、品牌形象、销售业绩等皆是一流，并以国际一流品牌的标准要求自己。

消费群体：35～45 岁有知识、有地位且不张扬的女士。

2. 数据汇总 见表 4－66。

表 4－66 白领品牌的基础数据和基础指标汇总表

地区	类别	人口数（万人）	知名度（%）	认知度（%）	美誉度（%）	忠诚度（%）	品牌信息量估值（万比特）
北京	城市总人口	1 961.240 0	8.82	3.24	8.33	0.47	195.385 29
	目标消费者	455.392 6	9.23	6.92	7.50	0.31	56.378 48
成都	城市总人口	1 404.760 0	3.60	1.80	0	0.12	52.117 36
	目标消费者	326.180 0	3.03	1.52	0	0	10.053 56
深圳	城市总人口	1 035.790 0	18.58	6.52	30	0.91	266.504 60
	目标消费者	240.506 6	19.42	6.9	36.36	0.93	63.717 54
西安、济南	城市总人口	1 528.180 0	7.07	1.52	0	0	109.904 12
	目标消费者	354.837 7	10.2	1.45	0	0	36.696 44
南昌	城市总人口	504.260 0	7.89	3.95	0	0	45.077 36
	目标消费者	117.074 5	0	0	0	0	0
太原	城市总人口	420.160 0	8.49	1.89	0	0.13	36.915 03
	目标消费者	97.252 1	7.69	1.92	0	0.26	7.750 07
阳泉	城市总人口	136.850 0	2.68	1.01	0	0.09	3.641 67
	目标消费者	31.776 1	2.44	0.81	0	0.11	0.762 47
嘉祥	城市总人口	87.230 0	4	2	0	0	3.629 11
	目标消费者	20.254 5	0	0	0	0	0
全国	总人口	132 344.720 0	7.32	2.27	2.11	0.13	10 652.002 93
	目标消费者	30 703.007 9	6.61	1.82	2.42	0.16	2 234.762 81

3. 品牌质量分析 白领品牌的信息质量比值为－0.01，总信息量为过亿比特，品牌信息的各项指标均较小，品牌信息质量略低于女装行业的平均水平，是一个中等偏小规模的品牌，在深圳有较高的自传播率，所以出现了较好的口碑效应，但从全国总人口的指标来看该品牌的基础指标均很低，没有形成有效的品牌指标结构，对消费者的影响力很有限，自传播率很低，忠诚度几乎为零，重复购买率很低。总体看这个品牌出现了复杂的信息质量比指标严重失衡的状态，这可能是一个在由区域品牌向全国品牌发展过程中不顺利造成的在成长期即出现衰退的迹象，属于未能顺利过渡的全国性品牌（表 4－67）。

表 4-67　白领的品牌质量比值分析表

品牌	品牌信息总量（比特）	信息基本量（比特）	品牌信息基本量的贡献率（%）	品牌信息质的贡献率（%）	品牌信息质量比值
白领	106 520 029.3	108 029 036.6	—	−1.41	−0.01

4. 品牌信息平均值分析　白领品牌信息均值比是 4.31，是一个专营某大类产品的品牌。该品牌在北京、深圳一线城市有一定的知名度，在二线及二线以下城市的知名度、认知度等基础指标均很低，但它的区域特征不算明显，具有发展某档次或其类型的小众市场格局的倾向，但由于指标过低，该倾向表现的不是很明显。该品牌不具备跨行业延伸的条件（表 4-68）。

表 4-68　白领的品牌信息均值分析表

品牌	全国人口平均信息量（比特/人）	目标人群（人）	目标消费者平均信息量（比特/人）	信息均值比
白领	0.080 487	307 030 079	0.346 936 788	4.31

5. 品牌信息的稳定性分析　白领品牌的品牌稳定性指数是 0.84，属于极弱稳定性的品牌，品牌信息的有效间隔非常短，企业传播品牌需要高度密集的投放。综合分析，该品牌是一个处于成长期停滞的全国性专营品牌，品牌质量状况不佳（表 4-69）。

表 4-69　白领的品牌稳定性分析表

品牌	$N(E)$ 函数值	品牌衰减系数	品牌信息的衰减速率	品牌稳定性指数
白领	82.644 63	0.012 1	0.0121^t	0.84

十八、鄂尔多斯

1. 品牌简介　鄂尔多斯自 1979 年母体企业创立以来，经过 30 多年的高速滚动式发展和新世纪初的大规模产业扩张，现已形成“六大事业板块有序推进、十大主导产业协同发展”的战略格局。集团进入全国 520 户重点企业和中国企业 500 强之列。目前拥有总资产逾 341 亿元，成员企业 126 家，员工 26 000余人。2010 年，随着全球经济的逐渐回暖，集团实现了销售收入 236 亿元、利润 32.88 亿元的良好业绩。“鄂尔多斯”作为中国纺织服装行业第一品牌，以 303.26 亿元的品牌价值连续十几年位居中国最有价值品牌前列。

品牌理念：鄂尔多斯致力于对羊绒材质本质的挖掘，树立了兼具羊绒尊贵气质与时代创新精神的品牌理念。

2. 数据汇总 见表4-70。

表4-70 鄂尔多斯品牌的基础数据和基础指标汇总表

地区	类别	人口数（万人）	知名度（%）	认知度（%）	美誉度（%）	忠诚度（%）	品牌信息量估值（万比特）
北京	城市总人口	1 961.240 0	68.82	39.71	20.80	13.61	4 097.947 65
	目标消费者	1 309.716 1	69.23	26.92	11.67	32.82	2 084.815 75
成都	城市总人口	1 404.760 0	69.37	39.19	23.44	15.56	2 958.244 11
	目标消费者	938.098 7	76.00	42.00	26.25	21.60	2 237.912 63
深圳	城市总人口	1 035.790 0	53.16	23.10	29.92	9.03	1 241.906 82
	目标消费者	691.700 6	64.17	29.68	30.24	12.19	1 108.764 76
西安、	城市总人口	1 528.180 0	53.54	26.77	14	3.10	1 901.526 50
济南	目标消费者	1 020.518 6	50	25	100	50	1 634.616 33
南昌	城市总人口	504.260 0	86.84	28.95	31.11	14.56	1 126.608 83
	目标消费者	336.771 5	100	25	50	18.89	787.965 54
太原	城市总人口	420.160 0	74.53	36.79	14.57	14.21	885.896 58
	目标消费者	280.582 8	85	42.50	14	19.67	747.892 69
阳泉	城市总人口	136.850 0	76.51	40.27	28.18	10.51	328.721 74
	目标消费者	91.388 4	77.78	43.33	37.69	13.48	230.752 29
嘉祥	城市总人口	87.230 0	68	34	41.25	21.60	174.080 99
	目标消费者	58.252 2	100	50	10	6.67	196.473 62
全国	总人口	132 344.720 0	70.1	33.38	21.32	10.78	255 188.413 70
	目标消费者	88 380.836 0	75.6	34.5	45.09	25.64	196 738.555 40

3. 品牌质量分析 鄂尔多斯品牌的信息质量比值为0.03，为一般水平，品牌信息量达到25亿比特以上，是个高知名度、高认知度的大规模品牌，品牌信息指标基本处于合理区间，品牌质量和发展状况基本正常，消费者对这个品牌很熟悉。整体看该品牌结构为逐次下降类型，有曾经大规模运作品牌的痕迹，质与量的关系有些失衡。在知名度和认知度上，目标消费者对全国指标的优势不明显，说明这已经是一个处于成熟期的全国性品牌，具有强大的品牌延伸能力和扩张基础。二者比例关系基本正常，说明该品牌的传播内容和方式基本合理。而目标消费者的忠诚度和美誉度都很高，说明该品牌的产品或服务是受到有过消费体验的直接消费者的高度认可。有着较高的重复购买率。该品牌对消费者的消费习惯有一定的影响，消费者形成了一定的品牌偏好。相对全国指标优势明显，而在70%以上的高知名度下品牌信息量中仅有2.47%的质贡

献率，是全国指标中的美誉度相对较低的缘故，缺乏高自传播率的支持，可能是一个衰退的迹象，这是整体品牌质量比值偏低的主要原因，建议企业关注美誉度变化，采取措施增加自传播率，这个问题不能及时解决的话，会使得该品牌很容易老化（表 4－71）。

表 4－71　鄂尔多斯的品牌质量比值分析表

品牌	品牌信息总量（比特）	信息基本量（比特）	品牌信息基本量的贡献率（%）	品牌信息质的贡献率（%）	品牌信息质量比值
鄂尔多斯	2 551 884 137	2 488 938 632	97.53	2.47	0.03

4. 品牌信息平均值分析　鄂尔多斯品牌信息均值比是 1.50，属于有一定专营某大类产品的品牌，而且很接近大众品牌，从基础指标中也能够直观的看出全国指标和目标消费者的知名度和认知度十分接近，是大众熟悉的行业品牌，而没有明显的区域品牌特征，是一个全国性品牌。该品牌具备了进行跨行业延伸和扩张的基础（表 4－72）。

表 4－72　鄂尔多斯的品牌信息均值分析表

品牌	全国人口平均信息量（比特/人）	目标人群（人）	目标消费者平均信息量（比特/人）	信息均值比
鄂尔多斯	1.928 210	883 808 360	2.887 372 707	1.50

5. 品牌信息的稳定性分析　鄂尔多斯品牌的品牌稳定性指数是 18.04，是稳定性极强类型的品牌，该品牌的信息有效间隔时间长，维护品牌运营的成本低，是一个发展充分的成熟品牌。综合分析，该品牌是个处于成熟后期，开始出现老化迹象的品牌，是一个全国性专营经营的大规模品牌（表 4－73）。

表 4－73　鄂尔多斯的品牌稳定性分析表

品牌	N（E）函数值	品牌衰减系数	品牌信息的衰减速率	品牌稳定性指数
鄂尔多斯	4.435 573	0.239 282	0.239 282	18.04

十九、欧时力

1. 品牌简介　始创于 1999 年的欧时力（Ochirly）品牌，将欧洲时尚带入中国，发动超越常规的混搭概念，以其引领潮流的设计、与众不同的色彩、精致的细节、独特的板型和搭配，让品牌散发着摩登自信、充满魅力、轻松优雅的时尚气质。

品牌定位：在女装市场享有一定的知名度和美誉度的欧时力品牌的目标消费群定位在成熟、自信、独立、高贵、大方的时代女性。她们大多接受过高等教育，接受过高品位的文化熏陶，喜欢不断变化的生活和挑战，有着自己的生活方式以及对于时尚的独到体会和要求，将其品牌时尚、潮流、典雅欧式风情尽情演绎。

品牌理念：为成年女性装饰美丽、装扮年轻、装点自信成功的人生。

2. 数据汇总 见表 4－74。

表 4－74 欧时力品牌的基础数据和基础指标汇总表

地区	类别	人口数（万人）	知名度（%）	认知度（%）	美誉度（%）	忠诚度（%）	品牌信息量估值（万比特）
北京	城市总人口	1 961.240 0	42.35	17.35	43.55	10.08	1 696.382 67
	目标消费者	335.975 1	30.43	17.39	0.55	4.93	181.421 77
成都	城市总人口	1 404.760 0	41.14	20.72	28.46	14.83	1 225.342 94
	目标消费者	240.645 9	65.85	31.71	25.00	29.11	408.990 63
深圳	城市总人口	1 035.790 0	40.26	16.52	35.98	7.48	812.329 61
	目标消费者	177.438 6	45.26	0.81	37.81	11	83.830 19
西安、	城市总人口	1 528.180 0	22.22	8.59	10	1.01	475.058 19
济南	目标消费者	261.788 7	0	0	0	0	0
南昌	城市总人口	504.260 0	28.95	9.21	37.50	10.53	228.323 49
	目标消费者	86.374 1	33.33	16.67	0	11.11	50.061 65
太原	城市总人口	420.160 0	6.60	2.83	5.00	1.07	30.432 407
	目标消费者	71.976 6	8.57	4.29	0	0.38	7.088 655
阳泉	城市总人口	136.850 0	25.50	11.74	18.18	1.57	55.702 35
	目标消费者	23.443 4	20.00	8.67	22.00	0.89	6.819 14
嘉祥	城市总人口	87.230 0	8	4	0	0	7.923 09
	目标消费者	14.943 2	0	0	0	0	0
全国	总人口	132 344.720 0	22.04	8.92	17.95	3.8	46 997.109 67
	目标消费者	22 671.274 0	17.24	7.24	7.07	3.67	6 233.077 61

3. 品牌质量分析 欧时力品牌的信息质量比值为 0.11，属于较高的质量水平，品牌信息总量达到了中等规模水平，品牌质量也处在较为健康的中等水平区间。但这个品牌有些特殊，全国人口的信息量指标明显高于目标消费者的信息量指标，却在非目标消费者中获得了较高的美誉度。如果仅仅是目标人群

的美誉度低于全国总人口美誉度指标，有可能是个危险信号。但该品牌的知名度、认知度均出现目标人群指标低于全国人口指标的现象，可能是在选用传播工具和主要途径上没有选择常规的广告和公共关系，而是选用了赞助、植入和次级传播等非主流媒体传播的方法赢得了公众的认可，非常重视目标客户的重复购买度，强调口碑传播和服务质量的结果，这种做法类似奢侈品品牌的传播方式，但这一类型的做法，即使经营上的扩张速度再快，其品牌的发展速度也不会太快，仍处于成长后期的品牌。品牌扩张与上升空间很大，但现在不适合延伸，应当有意专注于提高目标消费者的认知度，弥补美誉度发展不足的弱点，为口碑的传播奠定稳定的基础（表 4－75）。

表 4－75　欧时力的品牌质量比值分析表

品牌	品牌信息总量（比特）	信息基本量（比特）	品牌信息基本量的贡献率（%）	品牌信息质的贡献率（%）	品牌信息质量比值
欧时力	469 971 096.7	422 848 694.5	89.97	10.03	0.11

4. 品牌信息平均值分析　欧时力品牌信息均值比是 5.84，也是一个具有专营某大类产品的品牌，区域特征不明显，全国指标比目标人群的指标更高，说明了这个品牌在公众中具有较好的形象，使得该品牌更易于进行品牌延伸（表 4－76）。

表 4－76　欧时力的品牌信息均值分析表

品牌	全国人口平均信息量（比特/人）	目标人群（人）	目标消费者平均信息量（比特/人）	信息均值比
欧时力	0.355 111	226 712 740	2.072 980 533	5.84

5. 品牌信息的稳定性分析　欧时力品牌的品牌稳定性指数是 2.48，属于较弱稳定性的品牌。品牌信息的有效间隔较短，维护品牌的费用较高，虽然该品牌在质量比值和信息均值都处于良好的阈值区间，但基础指标表现出的特殊现象还是反映在稳定性指标上，该品牌的基础指标结构有失稳的迹象，需要企业对品牌进行及时的调整。综合分析，该品牌处于成长期后期向成熟期过渡的阶段，是一个全国性专营经营的中等规模品牌（表 4－77）。

表 4－77　欧时力的品牌稳定性分析表

品牌	$N(E)$ 函数值	品牌衰减系数	品牌信息的衰减速率	品牌稳定性指数
欧时力	28.288 54	0.035 396	$0.035\ 396^t$	2.48

二十、雅莹

1. 品牌简介 雅莹服装专注于时尚、美丽事业，依托国际化的品牌经营理念，公司专业化的研发设计、现代化的生产物流，致力于发展成为集研发设计、采购生产、物流、零售于一体的国际化管理模式、引领中国时尚的品牌时装公司。主导品牌雅莹，致力塑造亲民、奢侈的时尚品牌，引领时尚、优雅的生活方式，传递“平衡、爱、幸福”的价值理念，通过与国际同步的企划设计能力，展现现代女性优雅智慧的力量。

品牌定位：时尚、优雅、生活。

2. 数据汇总 见表 4－78。

表 4－78 雅莹品牌的基础数据和基础指标汇总表

地区	类别	人口数（万人）	知名度（%）	认知度（%）	美誉度（%）	忠诚度（%）	品牌信息量估值（万比特）
北京	城市总人口	1 961.240 0	4.71	1.47	5.00	0.67	95.291 28
	目标消费者	461.224 8	0	0	0	0	0
成都	城市总人口	1 404.760 0	7.21	3.60	0	0.24	113.064 35
	目标消费者	330.357 4	10.41	5.21	0	0.28	41.028 07
深圳	城市总人口	1 035.790 0	11.23	4.97	15.00	0.29	144.349 24
	目标消费者	243.586 7	11.63	7.33	5.00	0.26	37.358 29
西安、	城市总人口	1 528.180 0	6.06	1.01	0	0	91.953 59
济南	目标消费者	359.382 1	0	0	0	0	0
南昌	城市总人口	504.260 0	15.79	6.58	50	2.63	117.980 44
	目标消费者	118.573 9	16.67	8.33	50	8.33	28.068 07
太原	城市总人口	420.160 0	4.72	2.36	10.00	0.13	21.663 71
	目标消费者	98.809 0	7.14	3.57	10.00	0.32	8.324 85
阳泉	城市总人口	136.850 0	22.15	10.40	10.00	0.27	45.108 43
	目标消费者	32.183 0	33.33	16.67	10.00	0.49	19.742 31
嘉祥	城市总人口	87.230 0	20	10	6.25	5.60	25.306 15
	目标消费者	20.513 9	50	25	6.25	14.00	23.185 84
全国	总人口	132 344.720 0	10.66	4.45	13.27	0.62	18 887.024 06
	目标消费者	31 122.998 5	12.45	6.31	12.44	1.64	6 327.272 52

3. 品牌质量分析 雅莹品牌的信息质量比值为 0.09，处于较好水平，品

牌总信息量 1.8 亿比特，属于中等偏小规模的品牌，品牌信息各项指标均偏低，使得基础量较低，虽然品牌质量处于较好水平，但不足以支撑其发展品牌延伸的策略。从品牌信息指标的结构看，品牌运作基本合理，较低知名度下能够获得品牌较高质量水平，可能是由于企业在产品质量和服务信用方面成效突出产生的结果，属于缓慢撇脂营销类型，该品牌有一定的口碑效应，但忠诚度太低，说明口碑并没有形成消费者的重复购买，对消费者影响力有限，消费者的品牌偏好还没有形成（表 4－79）。

表 4－79 雅莹的品牌质量比值分析表

品牌	品牌信息总量（比特）	信息基本量（比特）	品牌信息基本量的贡献率（%）	品牌信息质的贡献率（%）	品牌信息质量比值
雅莹	188 870 240.6	172 662 437.6	91.42	8.58	0.09

4. 品牌信息平均值分析 雅莹品牌信息均值比是 4.25，该品牌目标人群总量并不算小，应该不是小众市场，而是专营某大类产品的品牌，该品牌没有明显的区域特征。目标消费者的平均信息量水平较低，可能是目标人群较为分散的结果，使得品牌传播的投放效率较低的缘故。该品牌不具备跨行业延伸的基础（表 4－80）。

表 4－80 雅莹的品牌信息均值分析表

品牌	全国人口平均信息量（比特/人）	目标人群（人）	目标消费者平均信息量（比特/人）	信息均值比
雅莹	0.142 711	311 229 985	0.606 851 042	4.25

5. 品牌信息的稳定性分析 雅莹品牌的品牌稳定性指数是 4.41，属于弱稳定性的品牌，品牌信息的有效间隔期较短。该品牌的投放效率未能抵消衰减速率，使得品牌整体稳定性不佳，综合分析，处于成长后期向成熟期过渡阶段，是一个全国性专营经营的中等偏小规模的品牌（表 4－81）。

表 4－81 雅莹的品牌稳定性分析表

品牌	N（E）函数值	品牌衰减系数	品牌信息的衰减速率	品牌稳定性指数
雅莹	16.077 17	0.062 264	0.062 264	4.41

第五章

男装类连锁经营品牌分析报告

第一节　男装行业品牌质量简述

我国商务休闲男装市场前景广阔。据估算，2012 年商务休闲男装市场容量约为 1 000 亿元。随着休闲潮流渗透到正装领域，商务休闲装在男装中市场份额逐渐提升，2013 年，商务休闲男装在男装行业中市场份额由 2009 年的 15.4%提升至 16.2%。

本报告各地推荐的男装类品牌 16 个，具有一定的代表性，对它们的分析能够在一定程度上代表国内男装行业的整体分析，下面将对其进行简单分析。

从本报告的数据分析看，该行业信息总量均值为 1 761 845 626 比特，信息量很大，其中七匹狼男装的信息量高达 3 925 541 164 比特之多。还有海澜之家、报喜鸟、红豆、劲霸、九牧王、柒牌的信息总量都超过了 20 亿比特。

该行业品牌信息质量比值的均值为 0.112 6，距离最优状态（0.3～0.4）还有一定的差距，从单个品牌来看，有 12 个品牌的信息质量比值处于 0.05～0.35，只有 4 个品牌的信息质量比值在 0.05 以下，说明男装行业整体质量状况处于优良水平。

该行业信息均值比平均为 1.093 7，基本都在 1 左右，整体属于专营大类产品的类型，有少数品牌属于大众品牌范畴。按照地区分析品牌信息量构成，该行业的品牌都没有区域品牌的特征，都是以全国范围为目标发展的品牌，且定位雷同，目标人群的规模相近，品牌间差异程度不大，因此竞争激烈。

品牌信息的稳定性所要解释的主要是对目标消费者消费偏好影响的持久性问题，男装行业的品牌稳定性指数为 7.57，说明该行业的品牌信息质量总体看还是比较稳定的，其竞争环境比较适合品牌的发展，品牌化经营在该行业较为成熟，行业的品牌发展阶段整体处于成熟期（表 5-1）。

表 5-1　2014 年男装品牌分析数据汇总表

品牌	品牌信息总量（比特）	品牌信息质量比值	信息均值比	品牌稳定性指数
报喜鸟	2 369 346 750.0	0.079 9	1.673 5	4.43
步森	438 087 132.2	0.105 7	1.301 9	0.96
才子	1 278 869 484.0	0.065 0	1.140 3	14.26
海澜之家	3 182 283 083.0	0.032 8	0.883 9	7.68
红豆	2 263 920 821.0	0.036 2	0.980 3	9.32
虎都	488 707 045.1	0.253 4	1.018 0	6.68
劲霸	2 492 243 356.0	0.050 3	1.133 7	5.93
九牧王	2 387 701 300.0	0.079 1	1.153 9	8.4
罗蒙	708 635 900.1	0.247 2	1.186 7	5.94
卡尔丹顿	519 854 846.9	0.115 1	0.678 4	8.49
利郎	1 210 991 713.0	0.190 1	0.970 8	11.87
七匹狼	3 925 541 164.0	0.023 4	1.158 0	12.01
柒牌	2 158 620 872.0	0.030 8	1.192 5	8.11
杉杉	1 470 367 619.0	0.109 9	1.127 9	5.88
太子龙	1 360 240 916.0	0.244 6	0.641 3	4.48
雅戈尔	1 934 118 013.0	0.138 3	1.257 3	6.63
均值	1 761 845 626.0	0.112 6	1.093 7	7.57

第二节　男装类连锁品牌质量个案分析

一、报喜鸟

1. 品牌简介　报喜鸟集团有限公司组建于 1996 年，是一家以服装为主业，涉足地产和投资领域的综合性现代化企业集团。集团下属一家服饰上市公司、两家地产开发公司和两家创业投资公司，拥有 5 个自主服饰品牌、4 个国际代理品牌、3 个服装生产基地及 2 000 多家销售网点。目前，集团员工10 000多人，总资产 70 亿元，年销售收入 50 亿元，连续 17 年进入全国服装行业销售收入及利税双百强企业前列。

公司服装产业以弘扬民族服饰文化为己任，拥有高级商务装品牌报喜鸟（SAINT ANGELO）、高端经典男装东博利尼（TOMBOLINI）、高级职业装品牌 BONO、年轻时尚商务装圣捷罗（S. ANGELO）、英伦休闲服饰比卢特（BIG ROOSTER）、时尚商务休闲服饰法兰·诗顿（FRANSITION）。在稳健经营自有品牌、不断扩大品牌规模的基础上，公司积极寻求海外合作，成功代理意大利经典男装索洛赛理（SOLOSALI）、巴达萨里（MAURIZIO BALDASSARI）及韩国哈吉斯（HAZZYS）等国际知名服饰品牌。

集团核心子公司浙江报喜鸟服饰股份有限公司于 2007 年 8 月在深交所成功上市，成为温州地区第一家国内上市的鞋服企业。主打品牌报喜鸟在全国建立由 1 000 多家形象统一、价格统一、服务统一、管理统一的特许加盟店组成的销售网络，先后获得中国驰名商标、中国服装品牌价值大奖、中国服装品牌价值大奖、中国服装品牌品质大奖、中国青年最喜爱的服装品牌等殊荣。近年来，报喜鸟品牌积极延伸产品系列，拓宽服饰版图，目前形成经典、商务、新锐、女装、高尔夫、皮鞋六大系列的全新格局。

2. 数据汇总 见表 5－2。

表 5－2 报喜鸟品牌的基础数据和基础指标汇总表

地区	类别	人口数（万人）	知名度（%）	认知度（%）	美誉度（%）	忠诚度（%）	品牌信息量估值（万比特）
北京	城市总人口	1 961.240 0	45.88	17.94	13.33	0.98	1 754.935 25
	目标消费者	346.671 2	100	83.00	10.00	2.22	1 873.049 77
成都	城市总人口	1 404.760 0	70.27	30.63	21.18	9.07	2 541.248 68
	目标消费者	248.307 1	85.71	42.86	5.00	16.19	709.814 73
深圳	城市总人口	1 035.790 0	41.55	16.19	25.43	2.25	778.544 54
	目标消费者	183.087 5	72.34	34.04	27.14	7.52	368.300 28
西安、济南	城市总人口	1 528.180 0	46.46	15.66	26	1.55	1 263.471 60
	目标消费者	270.123 0	90.91	59.09	0	0	1 042.032 37
南昌	城市总人口	504.260 0	92.11	47.37	25.56	7.72	1 583.266 29
	目标消费者	89.156 7	100	58.33	10	1.11	369.717 91
太原	城市总人口	420.160 0	66.04	26.89	25.22	11.07	654.675 40
	目标消费者	74.268 0	74.29	31.43	32.14	25.14	144.863 82
阳泉	城市总人口	136.850 0	81.88	40.60	13.81	5.37	352.050 93
	目标消费者	24.189 8	85.71	42.86	0	0	69.703 68
嘉祥	城市总人口	87.230 0	52	22	100	12	81.059 08
	目标消费者	15.418 9	75	25	0	0	27.662 08
全国	总人口	132 344.720 0	65.86	28.90	23.56	6.18	236 934.675 00
	目标消费者	23 394.322 3	85.82	47.27	12.45	8.05	72 902.843 54

3. 品牌质量分析　报喜鸟品牌的信息质量比值为 0.079 9，质量处于较好水平，信息量 23 亿比特，是一个质量良好的大规模品牌。从全国基础指标看，该品牌具有很高的知名度，但指标结构比例处于失衡状态，目标消费者的知名度和认知度较全国指标具有明显优势，反映出该品牌的定位明确，进行了有针对性的宣传，并且效果较好，传播效率高。但在如此高的知名度下，美誉度和忠诚度的指标偏低，说明该企业的产品和服务没有得到消费者的高度认可，对消费者的消费偏好影响力不够，重复购买率低。从各地区的指标看，没有明显的区域品牌特征，属于全国性品牌。该品牌最严重的问题在于目标消费者美誉度远低于全国总人口的美誉度，这是个危险的信号。反映出有相当部分的直接消费者在体验了该品牌的产品或服务后失去了该品牌的口碑，目标消费者的口碑还不及只受到广告影响的没有消费体验的一般消费者，说明该品牌的产品或服务环节有问题，可能是企业创新能力欠缺，建议企业在这方面查清原因，防止该问题继续扩大（表 5－3）。

表 5－3　报喜鸟的品牌质量比值分析表

品牌	品牌信息总量（比特）	信息基本量（比特）	品牌信息基本量的贡献率（%）	品牌信息质的贡献率（%）	品牌信息质量比值
报喜鸟	2 369 346 750.0	2 193 927 467.0	92.60	7.40	0.079 9

4. 品牌信息平均值分析　报喜鸟品牌的信息均值比为 1.673 5，很接近大众品牌，基本没有专业从事某小类产品经营的特征，是专营某大类产品的品牌。该品牌具备延伸的条件和扩张基础（表 5－4）。

表 5－4　报喜鸟的品牌信息均值分析表

品牌	全国人口平均信息量（比特/人）	目标人群（人）	目标消费者平均信息量（比特/人）	信息均值比
报喜鸟	1.790 3	233 943 223	2.996 0	1.673 5

5. 品牌信息的稳定性分析　报喜鸟品牌的稳定性指数为 4.43，具有较弱的稳定性，是一种过渡期失稳现象。综合分析，该品牌处于成熟后期向衰退期过渡、出现衰退迹象的阶段，是全国性专营经营的大规模品牌（表 5－5）。

表 5－5　报喜鸟的品牌稳定性分析表

品牌	$N(E)$ 函数值	品牌衰减系数	品牌信息的衰减速率	品牌稳定性指数
报喜鸟	16.058 5	0.062 6	$0.062\ 6^t$	4.43

二、步森

1. 品牌简介 步森集团是一家以服装服饰为主导产业，房地产、流通贸易、金融投资等为新兴产业，声誉卓著、实力雄厚的大型企业集团公司，创建于1985年，现有员工3 500余人，总资产近20亿元。

集团现拥有浙江步森服饰股份有限公司、呼伦贝尔步森百货大楼有限公司、扎赉诺尔步森百货有限公司、诸暨市步森房地产开发有限公司、诸暨市步森小额贷款有限公司、浙江原锅酒业有限公司、浙江行胜物联科技有限公司等10家控股或参股子公司。其中浙江步森服饰股份有限公司已在深圳证券交易所上市。

步森集团自创立以来，一直坚持以质量为基础，以市场为核心，以品牌为向导的方针。从1997年开始，公司先后通过了ISO 9002国际标准质量体系认证、ISO 9001（2008）质量体系、ISO 14001环境管理体系和生态纺织品体系认证。2000年，“步森”商标获得诸暨市首个“中国驰名商标”称号。2001年，步森衬衫被评为诸暨市首个“中国名牌产品”；2005年，步森西裤又被评为“中国名牌产品”。2007年，步森获得商务部“最具市场竞争力品牌”称号；步森系列产品连续多次被商务部认定为国家重点支持和发展的名牌出口产品；步森集团连续多年被评为中国服装行业双百强企业；步森品牌已连续十一年入选“中国最具价值品牌500强”。

2. 数据汇总 见表5－6。

表5－6 步森品牌的基础数据和基础指标汇总表

地区	类别	人口数（万人）	知名度（%）	认知度（%）	美誉度（%）	忠诚度（%）	品牌信息量估值（万比特）
北京	城市总人口	1 961.240 0	11.76	4.12	6.67	0.75	28 605.430 00
	目标消费者	350.691 8	22.00	11.00	10.00	0.08	119.669 80
成都	城市总人口	1 404.760 0	18.92	8.56	2.00	1.38	1 438.815 00
	目标消费者	251.186 9	40.00	20.00	0	7.56	213.058 70
深圳	城市总人口	1 035.790 0	27.10	11.42	22.57	2.28	441.834 30
	目标消费者	185.210 9	45.78	21.08	26.67	5.62	177.532 00
西安、	城市总人口	1 528.180 0	13.13	4.55	0	0.13	257.131 50
济南	目标消费者	273.255 8	4.35	2.17	0	0	13.240 81
南昌	城市总人口	504.260 0	42.11	23.68	24	4.04	467.256 60
	目标消费者	90.190 7	50	32.14	5	1.90	124.475 60

（续）

地区	类别	人口数（万人）	知名度（%）	认知度（%）	美誉度（%）	忠诚度（%）	品牌信息量估值（万比特）
太原	城市总人口	420.160 0	16.98	5.19	2.50	2.14	93.387 79
	目标消费者	75.129 3	25	6.94	0	0.13	26.507 19
阳泉	城市总人口	136.850 0	18.79	9.40	6.00	0.45	39.201 72
	目标消费者	24.470 3	20.00	0	0	0	5.062 42
嘉祥	城市总人口	87.230 0	8	2	0	0	7.976 40
	目标消费者	15.597 7	11.11	0	0	0	1.732 90
全国	总人口	132 344.720 0	20.37	8.94	7.07	1.51	43 808.713 22
	目标消费者	23 665.629 8	24.18	9.54	2.76	0.86	10 198.876 62

3. 品牌质量分析　步森品牌的信息质量比值为 0.105 7，处于较好水平，信息总量接近 5 亿比特，属于中等规模品牌。各项基础指标均偏低，之间的比率关系略有失衡，过低的美誉度使得自传播率很低，加之忠诚度明显不足，反映出该品牌对消费者的影响很有限。从各个地区指标看，没有明显的区域品牌特征，是一个全国性品牌。该品牌也存在目标消费者美誉度远低于全国总人口美誉度的问题，这是一个危险的信号（表 5－7）。

表 5－7　步森的品牌质量比值分析表

品牌	品牌信息总量（比特）	信息基本量（比特）	品牌信息基本量的贡献率（%）	品牌信息质的贡献率（%）	品牌信息质量比值
步森	438 087 132.2	396 186 632.7	90.44	9.56	0.105 7

4. 品牌信息平均值分析　步森品牌的信息均值比为 1.301 9，很接近大众品牌，基本没有专业从事某小类产品经营的特征，是专营某大类产品的品牌，接近大众化。该品牌的总量小，不足以支持进行跨行业延伸（表 5－8）。

表 5－8　步森的品牌信息均值分析表

品牌	全国人口平均信息量（比特/人）	目标人群（人）	目标消费者平均信息量（比特/人）	信息均值比
步森	0.331 0	236 656 298	0.431 0	1.301 9

5. 品牌信息的稳定性分析　品牌稳定性指数 0.96，属于极弱稳定性品牌，品牌信息的有效间隔期短，品牌如要形成一定的影响力需要付出很高的成本。

综合分析，该品牌处于成长期向成熟期过渡阶段，是全国性专营经营的中等规模品牌（表 5－9）。

表 5－9　步森的品牌稳定性分析表

品牌	$N(E)$ 函数值	品牌衰减系数	品牌信息的衰减速率	品牌稳定性指数
步森	72.530 7	0.013 8	0.013 8t	0.96

三、才子

1. 品牌简介　才子服饰股份有限公司创建于 1983 年，位于福建莆田，是一家集研发、设计、生产、销售为一体的综合性服装公司，涉及衬衫、西服、夹克、T 恤、毛衫、西裤、休闲裤等全系列产品，在全国各省（自治区、直辖市）拥有 2 000 多家专卖店。

才子男装以中国精英为群体定位，以国际品牌路线为主导，全力打造中国文化第一品牌，以满足社会各界精英对服饰文化价值的追求。凭借创新性的思路，才子立足打造优质特色产品，引进国际设计团队，把握潮流趋势，加强产品研发；香港影星梁朝伟连续 9 年代言才子品牌，深化了品牌形象；在中央电视台等高端平台进行广告投放，与央视达成长期战略合作伙伴关系，全面展示品牌国际化及产品优质化形象。

才子男装自成立后，荣获省级以上荣誉 100 多项，成为中国最受消费者欢迎男装品牌之一，先后获得国家免检产品、中国名牌产品、中国驰名商标、2012 年度十大男装品牌、中国最具价值品牌 500 强、全国“守合同、重信用”企业等荣誉。

历经 30 年淬炼，才子服饰股份有限公司成功跻身中国服装行业百强之列，成为全国服装行业重点生产企业。“才子”商标是全国服装行业的驰名商标，在国内享有盛誉。

2. 数据汇总　见表 5－10。

表 5－10　才子品牌的基础数据和基础指标汇总表

地区	类别	人口数（万人）	知名度（%）	认知度（%）	美誉度（%）	忠诚度（%）	品牌信息量估值（万比特）
北京	城市总人口	1 961.240 0	30.59	14.71	8.33	1.49	1 047.007 75
	目标消费者	219.521 6	50.00	50.00	20.00	1.67	417.189 43
成都	城市总人口	1 404.760 0	36.94	19.82	11.54	3.90	1 050.114 22

（续）

地区	类别	人口数（万人）	知名度（%）	认知度（%）	美誉度（%）	忠诚度（%）	品牌信息量估值（万比特）
	目标消费者	157.234 8	57.14	42.86	4.00	10.95	285.624 29
深圳	城市总人口	1 035.790 0	47.23	21.42	23.26	5.06	1 057.787 63
	目标消费者	115.936 0	56.76	25.68	20	9.37	153.793 19
西安、	城市总人口	1 528.180 0	42.42	20.20	34	1.55	1 392.099 96
济南	目标消费者	171.049 2	42.11	26.32	75	1.40	178.699 85
南昌	城市总人口	504.260 0	73.68	34.21	11.67	11.23	1 030.529 11
	目标消费者	56.456 4	66.67	29.17	0	1.11	92.112 84
太原	城市总人口	420.160 0	31.13	14.15	37	6.98	239.162 34
	目标消费者	47.028 5	31.03	15.52	66.67	7.36	27.211 36
阳泉	城市总人口	136.850 0	42.95	21.81	12.00	2.06	125.161 92
	目标消费者	15.317 6	50.00	25.00	0	1.33	17.121 98
嘉祥	城市总人口	87.230 0	40	18	36.67	5.07	71.147 79
	目标消费者	9.763 7	50	16.67	10	2.22	8.931 89
全国	总人口	132 344.720 0	43.52	20.67	24.68	4.88	127 886.948 40
	目标消费者	14 813.910 6	46.04	25.15	38.20	3.72	16 322.628 68

3. 品牌质量分析　才子品牌的信息质量比值为 0.065 0，一般偏好水平，信息总量 12 亿比特，是一个大规模品牌。从全国各个基础指标看，该品牌的基础指标处于较高水平，知名度、认知度和美誉度指标之间的比率关系较合理，呈现出协调发展的结构。明显不足的是品牌忠诚度，反映出该品牌有很好的口碑，有较高的自传播率，但没有形成较高的重复购买率，品牌效应没有对消费者的品牌偏好形成较大影响。该品牌最特别之处在于目标消费者指标高于全国总人口指标，尤其是美誉度指标，高出很多，说明该品牌的产品或服务受到了直接消费者的高度认可。口碑效应明显（表 5－11）。

表 5－11　才子的品牌质量比值分析表

品牌	品牌信息总量（比特）	信息基本量（比特）	品牌信息基本量的贡献率（%）	品牌信息质的贡献率（%）	品牌信息质量比值
才子	1 278 869 484.0	1 200 857 561.0	93.90	6.10	0.065 0

4. 品牌信息平均值分析　才子品牌的信息均值比为 1.140 3，信息均值比

略大于1，应该是具有接近大众化的专营某大类产品品牌的特征。该品牌具有跨行业延伸和扩张的条件（表5－12）。

表5－12　才子的品牌信息均值分析表

品牌	全国人口平均信息量（比特/人）	目标人群（人）	目标消费者平均信息量（比特/人）	信息均值比
才子	0.966 3	148 139 106	1.101 8	1.140 3

5. 品牌信息的稳定性分析　才子品牌的稳定性指数为14.26，是具有很强稳定性的品牌，品牌信息的有效间隔期很长，品牌维护成本低，具有很强的抗风险能力。综合分析，该品牌处于成熟期，是一个全国性专营经营的大规模品牌（表5－13）。

表5－13　才子的品牌稳定性分析表

品牌	N（E）函数值	品牌衰减系数	品牌信息的衰减速率	品牌稳定性指数
才子	5.236 3	0.192 3	$0.192\ 3^t$	14.26

四、海澜之家

1. 品牌简介　海澜之家服饰有限公司成立于2002年，位于美丽富饶的长三角地区，是一家品牌强势、管理精良、技术领先、引领时尚的大型现代化服饰供应链销售管理平台企业。2014年4月11日，海澜之家成功重组上市，成为中国服装业的龙头股。

十多年来，海澜之家专注于行业内的精耕细作，致力于产业渠道的构建与优化。把研发和管理留在总部，生产环节外包，通过整合社会产能资源、打造产业链战略联盟、构筑千店一面的营销网络，将供应商、加盟商与公司有机结合为利益共同体，实现了产业链各环节各司其职、各获其利、共同发展的良性循环，创造了一个全新的商业模式。

海澜之家定位为快速消费品、生活必需品，并以平价策略占领市场，以优质的产品、丰富的款式、大众的价格、贴心的服务为顾客送上超值的消费体验，“海澜之家——男人的衣柜”，已经被大众消费群所接受。

此外，公司投资16亿元打造了海澜之家物流园，建有世界最先进的现代化智能仓储系统，高效整合全国所有供应商和门店的产业链条，可满足5 000家门店的货品储存配送需求，为全国门店的高效运转提供有力支撑。

目前，海澜之家门店已遍及全国31个省（自治区、直辖市）。2013年，门店零售总额突破120亿元，在全行业整体业绩下滑的大环境下，实现逆势上扬。面向未来，海澜之家将立足行业发展的角度，站在民族品牌的高度，砥砺奋进，为中国经济腾飞、民族品牌振兴做出应有的贡献。

2. 数据汇总 见表5-14。

表5-14 海澜之家品牌的基础数据和基础指标汇总表

地区	类别	人口数（万人）	知名度（%）	认知度（%）	美誉度（%）	忠诚度（%）	品牌信息量估值（万比特）
北京	城市总人口	1 961.240 0	83.53	37.94	25.17	10.43	5 009.432 97
	目标消费者	350.691 8	88.89	66.67	30.00	47.41	1 411.973 59
成都	城市总人口	1 404.760 0	85.59	30.87	17.78	19.16	3 168.248 28
	目标消费者	251.186 9	86.67	43.33	8.57	17.78	700.559 88
深圳	城市总人口	1 035.790 0	58.84	27.16	32.71	9.11	1 536.496 07
	目标消费者	185.210 9	49.40	24.10	25.83	8.20	205.785 77
西安、	城市总人口	1 528.180 0	80.81	38.89	32.67	9.02	3 903.330 69
济南	目标消费者	273.255 8	69.57	30.43	33.33	11.01	494.147 07
南昌	城市总人口	504.260 0	89.47	43.42	27.50	28.42	1 520.052 62
	目标消费者	90.190 7	92.86	46.43	16	17.14	283.857 35
太原	城市总人口	420.160 0	70.75	33.02	19.23	19.62	819.673 89
	目标消费者	75.129 3	58.33	26.39	22.86	19.63	105.208 03
阳泉	城市总人口	136.850 0	84.56	41.61	23.02	14.31	374.857 23
	目标消费者	24.470 3	80.00	40.00	5.00	11.33	59.100 73
嘉祥	城市总人口	87.230 0	48	22	29	22.67	93.005 12
	目标消费者	15.597 7	71.43	35.72	22	34.29	30.977 57
全国	总人口	132 344.720 0	78.69	37.31	25.49	16.39	318 228.308 30
	目标消费者	23 665.629 8	72.43	35.60	20.98	16.67	50 295.487 70

3. 品牌质量分析 海澜之家品牌的信息质量比值为0.032 8，品牌信息质的贡献率为3.18%，信息总量很大，是个质量一般的大规模品牌。从全国各项指标看，该品牌的各项指标之间的比率关系处于合理范围，知名度、认知度很高，说明该品牌的宣传效果很好，传播效率高。在78%的高知名度，37.31%的高认知度下，美誉度和忠诚度略显不足，该品牌的影响力对消费的品牌偏好有一定的影响，从各地区的指标看，没有明显的区域品牌的特征，属于全国性品牌。这个品牌最严重的问题在于目标消费者指标均低于全国总人口

的指标，这是个危险的信号。在知名度和认知度上差距不大，只能说明该品牌可能是倚重大众媒体传播，而目标消费者的媒体偏好不一致，造成传播效率不高。而美誉度的差距偏大，则反映出有相当部分的直接消费者在体验了该品牌的产品或服务后失去了该品牌的口碑，目标消费者的口碑还不及只受到广告影响的没有消费体验的一般消费者，说明该品牌的产品或服务环节有问题，可能是企业创新能力欠缺，出现了老化。建议企业在这方面查清原因，防止该问题继续扩大（表 5-15）。

表 5-15　海澜之家的品牌质量比值分析表

品牌	品牌信息总量（比特）	信息基本量（比特）	品牌信息基本量的贡献率（%）	品牌信息质的贡献率（%）	品牌信息质量比值
海澜之家	3 182 283 083.0	3 081 166 745.0	96.82	3.18	0.032 8

4. 品牌信息平均值分析　海澜之家品牌的信息均值比为 0.883 9，小于品牌信息平均值比 1，属于没有专业专营特征的大众品牌。具有跨行业延伸的条件和扩张的基础（表 5-16）。

表 5-16　海澜之家的品牌信息均值分析表

品牌	全国人口平均信息量（比特/人）	目标人群（人）	目标消费者平均信息量（比特/人）	信息均值比
海澜之家	2.404 5	236 656 298	2.125 3	0.883 9

5. 品牌信息的稳定性分析　海澜之家品牌的稳定性指数为 7.68，属于较好稳定性品牌，品牌信息的有效间隔期较长，品牌维护成本较低，品牌具有一定的抗风险能力。综合分析，该品牌是一个处于成熟期中后期，全国性大众化经营的大规模品牌（表 5-17）。

表 5-17　海澜之家的品牌稳定性分析表

品牌	$N(E)$ 函数值	品牌衰减系数	品牌信息的衰减速率	品牌稳定性指数
海澜之家	9.530 8	0.106 8	$0.106\ 8^t$	7.68

五、红豆

1. 品牌简介　红豆集团是国务院 120 家深化改革试点企业之一，江苏省唯一一家由国家工商总局认定的商标战略实施示范企业。多年来，红豆以优异的销售业绩稳居中国服装业百强亚军。

红豆以创民族品牌为己任，从企业草创的 1957 年，到走出困境的 1983 年，再到目前产业相对多元化，并大力推进品牌建设，实现转型升级：由生产经营型向创造运营型转变、由资产经营型向产融结合型转变、由国内企业向跨国企业转变，并进行产业升级及竞争力升级。2001 年 1 月，“红豆股份”在上交所交易，企业开始迈入资本经营。集团有 12 家子公司，包括两家上市公司，在柬埔寨建立了 11.13 千米^2 的工业园，拥有美国纽约、洛杉矶两个境外分公司。“红豆”、“千里马”商标先后被国家工商总局认定为中国驰名商标；企业通过 ISO 9001：2008 质量体系认证，拥有多个“中国名牌”产品。

多年来，红豆集团荣获国家级荣誉 500 多项。2007 年 3 月，红豆品牌荣获中国服装行业最高殊荣——成就大奖。2007 年 4 月，红豆成为国内首家通过“CSC9000T 企业社会责任”认证的企业。红豆集团因其推行卓越绩效管理取得的优异成绩，获得“2009 度全国纺织实施卓越绩效模式先进企业”称号。2011 年 11 月，红豆集团获得“CCTV 中国年度品牌”。2012 年 5 月，红豆集团技术中心被评为国家级技术中心，成为中国纺织服装行业较少拥有国家级技术中心的企业。

2. 数据汇总 见表 5－18。

表 5－18 红豆品牌的基础数据和基础指标汇总表

地区	类别	人口数（万人）	知名度（%）	认知度（%）	美誉度（%）	忠诚度（%）	品牌信息量估值（万比特）
北京	城市总人口	1 961.240 0	57.65	23.53	24.04	18.98	2 576.685 55
	目标消费者	1 309.716 1	57.65	23.53	24.04	18.98	1 687.785 12
成都	城市总人口	1 404.760 0	55.86	27.02	8.08	7.81	1 867.784 18
	目标消费者	938.098 7	58.49	28.30	8.08	8.18	1 363.915 94
深圳	城市总人口	1 035.790 0	37.55	15.23	29.22	5.24	721.797 33
	目标消费者	691.700 6	37.58	15.24	29.22	5.34	467.919 95
西安、	城市总人口	1 528.180 0	67.68	30.3	27.04	15.02	2 749.990 30
济南	目标消费者	1 020.518 6	67.35	30.1	27.04	15.17	1 773.455 57
南昌	城市总人口	504.260 0	89.47	28.95	44.55	17.54	1 212.807 67
	目标消费者	336.771 5	89.47	28.95	44.55	17.54	759.262 18
太原	城市总人口	420.160 0	66.89	33.02	20.49	26.42	777.115 37
	目标消费者	280.582 8	67.65	33.33	21	26.47	522.395 59
阳泉	城市总人口	136.850 0	54.36	26.17	16.00	8.50	176.873 70
	目标消费者	91.388 4	54.36	26.17	16.00	8.50	117.933 59

（续）

地区	类别	人口数（万人）	知名度（%）	认知度（%）	美誉度（%）	忠诚度（%）	品牌信息量估值（万比特）
嘉祥	城市总人口	87.230 0	76	34	32.31	34.67	191.705 62
	目标消费者	58.252 2	76	34	32.31	34.67	123.296 61
全国	总人口	132 344.720 0	65.71	28.81	25.21	16.99	226 392.082 10
	目标消费者	88 380.836 0	65.93	28.88	25.35	11.39	148 203.838 30

3. 品牌质量分析 红豆品牌的信息质量比为0.036 2，信息总量22亿比特，是一个大规模品牌。从全国基础指标看，该品牌具有很高的知名度，但在65.71%的高知名度下，认知度为28.81%，略显不足。各个指标之间的比率关系基本处于合理范围。该品牌获得了相当程度的自传播率和重复购买率，对消费者形成了一定程度的品牌偏好。是个发展成熟健康的品牌类型（表5－19）。

表5－19 红豆的品牌质量比值分析表

品牌	品牌信息总量（比特）	信息基本量（比特）	品牌信息基本量的贡献率（%）	品牌信息质的贡献率（%）	品牌信息质量比值
红豆	2 263 920 821.0	2 184 992 965.0	96.51	3.49	0.036 2

4. 品牌信息平均值分析 红豆品牌的信息均值比为0.980 3，品牌信息平均值比略小于1，属于没有专业专营特征的大众品牌，所调研的城市间各项指标没有明显差异，不具有区域品牌特征（表5－20）。

表5－20 红豆的品牌信息均值分析表

品牌	全国人口平均信息量（比特/人）	目标人群（人）	目标消费者平均信息量（比特/人）	信息均值比
红豆	1.710 6	883 808 360	1.676 9	0.980 3

5. 品牌信息的稳定性分析 红豆品牌的稳定性指数为9.32，属于稳定性很好的品牌，品牌信息的有效间隔期长，品牌维护成本较低，也反映出良好的品牌管理能力。综合分析，该品牌是处于成熟期向鼎盛期过渡的阶段，是全国性大众化发展的大规模品牌，质量良好（表5－21）。

表5－21 红豆的品牌稳定性分析表

品牌	*N*（*E*）函数值	品牌衰减系数	品牌信息的衰减速率	品牌稳定性指数
红豆	7.890 1	0.128 6	0.128 6′	9.32

六、虎都

1. 品牌简介　虎都服饰有限公司系香港虎都集团于 1988 年在中国泉州独资兴办的一家国内知名大型服装企业，注册资金 1 亿港元。虎都工业园占地面积 100 多亩*，建筑面积近 15 万米^2，是目前国内最大的西裤生产基地以及五大男装生产基地之一。虎都——这个令人关注的民族品牌，以西裤标准赢得信赖，用严格品质取得荣誉。作为一家集产品开发、设计研究、生产制造、市场营销为一体的专业化、系列化的香港独资服饰企业，经过 20 多年的发展，其品牌形象已深入人心。目前，虎都品牌集数十项荣誉于一身："中国驰名商标"、"中国名牌产品"、"国家质量免检产品"、"中国 500 最具价值品牌"、"行业双百强单位"、2005 年央视"服装标王"、2007 年"中国服装行业年度十佳品牌"、2007 年度"标准化先进单位"。

品牌定位：品质科技先导，走法国和意大利的服装文化路线，竭尽所能突出高品位和品牌的高档次。

2. 数据汇总　见表 5－22。

表 5－22　虎都品牌的基础数据和基础指标汇总表

地区	类别	人口数（万人）	知名度（%）	认知度（%）	美誉度（%）	忠诚度（%）	品牌信息量估值（万比特）
北京	城市总人口	1 961.240 0	8.82	4.12	6.67	0.98	206.421 51
	目标消费者	466.986 0	42.86	21.43	10.00	3.81	432.577 11
成都	城市总人口	1 404.760 0	33.33	16.67	17.27	4.44	881.800 86
	目标消费者	334.483 9	42.86	21.43	0	0	294.518 88
深圳	城市总人口	1 035.790 0	17.16	7.81	23.91	1.51	255.435 76
	目标消费者	246.629 4	18.75	8.33	0	0	64.255 84
西安、	城市总人口	1 528.180 0	7.07	3.03	0	1.01	121.064 54
济南	目标消费者	363.871 1	16.67	8.33	0	8.33	84.284 87
南昌	城市总人口	504.260 0	47.37	22.37	6	6.32	508.831 54
	目标消费者	120.099 1	50	25	10	0.35	142.031 23
太原	城市总人口	420.160 0	3.77	1.89	0	0	16.832 71
	目标消费者	100.043 2	6.90	3.45	0	0	7.882 14

* 亩为非法定计量单位，1 亩≈667 米^2。

（续）

地区	类别	人口数（万人）	知名度（%）	认知度（%）	美誉度（%）	忠诚度（%）	品牌信息量估值（万比特）
阳泉	城市总人口	136.850 0	37.58	19.46	20.87	8.46	105.257 96
	目标消费者	32.585 0	16.67	0	0	0	5.251 28
嘉祥	城市总人口	87.230 0	20	10	50	4.53	28.726 25
	目标消费者	20.770 1	14.29	7.15	0	0	3.946 42
全国	总人口	132 344.720 0	19.61	9.56	7.77	3.13	48 870.704 51
	目标消费者	31 513.474 7	21.24	8.97	2.03	2.21	11 846.249 88

3. 品牌质量分析　虎都品牌的信息质量比值为0.253 4，趋于最优区间，质的贡献率很高，信息量处于中等偏下水平，是一个质量很好的中等规模的品牌。从基础指标看，各项指标间的比率关系比较松散，目标消费者指标除了知名度高于全国指标，其他指标均小于全国指标，反映出该企业进行了一些宣传，但效果不理想，效率不太高，该品牌的定位可能有所偏差。品牌最严重的问题在于目标消费者美誉度、忠诚度和认知度均远低于全国总人口水平，这是一个危险的信号。反映出有相当部分的直接消费者在体验了该品牌的产品或服务后，对该品牌失去了口碑，目标消费者的口碑还不及只受到广告影响的没有消费体验的一般消费者，说明该品牌的传播、产品或服务环节可能存有严重问题。建议企业在这方面查清原因，防止该问题继续扩大（表5－23）。

表5－23　虎都的品牌质量比值分析表

品牌	品牌信息总量（比特）	信息基本量（比特）	品牌信息基本量的贡献率（%）	品牌信息质的贡献率（%）	品牌信息质量比值
虎都	488 707 045.1	389 902 263.3	79.78	20.22	0.253 4

4. 品牌信息平均值分析　虎都品牌的信息均值比为1.018 0，是个经营某大类产品的品牌，接近大众化经营，消费者对其产品与品牌还略有一些专业专营的认知，但很微弱。从各地区指标看，没有明显的区域品牌特征，属全国性品牌（表5－24）。

表5－24　虎都的品牌信息均值分析表

品牌	全国人口平均信息量（比特/人）	目标人群（人）	目标消费者平均信息量（比特/人）	信息均值比
虎都	0.369 3	315 134 747	0.375 9	1.018 0

5. 品牌信息的稳定性分析　虎都品牌的稳定性指数为6.68，属于一般偏上稳定性品牌，品牌信息的有效间隔期较短，品牌维护成本较高，品牌具有一定的抗风险能力。综合分析，该品牌是一个处于成熟期前期，全国性大众化经营的大规模品牌（表5－25）。

表5－25　虎都的品牌稳定性分析表

品牌	N（E）函数值	品牌衰减系数	品牌信息的衰减速率	品牌稳定性指数
虎都	98.623 5	0.010 1	0.0101^t	6.68

七、劲霸

1. 品牌简介　劲霸男装（上海）有限公司创立于1980年，总部位于上海长风生态商务区。劲霸男装专注夹克，它用独特设计终结了夹克的单调，从而成为中国高级时尚夹克领先者，同时引领夹克及配套服饰的研发设计，让休闲装更时尚。

劲霸男装秉持“一个人一辈子能把一件事情做好就不得了”的核心价值观，专注夹克34年的发展历程中，一直专心、专业、专注于以夹克为核心品类的男装市场，以“款式设计领先”和“板型经验丰富”获得消费者良好口碑，并通过精湛领先的产品研发设计，强而有力的品牌运营管理，稳健齐备的专卖销售体系，成为中国商务休闲男装的旗舰品牌。

2013年，连续10年入选“中国500最具价值品牌”的劲霸男装，以269.58亿元的品牌价值继续蝉联中国男装第一价值品牌。

先后荣获“中国名牌”、“国家免检产品”，“全国重合同守信用单位”、“中国休闲男装行业标志性品牌”、“中国品牌年度大奖”、“中国青年最喜爱品牌”等多项殊荣。

品牌定位：专注夹克品类的中国男装品牌。

2. 数据汇总　见表5－26。

表5－26　劲霸品牌的基础数据和基础指标汇总表

地区	类别	人口数（万人）	知名度（%）	认知度（%）	美誉度（%）	忠诚度（%）	品牌信息量估值（万比特）
北京	城市总人口	1 961.240 0	71.76	43.82	28.52	8.24	4 511.364 00
	目标消费者	446.782 7	88.89	45.83	41.67	11.85	1 331.775 00
成都	城市总人口	1 404.760 0	72.97	36.49	20.50	8.65	2 954.615 00

（续）

地区	类别	人口数（万人）	知名度（%）	认知度（%）	美誉度（%）	忠诚度（%）	品牌信息量估值（万比特）
	目标消费者	320.013 1	84.38	42.19	0	1.67	897.993 90
深圳	城市总人口	1 035.790 0	42.97	19.48	21.12	5.67	888.753 10
	目标消费者	235.959 4	66.67	31.48	28.93	13.09	412.120 50
西安、	城市总人口	1 528.180 0	55.56	28.79	22.5	5.45	2 098.715 00
济南	目标消费者	348.129 0	76.92	38.46	22	12.56	809.078 40
南昌	城市总人口	504.260 0	84.21	42.11	32.86	13.86	1 311.505 00
	目标消费者	114.903 3	85	47.50	10	6.33	349.350 80
太原	城市总人口	420.160 0	54.72	25.47	12.41	14.28	540.787 30
	目标消费者	95.715 1	55.00	26.25	17.33	20.17	123.524 90
阳泉	城市总人口	136.850 0	82.55	41.28	23.40	20.45	351.448 00
	目标消费者	31.175 3	75.00	37.50	6.00	12.00	71.181 60
嘉祥	城市总人口	87.230 0	76	38	32.22	25.60	191.263 70
	目标消费者	19.871 5	88.89	44.45	6	26.67	60.527 61
全国	总人口	132 344.720 0	65.74	32.91	21.78	12.52	249 224.335 60
	目标消费者	30 150.119 3	72.24	36.49	16.45	13.46	64 369.096 86

3. 品牌质量分析 劲霸品牌的信息质量比值为0.050 3，质的贡献率不高，信息总量24亿，是一个质量一般的大规模品牌。从基础指标看，该品牌是一个高知名度、高认知度的品牌，但美誉度和忠诚度略显不足，呈现逐次下降的结构，反映出曾经有过大规模品牌运作的痕迹。该企业在品牌管理方面有重名轻誉的倾向，所做的大量宣传活动效果不是很理想，偏大众化，没有针对目标消费者进行，对消费者的品牌偏好和消费习惯影响有限。这可能是一个衰退迹象，建议企业关注调整品牌策略，提高该品牌的质量，增加公共关系活动以及消费者体验活动（表5-27）。

表5-27 劲霸的品牌质量比值分析表

品牌	品牌信息总量（比特）	信息基本量（比特）	品牌信息基本量的贡献率（%）	品牌信息质的贡献率（%）	品牌信息质量比值
劲霸	2 492 243 356.0	2 372 965 102.0	95.21	4.79	0.050 3

4. 品牌信息平均值分析 劲霸品牌的信息均值比为1.133 7，是一个经营

某大类产品的品牌，消费者对其产品与品牌还略有一些专业专营的认知，但很微弱。从各地区指标看，没有明显的区域品牌特征，属全国性大众品牌（表5-28）。

表5-28　劲霸的品牌信息均值分析表

品牌	全国人口平均信息量（比特/人）	目标人群（人）	目标消费者平均信息量（比特/人）	信息均值比
劲霸	1.883 1	301 501 193	2.135 0	1.133 7

5. 品牌信息的稳定性分析　劲霸品牌的稳定性指标为5.93，具有一定的稳定性，结合较低的质量比，这应该是一种衰退信号品牌信息的有效间隔期较短，品牌维护成本较高，抵抗风险能力不高。综合分析，该品牌处于成熟后期，有衰退迹象的全国性专营经营的大规模品牌（表5-29）。

表5-29　劲霸的品牌稳定性分析表

品牌	*N*（*E*）函数值	品牌衰减系数	品牌信息的衰减速率	品牌稳定性指数
劲霸	12.161 4	0.083 1	0.083 1	5.93

八、九牧王

1. 品牌简介　九牧王为生产商务休闲男装品牌的企业，公司核心产品九牧王男裤及夹克已经占据市场主导地位。截至2011年，公司主导产品九牧王品牌男裤综合市场占有率连续12年位居全国第一，商务休闲男装综合市场占有率连续两年位居全国第一，夹克综合市场占有率连续四年位居全国第二。

公司采用业务纵向一体化的模式，集品牌推广、研发设计、生产、销售为一体，经营九牧王品牌的男裤、夹克及其他服饰类产品。公司始终专注于以男裤为核心的中高档商务休闲男装的战略发展方向，致力于让男士拥有高性价比的精工时尚服饰，满足不同消费者在不同场合的穿着需求。

2. 数据汇总　见表5-30。

表5-30　九牧王品牌的基础数据和基础指标汇总表

地区	类别	人口数（万人）	知名度（%）	认知度（%）	美誉度（%）	忠诚度（%）	品牌信息量估值（万比特）
北京	城市总人口	1 961.240 0	50.00	24.12	26.15	4.59	2 169.710 00
	目标消费者	134.245 9	68.42	36.84	35.00	5.96	266.433 00

（续）

地区	类别	人口数（万人）	知名度（%）	认知度（%）	美誉度（%）	忠诚度（%）	品牌信息量估值（万比特）
成都	城市总人口	1 404.760 0	65.77	32.88	19.33	12.97	2 496.426 00
	目标消费者	96.155 1	64.71	32.35	2.22	3.53	173.000 60
深圳	城市总人口	1 035.790 0	68	32.32	26.56	12.37	1 852.761 00
	目标消费者	70.899 3	64.35	29.13	25	12.81	115.626 60
西安、济南	城市总人口	1 528.180 0	38.38	20.2	28.75	4.58	1 173.112 00
	目标消费者	104.603 2	58.62	31.03	22	8.28	162.495 90
南昌	城市总人口	504.260 0	97.37	48.68	40.71	25.44	1 650.480 00
	目标消费者	34.525 3	100	50	31.43	16.83	126.122 80
太原	城市总人口	420.160 0	68.87	32.08	17.81	17.11	772.413 70
	目标消费者	28.759 7	72.92	35.42	20.48	25.69	59.665 96
阳泉	城市总人口	136.850 0	62.42	30.20	22.22	13.69	217.505 20
	目标消费者	9.367 3	68.18	31.82	20.00	6.36	17.113 53
嘉祥	城市总人口	87.230 0	68	34	30.91	37.07	159.593 00
	目标消费者	5.970 8	57.14	28.57	24	23.33	8.593 76
全国	总人口	132 344.720 0	63.57	31.04	25.78	13.98	238 770.130 00
	目标消费者	9 059.273 0	71.57	35.42	22.91	14.13	18 860.210 85

3. 品牌质量分析　九牧王品牌的信息质量比值为0.079 1，属于较好质量水平，信息总量20亿比特以上，是一个质量良好的大规模品牌。从基础指标看，该品牌是一个高知名度、高认知度的品牌，各项指标间的比例关系基本合理，但美誉度和忠诚度略显不足，也是一个逐次下降的结构，反映出曾经有过大规模品牌运作的活动。结构中也反映出该企业在品牌管理方面重名轻誉，所做的大量宣传活动效果不是很理想，偏大众化，没有针对目标消费者进行，对消费者消费偏好和习惯影响不大。该品牌也存在美誉度在目标消费者处低于全国人口指标的问题，但不严重（表5-31）。

表5-31　九牧王的品牌质量比值分析表

品牌	品牌信息总量（比特）	信息基本量（比特）	品牌信息基本量的贡献率（%）	品牌信息质的贡献率（%）	品牌信息质量比值
九牧王	2 387 701 300.0	2 212 589 028.0	92.67	7.33	0.079 1

4. 品牌信息平均值分析　九牧王品牌的信息均值比为 1.153 9，是个经营某大类产品的专营品牌，消费者对其产品与品牌还略有一些专营的认知，但很微弱。从各地区指标看，没有明显的区域品牌特征，属全国性大众品牌，具备跨行业延伸的基础（表 5-32）。

表 5-32　九牧王的品牌信息均值分析表

品牌	全国人口平均信息量（比特/人）	目标人群（人）	目标消费者平均信息量（比特/人）	信息均值比
九牧王	1.804 2	90 592 730	2.081 9	1.153 9

5. 品牌信息的稳定性分析　九牧王品牌的稳定性为 8.4，是稳定性较好的品牌。品牌信息的有效间隔期长，品牌维护成本低。综合分析，该品牌是一个处于成熟期中后期，全国性专营经营的大规模品牌（表 5-33）。

表 5-33　九牧王的品牌稳定性分析表

品牌	*N*（*E*）函数值	品牌衰减系数	品牌信息的衰减速率	品牌稳定性指数
九牧王	8.730 5	0.116 4	0.116 4*t*	8.4

九、罗蒙

1. 品牌简介　罗蒙集团股份有限公司始创于 1984 年，是一家以设计、生产和销售中高档西服、衬衫及系列服饰为主业，房地产开发、国际贸易为两翼的现代化大型股份制企业集团。现有高素质员工万余名，固定资产 50 亿元。集团下属 12 家核心企业，5 家海外办事机构，186 家全国销售分公司，并通过先进的 ERP 管理体系运作，采用旗舰专卖店、店中店、代理商模式。坚持以罗蒙品牌为核心竞争力，“创新”、“质量”、“文化”、“学习”为品牌支撑点，坚持多品牌、多元化发展，在服装业做大做强。

2. 数据汇总　见表 5-34。

表 5-34　罗蒙品牌的基础数据和基础指标汇总表

地区	类别	人口数（万人）	知名度（%）	认知度（%）	美誉度（%）	忠诚度（%）	品牌信息量估值（万比特）
北京	城市总人口	1 961.240 0	15.29	8.24	6.00	1.41	420.857 30
	目标消费者	484.877 4	40.00	40.00	0	0	581.252 88
成都	城市总人口	1 404.760 0	34.23	17.12	20.00	5.47	922.572 30

（续）

地区	类别	人口数（万人）	知名度（%）	认知度（%）	美誉度（%）	忠诚度（%）	品牌信息量估值（万比特）
	目标消费者	347.298 8	43.75	21.88	5.00	7.08	318.303 01
深圳	城市总人口	1 035.790 0	21.68	7.94	20	1.68	321.489 67
	目标消费者	256.078 4	32.14	13.10	50	1.19	146.136 84
西安、济南	城市总人口	1 528.180 0	14.14	5.56	0	0.13	269.876 03
	目标消费者	377.811 9	24	8	0	0	128.758 30
南昌	城市总人口	504.260 0	60.53	30.26	50	16.14	853.123 08
	目标消费者	124.700 4	64.29	32.14	25	8.10	211.831 85
太原	城市总人口	420.160 0	10.38	4.72	10.00	0.94	53.785 95
	目标消费者	103.876 2	2.56	0	0	0	2.570 80
阳泉	城市总人口	136.850 0	38.93	19.46	21.67	5.10	109.232 18
	目标消费者	33.833 4	40.00	20.00	50.00	10.00	28.997 62
嘉祥	城市总人口	87.230 0	28	12	30	4.53	41.126 71
	目标消费者	21.565 9	36.36	13.64	30	10.30	13.456 56
全国	总人口	132 344.720 0	26.02	12.37	16.75	4.06	70 863.590 01
	目标消费者	32 720.841 3	29.27	14.20	16.60	3.54	20 791.231 04

3. 品牌质量分析　罗蒙品牌的信息质量比值为 0.247 2，质的贡献率很高，信息总量处于中等水平，是一个质量很好的中等规模品牌。从基础指标看，指标结构较合理，拥有 12.37%的认知度，形成了很好的口碑，消费者对该品牌的产品和服务表示认可。但品牌的影响力对消费者的消费偏好或习惯的形成还有所欠缺，重复购买率低（表 5－35）。

表 5－35　罗蒙的品牌质量比值分析表

品牌	品牌信息总量（比特）	信息基本量（比特）	品牌信息基本量的贡献率（%）	品牌信息质的贡献率（%）	品牌信息质量比值
罗蒙	708 635 900.1	568 160 338.5	80.18	19.82	0.247 2

4. 品牌信息平均值分析　罗蒙的信息均值比为 1.186 7，是一个经营某大类产品的专营品牌，消费者对其产品与品牌战略有一些专业专营的认知，但很微弱。从各地区指标看，没有明显的区域品牌特征，属全国性大众品牌，不具有跨行业延伸的条件（表 5－36）。

表 5-36 罗蒙的品牌信息均值分析表

品牌	全国人口平均信息量（比特/人）	目标人群（人）	目标消费者平均信息量（比特/人）	信息均值比
罗蒙	0.535 4	327 208 413	0.635 4	1.186 7

5. 品牌信息的稳定性分析 罗蒙品牌的稳定性指数为 5.94，具有较弱的稳定性，品牌信息的有效间隔期较短，品牌维护成本较高，抵抗风险能力不高，在成长期向成熟期过渡阶段，结构失稳是正常现象，在过渡期间企业应做好品牌战略的调整。综合分析，该品牌是一个处在成长期后期向成熟期过渡阶段。全国性大众化经营的大规模品牌（表 5-37）。

表 5-37 罗蒙的品牌稳定性分析表

品牌	*N*（*E*）函数值	品牌衰减系数	品牌信息的衰减速率	品牌稳定性指数
罗蒙	12.046 1	0.083 3	0.083 3*t*	5.94

十、卡尔丹顿

1. 品牌简介 深圳市卡尔丹顿服饰股份有限公司成立于 1993 年（前身为深圳市兴亿实业有限公司），是一家有着丰富经验的知名服装品牌连锁运营企业，集品牌建设、研发设计、生产制造和零售管理于一体，专注于在中国高级男装市场上的发展壮大，采用连锁化零售经营模式。目前，卡尔丹顿已在全国开设数百间连锁店铺，拥有稳定、健全的营销网络，经营业绩逐年递增。在近 20 多年的发展历程中，卡尔丹顿以品牌运营为核心，成功地创建高端商务经典男装——卡尔丹顿（KALTENDIN），并使之成为国内知名男装品牌。

2. 数据汇总 见表 5-38。

表 5-38 卡尔丹顿品牌的基础数据和基础指标汇总表

地区	类别	人口数（万人）	知名度（%）	认知度（%）	美誉度（%）	忠诚度（%）	品牌信息量估值（万比特）
北京	城市总人口	1 961.240 0	17.06	7.94	25.00	0.16	464.003 60
	目标消费者	259.224 4	37.50	43.75	0	0	331.511 10
成都	城市总人口	1 404.760 0	24.32	11.26	6.67	0.36	554.066 50
	目标消费者	185.672 4	7.14	3.57	0	0	16.283 22
深圳	城市总人口	1 035.790 0	36.13	15.42	19.42	2.68	671.050 10

（续）

地区	类别	人口数（万人）	知名度（%）	认知度（%）	美誉度（%）	忠诚度（%）	品牌信息量估值（万比特）
	目标消费者	136.904 2	37.66	17.53	1.69	1.99	102.113 20
西安、	城市总人口	1 528.180 0	15.15	5.56	33.33	3.03	287.413 20
济南	目标消费者	201.985 3	10	5	100	5	23.832 51
南昌	城市总人口	504.260 0	31.58	15.79	30	0.70	281.943 40
	目标消费者	66.667 2	33.33	16.67	0	0	43.100 06
太原	城市总人口	420.160 0	12.26	5.66	0	0	69.116 84
	目标消费者	55.534 1	6.06	3.03	0	0	4.034 90
阳泉	城市总人口	136.850 0	38.93	19.13	26.00	1.61	104.285 80
	目标消费者	18.088 0	10.00	0	0	0	1.871 02
嘉祥	城市总人口	87.230 0	4	0	0	0	3.609 23
	目标消费者	11.529 5	16.67	0	0	0	1.988 08
全国	总人口	132 344.720 0	22.73	10.47	19.85	1.29	51 985.484 69
	目标消费者	17 493.173 7	15.42	7.92	23.48	1.28	4 661.845 84

3. 品牌质量分析 卡尔丹顿品牌的信息质量比值为 0.115 1，质的贡献率较高，信息总量处于中等偏上水平，是一个质量优良的中等偏大规模品牌。从全国基础指标看，知名度、认知度和美誉度之间的比率处于合理范围，说明该企业与消费者之间有较好的关系，该品牌具有一定的口碑，但在美誉度与忠诚度的关系中，忠诚度偏小，说明该品牌对消费者消费偏好的形成几乎不起作用，重复购买率较低（表 5－39）。

表 5－39 卡尔丹顿的品牌质量比值分析表

品牌	品牌信息总量（比特）	信息基本量（比特）	品牌信息基本量的贡献率（%）	品牌信息质的贡献率（%）	品牌信息质量比值
卡尔丹顿	519 854 846.9	466 227 686.9	89.68	10.32	0.115 1

4. 品牌信息平均值分析 卡尔丹顿品牌信息均值比为 0.678 4，低于品牌信息平均值 1，属于没有专业专营特征的大众品牌，在各地区的指标中，没有明显的区域品牌特征，属于全国性品牌。该品牌不具有跨行业延伸的条件（表 5－40）。

表 5-40 卡尔丹顿的品牌信息均值分析表

品牌	全国人口平均信息量（比特/人）	目标人群（人）	目标消费者平均信息量（比特/人）	信息均值比
卡尔丹顿	0.392 8	174 931 737	0.266 5	0.678 4

5. 品牌信息的稳定性分析 卡尔丹顿品牌的稳定性指数为 8.49，是具有很好稳定性的品牌，品牌信息的有效间隔期长，品牌维护成本较低，品牌管理水平较高。综合分析，该品牌是一个处于成长期中后期，全国性大众化经营的中等偏大规模品牌，质量优良（表 5-41）。

表 5-41 卡尔丹顿的品牌稳定性分析表

品牌	*N*（*E*）函数值	品牌衰减系数	品牌信息的衰减速率	品牌稳定性指数
卡尔丹顿	8.515 6	0.117 6	0.117 6	8.49

十一、利郎

1. 品牌简介 “简约而不简单”是利郎的设计哲学，也是利郎 20 多年来精心诠释和演绎的核心价值。从最初的“取舍之间、彰显智慧”，到“多则惑，少则明”的舍弃哲理，再到“世界无界，心容则容”的高远境界。每一步探索，简约与精致同行，突破与传统融汇。在不懈的求解、取舍、升华中，融合中国智慧的利郎简约哲学融汇而成包容世界的简约新主张，为全球商务人士带来全新的品牌价值体验。

利郎卓尔不群的品牌魅力，吸引着众多顶尖设计人士的加盟。为利郎的产品设计注入了新的灵魂，其专业化的设计水准与国际化的设计理念完美地诠释了利郎“简约不简单”的品牌精髓，引领利郎代表中国男装登上国际舞台，高调亮相米兰时装周、台北时装秀和东京时装周，以其对中国元素的完美演绎，在世界 T 台大放异彩。

2008 年，利郎重塑品牌标识 LILANG 为 LILANZ，新 LOGO 设计更显简约、大气、国际化，以此全新蜕变为基点，利郎开启品牌国际化战略。2009 年，利郎作为内地首家男装品牌在香港成功上市，正式登陆国际资本市场，拉开中国男装品牌资本升级的大幕。

2. 数据汇总 见表 5-42。

表 5－42　利郎品牌的基础数据和基础指标汇总表

地区	类别	人口数（万人）	知名度（%）	认知度（%）	美誉度（%）	忠诚度（%）	品牌信息量估值（万比特）
北京	城市总人口	1 961.240 0	45.29	37.50	41.11	3.25	2 791.805 47
	目标消费者	671.229 5	44.74	23.68	67.50	10.53	688.436 84
成都	城市总人口	1 404.760 0	41.44	20.72	18.82	8.29	1 224.870 26
	目标消费者	480.775 6	35.29	17.65	25.00	3.33	330.532 82
深圳	城市总人口	1 035.790 0	22.97	10.45	29.35	2.1	380.073 37
	目标消费者	354.496 5	32.17	14.35	26.67	2.96	199.340 98
西安、	城市总人口	1 528.180 0	37.37	17.68	6.67	2.15	1 080.350 31
济南	目标消费者	523.015 8	58.62	29.31	0	0.46	752.482 36
南昌	城市总人口	504.260 0	84.21	40.79	41.67	15.61	1 414.060 13
	目标消费者	172.626 3	76.19	38.10	44	7.30	395.351 78
太原	城市总人口	420.160 0	17.92	8.96	33.75	3.46	115.318 99
	目标消费者	143.798 7	14.58	7.29	70.00	2.64	30.062 48
阳泉	城市总人口	136.850 0	34.23	16.78	18.00	3.80	88.638 22
	目标消费者	46.836 6	13.64	6.82	0	0	8.387 39
嘉祥	城市总人口	87.230 0	36	18	50	8	65.947 93
	目标消费者	29.854 2	42.86	21.43	50	7.14	27.191 42
全国	总人口	132 344.720 0	38.16	19.33	25.51	5.15	121 099.171 30
	目标消费者	45 296.393 5	37.48	18.72	32.22	2.85	40 236.914 44

3. 品牌质量分析　利郎品牌的信息质量比值为 0.190 1，质的贡献率较高，信息总量 12 亿比特以上，是一个质量优良的大规模品牌。从全国基础指标看，知名度、认知度和美誉度之间的比率处于合理范围，美誉度较高，反映出该企业与消费者之间有很好的关系，具有良好的口碑效应，但在美誉度与忠诚度的关系中，忠诚度偏小，说明该品牌对消费者消费偏好的形成作用有限，重复购买率较低（表 5－43）。

表 5－43　利郎的品牌质量比值分析表

品牌	品牌信息总量（比特）	信息基本量（比特）	品牌信息基本量的贡献率（%）	品牌信息质的贡献率（%）	品牌信息质量比值
利郎	1 210 991 713.0	1 017 583 120.0	84.03	15.97	0.190 1

4. 品牌信息平均值分析　利郎品牌的信息均值比为 0.970 8，品牌信息均值比略小于 1，属于没有专业专营特征的大众品牌，城市间各项指标没有明显差异，不具有区域品牌特征。该品牌具有跨行业延伸的条件（表 5 - 44）。

表 5 - 44　利郎的品牌信息均值分析表

品牌	全国人口平均信息量（比特/人）	目标人群（人）	目标消费者平均信息量（比特/人）	信息均值比
利郎	0.915 0	45 296.393 5	0.888 3	0.970 8

5. 品牌信息的稳定性分析　利郎品牌的稳定性指数为 11.87，具有较强的稳定性，品牌信息的有效间隔期长，品牌维护费用低，抗风险能力强。综合分析，该品牌是处于成熟期早期，全国性大众化经营的大规模品牌，质量优良（表 5 - 45）。

表 5 - 45　利郎的品牌稳定性分析表

品牌	*N*（*E*）函数值	品牌衰减系数	品牌信息的衰减速率	品牌稳定性指数
利郎	6.206 7	0.161 9	0.161 9	11.87

十二、七匹狼

1. 品牌简介　七匹狼男装，创立于 1990 年，连续 13 年在中国休闲男装夹克市场占有率第一。致力于成为现代时尚生活的引领者，七匹狼不仅为人们提供丰富的国际品质产品，更赋予了一种当代文化精神与生活方式。2004 年于深交所上市，在行业内率先系统提出服装品牌文化经营理论，形成了以品牌为核心、以生活形态产业为主导的现代企业经营体系。

2. 数据汇总　见表 5 - 46。

表 5 - 46　七匹狼品牌的基础数据和基础指标汇总表

地区	类别	人口数（万人）	知名度（%）	认知度（%）	美誉度（%）	忠诚度（%）	品牌信息量估值（万比特）
北京	城市总人口	1 961.240 0	87.06	42.06	22.05	13.67	5 396.644 93
	目标消费者	350.691 8	1	94.44	25.71	68.15	2 077.759 64
成都	城市总人口	1 404.760 0	89.19	46.40	16.15	17.96	4 296.901 75
	目标消费者	251.186 9	93.33	60.00	1.67	16.89	1 002.850 02

（续）

地区	类别	人口数（万人）	知名度（%）	认知度（%）	美誉度（%）	忠诚度（%）	品牌信息量估值（万比特）
深圳	城市总人口	1 035.790 0	86.58	41.61	31.54	20.03	2 755.135 83
	目标消费者	185.210 9	87.95	43.37	33.33	19.52	532.764 48
西安、	城市总人口	1 528.180 0	86.87	43.43	17.5	7.07	4 333.272 83
济南	目标消费者	273.255 8	95.65	54.35	14.44	12.75	1 013.127 33
南昌	城市总人口	504.260 0	94.74	55.26	33.13	30.70	1 791.691 17
	目标消费者	90.190 7	100	64.29	30	24.28	395.867 52
太原	城市总人口	420.160 0	84.91	41.51	25.78	21.19	1 108.257 02
	目标消费者	75.129 3	91.67	47.22	38.89	21.11	235.516 83
阳泉	城市总人口	136.850 0	84.56	42.28	21.62	11.45	367.415 75
	目标消费者	24.470 3	70.00	35.00	50.00	1.33	46.493 47
嘉祥	城市总人口	87.230 0	84	42	37.78	11.73	223.455 80
	目标消费者	15.597 7	1	50	35	3.81	56.682 55
全国	总人口	132 344.720 0	87.09	44.34	24.14	16.74	392 554.116 40
	目标消费者	23 665.629 8	90.11	51.85	31.78	17.93	81 285.598 46

3. 品牌质量分析　七匹狼品牌信息质量比值为 0.023 4，质的贡献率较低，信息总量近 40 亿比特，是一个质量一般的大规模品牌。从全国基础指标看，该品牌拥有极高的知名度，基础指标结构基本合理，很稳定。指标结构逐次降低，反映出该品牌曾经有过大规模的品牌运作痕迹。品牌传播中重名轻誉倾向也比较明显，0.023 4 的质量比在这样高的基础指标下显低，可以视为衰退的迹象。也有可能是在高美誉和高忠诚下的消费者偏好发生了变化的缘故。建议企业适时发展新产品战略，适应消费者偏好的变化，防止品牌老化（表 5 - 47）。

表 5 - 47　七匹狼的品牌质量比值分析表

品牌	品牌信息总量（比特）	信息基本量（比特）	品牌信息基本量的贡献率（%）	品牌信息质的贡献率（%）	品牌信息质量比值
七匹狼	3 925 541 164.0	3 835 578 036.0	97.71	2.29	0.023 4

4. 品牌信息平均值分析　七匹狼品牌的信息均值比为 1.158 0，是一个经营某大类产品的专营品牌，消费者对其产品与品牌还略有一些专业专营的认知，但很微弱。从各地区指标看，没有明显的区域品牌特征，属全国性大众品牌。该品牌具有进行跨行业延伸和扩张的条件（表 5－48）。

表 5－48　七匹狼的品牌信息均值分析表

品牌	全国人口平均信息量（比特/人）	目标人群（人）	目标消费者平均信息量（比特/人）	信息均值比
七匹狼	2.966 1	236 656 298	3.434 8	1.158 0

5. 品牌信息的稳定性分析　七匹狼品牌的稳定性指数为 12.01，属于稳定性相当好的品牌，品牌信息的有效间隔期很长，品牌维护成本低，具有很强的抗风险能力。综合分析，该品牌是处于成熟期全国性大众化经营的大规模品牌（表 5－49）。

表 5－49　七匹狼的品牌稳定性分析表

品牌	N（E）函数值	品牌衰减系数	品牌信息的衰减速率	品牌稳定性指数
七匹狼	6.292 3	0.163 6	$0.163\,6^{t}$	12.01

十三、柒牌

1. 品牌简介　福建柒牌集团有限公司始创于 1979 年，经过 30 余载的创业、发展，现已成为一家以服饰研究、设计和制造为主、集销售为一体的综合性集团公司。目前企业净资产 9.7 亿元，公司占地面积 200 余亩，建筑面积 22 万米^2，拥有员工 5 000 多名，拥有世界一流的服装生产设备，已在全国 31 个省（自治区、直辖市）设立 3 000 多家专卖店。自 2001 年以来连续 11 年产品销售收入、利润总额名列全国服装行业前十强。

柒牌集团始终坚持“让中华时尚在世界传承”的企业使命，以“柒牌男装比肩世界，中华立领风行天下”为企业愿景，秉承“创新、诚信、卓越、感恩”的价值理念，演绎柒牌“比肩世界男装”的品牌形象。

品牌系列产品素以风格时尚、款式经典、做工考究而著称，现已成为大众时尚的焦点。其中华立领系列产品已成为男装时尚中国化的代表，越来越受到世界服装界的高度关注。

2. 数据汇总　见表 5－50。

表 5-50　柒牌品牌的基础数据和基础指标汇总表

地区	类别	人口数（万人）	知名度（%）	认知度（%）	美誉度（%）	忠诚度（%）	品牌信息量估值（万比特）
北京	城市总人口	1 961.240 0	60.00	28.24	20.00	5.22	2 891.189 69
	目标消费者	484.877 4	80.00	70.00	30.00	1.33	1 783.032 62
成都	城市总人口	1 404.760 0	63.06	32.43	17.89	9.31	2 380.385 89
	目标消费者	347.298 8	81.25	46.88	3.33	7.92	1 003.940 04
深圳	城市总人口	1 035.790 0	55.48	25.74	30.91	8.15	1 305.387 12
	目标消费者	256.078 4	59.52	28.57	30	4.52	381.412 82
西安、济南	城市总人口	1 528.180 0	51.52	25.76	38.33	2.56	1 760.159 27
	目标消费者	377.811 9	72	38	36.67	1.6	815.907 81
南昌	城市总人口	504.260 0	71.05	35.53	38.75	16.49	974.719 62
	目标消费者	124.700 4	85.71	42.86	50	8.10	343.984 08
太原	城市总人口	420.160 0	60.38	28.30	14.58	7.92	631.620 89
	目标消费者	103.876 2	56.41	24.36	5.71	4.62	136.311 80
阳泉	城市总人口	136.850 0	69.13	33.56	13.53	3.27	262.312 25
	目标消费者	33.833 4	60.00	25.00	5.00	2.67	47.955 57
嘉祥	城市总人口	87.230 0	76	38	46.67	22.13	185.250 78
	目标消费者	21.565 9	1	50	35	3.81	78.840 34
全国	总人口	132 344.720 0	61.57	29.90	25.27	7.16	215 862.087 20
	目标消费者	32 720.841 3	67.90	34.15	22.39	3.96	63 644.829 12

3. 品牌质量分析　柒牌品牌的信息质量比值为 0.030 8，信息总量 20 亿比特以上，是一个质量一般的大规模品牌。从全国指标看，属于知名度很高的品牌，该品牌的基础指标中，知名度、认知度和美誉度之间的比率处于合理范围，说明该企业与消费者之间有较好的关系，该品牌具有一定的口碑，但在美誉度与忠诚度之间的关系中，忠诚度偏小，说明该品牌对消费者的品牌偏好的影响力不够，消费者的重复购买率较低（表 5-51）。

表 5-51　柒牌的品牌质量比值分析表

品牌	品牌信息总量（比特）	信息基本量（比特）	品牌信息基本量的贡献率（%）	品牌信息质的贡献率（%）	品牌信息质量比值
柒牌	2 158 620 872.0	2 094 019 909.0	97.01	2.99	0.030 8

4. 品牌信息平均值分析　柒牌品牌的信息均值比为 1.192 5，是一个经营某大类产品的品牌，消费者对其产品与品牌还略有一些专业专营的认知，但很微弱。从各地区指标看，没有明显的区域品牌特征，属全国性专营品牌（表 5－52）。

表 5－52　柒牌的品牌信息均值分析表

品牌	全国人口平均信息量（比特/人）	目标人群（人）	目标消费者平均信息量（比特/人）	信息均值比
柒牌	1.631 1	327 208 413	1.945 1	1.192 5

5. 品牌信息的稳定性分析　柒牌品牌的稳定性系数为 8.11，具有较强的稳定性，品牌信息的有效间隔期很长，品牌维护成本低，具有很强的抗风险能力。综合分析，该品牌是处于成熟期早期的全国性专营经营的大规模品牌（表 5－53）。

表 5－53　柒牌的品牌稳定性分析表

品牌	N（E）函数值	品牌衰减系数	品牌信息的衰减速率	品牌稳定性指数
柒牌	8.930 9	0.112 5	0.1125^{t}	8.11

十四、杉杉

1. 品牌简介　杉杉集团是杉杉企业中以服装、服饰、纺织品等产业公司为基础构建的时尚产业集团。杉杉集团实施“多品牌、国际化”战略，以产品为核心、以品牌经营为根本，努力拓展时尚产业领域，进一步加强国际合作，致力于成为国内时尚产业的领袖企业。杉杉，中国最早诞生的同行业名牌，在生产上采用从德国、日本、意大利引进的世界一流的全自动吊挂式流水线操作，在工艺定位、生产流程等方面的软件应用在国际上都属领先。作为“中国名牌”、“中国驰名商标”的杉杉品牌是杉杉集团旗下的核心品牌，是首家通过绿色环保认证的服装品牌，也是中国服装行业的代表品牌，形成了正装、商务、休闲等系列化产品，产品线已延伸到了女时装、内衣、童装、皮具及家纺等产品领域，其中杉杉西服和杉杉衬衫分别荣获中国名牌产品称号。在中国服装界，杉杉创造了多项奇迹。

2. 数据汇总　见表 5－54。

表 5－54　杉杉品牌的基础数据和基础指标汇总表

地区	类别	人口数（万人）	知名度（%）	认知度（%）	美誉度（%）	忠诚度（%）	品牌信息量估值（万比特）
北京	城市总人口	1 961.240 0	28.82	9.12	21.82	4.43	823.900 45
	目标消费者	484.877 4	70.00	60.00	60.00	20.00	132 762.844 50
成都	城市总人口	1 404.760 0	38.74	19.37	17.14	4.02	1 093.163 28
	目标消费者	347.298 8	43.75	21.88	0	0.83	337.711 33
深圳	城市总人口	1 035.790 0	26.97	10.71	18.29	2.72	433.550 45
	目标消费者	256.078 4	30.95	11.9	5	1.67	131.975 47
西安、	城市总人口	1 528.180 0	37.37	16.16	6.67	1.28	1 075.916 72
	目标消费者	377.811 9	48	20	5	4.53	374.928 42
南昌	城市总人口	504.260 0	84.21	44.74	22	17.19	1 401.140 41
	目标消费者	124.700 4	92.86	46.43	27.50	22.38	394.708 59
太原	城市总人口	420.160 0	36.79	16.51	20.00	5.97	285.577 71
	目标消费者	103.876 2	43.24	20.27	25.00	9.91	91.933 99
阳泉	城市总人口	136.850 0	51.68	25.84	20.00	5.37	164.945 71
	目标消费者	33.833 4	20.00	5.00	0	0	8.836 81
嘉祥	城市总人口	87.230 0	72	36	58.75	25.07	164.885 61
	目标消费者	21.565 9	77.78	38.89	55	12.59	51.132 03
全国	总人口	132 344.720 0	46.40	22.05	17.63	6.37	147 036.761 90
	目标消费者	32 720.841 3	48.55	23.17	16.37	8.47	41 004.486 51

3. 品牌质量分析　杉杉品牌的信息质量比值为0.109 9，质量处于良好水平，信息总量14亿比特，是一个大规模品牌。从全国基础指标看，指标结构基本合理，认知度与知名度的比率关系合理，处于良好水平，说明该企业的品牌传播效率很高，效果很好，但在认知度和美誉度的关系比率中，美誉度偏低。美誉度的偏低反映出企业在与消费者关系中的不足，该企业在品牌方面还是略显重名轻誉。忠诚度和美誉度的比率关系略失衡，说明被口碑影响的消费者中有部分未发生重复购买的现象，这可能与该品牌的产品或服务有局限性有关（表 5－55）。

表 5－55　杉杉的品牌质量比值分析表

品牌	品牌信息总量（比特）	信息基本量（比特）	品牌信息基本量的贡献率（%）	品牌信息质的贡献率（%）	品牌信息质量比值
杉杉	1 470 367 619.0	1 324 779 290.0	90.10	9.90	0.109 9

4. 品牌信息平均值分析　杉杉品牌的信息均值比为1.127 9，是一个经营某大类产品的专营品牌，消费者对其产品与品牌还略有一些专业专营的认知，但很微弱。从各地区指标看，没有明显的区域品牌特征，属全国性大众品牌（表5-56）。

表5-56　杉杉的品牌信息均值分析表

品牌	全国人口平均信息量（比特/人）	目标人群（人）	目标消费者平均信息量（比特/人）	信息均值比
杉杉	1.111 0	327 208 413	1.253 2	1.127 9

5. 品牌信息的稳定性分析　杉杉品牌的稳定性指标为5.88，具有一般偏弱稳定性，品牌信息的有效间隔期较短，品牌维护成本较高，抵抗风险能力不高。综合分析，该品牌处于成熟早期，全国性专营经营的大规模品牌（表5-57）。

表5-57　杉杉的品牌稳定性分析表

品牌	N（E）函数值	品牌衰减系数	品牌信息的衰减速率	品牌稳定性指数
杉杉	12.220 4	0.082 4	$0.082\,4^{t}$	5.88

十五、太子龙

1. 品牌简介　浙江太子龙服饰股份有限公司（前身是创立于1995年的浙江太子龙服饰有限公司）是一家以锻造自主品牌太子龙时尚商务男装为主导的专业化、现代化大型民营企业，公司的总部——太子龙时尚产业园，位于杭州江东工业园内，生产制造中心位于西施故里——诸暨。

目前，企业已经形成年产成衣1 000万件（套）的生产配套能力，拥有固定职工3 000余名，其中中高级经营管理技术人员350余人，拥有10多个直营分公司，太子龙品牌已成为我国服装行业中最具影响力的著名品牌之一。2002年开始公司聘请著名演员姜文先生为品牌代言人至今，太子龙品牌营销全面展开，并获得了许多荣誉：2004年太子龙休闲夹克销售量居全国前十名；2005年，太子龙商标被国家工商总局认定为“中国驰名商标”；2006年，太子龙企业被评为“中国服装行业竞争力前十强”，跻身全国民营企业500强；2007年，太子龙产品被荣膺“国家免检产品”，《福布斯》排行发布的中国潜力100企业；2009年，经世界品牌实验室权威评估太子龙品牌跻身中国500最具价值品牌以及连续8年荣获全国服装行业“双百强”等荣誉称号。确立了太子龙品牌在我国同行业中的优势地位。

2. 数据汇总 见表 5－58。

表 5－58 太子龙品牌的基础数据和基础指标汇总表

地区	类别	人口数（万人）	知名度（%）	认知度（%）	美誉度（%）	忠诚度（%）	品牌信息量估值（万比特）
北京	城市总人口	1 961.240 0	15.29	7.65	11.43	1.57	416.729 97
	目标消费者	293.499 6	25.71	14.29	13.33	3.62	132.814 39
成都	城市总人口	1 404.760 0	17.12	8.56	5.00	0.24	340.726 42
	目标消费者	210.222 3	13.33	6.67	0	0	36.577 20
深圳	城市总人口	1 035.790 0	11.87	5.42	20	0.64	159.582 62
	目标消费者	155.006 0	15.15	7.58	5	0.27	31.739 57
西安、	城市总人口	1 528.180 0	9.09	4.04	0	0.13	162.775 24
济南	目标消费者	228.692 1	10	5	0	0	27.912 20
南昌	城市总人口	504.260 0	34.21	15.79	5	2.98	308.408 98
	目标消费者	75.482 0	36.84	15.79	0	0	49.167 97
太原	城市总人口	420.160 0	57.55	26.42	18.28	15.91	581.008 45
	目标消费者	62.876 9	75.76	36.36	28.46	18.38	2.634 64
阳泉	城市总人口	136.850 0	80.54	39.93	32.22	16.24	354.280 08
	目标消费者	20.479 6	80.00	40.00	20.00	8.33	50.142 07
嘉祥	城市总人口	87.230 0	44	20	5	1.07	76.910 22
	目标消费者	13.054 0	50	18.75	0	0	12.521 28
全国	总人口	132 344.720 0	40.93	19.39	13.84	8.06	136 024.091 60
	目标消费者	19 806.144 1	47.12	22.74	12.59	6.82	13 053.890 13

3. 品牌质量分析 太子龙品牌的信息质量比值为 0.244 6，趋于质量最优区间，属于质量很优良的品牌，信息总量 13 亿比特，是大规模品牌。从全国性指标看，认知度与知名度的比率关系合理，处于优良水平，说明该企业的品牌传播效率很高，效果很好。但在认知度和美誉度的关系比率中，美誉度偏低。美誉度的偏低反映出企业在与消费者关系中的不足，该企业在品牌方面还是略显重名轻誉。忠诚度和美誉度的比率关系中，忠诚度偏低，说明该品牌对消费者消费偏好的影响力不够，消费者的重复购买率较低。该品牌指标结构是逐次降低型结构，有曾经大规模品牌运作的痕迹。综合分析，该品牌处于成长期向成熟期过渡阶段，质量优良的品牌（表 5－59）。

表 5-59　太子龙的品牌质量比值分析表

品牌	品牌信息总量（比特）	信息基本量（比特）	品牌信息基本量的贡献率（%）	品牌信息质的贡献率（%）	品牌信息质量比值
太子龙	1 360 240 916.0	1 093 008 989.0	80.35	19.65	0.244 6

4. 品牌信息平均值分析　太子龙品牌的信息均值比为 0.641 3，信息均值比小于 1，该品牌基本上没有专业专营特征，属于大众品牌。从各地区指标看，没有明显的区域品牌特征，属全国性品牌。具有进行跨行业延伸的基础和条件（表 5-60）。

表 5-60　太子龙的品牌信息均值分析表

品牌	全国人口平均信息量（比特/人）	目标人群（人）	目标消费者平均信息量（比特/人）	信息均值比
太子龙	1.027 8	198 061 441	0.659 1	0.641 3

5. 品牌信息的稳定性分析　太子龙品牌的稳定性指数为 4.48，具有较弱的稳定性，品牌信息的有效间隔期较短，品牌维护费用高，抗风险能力不足，出现品牌失稳是处于过渡期的正常现象，该企业须做好品牌战略的调整。综合分析，该品牌是处在成长期向成熟期过渡阶段的，全国性大众化经营的大规模品牌（表 5-61）。

表 5-61　太子龙的品牌稳定性分析表

品牌	$N(E)$ 函数值	品牌衰减系数	品牌信息的衰减速率	品牌稳定性指数
太子龙	15.884 7	0.063 2	0.0632^{t}	4.48

十六、雅戈尔

1. 品牌简介　雅戈尔集团创建于 1979 年，以品牌服装为主业，涉足地产开发、金融投资领域，是一家拥有员工 5 万余人的大型跨国集团公司，旗下的雅戈尔集团股份有限公司为上市公司。2013 年，集团实现销售收入 532 亿元，利润 30.18 亿元，进出口总额 24 亿美元，完成税收 38.42 亿元，同比增长 58%。位列 2013 中国企业 500 强第 235 位，中国民营企业 500 强第 37 位。2013 年，集团获得首届中国质量奖提名奖，雅戈尔集团股份有限公司荣获“最佳股东回报上市公司”奖项。

品牌服装是雅戈尔集团的基础产业，已形成了以品牌服装为龙头的纺织服装垂直产业链。2013 年，雅戈尔以打造“时尚雅戈尔、科技雅戈尔、文化雅戈尔”为努力方向，继续向品牌运营型企业转型，进一步整合产业联盟提升研发设计能力、革新多品牌运营模式，探索电商渠道与线下渠道融合模式。

雅戈尔拥有五大品牌，主打品牌 YOUNGOR 突出功能性；高端品牌 MAYOR 旨在打造中国的量身订制品牌；GY 品牌以时尚风格构筑年轻人的概念世界；HANP 健康、环保，清新淡雅源自天成；Hart Schaffner Marx 则传承美式休闲风。目前，雅戈尔在全国拥有各品牌商业网点 2 600 多家，主打产品衬衫为全国衬衫行业第一个国家出口免验产品，连续 19 年获得市场综合占有率第一位，西服连续 14 年保持市场综合占有率第一位。

2013 年，雅戈尔房地产板块销售突破百亿，目前，地产开发集中在上海、宁波、苏州、杭州等地；雅戈尔投资板块积极探索稳定的盈利模式，逐步由金融投资向产业投资转型。

2. 数据汇总 见表 5－62。

表 5－62 雅戈尔品牌的基础数据和基础指标汇总表

地区	类别	人口数（万人）	知名度（%）	认知度（%）	美誉度（%）	忠诚度（%）	品牌信息量估值（万比特）
北京	城市总人口	1 961.240 0	46.47	20.88	22.86	6.24	1 878.790 17
	目标消费者	484.877 4	100	85.00	44.00	41.33	2 485.824 32
成都	城市总人口	1 404.760 0	63.06	28.83	14.76	7.99	2 229.288 96
	目标消费者	347.298 8	93.75	40.63	14.00	4.17	1 023.041 84
深圳	城市总人口	1 035.790 0	58.32	26.58	28.05	8.80	1 406.811 51
	目标消费者	256.078 4	58.33	29.17	33.00	13.49	363.611 32
西安、济南	城市总人口	1 528.180 0	37.37	15.66	21.25	4.58	1 026.997 85
	目标消费者	377.811 9	44	22	0	1.6	370.564 74
南昌	城市总人口	504.260 0	97.37	59.21	37.65	33.33	1 920.033 81
	目标消费者	124.700 4	100	64.29	35	30.48	522.342 76
太原	城市总人口	420.160 0	47.17	22.64	20.00	11.19	429.274 23
	目标消费者	103.876 2	53.85	26.92	30.83	12.99	130.437 89
阳泉	城市总人口	136.850 0	46.98	20.81	5.56	4.30	137.460 90
	目标消费者	33.833 4	30.00	10.00	0	1.33	16.011 25
嘉祥	城市总人口	87.230 0	68	32	23.33	5.07	156.171 04
	目标消费者	21.565 9	77.78	77.78	5	12.59	87.233 33
全国	总人口	132 344.720 0	53.65	26.53	20.65	11.04	193 411.801 30
	目标消费者	32 720.841 3	58.12	32.47	18.32	11.99	60 123.945 45

3. 品牌质量分析　雅戈尔品牌的信息质量比值为0.138 3，高于该行业平均水平，信息总量大，是一个质量优良的大规模品牌。从基础指标看，指标结构良好，认知度与知名度的比率关系合理，处于优良水平，说明该企业的品牌传播效果很好。但在认知度和美誉度的关系比率中，美誉度偏低。美誉度的偏低反映出企业在与消费者关系中还有欠缺，该企业在品牌方面还是略显重名轻誉。忠诚度和美誉度的比率关系表现正常，说明该品牌的产品质量和服务还是合格的，消费者形成的忠诚度是自然形成。建议企业以消费者体验量的扩大入手，重点发展品牌口碑，形成优良的品牌与消费者的关系（表5-63）。

表5-63　雅戈尔的品牌质量比值分析表

品牌	品牌信息总量（比特）	信息基本量（比特）	品牌信息基本量的贡献率（%）	品牌信息质的贡献率（%）	品牌信息质量比值
雅戈尔	1 934 118 013.0	1 699 203 479.0	87.85	12.15	0.138 3

4. 品牌信息平均值分析　雅戈尔品牌信息均值比为1.257 3，属于专营某大类的专营品牌，消费者对其产品依然存有一定的行业认识，但很微弱，很靠近大众化的品牌，从各地区的指标看，没有明显的区域品牌特征，是一个全国性品牌。具有跨行业延伸的条件（表5-64）。

表5-64　雅戈尔的品牌信息均值分析表

品牌	全国人口平均信息量（比特/人）	目标人群（人）	目标消费者平均信息量（比特/人）	信息均值比
雅戈尔	1.461 4	327 208 413	1.837 5	1.257 3

5. 品牌信息的稳定性分析　雅戈尔品牌的稳定性指数为6.63，具有一般偏上稳定性，品牌信息的有效间隔期较长，品牌维护成本较低，具有一定的抗风险能力。综合分析，该品牌是处于成熟期全国性专营经营经营的大规模品牌（表5-65）。

表5-65　雅戈尔的品牌稳定性分析表

品牌	$N(E)$ 函数值	品牌衰减系数	品牌信息的衰减速率	品牌稳定性指数
雅戈尔	10.919 8	0.092 6	0.092 6t	6.63

第六章 >>>

内衣类连锁经营品牌分析报告

第一节　内衣行业品牌质量简述

本次调研各地推荐的内衣品牌 9 个，具有代表性，对它们的分析能够代表国内内衣行业的整体分析。

内衣行业的平均美誉度为 0.161 9，R_{max}是 3.524，市场份额超过 0.5％的品牌有 13 个，市场前十位品牌市场综合占有率合计为 65.1％。其中，爱慕继续位居榜首，曼妮芬、安莉芳、黛安芬和古今排在第二至第五位，第六至第十位依次是华歌尔、欧迪芬、桑扶兰、婷美和伊维斯。

全行业信息均值比为 1 左右，最高 1.7 都基本属于具有大众化倾向的专营品牌类型，消费者对这类产品所属行业的专业性认知不深，调研的 9 个品牌都不具备专业特征，造成这个现象的原因有可能是这个行业在品牌传播过程中通常使用大众媒体所致，也可能是该行业的目标消费者的媒体偏好不够集中所致。

表 6－1　内衣品牌分析数据汇总表

品牌	品牌信息总量（比特）	品牌信息质量比值	信息均值比	品牌稳定性指数
婷美	1 140 984 172.0	0.063 2	1.156 68 359	6.15
爱慕	844 521 887.8	0.157 1	1.700 96 263	7.42
曼妮芬	610 925 472.9	0.207 4	1.381 09 909	7.9
古今	439 764 057.0	0.412 2	1.042 46 898	4.23
安莉芳	360 432 543.3	0.227 3	1.048 31 536	7.07
茜茜公主	339 623 274.3	0.015 6	1.207 42 372	4.55
桑扶兰	97 995 758.7	—0.13	1.274 39 603	1.71
伊丝艾拉	88 821 512.9	0.264 1	0.666 80 096	1.04
奥丽侬	82 428 216.1	—0.03	1.403 83 549	3.19
均值	445 055 210.6	0.192 414 286	1.209 109 539	4.806 666 667

第二节　内衣连锁品牌质量个案分析

为简化计算，内衣行业的参数取值说明：

价格调整系数按照品牌数目取值，全国市场销售占到0.5%以上的品牌为13个，对照 N_Z 取值表 $N_{13}=1.293$。

中国18～35岁女装消费者每年平均购买内衣的次数约为2.27次。

全行业品牌平均美誉度为0.161 9。

内衣行业的 R_{max} 为3.524。

N（E）函数系数全部取平均值2，当期 $t=1$（品牌周期）。

一、爱慕

1. 品牌简介　爱慕集团（以下简称爱慕）专业从事高端品牌内衣及服饰的设计、生产和营销，总部位于北京市朝阳区，是国家高新技术企业，拥有员工9 000余人，近年来年纳税总额达3亿元。爱慕品牌创建于1993年，现已成为中国时尚领导品牌，并积极开拓海外市场和电子商务领域。

历经20多年的发展，爱慕已从单一的生产型企业发展成为由几十家分子公司、合资公司组成的集团企业，并拥有十余个品牌和产品线，近年来，爱慕开始涉足文化事业和产业，投资设立了丝绸文化品牌皇锦、游园惊梦昆曲会馆、爱慕美术馆等。

爱慕一直致力于履行企业社会责任、积极参与公益慈善事业，累计捐款捐物超过5 000万元，并于2013年设立了在民政部注册的爱慕公益基金会。

未来爱慕将继续秉承“创造美，传递爱”的企业使命，着力打造融合东方美学与国际流行的国际化高端品牌形象，努力成为国际著名品牌和百年企业。

爱慕于2004年开始实施多品牌战略，针对不同性别、年龄、多层次需求等因素，陆续推出了十余个不同风格、不同定位的品牌及相关产品线，以满足消费者品牌化、多元化、个性化的消费需求。

品牌理念：爱慕秉承“爱”与“美”的品牌理念，融科技于时尚，追求融合东西方文化的美学设计，为都市女性提供精致、时尚、优雅的产品和体验，展现万千姿彩的女性魅力，帮助女性做最好的自己、最美的自己。

2. 数据汇总　见表6-2。

表 6－2　爱慕品牌的基础数据和基础指标汇总表

地区	类别	人口数（万人）	知名度（%）	认知度（%）	美誉度（%）	忠诚度（%）	品牌信息量估值（万比特）
北京	城市总人口	1 961.240 0	25.88	7.65	38.24	6.43	914.426 82
	目标消费者	157.374 8	75	30.00	65.00	21.33	290.648 84
成都	城市总人口	1 404.760 0	46.85	22.52	19.00	15.32	1 234.263 72
	目标消费者	112.721 5	74.29	35.71	12.22	26.67	172.551 55
深圳	城市总人口	1 035.790 0	41.81	17.1	24.1	11.7	786.868 48
	目标消费者	83.114 4	47.46	21.19	21.29	19.42	66.868 11
西安、济南	城市总人口	1 528.180 0	22.22	7.07	10	0.4	384.471 41
	目标消费者	122.625 0	10	2.5	0	0	10.319 28
南昌	城市总人口	504.260 0	60.53	32.89	16.67	8.95	664.041 58
	目标消费者	40.458 7	75	37.5	50	12.5	117.753 00
太原	城市总人口	420.160 0	17.92	8.01	5	2.39	80.835 06
	目标消费者	33.714 7	28.13	14.06	6.67	3.96	15.454 04
阳泉	城市总人口	136.850 0	56.38	26.17	22.40	8.05	163.674 59
	目标消费者	10.981 2	63.64	32.73	27.14	11.27	15.889 89
嘉祥	城市总人口	87.230 0	24	12	55	12.53	55.152 44
	目标消费者	6.999 6	1	50	70	53.33	20.736 38
全国	总人口	132 344.720 0	35.32	15.94	15.19	5.24	84 452.188 78
	目标消费者	10 619.505 2	43.63	20.81	20.47	8.86	11 526.656 34

3. 品牌质量分析　爱慕品牌的信息质量比为 0.157 1，属于很高质量水平的品牌，信息总量 8 亿以上，属于大规模品牌。总体上看，品牌的指标结构合理，各项指标关系都处在正常的范围内，总信息量也达到大规模的水平。基础指标中，认知度略显偏低，其原因可能与品牌信息传播的效率较低或是品牌内涵在信息传播中表现不足有关，影响了品牌自传播的形成，忠诚度略显不足，消费者的品牌偏好不明显，美誉度和认知度匹配，也属于较高美誉度，该品牌形成了口碑效应。该品牌还有继续发展的空间，是一个处于成熟期早期至中期品牌，全国各个城市的指标水平接近，没有明显的区域特征，是一个全国性的品牌（表 6－3）。

表 6-3　爱慕的品牌质量比值分析表

品牌	品牌信息总量（比特）	信息基本量（比特）	品牌信息基本量的贡献率（%）	品牌信息质的贡献率（%）	品牌信息质量比值
爱慕	844 521 887.8	729 859 431.4	86.42	13.58	0.157 1

4. 品牌信息平均值分析　该品牌的信息均值比仅为 1.7，很接近大众品牌，消费者对品牌的行业特征印象基本淡化，基本没有专业从事某小类产品经营的特征，是专营某大类产品的专营品牌类型。该指标低的原因可能是进行过较大规模的品牌延伸，均值在成熟期下降是正常的，是由发展型专业品牌走向成熟的大众品牌的正常表现，但从均值比分析，该品牌具有良好的可延伸性（表 6-4）。

表 6-4　爱慕的品牌信息均值分析表

品牌	全国人口平均信息量（比特/人）	目标人群（人）	目标消费者平均信息量（比特/人）	信息均值比
爱慕	0.638 123	106 195 052	1.085 423 109	1.70

5. 品牌信息的稳定性分析　爱慕品牌的稳定性指标达到 7.42，处于接近较好稳定性水平，有一定的抗风险能力。品牌衰减系数较高，品牌信息的有效间隔期长，有效期和有效范围都很大。综合分析，爱慕品牌是一个处在成熟期内的优质品牌，高质量的指标结构反映出该企业具有较高水平的品牌管理能力，良好的可延伸性使其信息量和质量都处于较好的水平，品牌维护需要的费用需求较低，是一个全国性专营经营的大规模品牌，质量接近上乘（表 6-5）。

表 6-5　爱慕的品牌稳定性分析表

品牌	$N(E)$ 函数值	品牌衰减系数	品牌信息的衰减速率	品牌稳定性指数
爱慕	9.771 55	0.103 274	0.103 274	7.42

二、安莉芳

1. 品牌简介　安莉芳集团 1975 年创办于香港，经过近 40 年的经营，安莉芳已经发展成为一家现代大型企业。

本着“扎根香港、北望神州、放眼世界”的业务发展方向，集团将总部设于香港，自置写字楼面积达到 5 000 米^2，并分别于 1987 年在深圳成立安莉芳（中国）服装有限公司，1993 年成立安莉芳（常州）服装有限公司，并将生产线设于两地。进入21世纪，安莉芳借势国家渤海湾大经济圈的发展战略，选址山东省明水经济开发区，建立了绿色生态工业园。2010年12月1日，安莉芳上海总部大厦正式落成启用。

自1996国家统计局有统计以来，安莉芳品牌已连续16年蝉联全国市场同类产品销售第一的桂冠。迄今为止，集团的零售业务遍及中国包括港澳地区在内190多个大中型城市，拥有逾2 000个零售点。安莉芳集团不仅是女性内衣的供货商，更成功地建立了高质素、多元化的“安莉芳”、“芬狄诗”、“Comfit”、“Liza Cheng”、“E－BRA”、“安朵”等内衣品牌系列。

2. 数据汇总　见表6－6。

表6－6　安莉芳品牌的基础数据和基础指标汇总表

地区	类别	人口数（万人）	知名度（%）	认知度（%）	美誉度（%）	忠诚度（%）	品牌信息量估值（万比特）
北京	城市总人口	1 961.240 0	20.59	5.29	44.00	6.27	744.939 84
	目标消费者	335.975 1	21.74	6.52	50.00	1.25	93.026 50
成都	城市总人口	1 404.760 0	29.73	13.96	12.35	7.51	586.248 99
	目标消费者	240.645 9	53.66	24.39	11.67	14.47	236.745 35
深圳	城市总人口	1 035.790 0	62.45	28.58	36.14	20.67	1 781.978 17
	目标消费者	177.438 6	73.32	34.91	38.85	29.38	295.793 24
西安、济南	城市总人口	1 528.180 0	6.06	2.53	36.67	2.15	139.607 07
	目标消费者	261.788 7	8.7	4.35	50	4.35	28.838 83
南昌	城市总人口	504.260 0	36.85	17.11	3.33	3.33	242.834 36
	目标消费者	86.374 1	22.22	5.56	0	0	17.751 56
太原	城市总人口	420.160 0	14.15	6.13	6.67	1.19	62.157 05
	目标消费者	71.976 6	20	10	10	3.24	22.133 09
阳泉	城市总人口	136.850 0	6.71	2.68	0	0	7.772 52
	目标消费者	23.443 4	5.33	2.67	0	0	1.057 31
嘉祥	城市总人口	87.230 0	0	0	0	0	0
	目标消费者	14.943 2	0	0	0	0	0
全国	总人口	132 344.720 0	17.5	7.61	15.64	3.03	36 043.254 33
	目标消费者	22 671.274 0	18.66	8.1	19.63	4.03	6 472.696 64

3. 品牌质量分析　品牌信息的质量比值达到0.227 3，总信息量处于中等水平，属于高质量的品牌类型，各项指标关系比较匀称，基本处于合理区间。

在一线和部分二线城市中有很高的知名度，尤其是深圳，但中小城市的认知比例很低，这可能和发展模式有关，说明该品牌对区域有所选择，有重点的选择目标消费者较为集中的城市发展品牌关系，有一定的区域特征。仅从目标城市的指标看，该品牌应该进入成熟期，但综合全国平均水平看，该品牌应该在成长期中期，是一个由成长期向成熟期过渡的品牌类型，是一个由区域品牌向全国性品牌发展过程中的品牌（表 6－7）。

表 6－7　安莉芳的品牌质量比值分析表

品牌	品牌信息总量（比特）	信息基本量（比特）	品牌信息基本量的贡献率（%）	品牌信息质的贡献率（%）	品牌信息质量比值
安莉芳	360 432 543.3	293 674 147.3	81.48	18.52	0.227 3

4. 品牌信息平均值分析　该品牌的信息均值比为 1.05，接近大众品牌的指标或是专业形象未树立起来，是一个专营某大类产品的品牌。目前还不完全具备品牌急速扩张的条件（表 6－8）。

表 6－8　安莉芳的品牌信息均值分析表

品牌	全国人口平均信息量（比特/人）	目标人群（人）	目标消费者平均信息量（比特/人）	信息均值比
安莉芳	0.272 344	226 712 740	0.285 502 113	1.05

5. 品牌信息的稳定性分析　安莉芳的品牌稳定性指数是 7.07，属于接近较好稳定性的品牌，有效间隔期较长，品牌维护费用较低，品牌管理水平较高，在重点城市（尤其是深圳）对消费者有一定的影响力，拥有较高美誉度和忠诚度，在向全国性品牌过渡的过程中可能会遇到品牌稳定性下降的问题。综合分析，该品牌是一个处于成长期向成熟期过渡阶段，有目标城市的区域性专营品牌（表 6－9）。

表 6－9　安莉芳的品牌稳定性分析表

品牌	$N(E)$ 函数值	品牌衰减系数	品牌信息的衰减速率	品牌稳定性指数
安莉芳	10.191 03	0.098 515	0.098 515^{t}	7.07

三、奥丽侬

1. 品牌简介　品牌隶属于广东奥丽侬内衣集团有限公司，入选“中国名优产品”，并获得“中国名牌”、“广东省名牌”称号，以“娇媚、时尚”受到各地时尚女性的追捧和喜爱，并出口到日本、澳大利亚、马来西亚、韩国等国家和地区。至2003年年底，全国共有终端网点1 300多家。在“认真、自觉、投入”的企业精神的指引下，强烈的品牌意识和成功的品牌经营，使奥丽侬公司以新的姿态，接受新的挑战。

产品风格：优雅、知性、浪漫。

品牌定位：专为优雅知性的25～45岁都市女性设计。

2. 数据汇总 见表6-10。

表6-10 奥丽侬品牌的基础数据和基础指标汇总表

地区	类别	人口数（万人）	知名度（%）	认知度（%）	美誉度（%）	忠诚度（%）	品牌信息量估值（万比特）
北京	城市总人口	1 961.240 0	7.06	2.35	5.00	0.31	125.532 46
	目标消费者	279.182 5	6.50	4.07	6.67	0.33	22.609 13
成都	城市总人口	1 404.760 0	9.01	3.60	5.00	1.80	119.416 73
	目标消费者	199.967 6	16.07	6.25	10.00	1.79	50.701 74
深圳	城市总人口	1 035.790 0	17.16	5.42	18	0.62	217.859 99
	目标消费者	147.444 7	19.41	6.41	20	0.46	36.099 86
西安、济南	城市总人口	1 528.180 0	4.04	0.51	10	0.13	56.967 07
	目标消费者	217.536 4	4.49	0.56	10	0.15	9.960 14
南昌	城市总人口	504.260 0	7.89	2.63	30	5.26	54.127 51
	目标消费者	71.773 6	15.38	7.69	30	15.38	14.030 24
太原	城市总人口	420.160 0	2.83	0	0	0	9.196 08
	目标消费者	59.809 8	0	0	0	0	0
阳泉	城市总人口	136.850 0	8.05	3.69	2.50	0.94	10.017 67
	目标消费者	19.480 6	10.00	4.50	2.50	1.40	2.256 98
嘉祥	城市总人口	87.230 0	0	0	0	0	0
	目标消费者	12.417 2	0	0	0	0	0
全国	总人口	132 344.720 0	6.03	1.75	8.69	1.1	8 242.821 61
	目标消费者	18 838.968 2	7.15	2.9	9.04	2.69	1 647.185 88

3. 品牌质量分析 奥丽侬的品牌质量比值是－0.03，略低于该行业的平均水平，基础指标中明显的缺陷是认知度过低，可能是缺乏有效的传播手段，或是品牌本身的有效信息不够健全，消费者对该品牌的认知程度非常微弱。如果其经营比较正常，则有可能是同时一种产品用多个品牌进行经营，也会出现

这样的结果，多重品牌策略一方面可以分散风险，另一方面也会分散目标消费者，有利也有弊。对于企业而言，这一做法有可能会增加市场份额，但单纯地从品牌管理的角度看，有可能会使得奥丽侬品牌丧失成为一流品牌的机会。品牌质量较低的原因可能还有其他，但因为关键指标较低而无法探知，需要深入分析才能确定。

该品牌总信息量也较小，目标人群的信息量仅为16 471 858.8比特，仅从基础指标看，这个品牌应该是一个未能发展起来的小规模品牌（表6－11）。

表6－11　奥丽侬的品牌质量比值分析表

品牌	品牌信息总量（比特）	信息基本量（比特）	品牌信息基本量的贡献率（%）	品牌信息质的贡献率（%）	品牌信息质量比值
奥丽侬	8 242.821 61	8 472.270 46	—	−2.78	−0.03

4. 品牌信息平均值分析　奥丽侬品牌的信息均值比为1.40，属于偏向大众品牌的专营品牌类型，消费者对该品牌认知度不高也可能是造成专业形象不足的原因。深圳的指标显著高于其他城市，有比较明显的区域特征，不具有跨行业延伸的条件（表6－12）。

表6－12　奥丽侬的品牌信息均值分析表

品牌	全国人口平均信息量（比特/人）	目标人群（人）	目标消费者平均信息量（比特/人）	信息均值比
奥利侬	0.062 283	18 838.968 2	0.087 435 037	1.40

5. 品牌信息的稳定性分析　品牌稳定性指标是3.19，属于弱稳定性，品牌衰减的速度较快，品牌抵抗环境风险的能力较弱，综合分析，该品牌是一个停滞在成长期未能继续发展的品牌，是一个有着明显区域特征的专营经营的小规模品牌（表6－13）。

表6－13　奥丽侬的品牌稳定性分析表

品牌	N（E）函数值	品牌衰减系数	品牌信息的衰减速率	品牌稳定性指数
奥利侬	22.112 83	0.045 278	0.045 278	3.19

四、古今

1. 品牌简介　上海古今内衣集团有限公司，是上海益民集团商业股份有限公司所属的全资子公司，是集研发设计、生产制造、市场营销、物流配送、电子商务、产业运作等现代企业管理架构为一身的全品类内衣集团公司。

公司着力于自主创新的品牌发展战略，秉承“以勤优质、以质见诚、以诚取信、以信立业”的企业理念和“舒适、健康、美丽，家人共享”的企业文化，构塑了良好的社会信誉和形象。

公司旗下拥有多家全资和控股子公司，零售规模达到1 600余家终端网点，产品基本遍布整个中国市场。公司连续多年在产值、销售收入、利税、产品市场占有率及品牌管理、生产规范性等综合经济指标排序中列行业前茅。经济效益持续、健康增长，保持了良性、高效的发展趋势。

2. 数据汇总 见表6－14。

表6－14 古今品牌的基础数据和基础指标汇总表

地区	类别	人口数（万人）	知名度（%）	认知度（%）	美誉度（%）	忠诚度（%）	品牌信息量估值（万比特）
北京	城市总人口	1 961.240 0	21.18	8.53	26.25	6.86	633.787 43
	目标消费者	638.486 6	29.41	11.76	27.33	11.31	268.421 57
成都	城市总人口	1 404.760 0	35.14	18.92	21.25	7.39	891.560 47
	目标消费者	457.323 1	41.67	22.22	22.67	11.20	345.671 34
深圳	城市总人口	1 035.790 0	33.42	14.13	41.72	6.98	777.593 40
	目标消费者	337.204 0	35.60	14.86	38.17	7.86	178.952 00
西安、	城市总人口	1 528.180 0	8.08	3.03	0	0.13	105.693 32
济南	目标消费者	497.502 8	10.14	4.35	0	0.19	44.996 11
南昌	城市总人口	504.260 0	55.26	22.37	34	8.60	661.112 87
	目标消费者	164.145 2	64.71	23.53	30	13.33	188.508 47
太原	城市总人口	420.160 0	10.38	4.72	10	0.13	46.106 97
	目标消费者	136.784 1	17.31	8.65	10	0.26	30.894 79
阳泉	城市总人口	136.850 0	7.38	3.36	2.50	0.36	9.089 39
	目标消费者	44.551 9	7.87	3.54	2.50	0.42	3.943 64
嘉祥	城市总人口	87.230 0	4	2	0	0	2.888 72
	目标消费者	28.397 9	9.09	4.53	0	0	2.315 12
全国	总人口	132 344.720 0	18.46	7.8	12.63	2.39	43 976.405 70
	目标消费者	43 084.458 1	23.16	9.7	11.94	3.56	14 924.400 29

3. 品牌质量分析 古今品牌的信息质量比值为0.412 2，比最优状态

(0.3～0.4) 略高一点，是本报告的内衣品牌中质量最好的品牌，总信息量不算大，属于中等规模的品牌。全国指标中，各项基础指标都偏小，但品牌指标的结构基本合理，各项比值除认知度和知名度比值偏小外，其他都在正常的范围。在北京、深圳、成都等一线城市的指标中该品牌表现优良，整体看品牌处于成长期后期向成熟期过渡的阶段（表 6－15）。

表 6－15　古今的品牌质量比值分析表

品牌	品牌信息总量（比特）	信息基本量（比特）	品牌信息基本量的贡献率（%）	品牌信息质的贡献率（%）	品牌信息质量比值
古今	439 764 057.0	311 412 916.7	70.81	29.19	0.412 2

4. 品牌信息平均值分析　古今的信息均值比为 1.04，非常接近大众品牌范围，有很弱的专营特征，造成这个现象的原因有可能是在品牌传播过程中经常使用大众媒体，或是目标消费者的媒体偏好不够集中所致。该品牌也没有明显的区域特征，是全国性的品牌。不具备跨行业延伸的条件（表 6－16）。

表 6－16　古今的品牌信息均值分析表

品牌	全国人口平均信息量（比特/人）	目标人群（人）	目标消费者平均信息量（比特/人）	信息均值比
古今	0.332 287	430 844 581	0.346 398 700	1.04

5. 品牌信息的稳定性分析　古今品牌的稳定性为 4.23，处于弱稳定的范围，品牌信息的有效间隔期较长，维护成本较低。该品牌有着高质量的指标结构，4.23 的稳定性指标显然有点低，在由成长期向成熟期过渡中品牌稳定性降低（也称失稳）是比较常见的现象，其原因可能在于由成长期向成熟期过渡中，传播方式和方法一直沿用成长期的习惯，没有因品牌发展阶段发生变化而进行调整的缘故，这样会使得该品牌传播的效率降低，致使整个品牌指标结构发生松散。综合分析，该品牌应该是处于成长期至成熟期早期阶段，全国性中等规模的专营品牌，建议该品牌管理重视品牌所处周期的变化，适时调整品牌策略（表 6－17）。

表 6－17　古今的品牌稳定性分析表

品牌	N（E）函数值	品牌衰减系数	品牌信息的衰减速率	品牌稳定性指数
古今	16.756 20	0.059 806	$0.059\ 806^t$	4.23

五、曼妮芬

1. 品牌简介 曼妮芬品牌创立于1996年。1999年曼妮芬品牌将“龙凤”这种中国特有的民族文化和中国红融入节日内衣的设计理念中，奠定了品牌在中国内衣界的原创地位。

1999年，曼妮芬品牌率先推出修身保暖系列，首创女性保暖新概念，使美体与保暖功能完美结合，改变了女性的生活方式。曼妮芬品牌内衣连续九年（2005—2013）被中国商业联合会、中华全国商业信息中心评为同类产品市场综合占有率第一位，连续12年（2002—2013）荣列同类产品市场销售第一位。

2. 数据汇总 见表6-18。

表6-18 曼妮芬品牌的基础数据和基础指标汇总表

地区	类别	人口数（万人）	知名度（%）	认知度（%）	美誉度（%）	忠诚度（%）	品牌信息量估值（万比特）
北京	城市总人口	1 961.240 0	21.18	8.24	25.83	3.49	624.629 57
	目标消费者	638.486 6	22.73	9.09	29.00	4.29	197.756 25
成都	城市总人口	1 404.760 0	38.74	19.37	32.17	15.26	1 180.030 70
	目标消费者	457.323 1	52.78	26.39	28.64	22.13	452.898 09
深圳	城市总人口	1 035.790 0	52.77	24.39	39.44	13.60	1 470.006 68
	目标消费者	337.204 0	57.43	26.63	39.01	15.88	374.341 04
西安、济南	城市总人口	1 528.180 0	12.12	5.56	5	2.02	185.460 42
	目标消费者	497.502 8	11.59	5.07	10	1.45	87.875 65
南昌	城市总人口	504.260 0	47.37	19.74	20	10.88	430.282 29
	目标消费者	164.145 2	64.71	26.47	50	11.76	301.845 65
太原	城市总人口	420.160 0	13.21	6.13	10.00	1.07	61.177 35
	目标消费者	136.784 1	20.37	9.26	10.00	2.10	36.955 22
阳泉	城市总人口	136.850 0	42.28	19.46	20.00	4.70	103.619 32
	目标消费者	44.551 9	42.52	19.69	21.05	4.72	32.523 70
嘉祥	城市总人口	87.230 0	4	2	50	53	6.387 91
	目标消费者	28.397 9	10	5	50	1.33	3.340 16
全国	总人口	132 344.720 0	26.85	12.03	15.93	5.41	61 092.547 29
	目标消费者	43 084.458 1	32.15	14.24	21.8	5.36	27 468.003 22

3. 品牌质量分析 曼妮芬品牌的信息质量比值为0.207 4，总信息量6亿

比特，处于中等偏上的水平，品牌基础指标结构合理，各个指标基本都处在正常区间，属于高质量的品牌类型。只是在消费者的认知度略显不足，如能将认知水平提高到一定程度，该品牌将具有很好的延伸与扩展的基础，该品牌的目标消费者基数大，尽量使用延伸而避免多重品牌战略，否则会分散目标消费者，而大幅降低品牌认知度。基础指标和品牌质量分析均能显示出该企业具有较高水平的品牌管理能力（表 6－19）。

表 6－19　曼妮芬的品牌质量比值分析表

品牌	品牌信息总量（比特）	信息基本量（比特）	品牌信息基本量的贡献率（%）	品牌信息质的贡献率（%）	品牌信息质量比值
曼妮芬	610 925 472.9	505 947 876.8	82.82	17.18	0.207 4

4. 品牌信息平均值分析　该品牌的信息均值比为 1.38，是一种专营大类产品的品牌，消费者对该品牌的专业性认识不足，没有区域品牌的特征，是一个全国性品牌。不具备跨行业延伸的条件（表 6－20）。

表 6－20　曼妮芬的品牌信息均值分析表

品牌	全国人口平均信息量（比特/人）	目标人群（人）	目标消费者平均信息量（比特/人）	信息均值比
曼妮芬	0.461 617	430 844 581	0.637 538 556	1.38

5. 品牌信息的稳定性分析　曼妮芬品牌的稳定性指数为 7.9，是个稳定性很好的品牌，有效信息间隔时间长，品牌衰减速率慢，品牌维护费用低。综合分析，该品牌应该是一个完成了从成长期到成熟期过渡的品牌，是一个成熟的全国性专营品牌（表 6－21）。

表 6－21　曼妮芬的品牌稳定性分析表

品牌	N（E）函数值	品牌衰减系数	品牌信息的衰减速率	品牌稳定性指数
曼妮芬	9.173 10	0.109 655	$0.109\,655^t$	7.9

六、茜茜公主

1. 品牌简介　茜茜曼迪服饰有限公司是国内在国家工商总局注册的功能型内衣全球连锁加盟品牌。是中国十大内衣品牌之一，具有独特的功能型内衣终端标准化运营盈利模式。

2. 数据汇总　见表 6－22。

表 6-22 茜茜公主品牌的基础数据和基础指标汇总表

地区	类别	人口数（万人）	知名度（%）	认知度（%）	美誉度（%）	忠诚度（%）	品牌信息量估值（万比特）
北京	城市总人口	1 961.200 4	28.24	8.82	6.00	0.90	617.585 7
	目标消费者	337.982 9	21.57	8.82	8.00	0.65	104.108 55
成都	城市总人口	1 404.760 0	15.32	6.76	31.67	1.50	340.693 63
	目标消费者	242.084	17.74	8.06	20.00	2.26	50.161 87
深圳	城市总人口	1 035.790 0	20.52	6.07	31	1.35	326.377 74
	目标消费者	178.499 0	23.43	7.60	28.75	1.28	52.043 58
西安、	城市总人口	1 528.180 0	15.15	5.56	0	0	214.139 1
济南	目标消费者	263.353 2	13.51	6.76	0	0	34.071 72
南昌	城市总人口	504.260 0	10.53	3.95	0	0	46.782 52
	目标消费者	86.890 3	14.29	7.14	0	0	12.019 19
太原	城市总人口	420.160 0	16.04	7.55	16.00	2.26	85.067 64
	目标消费者	72.406 7	21.28	10.64	23.33	4.54	23.832 22
阳泉	城市总人口	136.850 0	37.58	13.09	20.00	0.36	79.836 41
	目标消费者	23.583 5	44.55	15.00	20.00	0.48	16.060 16
嘉祥	城市总人口	87.230 0	12	6	0	0	9.807 32
	目标消费者	15.032 5	0	0	0	0	0
全国	总人口	132 344.720 0	19.96	7.55	11.18	0.85	33 962.327 43
	目标消费者	22 806.757 6	22.60	9.55	12.81	1.51	7 066.658 04

3. 品牌质量分析 茜茜公主品牌的信息质量比值为 0.015 6，质的贡献率仅为 1.54%，比内衣行业的品牌略高一点，信息总量 3 亿以上，属于中等规模的品牌，该品牌基础指标的结构基本合理，该品牌的知名度较高，消费者对其认知的程度也成比例，基本处于合理区间，但美誉度在 11.81%的情况下出现 0.85%的低忠诚度，说明该品牌的重复购买率低，未能形成有效的目标消费者忠诚，这可能与对销售渠道的控制力度有关。品牌虽有好口碑但没有形成消费者的品牌偏好。在品牌连锁经营方式中，很多品牌都选择采取加盟方式扩张，但对大部分企业对加盟商的控制力有限，当加盟商数量远远超过自营店数量时，容易造成对服务质量的失控，直接表现为重复购买率的下降以及自传播率难以增加，这会严重影响品牌的质量。品牌总信息量属于中等规模的品牌，其基础指标说明这个品牌应该是顺利完成导入期，停滞在成长期早期向中期过渡的品牌，因经营方式或传播方式等原因的制约未能出现大幅度快速成长的品

牌（表 6－23）。

表 6－23 茜茜公主的品牌质量比值分析表

品牌	品牌信息总量（比特）	信息基本量（比特）	品牌信息基本量的贡献率（%）	品牌信息质的贡献率（%）	品牌信息质量比值
茜茜公主	339 623 274.3	334 404 237.4	98.46	1.54	0.015 6

4. 品牌信息平均值分析 该品牌的信息均值比为 1.20，属于专营模式的品牌，消费者对其专业形象的认知程度较低，该品牌没有明显的区域特征，属于全国性品牌，但对城市类型有所选择的发展，三线以下城市的指标很低。不具备进行跨行业延伸的条件（表 6－24）。

表 6－24 茜茜公主的品牌信息均值分析表

品牌	全国人口平均信息量（比特/人）	目标人群（人）	目标消费者平均信息量（比特/人）	信息均值比
茜茜公主	0.256 620	228 067 576	0.309 849 307	1.20

5. 品牌信息的稳定性分析 茜茜公主的稳定性为 4.55，属于较为稳定的品牌，处在成长期早期向中后期发展的品牌，如不实施延伸或多重品牌策略，一般都会具有较高的稳定性，只有在后期向成熟期过渡时才会出现明显的下降，出现阶段性失稳的现象，这是很正常的。综合分析，该品牌处于成长早期，全国性专营经营的中等规模品牌（表 6－25）。

表 6－25 茜茜公主的品牌稳定性分析表

品牌	*N*（*E*）函数值	品牌衰减系数	品牌信息的衰减速率	品牌稳定性指数
茜茜公主	15.607 33	0.064 134	0.064 134'	4.55

七、桑扶兰

1. 品牌简介 大连桑扶兰时装有限公司是专业从事女士内衣设计、生产与销售的知名企业，拥有当今世界一流的生产设备和技术能力，年产量超过 500 万件。产品有文胸、三角裤、束裤、睡衣、家居服、泳衣等众多系列。产品采用内外优质时尚的面料及根据人体的结构特制的板型，以其卓越的品质、出众的舒适性和功能性引领国内内衣时尚，并远销日本、欧美各地。

桑扶兰公司不仅为女性提供优良的内衣产品，而且致力于传播女性内衣文化，使女性获得健康、丰富和高品质的生活。桑扶兰品牌凭借优质的产品、完善的服务保障和独有的文化内涵成为广大女性信赖和知名品牌，产品销售网络遍布北京、上海、天津、沈阳、厦门、成都、郑州、长沙、石家庄、西安、南京、重庆、济南、武汉、长春、兰州、昆明等近百座城市。

桑扶兰公司秉承“责任、爱心、真诚、勤奋”的企业理念，为女性实现“借优雅贴身内衣，塑造优美身材”的梦想而不懈追求完美。

2. 数据汇总 见表 6 - 26。

表 6 - 26 桑扶兰品牌的基础数据和基础指标汇总表

地区	类别	人口数（万人）	知名度（%）	认知度（%）	美誉度（%）	忠诚度（%）	品牌信息量估值（万比特）
北京	城市总人口	1 961.200 4	7.65	1.76	2.50	1.14	128.221 24
	目标消费者	638.486 6	7.58	1.52	3.33	1.26	55.530 68
成都	城市总人口	1 404.760 0	17.12	8.56	24.29	5.53	355.987 96
	目标消费者	457.323 1	23.61	11.81	28.33	8.33	159.588 06
深圳	城市总人口	1 035.790 0	8	2.32	21.25	0.25	97.133 76
	目标消费者	337.204 0	9.13	2.63	22.86	0.28	34.301 43
西安、	城市总人口	1 528.180 0	4.04	1.52	0	0	50.305 86
济南	目标消费者	497.502 8	5.80	2.17	0	0	24.023 00
南昌	城市总人口	504.260 0	10.53	2.63	0	0	44.872 25
	目标消费者	164.145 2	11.76	2.63	0	0	16.312 87
太原	城市总人口	420.160 0	5.66	2.36	0	0.25	19.921 77
	目标消费者	136.784 1	7.55	2.83	0	0.50	8.783 54
阳泉	城市总人口	136.850 0	10.74	4.70	10.00	0.76	15.528 91
	目标消费者	44.551 9	11.81	5.12	10.00	0.89	6.210 92
嘉祥	城市总人口	87.230 0	8	4	50	53	13.616 97
	目标消费者	28.397 9	18.18	9.09	50	1.21	6.816 53
全国	总人口	132 344.720 0	7.59	2.8	4.46	1.19	9 799.575 87
	目标消费者	43 084.458 1	9.3	3.36	4.9	0.66	4 065.609 89

3. 品牌质量分析 桑扶兰品牌的信息质量比值为－0.13，低于同行业的平均水平，品牌信息总量和基础指标均较小，属于小规模品牌。该品牌没有明显的区域特征，目标是全国市场，也没有小众市场倾向，整体看主要还是基础指标较低导致的总信息量小，比较突出的问题是忠诚度过低，对于目标消费者仅仅 0.66%的忠诚度可以视为极少重复购买率，可能是其销售依靠渠道、价

格、促销等手段，并没有依靠品牌为其带来附加值，该品牌结构中看不出有过大规模有效的品牌传播痕迹。从指标上看，该品牌还属于成长期早期的品牌，目标消费者对品牌的消费偏好还未能形成（表6－27）。

表6－27　桑扶兰的品牌质量比值分析表

品牌	品牌信息总量（比特）	信息基本量（比特）	品牌信息基本量的贡献率（%）	品牌信息质的贡献率（%）	品牌信息质量比值
桑扶兰	97 995 758.7	110 436 970.6	—	−12.70	−0.13

4. 品牌信息平均值分析　桑扶兰品牌的信息均值比为1.27，理论上是一个倾向于大众品牌的专营某大类产品的品牌，但该品牌的基数小，反应的不是很明显。综合分析，该品牌是一个处于成长期的全国性小规模品牌（表6－28）。

表6－28　桑扶兰的品牌信息均值分析表

品牌	全国人口平均信息量（比特/人）	目标人群（人）	目标消费者平均信息量（比特/人）	信息均值比
桑扶兰	0.074 046	430 844 581	0.094 363 723	1.27

5. 品牌信息的稳定性分析　桑扶兰品牌的稳定性指数是1.71，属于弱稳定性范围，信息有效间隔期较短，抵抗环境风险的能力较弱。综合分析，应该是处于成长早期品牌量较小时所表现出来的较弱影响力的品牌特征（表6－29）。

表6－29　桑扶兰的品牌稳定性分析表

品牌	$N(E)$ 函数值	品牌衰减系数	品牌信息的衰减速率	品牌稳定性指数
桑扶兰	40.854 13	0.024 481	0.024 481	1.71

八、伊丝艾拉

1. 品牌简介　伊丝艾拉服饰有限公司是一家专门从事高中档内衣产品、集品牌规划、设计开发及营销策划于一体的设计服务公司，是目前国内首家具备专门提供内衣设计研发的咨询公司。2004年，公司基于市场需求，整改成为集优秀的设计开发、严格的工厂生产、多渠道的销售网络于一体的实业公司。

2. 数据汇总　见表6－30。

表 6－30　伊丝艾拉品牌的基础数据和基础指标汇总表

地区	类别	人口数（万人）	知名度（%）	认知度（%）	美誉度（%）	忠诚度（%）	品牌信息量估值（万比特）
北京	城市总人口	1 961.240 0	2.35	0.29	0	0.67	36.009 40
	目标消费者	246.579 4	0	0	0	0.61	0
成都	城市总人口	1 404.760 0	5.41	2.70	10.00	0.90	75.440 44
	目标消费者	176.615 2	15.38	7.69	10.00	2.56	34.524 58
深圳	城市总人口	1 035.790 0	26.71	12.13	41.27	4.08	588.014 02
	目标消费者	130.226 0	29.90	14.69	48.67	4.60	61.881 13
西安、	城市总人口	1 528.180 0	2.02	0.51	0	0	24.303 19
济南	目标消费者	192.132 3	0	0	0	0	0
南昌	城市总人口	504.260 0	10.53	3.95	0	2.63	46.782 52
	目标消费者	63.391 8	0	0	0	0	0
太原	城市总人口	420.160 0	1.89	0.94	0	0	6.344 99
	目标消费者	52.825 1	2.70	1.35	0	0	1.155 55
阳泉	城市总人口	136.850 0	3.36	1.34	50.00	0.12	8.235 25
	目标消费者	17.205 6	4.29	1.43	0	0	0.599 63
嘉祥	城市总人口	87.230 0	0	0	0	0	0
	目标消费者	10.967 1	0	0	0	0	0
全国	总人口	132 344.720 0	4.96	1.99	12.14	0.7	8 882.151 29
	目标消费者	16 638.924 2	3.67	1.68	2.99	0.36	744.617 10

3. 品牌质量分析　伊丝艾拉品牌的品牌信息质量比值为 0.264 1，是一个信息质量优良的品牌，但品牌基础指标过小，使得其信息总量小，且深圳的知名度和认知程度远远高于其他地区，是一个典型的区域品牌。仅从深圳的指标看，深圳消费者对伊丝艾拉品牌有着很高的认知度和美誉度，自传播率很高，对相当数目的消费者的偏好有影响，有较高的重复购买率，基础指标间的结构也正常，体现出经营者对品牌较高水平的运营能力，该品牌在深圳的发展很成熟，是一个优质的本地品牌。但从全国指标看，还是处于成长期早期阶段，5%以下知名度意味着在深圳之外其他地区都没有过有效的品牌传播活动，所获得指标值基本是依靠营销中消费者的消费体验自发的口碑进行的传播。全国指标微弱，指标间的关系松散（表 6－31）。

表 6-31　伊丝艾拉的品牌质量比值分析表

品牌	品牌信息总量（比特）	信息基本量（比特）	品牌信息基本量的贡献率（%）	品牌信息质的贡献率（%）	品牌信息质量比值
伊丝艾拉	88 821 512.9	70 268 646.7	79.11	20.89	0.264 1

4. 品牌信息平均值分析　伊丝艾拉的信息均值为 0.67，是个处于无专业和专营特征的品牌，从数据中看，可能是由于全国（除深圳之外）的目标消费者指标偏低导致，如仅从深圳的指标看，信息均值比具有专业专营的特征。另外信息均值比在具有明显区域特征的品牌指标中偏低还可能有两个原因，一是企业向大众品牌方向发展，品名和品牌内涵本身没有专营产品的含义，易于成熟期进行的品牌延伸和扩张；二是传播品牌的方式选择了大众媒体，且传播的内容过于模糊，使得目标消费者没有对其品牌的专业专营形成概念。不具备进行跨行业延伸的条件（表 6-32）。

表 6-32　伊丝艾拉的品牌信息均值分析表

品牌	全国人口平均信息量（比特/人）	目标人群（人）	目标消费者平均信息量（比特/人）	信息均值比
伊丝艾拉	0.067 114	166 389 242	0.044 751 517	0.67

5. 品牌信息的稳定性分析　伊丝艾拉的品牌稳定性指数是 1.04，属于弱稳定性，原因是目标消费者过于集中的缘故，抵御风险的能力较弱，这也是处于成长期早期品牌的一个重要特点，在之后的发展中，随着品牌的逐步成长，品牌稳定性会逐步增加，直至向成熟期过渡之前。该品牌的有效间隔期较短，在除深圳之外的城市发展，需要较高的传播密度和较高的运营费用。综合分析，于全国而言，该品牌处于成长期早期阶段，大众化的小规模品牌。于深圳地区而言，是一个处于成熟期的优质小规模品牌（表 6-33）。

表 6-33　伊丝艾拉的品牌稳定性分析表

品牌	$N(E)$ 函数值	品牌衰减系数	品牌信息的衰减速率	品牌稳定性指数
伊丝艾拉	66.913 29	0.014 946	$0.014\ 946^t$	1.04

九、婷美

1. 品牌简介　婷美，中国著名女性内衣品牌，创建于 1999 年年末。在内衣行业，婷美以塑形内衣启动了整个美体修形产业，也成就了自己的内衣霸业。婷美修形内衣享有多项国家专利，独享国家重点推广技术，深受消费者喜爱。婷美内衣从中国女性“美体修形”这一实际需求出发，以40多项专利保证，开创出近百亿元规模的美体市场规模。婷美品牌为北京市著名商标，是北京经济技术开发区“每平方米土地税收最高内资企业”、“民营高新技术企业纳税大户”，婷美集团更是北京市五十家重点联系民营企业之一。婷美集团下属公司涉及女士内衣、保暖内衣、保健品、洗涤化妆品、消防器材、汽车配品及销售六大产业。

2. 数据汇总 见表6-34。

表6-34 婷美品牌的基础数据和基础指标汇总表

地区	类别	人口数（万人）	知名度（%）	认知度（%）	美誉度（%）	忠诚度（%）	品牌信息量估值（万比特）
北京	城市总人口	1 961.240 0	60.00	22.06	16.47	10.31	2 100.853 92
	目标消费者	638.486 6	58.33	23.11	18.57	11.36	698.240 86
成都	城市总人口	1 404.760 0	45.04	22.52	10.53	6.97	1 037.319 62
	目标消费者	457.323 1	59.72	29.86	10.56	10.56	560.911 86
深圳	城市总人口	1 035.790 0	30.58	13.94	30.18	4.22	589.782 90
	目标消费者	337.204 0	33.28	15.40	28.55	4.89	170.737 55
西安、济南	城市总人口	1 528.180 0	45.45	19.19	32.86	4.44	1 516.896 09
	目标消费者	497.502 8	55.07	23.19	32.86	6.38	497.871 27
南昌	城市总人口	504.260 0	55.26	27.63	0	0.35	425.347 50
	目标消费者	164.145 2	64.71	32.35	0	5.88	175.799 52
太原	城市总人口	420.160 0	33.96	16.04	11.11	3.58	206.038 93
	目标消费者	136.784 1	48.15	22.22	11.25	6.79	117.814 17
阳泉	城市总人口	136.850 0	58.39	28.52	21.20	5.73	173.476 86
	目标消费者	44.551 9	62.99	26.51	15.42	6.61	50.607 58
嘉祥	城市总人口	87.230 0	48	24	36	13.07	105.836 07
	目标消费者	28.397 9	81.82	40.91	36	35.93	56.732 56
全国	总人口	132 344.720 0	46.23	21.4	18.14	4.34	114 098.417 20
	目标消费者	43 084.458 1	55.61	24.93	17.1	7.18	42 964.346 48

3. 品牌质量分析 婷美品牌的信息质量比值为0.063 2，属于中等偏上的质量水平，总信息量11亿比特，属于大规模品牌。但其质的贡献率仅为5.94%，全国各个城市的各项指标都很接近，是一个全国性品牌，没有区域特

征。这个品牌的基础指标基本处于正常范围内，指标间的比率基本合理，但明显不足在于品牌忠诚度偏低，重复购买率不够，目标消费者对该品牌的产品未能形成品牌偏好，高知名度和认知度的品牌出现美誉度全国水平高于目标消费者水平有可能是出现了衰退迹象。婷美品牌的成熟期特征比较明显，是处在成熟期后期的品牌（表 6－35）。

表 6－35　婷美的品牌质量比值分析表

品牌	品牌信息总量（比特）	信息基本量（比特）	品牌信息基本量的贡献率（%）	品牌信息质的贡献率（%）	品牌信息质量比值
婷美	1 140 984 172.0	1 073 266 480.0	94.06	5.94	0.063 2

4. 品牌信息平均值分析　该品牌的信息均值比为 1.16，距离大众化品牌指标 1 仅一步之遥，属于有强烈大众化趋势的专营品牌，处于成熟期后期的品牌有可能是进行过品牌跨行业延伸，这会使得该指标骤降。或者是品牌在由成长期向成熟期过渡时未能及时改变品牌传播策略，依然以大众媒体为主，也会使得品牌泛大众化。综合质量分析，该品牌是一个处于成熟后期，开始出现信息衰退的全国性专营品牌。该品牌具备可延伸性（表 6－36）。

表 6－36　婷美的品牌信息均值分析表

品牌	全国人口平均信息量（比特/人）	目标人群（人）	目标消费者平均信息量（比特/人）	信息均值比
婷美	0.862 130	430 844 581	0.997 212 182	1.16

5. 品牌信息的稳定性分析　婷美品牌的稳定性指数是 6.15，属于一般偏上稳定性的品牌，这是成熟期后期的明显特征之一，在成熟期中期达到稳定性顶峰之后，品牌稳定性将会逐渐下降。该品牌有效间隔期长，品牌维护成本低。综合分析，该品牌处于成熟期后期，出现衰退迹象的阶段，全国性专营经营的大规模品牌（表 6－37）。

表 6－37　婷美的品牌稳定性分析表

品牌	$N(E)$ 函数值	品牌衰减系数	品牌信息的衰减速率	品牌稳定性指数
婷美	11.694 48	0.086 039	$0.086\ 039^t$	6.15

第七章 >>>

童装类连锁经营品牌分析报告

第一节 童装行业品牌质量简述

本报告各地推荐的童装品牌仅有 4 个，不具有全行业品牌状况的代表性，但 4 个品牌正好处于完全不同的 4 种状态，可以作一个简要分析。

童装行业的信息均值比为 1 左右，都基本属于大众品牌范围，专业专营的特征都不具备，造成这个现象的原因有可能是在品牌传播过程中经常使用大众媒体，可能是该行业的目标消费者的媒体偏好不够集中所致。

本次调研的品牌中，信息总量最大的是小猪班纳，同样也是质量最好、最稳定的品牌。其次是安奈儿。红黄蓝的信息质量比值略低于该行业平均水平，信息总量不是很大（表 7－1）。

表 7－1 童装品牌分析数据汇总表

品牌	品牌信息总量（比特）	品牌信息质量比值	信息均值比	品牌稳定性指数
小猪班纳	686 158 394.8	0.474 7	1.487 39 925	11.9
安奈儿	649 208 387.8	0.156 6	0.960 90 389	9.81
叮当猫	488 195 132.6	0.033 2	0.888 10 138	4.56
红黄蓝	138 369 239.3	－0.02	0.839 00 681	2.42
均值	490 482 788.6	0.221 5	1.043 85 283	7.17

第二节 童装类连锁品牌质量个案分析

为简化计算，童装行业的参数取值说明：

价格调整系数按照品牌数目取值，全国市场销售占到 0.5％以上的品牌为 26 个，对照 N_Z 取值表 N_{34}＝1.107。

中国童装消费者每年平均购买服装的次数约为 6.21 次。

全行业品牌平均美誉度为 0.131 2。

童装行业的 R_{max} 为 4.275。

N（E）函数系数全部取平均值 2，当期 $t=0$。

一、安奈儿

1. 品牌简介　安奈儿是业界销售过 10 亿的龙头型童装品牌，在市场上占有举足轻重的地位和知名度。根据中国商业联合会和中华全国商业信息中心的最新统计结果显示，2013 年 10 月全国重点大型零售企业童装市场前十位品牌市场综合占有率合计为 33.3%，安奈儿的市场占有率排名第三位。安奈儿采用明亮的橙黄和纯洁的白作为它的主色调，越发显得活泼、生动，让大家过目不忘。如今，她的足迹已经遍布全国并延伸至海外。

品牌定位：2～12 岁儿童设计风格，优雅、精致、舒适。

设计理念：还原孩童大地之子的本真，葆有生命与生俱来的优雅气质，用简约雅致的设计，沉淀温婉、纯净、绅士的产品本质和文化内涵。考究的面料与裁剪，一针一线之间，凝聚精致的力量。探寻舒适本源，每一个细节处，诠释呵护的使命。优雅、精致、舒适，安奈儿只为美好童年。

品牌定位：适合 2～12 岁儿童穿着、舒适大方的中高档休闲环保童装。品牌标识中亲亲相依的两只兔子高高竖起耳朵，代表安奈儿积极向上、团结互助的精神。商标组合使用的“Annil 安奈儿”标准橙色源自胡萝卜的颜色，与白色结合使用，营造出明快、温馨、和谐的视觉效果，体现“Annil 安奈儿”作为绿色环保童装对孩子们身心健康的关爱。

品牌理念：安奈儿以“不一样的舒适”作为品牌广告语，以帮助儿童创造健康、快乐的生活为己任，视产品质量为企业生命，致力于为儿童提供最为舒适、健康的童装。安奈儿产品多采用纯天然棉、麻、毛等面料，印花和染色全部为活性环保染料，确保每一件服饰都给予小朋友自然健康的呵护。

2. 数据汇总　见表 7－2。

表 7－2　安奈儿品牌的基础数据和基础指标汇总表

地区	类别	人口数（万人）	知名度（%）	认知度（%）	美誉度（%）	忠诚度（%）	品牌信息量估值（万比特）
北京	城市总人口	1 961.240 0	19.41	4.41	53.33	2.51	617.829 37
	目标消费者	327.134 8	21.74	8.70	1	4.35	106.647 58
成都	城市总人口	1 404.760 0	28.83	9.01	36.67	6.55	673.280 19

（续）

地区	类别	人口数（万人）	知名度（%）	认知度（%）	美誉度（%）	忠诚度（%）	品牌信息量估值（万比特）
	目标消费者	234.314 0	40.00	13.33	45.71	13.63	150.869 64
深圳	城市总人口	1 035.790 0	59.74	23.35	40.12	15.48	1 524.162 17
	目标消费者	172.769 8	61.43	26.31	9.42	18.51	208.629 03
西安、	城市总人口	1 528.180 0	28.28	1.52	18.57	3.57	480.102 68
济南	目标消费者	254.900 4	22.22	0	50	11.11	67.272 11
南昌	城市总人口	504.260 0	50	21.05	15	7.89	486.047 19
	目标消费者	84.117 2	42.11	18.42	0	10.53	57.194 93
太原	城市总人口	420.160 0	30.19	0.94	25	0.25	144.665 02
	目标消费者	70.082 7	28.57	2.04	25	0.54	21.768 80
阳泉	城市总人口	136.850 0	26.17	7.72	12.00	1.61	47.221 66
	目标消费者	22.826 6	24.53	8.49	5.00	0.50	7.192 26
嘉祥	城市总人口	87.230 0	8	0	0	0	6.303 88
	目标消费者	14.550 0	0	0	0	0	0
全国	总人口	132 344.720 0	32.62	7.02	21.89	3.57	64 920.838 78
	目标消费者	22 075.363 4	29.72	7.24	26.77	6.07	9 085.542 17

3. 品牌质量分析 安奈儿品牌的信息质量比值为 0.156 6，总信息量 649 208 387.8比特，属于中等偏上规模，质量优良，各项指标间的比率都处于合理区间，深圳的基础指标明显高于其他地区，有区域特征，但其他地区的基础指标也很高，应该是现在本地有过较为充分的发展，现已经完成全国性品牌过渡，属于全国性品牌。基础指标中，具有较高美誉度而忠诚度明显偏低，是成熟期早期的标志，此时的消费者重复购买率还较低，而品牌已有了较好的自传播效果，各项指标均显示该品牌处于成熟期早期阶段（表 7－3）。

表 7－3 安奈儿的品牌质量比值分析表

品牌	品牌信息总量（比特）	信息基本量（比特）	品牌信息基本量的贡献率（%）	品牌信息质的贡献率（%）	品牌信息质量比值
安奈儿	649 208 387.8	561 293 526.1	86.46	13.54	0.156 6

4. 品牌信息平均值分析 安奈儿品牌的信息均值比小于 1，表示这一品牌基本没有专业专营的特征，品牌内涵易于扩展，是一个大众品牌，综合分析，该品牌具有扩张和进行品牌跨行业延伸的条件（表 7－4）。

表 7-4　安奈儿的品牌信息均值分析表

品牌	全国人口平均信息量（比特/人）	目标人群（人）	目标消费者平均信息量（比特/人）	信息均值比
安奈儿	0.490 54 347	220 753 634	0.411 56 931	0.84

5. 品牌信息的稳定性分析　安奈儿品牌稳定性指数达到 9.81，是稳定性较好的类型，具有较长的有效信息间隔期，维护费用低等优点，是成熟期早期的品牌稳定结构，只是需要注意在完成成长期后的品牌传播中需要及时调整策略，适应品牌周期的变化。综上分析，该品牌是一个处于成熟期早期，全国性的大众品牌，品质优良（表 7-5）。

表 7-5　安奈儿的品牌稳定性分析表

品牌	N（E）函数值	品牌衰减系数	品牌信息的衰减速率	品牌稳定性指数
安奈尔	7.470 536	0.134 957	$0.134\ 957^{t}$	9.81

二、叮当猫

1. 品牌简介　叮当猫品牌童装自 1999 年问世以来，产品深受广大消费者的青睐和喜爱。以“时刻关心儿童健康成长”为经营理念，采用当今国际双赢致富的直营连锁店、加盟连锁店及合作店等先进营销模式，在短短的几年内，屡夺胜旗，成为响当当的中国十大名牌童装之一。叮当猫中国总部正式成立以来，其儿童系列感鲜明，质量优异，精湛的工艺技术筑就了叮当猫服饰产品的经典个性。在短短的几年内，叮当猫凭借良好的行业口碑及品牌知名度，在中国地区取得了覆盖性的区域辐射成绩，并占据了国内童装市场的主导地位。截至 2008 年年底，叮当猫全国品牌专卖、专柜加盟总数将近 900 家。

品牌定位：都市儿童品牌时尚环保概念。

品牌理念：时刻关心少年儿童健康成长。

2. 数据汇总　见表 7-6。

表 7-6　叮当猫品牌的基础数据和基础指标汇总表

地区	类别	人口数（万人）	知名度（%）	认知度（%）	美誉度（%）	忠诚度（%）	品牌信息量估值（万比特）
北京	城市总人口	1 961.240 0	27.65	7.94	48.33	5.53	954.170 546 4
	目标消费者	476.385 2	30.77	13.46	76.67	11.54	245.114 073 6
成都	城市总人口	1 404.760 0	30.63	12.16	25.56	2.64	720.122 667 4

（续）

地区	类别	人口数（万人）	知名度（%）	认知度（%）	美誉度（%）	忠诚度（%）	品牌信息量估值（万比特）
	目标消费者	341.216 2	45.45	18.18	4.00	2.02	252.964 659 6
深圳	城市总人口	1 035.790 0	31.74	13.55	28.63	3.9	585.494 359 3
	目标消费者	251.593 4	32.2	13.54	30.86	5.58	128.923 038 9
西安、	城市总人口	1 528.180 0	18.18	6.06	5	2.29	328.468 306 7
济南	目标消费者	371.194 9	0	0	0	0	0
南昌	城市总人口	504.260 0	23.68	11.84	0	0.35	162.464 959 4
	目标消费者	122.494 5	25	12.5	0	0	42.446 363 71
太原	城市总人口	420.160 0	20.75	7.08	12.5	3.46	113.026 680 5
	目标消费者	102.056 9	16.67	5	17.5	2.33	21.506 327 92
阳泉	城市总人口	136.850 0	37.58	17.45	9.09	2.15	87.032 632 48
	目标消费者	33.240 9	44.16	22.08	9.00	3.98	28.506 449 02
嘉祥	城市总人口	87.230 0	12	6	50	4	17.502 798 66
	目标消费者	21.188 2	16.67	8.33	50	8.33	4.789 870 604
全国	总人口	132 344.720 0	24.96	10.07	11.97	2.59	48 819.513 26
	目标消费者	32 146.922 9	21.75	9.58	13.16	2.5	11 394.786 34

3. 品牌质量分析 叮当猫品牌的信息质量比值为 0.033 2，略高于该行业的平均水平，总信息量为 488 195 132.6 比特，属于质量一般的中等规模的品牌，基础指标的结构基本合理，知名度和认知度与总量保持了较好的比率关系，但美誉度不足，忠诚度明显偏低。尤其是在二线以下城市中的消费者会表现出对该品牌的产品重复购买率不高，购买周期长等问题。可能是该品牌对品牌发展的城市有所选择，但总体看并没有地区具有明显的优势，该品牌基本没有区域特征，属于全国性品牌（表 7－7）。

表 7－7 叮当猫的品牌质量比值分析表

品牌	品牌信息总量（比特）	信息基本量（比特）	品牌信息基本量的贡献率（%）	品牌信息质的贡献率（%）	品牌信息质量比值
叮当猫	488 195 132.6	472 507 629.8	96.79	3.21	0.033 2

4. 品牌信息平均值分析 叮当猫的信息均值比为 0.96，属于大众品牌，消费者对其专业专营没有形成显著的认知，可能是在品牌信息的传播方向上没

有针对目标消费者，渠道接近大众，或者目标人群的跨度大，不够集中所致（表7-8）。

表7-8　叮当猫的品牌信息均值分析表

品牌	全国人口平均信息量（比特/人）	目标人群（人）	目标消费者平均信息量（比特/人）	信息均值比
叮当猫	0.368 88 146	321 469 229	0.354 45 963	0.96

5. 品牌信息的稳定性分析　叮当猫品牌的稳定性指标为4.56，属于较好水平。在质量比值较低情况下有较好稳定性的品牌一般表现为经营状况良好，反映出该企业的经营主要依靠渠道、价格、促销等手段，而品牌的贡献率较低。综合分析，该品牌是一个全国性的大众品牌（表7-9）。

表7-9　叮当猫的品牌稳定性分析表

品牌	N（E）函数值	品牌衰减系数	品牌信息的衰减速率	品牌稳定性指数
叮当猫	15.201 232	0.065 893	0.065 893^t	4.56

三、红黄蓝

1. 品牌简介　红黄蓝集团有限公司成立于1996年9月，2001年晋升为全国无区域集团，是国内集设计、生产、销售、品牌运作为一体的专业儿童服饰企业集团，年产童装1 350万套（件），拥有红黄蓝和金少爷两大品牌。红黄蓝集团是国内童装行业龙头企业，拥有温州和绍兴两大生产基地，在上海、杭州拥有对外贸易和资本投资子公司。红黄蓝总部位于浙江永嘉工业区，担负着管理总部及运作红黄蓝品牌的职责。在袍江工业区斥资超亿元建成的120亩的红黄蓝绍兴分公司则是中国乃至亚洲最大的专业童装出口基地。

品牌个性：乐观自信，具独立性和创造性，勇于表现自己，想做最棒的。

品牌精神：乐观品质尊重儿童。

2. 数据汇总　见表7-10。

表7-10　红黄蓝品牌的基础数据和基础指标汇总表

地区	类别	人口数（万人）	知名度（%）	认知度（%）	美誉度（%）	忠诚度（%）	品牌信息量估值（万比特）
北京	城市总人口	1 961.240 0	10.00	3.53	2.00	1.41	207.087 25
	目标消费者	447.358 8	30.00	12.50	5.00	5.67	239.844 73

（续）

地区	类别	人口数（万人）	知名度（%）	认知度（%）	美誉度（%）	忠诚度（%）	品牌信息量估值（万比特）
成都	城市总人口	1 404.760 0	8.11	4.05	50.00	1.02	177.856 52
	目标消费者	320.425 8	9.52	4.76	100.00	2.38	40.640 08
深圳	城市总人口	1 035.790 0	11.61	3.35	22.94	0.85	148.345 48
	目标消费者	236.263 7	13.54	4.01	13.75	0.77	35.978 67
西安、	城市总人口	1 528.180 0	6.06	2.53	0	0.13	92.704 54
济南	目标消费者	348.577 9	6.25	0	0	0	19.680 32
南昌	城市总人口	504.260 0	18.42	6.58	0	0	107.509 21
	目标消费者	115.030 8	20	10	0	0	29.666 93
太原	城市总人口	420.160 0	7.55	2.83	10	0.13	34.710 59
	目标消费者	95.838 5	8.77	2.63	0	0	8.446 28
阳泉	城市总人口	136.850 0	7.38	3.02	15.00	0.94	11.570 75
	目标消费者	31.215 5	14.52	7.26	15.00	2.26	5.939 217 045
嘉祥	城市总人口	87.230 0	16	6	0	4	15.841 661 43
	目标消费者	19.897 2	14.29	7.15	0	14.29	3.353 571 993
全国	总人口	132 344.720 0	9.28	3.5	8.47	0.45	13 836.923 93
	目标消费者	30 188.190 4	12.46	4.73	6.9	1.05	4 694.588 94

3. 品牌质量分析 该品牌的信息质量比值为－0.02，略低于该行业的平均水平。总信息量为 138 369 239.3 比特，属于中等偏小的品牌，基础指标偏低，尤其是认知度和忠诚度的指标，反映出消费者对此品牌的认知程度很低，未能形成对消费者的偏好影响，还是一个处于成长期早期的品牌。该品牌没有显著的区域特征，在城市类型中没有选择，是个全国性的品牌（表 7－11）。

表 7－11 红黄蓝的品牌质量比值分析表

品牌	品牌信息总量（比特）	信息基本量（比特）	品牌信息基本量的贡献率（%）	品牌信息质的贡献率（%）	品牌信息质量比值
红黄蓝	138 369 239.3	141 139 368.1	—	－2	－0.02

4. 品牌信息平均值分析 红黄蓝的信息均值比为 1.49，理论上，是一个有大众倾向的专营某大类产品的品牌，但基础指标过低也可能会出现本是专业性很强的品牌有很低的信息均值比。综合分析，该品牌是个处于成长期早期的

全国性品牌（表 7－12）。

表 7－12　红黄蓝的品牌信息均值分析表

品牌	全国人口平均信息量（比特/人）	目标人群（人）	目标消费者平均信息量（比特/人）	信息均值比
红黄蓝	0.104 55 214	301 881 904	0.155 51 078	1.49

5. 品牌信息的稳定性分析　红黄蓝品牌的稳定性指数为 2.42，是一个弱稳定性的品牌，信息有效间隔期较短，若要发展该品牌，需要高密度的信息传播，品牌运营费用也较高。这也是处于成长期早期的特征之一（表 7－13）。

表 7－13　红黄蓝的品牌稳定性分析表

品牌	*N*（*E*）函数值	品牌衰减系数	品牌信息的衰减速率	品牌稳定性指数
红黄蓝	29.005 382	0.034 489	0.034 489ᵗ	2.42

四、小猪班纳

1. 品牌简介　小猪班纳服饰有限公司成立于 1996 年，是一家集研发、生产、销售于一体，专营“小猪班纳”、“朋库一代”、“爱儿赫玛”、“丹迪”品牌童装的现代化服饰企业。小猪班纳的产品定位于 0～15 岁的儿童，“时尚、运动、休闲、健康、活力”是小猪班纳一贯坚持的品牌风格，公司以自营连锁结合特许加盟的经营模式，至今已发展了 1 500 多家连锁店，营销网络遍布全国 30 多个省（自治区、直辖市）以及亚、欧、美洲等地区。

品牌定位：小猪班纳以 0～15 岁的婴儿、幼儿和儿童为消费对象，定位于全国各大中型城市的中高收入家庭。以“时尚、运动、休闲、健康、活力”的品牌风格，倡导童装消费的新时尚。

品牌文化：演绎缤纷的器材童年，创造美丽的童装世界。

2. 数据汇总　见表 7－14。

表 7－14　小猪班纳品牌的基础数据和基础指标汇总表

地区	类别	人口数（万人）	知名度（%）	认知度（%）	美誉度（%）	忠诚度（%）	品牌信息量估值（万比特）
北京	城市总人口	1 961.24	19.41	8.24	31.43	2.59	593.236 67
	目标消费者	539.144 9	12.50	6.25	50.00	3.13	90.686 04
成都	城市总人口	1 404.760 0	23.42	11.26	30.91	5.23	559.387 62

（续）

地区	类别	人口数（万人）	知名度（%）	认知度（%）	美誉度（%）	忠诚度（%）	品牌信息量估值（万比特）
	目标消费者	386.168 5	29.82	14.04	28.75	7.95	182.968 54
深圳	城市总人口	1 035.790 0	57.42	34.84	35.84	21.12	1 765.558 41
	目标消费者	284.738 7	63.54	31.67	38.02	25.93	428.514 63
西安、	城市总人口	1 528.180 0	8.08	3.54	50	4.18	189.184 46
济南	目标消费者	420.096 7	8	6	50	8	42.228 12
南昌	城市总人口	504.260 0	39.47	18.42	50	10.88	473.428 77
	目标消费者	138.632 1	38.10	16.67	50	9.52	90.459 77
太原	城市总人口	420.160 0	7.55	3.30	0	0.94	32.698 53
	目标消费者	115.502 0	8.33	3.47	0	1.39	9.980 647
阳泉	城市总人口	136.850 0	44.97	23.83	34.62	9.31	146.754 70
	目标消费者	37.620 1	52.22	26.11	30.53	13.41	41.076 97
嘉祥	城市总人口	87.230 0	4	2	1	4	7.425 04
	目标消费者	23.979 5	7.14	3.57	1	7.14	1.973 44
全国	总人口	132 344.720 0	23.4	11.76	31.74	6.15	68 615.839 48
	目标消费者	36 382.001 9	24.97	12.38	32.02	8.17	16 752.009 07

3. 品牌质量分析 小猪班纳品牌的信息质量比值为 0.474 7，该指标超过了最优（0.3～0.4）的范围，并不是意味着质量需要下调，而是与现有品牌质量状况相比，品牌的知名度、认知度为其带来的基本量偏低了，品牌需要弥补量上的不足，以期获得最优的收益组合。总信息量达到 686158394.8，属于中等规模偏上的品牌。该品牌各项基础指标均在合理范围内，指标间的关系也良好，属于质量上乘的品牌（表 7－15）。

表 7－15 小猪班纳的品牌质量比值分析表

品牌	品牌信息总量（比特）	信息基本量（比特）	品牌信息基本量的贡献率（%）	品牌信息质的贡献率（%）	品牌信息质量比值
小猪班纳	686 158 394.8	465 303 004.2	67.81	32.19	0.474 7

4. 品牌信息平均值分析 小猪班纳品牌的信息均值比为 0.89，属大众品牌。指标中虽然没有明显的区域特征，但深圳的指标明显优于其他地区，正处在向全国发展的过渡时期，而且发展得很顺利（表 7－16）。

表 7-16　小猪班纳的品牌信息均值分析表

品牌	全国人口平均信息量（比特/人）	目标人群（人）	目标消费者平均信息量（比特/人）	信息均值比
小猪班纳	0.518 46 299	363 820 019	0.460 44 770	0.89

5. 品牌信息的稳定性分析　小猪班纳品牌的稳定性指数达到 11.9，是一个很稳定的品牌，高质量比和高稳定性以及中等偏上的基本量规模说明该品牌已经完成长期向成熟期的艰难过渡，处于成熟期早期向中期过渡时期，一般情况下，拥有很强稳定性、且质量比超过最优区间的品牌一般都具有极佳的成长性。这一阶段是放量时期，是适时进行大众媒体传播的最佳时机。如果企业能够抓住机遇，该品牌能够迅速成长为一个品质优良的全国性大规模品牌。但如果不能适应品牌周期变化实施有效地策略，这种优质结构也不会保持很长的时间，等到出现衰退迹象，是很难再恢复到这一水平的（表 7-17）。

表 7-17　小猪班纳的品牌稳定性分析表

品牌	*N*（*E*）函数值	品牌衰减系数	品牌信息的衰减速率	品牌稳定性指数
小猪班纳	6.246 799	0.162 203	0.162 203	11.9

第八章

家纺类连锁经营品牌分析报告

第一节　家纺类行业品牌质量简述

现在的家纺市场，几乎每个区域，甚至每个城市都有一个区域性的强势品牌占领，品牌集中度低，市场份额分散，不同家纺品牌都在割据占领不同的大大小小的区域市场。正因如此，大的品牌家纺企业并不能占有大的市场份额。不管是主动的获知还是被动的接受，富安娜、梦洁、罗莱等家纺品牌被越来越多的人认知。据业内人士透露，尽管三大上市企业规模大、知名度高，但加起来在庞大的家纺市场里占有的份额不到 5％ ，区域品牌仍是市场的强者。

本报告各地推荐的家纺品牌仅有 5 个，不能代表整个行业的品牌的状况，仅对这 5 个品牌的状况做一简要概述。

所调研的品牌中，品牌信息总量的均值为 1 011 467 671.0 比特。其中埃迪蒙托品牌的信息总量最大，其次为罗莱和梦洁，属于大规模品牌。卡撒天娇的信息量较小，低于本报告家纺类品牌中信息量均值，属小规模品牌。雅芳婷信息总量为 103 039 960.2 比特，属于中等偏小规模品牌。

信息质量比值的均值为 0.241 7，其中雅芳婷品牌质量最高，罗莱质量比值最低，但从整体看，质量处于优良水平。

信息均值比均在 1 左右，全部为大众化品牌，专业专营的特征都不具备，消费者对这些品牌的产品基本淡化其专业印象，造成这个现象的原因有可能是在品牌传播过程中经常使用大众媒体，可能是该行业的目标消费者的媒体偏好不够集中所致。

从品牌稳定性指数看，除梦洁外，其他品牌的稳定性都较弱。本报告的品牌均有着较为优良的品牌质量（表 8－1）。

表 8-1　家纺品牌分析数据汇总表

品牌	品牌信息总量（比特）	品牌信息质量比值	信息均值比	品牌稳定性指数
埃迪蒙托	2 295 704 512.0	0.293 0	0.952 9	1.52
卡撒天娇	68 648 701.1	0.293 0	1.460 2	0.55
罗莱	1 404 710 690.0	0.068 9	1.071 6	4.83
梦洁	1 185 234 492.0	0.122 0	1.141 1	7.55
雅芳婷	103 039 960.2	0.431 4	1.077 3	1.43
均值	1 011 467 671.0	0.241 7	1.140 6	3.18

第二节　家纺类连锁品牌质量个案分析

一、埃迪蒙托

1. 品牌简介　埃迪蒙托是一家专业经营床上用品的品牌企业，拥有先进的生产设备和强大的生产、设计能力和辐射全国的庞大、高效的销售网络；集研发、设计、生产、销售于一体，是国内最大的家纺生产企业之一。公司始建于 1999 年，是国内率先前瞻性地提出“Less is More 简单最美”品牌理念的纺织品企业，以倡导“简约之美的生活格调，宁静致远的生活态度”为己任，通过十几年的辛勤耕耘促使品牌理念深入人心，以精工细活的优质产品潜移默化地提升人们日常生活的品质。

品牌定位：简约、时尚、自然、休闲的时尚化居室用品，国际流行设计风格、品味独特、务求把本身的美学风格扩展至更广的顾客层面。

消费群定位：25～50 岁成熟、热爱生活、有生活情趣、品位的消费者。

品牌文化：IDEE MONTO 埃迪蒙托——Less is More 简单最美。

2. 数据汇总　见表 8-2。

表 8-2　埃迪蒙托品牌的基础数据和基础指标汇总表

地区	类别	人口数（万人）	知名度（%）	认知度（%）	美誉度（%）	忠诚度（%）	品牌信息量估值（比特）
北京	城市总人口	1 961.240 0	7.65	1.18	10.00	0.08	1 597 632.2
	目标消费者	210.700 6	28.57	0	0	0	599 274.9
成都	城市总人口	1 404.760 0	11.71	4.50	0	1.02	2 045 859.6
	目标消费者	150.916 6	11.11	3.47	0	1.39	199 005.0

（续）

地区	类别	人口数（万人）	知名度（%）	认知度（%）	美誉度（%）	忠诚度（%）	品牌信息量估值（万比特）
深圳	城市总人口	1 035.790 0	57.55	24.13	34.88	15.91	14 061 599.0
	目标消费者	111.277 3	59.29	24.92	36.63	17.15	1 570 964.8
西安、济南	城市总人口	1 528.180 0	5.05	5.56	10	2.02	1 008 939.1
	目标消费者	164.175 9	7.25	2.17	10	2.90	133 336.8
南昌	城市总人口	504.260 0	13.16	1.31	20	0.35	714 256.7
	目标消费者	54.167 9	5.88	0	0	0	31 708.0
太原	城市总人口	420.160 0	3.77	1.42	0	0	170 095.9
	目标消费者	45.138 8	0	0	0	0	0
阳泉	城市总人口	136.850 0	4.70	2.35	0	0.09	72 367.6
	目标消费者	14.702 1	4.72	1.57	0	0.10	7 509.2
嘉祥	城市总人口	87.230 0	0	0	0	0	0
	目标消费者	9.371 3	0	0	0	0	0
全国	总人口	132 344.720 0	9.01	3.86	7.78	1.46	187 202 829.0
	目标消费者	14 217.868 9	8.62	2.29	4.36	1.69	19 163 553.0

3. 品牌质量分析 埃迪蒙托品牌的信息质量比值为0.293 0，趋于最优区间，质的贡献率较高，信息总量偏小，说明该品牌是一个质量优良的中等偏小规模的品牌。从全国范围的指标看，该品牌的基础指标偏低，且认知度与知名度之间的关系失衡，消费者对该品牌的认知程度有限。而该品牌却获得了一定的美誉度，可以看出该品牌具有些口碑和自传播率。但总体知名度和认知度太低，严重制约了品牌的发展，使得品牌影响力不大。但从各区域的指标看，该品牌有着非常明显的区域品牌特征，深圳的各项指标明显高于其他城市，单独计算该品牌在深圳的指标会发现，该品牌质量优良，具有高知名度和美誉度的品牌，各项基础指标的比率关系都处于较合理的范围内。应该说这个品牌处于区域品牌向全国范围发展扩张的品牌过渡阶段。之前应该是个典型的区域品牌，现在还没有完成全国性扩张，区域特点仍然十分明显。总体来看，该品牌是一个具有成长性的品牌（表8-3）。

表8-3 埃迪蒙托的品牌质量比值分析表

品牌	品牌信息总量（比特）	信息基本量（比特）	品牌信息基本量的贡献率（%）	品牌信息质的贡献率（%）	品牌信息质量比值
埃迪蒙托	187 202 829.3	144 783 827.8	77.34	22.66	0.293 0

4. 品牌信息平均值分析　埃迪蒙托品牌的信息均值比为 0.952 9，品牌信息均值比略小于 1，属于大众品牌范畴，消费者对其品牌的所属行业认识已经很低，处于大众品牌（表 8-4）。

表 8-4　埃迪蒙托的品牌信息均值分析表

品牌	全国人口平均信息量（比特/人）	目标人群（人）	目标消费者平均信息量（比特/人）	信息均值比
埃迪蒙托	0.141 5	142 178 689	0.134 8	0.952 9

5. 品牌信息的稳定性分析　埃迪蒙托品牌的稳定性指数为 1.52，属于稳定性很弱的品牌类型，品牌信息的有效间隔期短，品牌传播和维护的成本较高，综合分析，该品牌仍保有明显的区域品牌特征，由区域品牌向全国性品牌过渡阶段，处于成长后期向成熟早期的过渡时期，是一个专业特征基本淡化的区域性中等偏小规模的品牌（表 8-5）。

表 8-5　埃迪蒙托的品牌稳定性分析表

品牌	N（E）函数值	品牌衰减系数	品牌信息的衰减速率	品牌稳定性指数
埃迪蒙托	45.837 3	0.021 8	$0.021\ 8^t$	1.52

二、卡撒天娇

1. 品牌简介　卡撒天娇集团有限公司是大中华地区床上用品市场的领导企业之一，主要从事各种床上用品的设计、生产、分销及零售业务，在高端和顶级床上用品市场占据领先地位。本集团始于 1993 年在香港展开，采用多品牌策略为不同的细分市场提供优质产品，主要经营 Casablanca 和 Casa Calvin 两个自有品牌，并代理 Elle Deco、Centa Star、TruTrussadi 等国际知名品牌。公司销售的产品包括床上用品套件、被芯、枕芯、毛毯、床褥以及毛巾等家居用品。

2. 数据汇总　见表 8-6。

表 8-6　卡撒天娇品牌的基础数据和基础指标汇总表

地区	类别	人口数（万人）	知名度（%）	认知度（%）	美誉度（%）	忠诚度（%）	品牌信息量估值（比特）
北京	城市总人口	1 961.240 0	3.53	1.47	0	0	745 344.6
	目标消费者	127.697 3	2.27	1.14	0	0	30 679.9

（续）

地区	类别	人口数（万人）	知名度（%）	认知度（%）	美誉度（%）	忠诚度（%）	品牌信息量估值（万比特）
成都	城市总人口	1 404.760 0	4.50	2.25	0	0	707 753.6
	目标消费者	91.464 6	4.17	2.08	0	0	42 345.2
深圳	城市总人口	1 035.790 0	31.23	14.32	27.80	5.66	5 839 451.0
	目标消费者	67.440 8	32.82	15.17	28.42	6.40	641 809.0
西安、	城市总人口	1 528.180 0	2.02	0.51	0	0	315 992.2
济南	目标消费者	99.500 6	1.45	0	0	0	14 363.0
南昌	城市总人口	504.260 0	5.26	0	0	0	264 052.5
	目标消费者	32.829 0	5.88	0	0	0	19 217.0
太原	城市总人口	420.160 0	0.94	0.47	0	0	40 341.9
	目标消费者	27.356 8	1.85	0.93	0	0	5 297.9
阳泉	城市总人口	136.850 0	0.67	0.34	0	0	9 299.8
	目标消费者	8.910 4	0.79	0.39	0	0	715.9
嘉祥	城市总人口	87.230 0	4	2	0	0	38 584.4
	目标消费者	5.679 6	9.09	4.55	0	0	6 435.2
全国	总人口	132 344.720 0	3.75	1.28	1.54	0.31	68 648 701.1
	目标消费者	8 616.893 1	4.06	1.35	1.57	0.35	6 526 599.0

3. 品牌质量分析 卡撒天娇品牌的信息质量比值为 0.293 0，趋于最优区间，质的贡献率较高，信息总量小，可以看出该品牌是一个质量优良的小规模品牌。从全国范围的指标看，该品牌的基础指标低。反映出该企业对其品牌没有在全国范围内做过有规模的运作和宣传，依靠日积月累的消费者体验和消费者认知传播，对营销略有影响。整个品牌指标结构松散微弱，可以说该品牌的作用还没有完全形成。从各个地区的指标可以看出，深圳的各项指标明显高于其他城市，有明显的区域品牌特征。单独计算该品牌在深圳的指标会发现，该品牌质量优良，具有较高知名度和美誉度的品牌，在美誉度与忠诚度的比率关系中，忠诚度偏低，由此可以判定该品牌处于区域品牌向全国范围发展扩张的品牌过渡阶段。之前应该是一个典型的区域品牌，现在还没有完成全国性扩张，区域特点仍然十分明显（表 8－7）。

表 8-7　卡撒天娇的品牌质量比值分析表

品牌	品牌信息总量（比特）	信息基本量（比特）	品牌信息基本量的贡献率（%）	品牌信息质的贡献率（%）	品牌信息质量比值
卡撒天娇	68 648 701.1	53 089 540.2	77.34	22.66	0.293 0

4. 品牌信息平均值分析　卡撒天娇的信息均值比为 1.460 2，属于有一定专营某大类产品的品牌，消费者对其产品依然存有一定的行业认识，但很微弱，是一个很靠近大众化的品牌（表 8-8）。

表 8-8　卡撒天娇的品牌信息均值分析表

品牌	全国人口平均信息量（比特/人）	目标人群（人）	目标消费者平均信息量（比特/人）	信息均值比
卡撒天娇	0.051 9	86 168 931	0.075 7	1.460 2

5. 品牌信息的稳定性分析　卡撒天娇的稳定性指数为 0.55，属于基本不具备稳定性的品牌，品牌信息的最优间隔期很短。品牌对消费者偏好的影响也非常有限，使得品牌信息有效期和有效范围都比该行业的平均水平低很多，该品牌应对风险的能力不强（表 8-9）。

表 8-9　卡撒天娇的品牌稳定性分析表

品牌	$N(E)$ 函数值	品牌衰减系数	品牌信息的衰减速率	品牌稳定性指数
卡撒天娇	127.369 8	0.007 9	0.007 9	0.55

三、罗莱

1. 品牌简介　上海罗莱家用纺织品有限公司是一家专业经营家用纺织品的企业，集研发、设计、生产、销售于一体，是国内最早涉足家用纺织品行业，并形成自己独特风格的家纺企业。自 2004 年起，罗莱开始实施多品牌运作，已拥有自有品牌罗莱，同时代理国际著名家纺品牌 SHERIDAN、尚·玛可、迪士尼、意欧恋娜等。罗莱是公司的核心品牌，先后荣获“中国名牌”、“中国 500 最具价值品牌”、“中国著名畅销品牌”、“中国家纺协会床上用品知名品牌”；罗莱产品先后被评为“上海名牌产品 100 强”、国家免检产品。

品牌定位：国内著名的、专业的优质家纺产品的代表。

2. 数据汇总　见表 8-10。

表 8-10 罗莱品牌的基础数据和基础指标汇总表

地区	类别	人口数（万人）	知名度（%）	认知度（%）	美誉度（%）	忠诚度（%）	品牌信息量估值（比特）
北京	城市总人口	1 961.240 0	45.88	22.06	16.00	2.71	20 032 988.9
	目标消费者	516.678 9	44.83	22.41	10.00	1.38	5 183 220.6
成都	城市总人口	1 404.760 0	45.95	22.97	20.71	7.15	14 724 429.8
	目标消费者	370.077 0	48.98	24.49	17.69	14.15	4 269 129.3
深圳	城市总人口	1 035.790 0	53.03	25.55	24.07	7.23	13 335 738.0
	目标消费者	272.873 7	58.16	28.16	19.44	8.35	4 059 399.7
西安、	城市总人口	1 528.180 0	42.42	19.70	30	2.56	13 659 286.9
济南	目标消费者	402.591 4	0	0	0	0	0
南昌	城市总人口	504.260 0	65.79	32.89	32.50	14.21	9 442 151.2
	目标消费者	132.830 3	83.33	41.67	25	26.11	3 658 323.0
太原	城市总人口	420.160 0	33.96	16.51	12.50	8.05	2 733 312.9
	目标消费者	110.689 1	50.00	23.81	10.00	12.54	1 282 329.0
阳泉	城市总人口	136.850 0	50.34	25.17	27.50	4.34	1 660 254.1
	目标消费者	36.052 4	50.00	25.00	23.64	4.96	429 654.0
嘉祥	城市总人口	87.230 0	28	12	30	4.53	409 671.6
	目标消费者	22.980 3	36.36	13.64	30	10.30	146 696.2
全国	总人口	132 344.720 0	45.78	22.28	23.75	6.56	1 404 710 690.0
	目标消费者	34 864.985 3	43.21	21.17	13.53	9.36	395 235 531.8

3. 品牌质量分析 罗莱的信息质量比值为 0.068 9，高于该行业平均水平，信息总量达到 14 亿比特以上的高水平，是一个大规模品牌。从全国基础指标中可以看出，该品牌是一个高知名度的品牌，知名度与认知度之间的比率关系基本合理，但在 23.75%的美誉度下，6.56%的忠诚度偏低，反映出企业在与消费者关系的不足，该企业在品牌管理方面的技能还是过于简单。在此情况下，建议企业以消费者体验量的扩大入手，重点关注消费者偏好的变化，增加重复购买率。形成优良的品牌与消费者的关系，品牌质量会有大幅提高。该品牌没有明显的区域特征，是个全国性品牌（表 8-11）。

表 8-11 罗莱的品牌质量比值分析表

品牌	品牌信息总量（比特）	信息基本量（比特）	品牌信息基本量的贡献率（%）	品牌信息质的贡献率（%）	品牌信息质量比值
罗莱	1 404 710 690.0	1 353 633 006.0	96.36	6.64	0.068 9

4. 品牌信息平均值分析　罗莱品牌的信息均值比为 1.068 0，是一个接近大众的专营品牌，消费者对其产品存有一定的行业认识，但很微弱，是个很靠近大众化的品牌，具有较好的延伸基础（表 8－12）。

表 8－12　罗莱的品牌信息均值分析表

品牌	全国人口平均信息量（比特/人）	目标人群（人）	目标消费者平均信息量（比特/人）	信息均值比
罗莱	1.061 4	348 649 853	1.133 6	1.068 0

5. 品牌信息的稳定性分析　罗莱的稳定性指数为 4.83，属于具有较弱稳定性的品牌。品牌信息的最优间隔期较短。主要原因是该品牌的忠诚度略显单薄，这会影响品牌对消费者偏好影响的持久性，使得品牌信息有效期缩短，也使得品牌在运作中，为了保持品牌影响力而不得不付出较高的成本。弱稳定性是过渡期特征，该品牌具有高知名度、高美誉度，较低忠诚度，一般的质量比水平下失稳的现象，可以视其为衰退，是成熟期后期向衰退期过渡的类型，综合分析，该品牌属于成熟期后期，全国性专营大类产品的大规模品牌（表 8－13）。

表 8－13　罗莱的品牌稳定性分析表

品牌	N（E）函数值	品牌衰减系数	品牌信息的衰减速率	品牌稳定性指数
罗莱	14.784 7	0.068 1	$0.068\ 1^t$	4.83

四、梦洁

1. 品牌简介　湖南梦洁家纺股份有限公司始于 1956 年，秉承“爱在家庭”核心理念的同时恪守品格与博爱的企业文化。公司凭借着深厚的历史底蕴，不懈追求本真的生活态度和精益求精的生产理念，已然成为业界翘楚。

公司一直践行高标准的质量把控，以精湛工艺、卓越品质和独具匠心的设计，竭诚为广大用户打造中国最舒适的家居体验。凭借坚实的品牌基础和独树一帜的品牌理念稳步发展，不断开拓国内外市场，如今旗下已拥有“梦洁”、“梦洁宝贝”、“梦洁床垫”、“平实美学”、“寐”、“觅”六大重要影响力品牌，并于 2010 年成功转型为上市公司，品牌价值高达 14 亿。

2. 数据汇总　见表 8－14。

表 8－14　梦洁品牌的基础数据和基础指标汇总表

地区	类别	人口数（万人）	知名度（%）	认知度（%）	美誉度（%）	忠诚度（%）	品牌信息量估值（比特）
北京	城市总人口	1 961.240 0	35.88	17.65	26.67	2.75	14 003 624.7
	目标消费者	638.486 6	37.12	17.42	24.00	1.82	4 655 240.5
成都	城市总人口	1 404.760 0	32.43	16.22	16.67	6.13	8 668 007.0
	目标消费者	457.323 1	34.72	17.36	19.00	9.07	3 116 863.2
深圳	城市总人口	1 035.790 0	48.90	24.13	26.83	8.88	11 909 758.1
	目标消费者	337.204 0	52.32	25.85	27.37	10.08	4 291 205.8
西安、济南	城市总人口	1 528.180 0	32.32	13.64	25	2.29	8 719 037.6
	目标消费者	497.502 8	39.13	16.67	33.33	3.09	3 750 173.4
南昌	城市总人口	504.260 0	55.26	27.63	26.67	8.95	7 095 436.7
	目标消费者	164.145 2	58.82	29.41	33.33	5.61	2 541 456.0
太原	城市总人口	420.160 0	17.92	8.02	6.67	1.19	1 085 472.1
	目标消费者	136.784 1	20.37	8.33	0	0.25	405 387.3
阳泉	城市总人口	136.850 0	65.77	32.89	20.37	7.65	2 549 333.9
	目标消费者	44.551 9	70.08	35.04	22.08	7.98	918 651.8
嘉祥	城市总人口	87.230 0	24	12	40	9.07	352 551.3
	目标消费者	28.397 9	36.36	18.18	40	20.61	207 250.1
全国	总人口	132 344.720 0	39.19	18.72	19.51	4.6	1 185 234 492.0
	目标消费者	596.056 4	43.30	20.39	20.91	4.36	440 283 077.8

3. 品牌质量分析　梦洁品牌的信息质量比值为 0.122 0，质量较好，信息总量较大，说明该品牌是一个质量优良的大规模品牌。从基础指标来看，该品牌指标结构基本合理，是一个具有较高知名度的品牌，认知度与知名度的比率关系处于基本合理水平，说明该企业的品牌传播效率很高，效果很好。在美誉度与忠诚度之间的比率关系中，忠诚度偏低，说明该品牌对消费者的消费偏好产生的影响还很小，没有形成较高的忠诚度。在各地区的指标看，没有明显的区域品牌特征，属于全国性品牌（表 8－15）。

表 8－15　梦洁的品牌质量比值分析表

品牌	品牌信息总量（比特）	信息基本量（比特）	品牌信息基本量的贡献率（%）	品牌信息质的贡献率（%）	品牌信息质量比值
梦洁	1 185 234 492.0	1 056 427 507.0	89.13	10.87	0.122 0

4. 品牌信息平均值分析　梦洁信息均值比为 1.141 1，属于专营某大类的品牌，消费者对其产品依然存有一定的行业认识，但很微弱，是一个很靠近大众化的品牌，具有较好的延伸基础（表 8-16）。

表 8-16　梦洁的品牌信息均值分析表

品牌	全国人口平均信息量（比特/人）	目标人群（人）	目标消费者平均信息量（比特/人）	信息均值比
梦洁	0.895 6	5 960 564	1.021 9	1.141 1

5. 品牌信息的稳定性分析　梦洁品牌的稳定性指标为 7.55，属于具有一定稳定性的品牌，品牌信息的最优间隔期较长，品牌维护费用较低，具有一定的抵抗风险能力。综合分析，梦洁处于成熟期，是一个全国性专营大类产品的大规模品牌（表 8-17）。

表 8-17　梦洁的品牌稳定性分析表

品牌	N（E）函数值	品牌衰减系数	品牌信息的衰减速率	品牌稳定性指数
梦洁	9.566 4	0.105 0	0.105 0	7.55

五、雅芳婷

1. 品牌简介　雅芳婷为香港著名家纺品牌。雅芳婷集团有限公司是中国及香港最大型的家纺企业之一，雅芳婷品牌于 1983 年创立，为床上用品行业创造新的定义。目前，雅芳婷不但成为全港最著名及最有价值的香港名牌之一，其市场占有率超过 50%，更一直成功稳占全港高级床品市场连年销量冠军。

2. 数据汇总　见表 8-18。

表 8-18　雅芳婷品牌的基础数据和基础指标汇总表

地区	类别	人口数（万人）	知名度（%）	认知度（%）	美誉度（%）	忠诚度（%）	品牌信息量估值（比特）
北京	城市总人口	1 961.240 0	3.53	0	0	0.08	689 216.2
	目标消费者	638.486 6	3.79	0	0	0	240 902.4
成都	城市总人口	1 404.760 0	4.50	0.90	0	0	660 687.5
	目标消费者	457.323 1	4.17	0	0	0	189 849.4
深圳	城市总人口	1 035.790 0	46.32	18.71	30.51	7.63	9 846 235.7
	目标消费者	337.204 0	50.15	20.12	31.60	8.78	3 576 608.5

（续）

地区	类别	人口数（万人）	知名度（%）	认知度（%）	美誉度（%）	忠诚度（%）	品牌信息量估值（万比特）
西安、济南	城市总人口	1 528.180 0	3.03	1.01	10	0.13	488 703.5
	目标消费者	497.502 8	2.90	1.45	10	0.19	155 865.5
南昌	城市总人口	504.260 0	0	0	0	0	0
	目标消费者	164.145 2	0	0	0	0	0
太原	城市总人口	420.160 0	1.89	0.47	0	0	81 112.9
	目标消费者	136.784 1	1.85	0.93	0	0	26 489.6
阳泉	城市总人口	136.850 0	4.70	0.67	0	0	66 408.1
	目标消费者	44.551 9	4.72	0.79	0	0	21 850.5
嘉祥	城市总人口	87.230 0	0	0	0	0	0
	目标消费者	28.397 9	0	0	0	0	0
全国	总人口	132 344.720 0	5.01	1.55	4.03	0.46	103 039 960.0
	目标消费者	43 084.458 1	5.19	1.86	4.09	0.53	36 138 257.3

3. 品牌质量分析 雅芳婷品牌的信息质量比值为0.431 4，略高于品牌质量最优水平上限，信息总量偏小，可以看出该品牌是一个质量很好的中等偏小规模品牌。从全国范围的指标看，该品牌的基础指标低。反映出该企业对其品牌没有做过有规模的运作和宣传，依靠营销过程中消费者体验自然形成的消费者认知和自传播，品牌对营销略有作用。整个品牌指标结构松散微弱，可以说该品牌还没有完全形成。从各个地区的指标可以看出，深圳的各项指标明显高于其他城市，有明显的区域品牌特征。单独计算该品牌在深圳的指标会发现，该品牌质量优良，是具有较高知名度和美誉度的品牌，在知名度和认知度指标比率关系中，认知度偏低，说明该企业品牌传播效率低，效果不理想。在美誉度与忠诚度的比率关系中，忠诚度偏低，说明该品牌对消费者的消费者偏好影响力不够，由此可以判定该品牌处于区域品牌向全国范围发展扩张的过渡阶段。之前应该是个典型的区域品牌，现在还没有完成全国性扩张，区域特点仍然十分明显。质量比略高意味着基本量不足，建议该企业在品牌发展过程中注重知名度和认知度，使品牌能够协调发展（表8－19）。

表8－19 雅芳婷的品牌质量比值分析表

品牌	品牌信息总量（比特）	信息基本量（比特）	品牌信息基本量的贡献率（%）	品牌信息质的贡献率（%）	品牌信息质量比值
雅芳婷	103 039 960.2	71 982 992.3	69.86	30.14	0.431 4

4. 品牌信息平均值分析　雅芳婷品牌的信息均值比为 1.077 3，信息均值比略大于 1，属于专营某大类的品牌，消费者对其产品依然存有一定的行业认识，但很微弱，是一个很靠近大众化的品牌（表 8－20）。

表 8－20　雅芳婷的品牌信息均值分析表

品牌	全国人口平均信息量（比特/人）	目标人群（人）	目标消费者平均信息量（比特/人）	信息均值比
雅芳婷	0.077 9	430 844 581	0.083 9	1.077 3

5. 品牌信息的稳定性分析　雅芳婷品牌的稳定性指数为 1.43，属于弱稳定性范围，信息有效间隔期较短，抵抗环境风险的能力较弱。综合分析，应该是处于成长期品牌量较小时所表现出来的较弱影响力的品牌特征（表 8－21）。

表 8－21　雅芳婷的品牌稳定性分析表

品牌	N（E）函数值	品牌衰减系数	品牌信息的衰减速率	品牌稳定性指数
雅芳婷	48.955 5	0.020 4	$0.020\ 4^{t}$	1.43

第九章 >>>

餐饮类连锁经营品牌分析报告

第一节 餐饮行业品牌质量简述

餐饮行业是使用连锁经营方式最为普遍的行业，尤其是快餐行业，快餐市场已成为中外餐饮企业竞争最激烈的区域之一，在肯德基、麦当劳等洋快餐较早地取得优势地位后，本土快餐也在竞争中迅速发展起来。2011 年，中国餐饮业百强排名中，我国本土快餐企业数目稀少，但在 2004 年前 100 名餐饮企业中，本土快餐企业已经超过 15 家，其中，马兰拉面、大娘水饺、深圳面点王、天津狗不理包子等消费者耳熟能详的快餐企业都位列其中。

本报告各地推荐的餐饮类品牌 32 个，具有广泛的代表性，对它们的分析能够在一定程度上代表国内餐饮行业的整体分析。

从本次调研的数据分析看，该行业品牌信息总量均值为 637 629 612.9。品牌信息质量比值的均值为 0.126 7，距离最优状态（0.3～0.4）还有一定的差距，但通过数据分析可以看出，有近半的品牌能够保持较为合理的品牌指标结构，说明餐饮类品牌质量状况整体处于中等水平。其中指标结构最好、发展状况最好的品牌为龙抄手。

该行业信息均值比平均为 0.964 34，基本都在 1 左右，整体属于专营大类产品的类型，有多数品牌有属于大众品牌范畴。按照地区分析品牌信息量构成中，部分品牌具有区域品牌特征，但在不断地正向着全国发展，整体看，基本都属于全国性品牌。都是以全国范围为目标发展的品牌，且定位雷同，目标人群的规模相近，因此竞争激烈。

品牌信息的稳定性所要解释的主要是对目标消费者消费偏好影响的持久性问题，餐饮类行业的品牌稳定性指数为 6.62，说明该行业的品牌信息质量总体看还是比较稳定的。所调研的 32 个品牌当中有 5 个具有很强的稳定性，7 个具有较强的稳定性，9 个具有一定的稳定性，11 个品牌稳定性很弱（表 9－1）。

表 9-1 餐饮品牌分析数据汇总表

品 牌	品牌信息总量（比特）	品牌信息质量比值	信息均值比	品牌稳定性指数
狗不理	3 985 853 672.0	0.065 6	0.935 01	9.43
全聚德	2 569 956 205.0	0.093 5	0.966 68	10.62
海底捞	1 770 643 154.0	0.095 5	0.959 45	10.24
俏江南	1 433 333 005.0	0.064 8	0.987 37	7.37
大娘水饺	1 125 190 947.0	0.144 6	1.006 19	5.38
真功夫	1 032 449 770.0	0.305 5	0.959 15	15.02
东来顺	973 558 551.9	0.080 9	0.991 31	8.61
龙翔小笼包	615 357 705.8	0.032 3	0.980 2	8.56
马兰拉面	606 352 177.8	0.094 5	0.958 2	9.09
贾三灌汤包	549 008 061.1	0.151 5	0.946 95	7.52
西安饭庄	541 385 731.0	0.158 5	0.958 54	7.07
面点王	514 739 540.5	0.177 7	0.974 81	2.9
龙抄手	449 066 419.1	0.348 6	0.886 64	17.82
咸亨酒店	411 046 042.7	0.143 1	0.985 94	4.57
家得家长沙米粉	380 411 866.6	0.080 6	0.961 10	3.91
谭鱼头	361 259 890.4	0.115 1	0.975 82	11.36
楼外楼	353 361 222.0	0.078 8	0.980 1	9.28
香港翠华茶餐厅	282 767 422.2	0.076 9	0.916 02	7.25
上海老饭店	271 636 378.9	−0.0 119	0.984 38	3.8
便宜坊	271 471 598.9	0.330 8	0.96	6.11
小南国	255 509 198.5	0.119 2	1.022 15	5
都一处	230 766 496.9	0.120 3	0.971 78	3.14
李连贵	203 576 379.4	0	0.997 81	2.78
丰泽园	202 190 480.2	0.048 5	0.992 21	7.16
杏花楼	199 521 450.6	0.058 2	0.935 08	2.99
开封第一楼	192 342 588.5	0.059 3	0.919 93	5.24
嘉旺	151 134 842.2	0.755 6	0.942 42	3.5
知味观	131 636 032.4	0.006 1	0.982 52	3.03
小绍兴	108 306 737.6	−0.017 2	0.948 71	1.85

（续）

品　牌	品牌信息总量（比特）	品牌信息质量比值	信息均值比	品牌稳定性指数
馄饨侯	96 392 510.4	0.152 3	0.983 82	1.26
聚德华天	82 227 467.1	0.105 2	0.987 63	1.97
起士林	51 694 563.0	0.021 6	0.900 99	8.12
均值	637 629 612.9	0.126 7	0.964 34	6.62

第二节　餐饮类连锁品牌质量个案分析

为简化计算，餐饮行业的参数取值说明：

价格调整系数按照品牌数目取值，全国市场销售占到 0.5%以上的品牌为 29 个，对照 N_Z 取值表 $N_{34}=1.0882$。

中国餐饮业消费者每年平均的消费次数约为 76.69 次。

全行业品牌平均美誉度为 0.221 6。

餐饮行业的 R_{max} 为 4.955

N（E）函数系数全部取平均值 2，当期 $t=0$。

一、便宜坊

1. 品牌简介　北京便宜坊烤鸭集团有限公司是国有控股餐饮集团。旗下拥有众多老字号餐饮品牌：建于明永乐十四年（1416），以焖炉烤鸭技艺独树一帜的便宜坊烤鸭店；建于清乾隆三年（1738），乾隆皇帝亲赐蝠头匾的都一处烧麦馆；建于清乾隆五十年（1785），光绪皇帝御驾光临的壹条龙饭庄；建于清道光二十三年（1843），北京八大楼之一的正阳楼饭庄；建于民国十一年（1922），经营佛家净素菜肴的功德林素菜饭庄；建于民国十五年（1926），以经营北京小吃著称的锦芳小吃店等众多老字号餐饮品牌。经营门店 36 家。

便宜坊品牌被认定为“中国驰名商标”，都一处、锦芳被认定为“北京市著名商标”。便宜坊焖炉烤鸭技艺、都一处烧麦制作技艺列入“国家级非物质文化遗产保护名录”，壹条龙涮肉制作技艺、北京豆汁习俗进入“北京市级非物质文化遗产保护名录”。

品牌定位：集团励精图治以“古老、年轻”为品牌定位，以产品力、价格力、营销力为品牌形象构筑战略，传统与现代结合，古老与时尚同在，百年老店便宜坊的“年轻化”浪潮将继续推动“方便宜人，物超所值”的金字招牌永

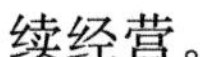

续经营。

2. 数据汇总 见表9-2。

表9-2 便宜坊品牌的基础数据和基础指标汇总表

地区	类别	人口数（万人）	知名度（%）	认知度（%）	美誉度（%）	忠诚度（%）	品牌信息量估值（万比特）
北京	城市总人口	1 961.240 0	59.41	36.47	36.03	27.88	3 448.438 47
	目标消费者	1 309.716 1	59.41	36.47	36.03	27.88	2 184.202 12
成都	城市总人口	1 404.760 0	9.91	4.50	0	1.02	156.453 27
	目标消费者	938.098 7	10.28	4.67	0	1.06	109.126 83
深圳	城市总人口	1 035.790 0	20.13	8.39	35	1.20	310.001 71
	目标消费者	691.700 6	19.97	8.28	35	1.23	194.804 83
西安、济南	城市总人口	1 528.180 0	5.05	1.01	5	1.14	75.901 08
	目标消费者	1 020.518 6	5.10	1.02	5	1.16	54.676 93
南昌	城市总人口	504.260 0	13.16	7.89	0	0	84.822 89
	目标消费者	336.771 5	13.16	7.89	0	0	56.649 21
太原	城市总人口	420.160 0	12.26	6.13	30	1.32	69.196 46
	目标消费者	280.582 8	11.76	5.88	30	1.37	42.610 21
阳泉	城市总人口	136.850 0	3.36	1.01	20.00	0.09	4.788 66
	目标消费者	91.388 4	3.36	1.01	20.00	0.09	3.224 32
嘉祥	城市总人口	87.230 0	12	6	0	53	12.478 97
	目标消费者	58.252 2	12	6	0	53	8.333 46
全国	总人口	132 344.720 0	11.91	5.93	17.07	2.98	27 147.159 89
	目标消费者	88 380.836 0	11.79	5.86	17.06	3	17 399.589 06

3. 品牌质量分析 便宜坊品牌的信息质量比值为0.330 8，处于最优状态，信息总量属于中等偏小类型。从全国指标看，该品牌属于发展程度较弱的品牌，各项指标均处于较低阈，指标间比率关系有失衡，认知度明显偏低，说明消费者对其认知程度匮乏，忠诚度也没有形成，说明在全国范围内看，该品牌仍处于成长期。单看北京地区，该品牌的基础指标优良，指标间关系合理，基本处于优良，是个质量上乘的品牌。在品牌所在地具有高知名度以及高美誉度，具有很高口碑自传播率，拥有数目众多的忠诚消费者，重复购买率高，在当地的目标消费者中形成了一定的消费习惯和偏好。目前处于由区域品牌向全国品牌过渡时期，指标结构会出现失稳现象，发展路径也基本清晰，是自上而

下的发展方向。从区域角度看，该品牌应该处于成熟期，从全国角度看，该品牌仍在由成长后期向成熟期早期过渡的阶段。即使在全国指标中，该品牌的基础指标并不理想，但质量比值却反映出该品牌具有的优良质量，在向全国市场发展的过程中，质量指标并不会因市场的扩大而被稀释，反而会成为判断品牌发展状况重要依据（表 9－3）。

表 9－3　便宜坊的品牌质量比值分析表

品牌	品牌信息总量（比特）	信息基本量（比特）	品牌信息基本量的贡献率（%）	品牌信息质的贡献率（%）	品牌信息质量比值
便宜坊	271 471 598.9	203 982 316.9	75.14	24.86	0.330 8

4. 品牌信息平均值分析　该品牌的信息均值比小于 1，是大众化经营的品牌，目标消费者与全国人均指标接近，一方面有可能是因为品牌传播途径过于大众化，另一个原因可能是因为所在行业与所有人都相关。低于 1 的信息均值比意味着该品牌具有扩张的基础和进行跨行业延伸的条件了（表 9－4）。

表 9－4　便宜坊的品牌信息均值分析表

品牌	全国人口平均信息量（比特/人）	目标人群（人）	目标消费者平均信息量（比特/人）	信息均值比
便宜坊	0.205 12	883 808 360	0.196 87	0.96

5. 品牌信息的稳定性分析　该品牌的稳定性指数是 6.11，属于稳定性一般的结构，在全国指标结构中有失稳迹象发生，如单看北京的基础指标，该品牌的结构应该相当稳定。这是处于过渡期失稳现象，很正常。综合分析，该品牌是处于由区域品牌向全国品牌过渡阶段，全国指标为成长后期向成熟期过渡阶段，是个区域特征十分明显的全国性品牌，是一个大众化经营的中等偏小规模品牌，品质优良，有很好的成长性（表 9－5）。

表 9－5　便宜坊的品牌稳定性分析表

品牌	$N(E)$ 函数值	品牌衰减系数	品牌信息的衰减速率	品牌稳定性指数
便宜坊	11.720 03	0.085 54	$(0.085\ 54)^{t}$	6.11

二、大娘水饺

1. 品牌简介　1996 年 4 月始创于江苏常州的大娘水饺，十多年来，为具有近两千年传统文化的水饺注入了时尚元素和标准化的灵魂，引领了中式快餐的新潮流。大娘水饺至今已在南京、上海、北京等上百个城市开设了连锁店300多家，每年光顾大娘水饺的消费者超过了5 000万人次。

大娘水饺先后获得了中国快餐十佳品牌企业、江苏省文明单位、江苏省诚信单位、江苏服务名牌企业、亚洲十大最具潜力品牌等荣誉，"吴大娘"及图形商标被认定为江苏省著名商标；大娘水饺还成为2008北京奥运会推荐菜品，松仁三鲜饺、三菇饺、香菇青菜包分别荣获2008北京奥运会推荐食谱菜品展金、银奖；松仁三鲜饺、三菇饺、素三鲜饺子被评为中国名点；松仁三鲜饺、牛杂汤、蜜汁叉烧酥荣获2005上海国际餐饮博览会金奖。

2. 数据汇总　见表9-6。

表9-6　大娘水饺品牌的基础数据和基础指标汇总表

地区	类别	人口数（万人）	知名度（%）	认知度（%）	美誉度（%）	忠诚度（%）	品牌信息量估值（万比特）
北京	城市总人口	1 961.240 0	42.35	14.41	18.97	8.90	1 406.418 49
	目标消费者	1 309.716 1	42.35	14.41	18.97	8.90	950.704 01
成都	城市总人口	1 404.760 0	50.45	25.68	12.33	9.85	1 551.217 86
	目标消费者	938.098 7	50.94	26.42	12.00	10.31	1 100.955 62
深圳	城市总人口	1 035.790 0	45.03	21.81	27.55	9.72	990.623 90
	目标消费者	691.700 6	45.34	22.01	27.71	9.88	655.968 33
西安、济南	城市总人口	1 528.180 0	44.44	22.22	27.78	4.71	1 457.754 95
	目标消费者	1 020.518 6	44.9	22.45	27.78	4.76	967.927 68
南昌	城市总人口	504.260 0	81.58	40.79	21.43	27.72	1 239.368 49
	目标消费者	336.771 5	81.58	40.79	21.43	27.72	830.023 77
太原	城市总人口	420.160 0	23.58	11.32	3.33	1.19	143.927 17
	目标消费者	280.582 8	22.55	10.78	3.33	1.24	97.067 79
阳泉	城市总人口	136.850 0	16.11	7.72	4.29	2.37	28.471 57
	目标消费者	91.388 4	16.11	7.72	4.29	2.37	20.354 48
嘉祥	城市总人口	87.230 0	16	8	50	4.53	21.672 72
	目标消费者	58.252 2	16	8	50	4.53	13.014 94
全国	总人口	132 344.720 0	38.56	18.7	15.02	7.38	112 519.094 70
	目标消费者	88 380.836 0	38.42	18.64	15.02	7.43	75 605.898 82

3. 品牌质量分析　大娘水饺品牌的信息质量比值是0.144 6，属于较好质量水平，信息总量到达11亿比特以上，属于大规模品牌，基础指标中，有较

高的知名度，认知度与其比率关系基本正常，形成了一定的美誉度，有较好的口碑效应，忠诚度略显低，消费者没有完全形成对该品牌的消费习惯或偏好，是一个健康发展的品牌（表 9－7）。

表 9－7　大娘水饺的品牌质量比值分析表

品牌	品牌信息总量（比特）	信息基本量（比特）	品牌信息基本量的贡献率（%）	品牌信息质的贡献率（%）	品牌信息质量比值
大娘水饺	112 519.094 7	98 308.441 7	87.37	12.63	0.144 6

4. 品牌信息平均值分析　该品牌的信息均值比略高于 1，是一个接近大众经营的品牌，略有专营特征（表 9－8）。

表 9－8　大娘水饺的品牌信息均值分析表

品牌	全国人口平均信息量（比特/人）	目标人群（人）	目标消费者平均信息量（比特/人）	信息均值比
大娘水饺	0.850 20	883 808 360	0.855 46	1.006 19

5. 品牌信息的稳定性分析　该品牌的稳定性指数为 5.38，属于一般稳定性水平，品牌具有一定的抗风险能力，但品牌信息的衰减速度较快，若要使品牌发挥较高水平的作用，该品牌需要较高的投入。综合分析，该品牌是处于成熟期早期的品牌，是一个全国性大众化经营的大规模品牌（表 9－9）。

表 9－9　大娘水饺的品牌稳定性分析表

品牌	$N(E)$ 函数值	品牌衰减系数	品牌信息的衰减速率	品牌稳定性指数
大娘水饺	13.312 85	0.075 54	$0.075\ 54^t$	5.38

三、东来顺

1. 品牌简介　中华老字号东来顺始建于 1903 年，1955 年实现公私合营。1988 年以东来顺品牌为核心的北京东安饮食公司成立，公司发挥老字号品牌优势，涉足连锁产业开发、品牌半成品、成品研发等领域，为企业的可持续发展注入了活力。1996 年，东来顺连锁总部成立，老字号东来顺走上了特许加盟的连锁发展道路。

东来顺集团是中国知名清真连锁餐饮服务和多元化产品服务供应商，致力于“传承、精典、健康、品质”的美食经营理念，目前拥有 20 余家经销商，覆盖华东、华北、华中、华南等五大区域，开发了 130 家超市的 4 000 家网点的渠道销售网络。经营品种包括牛羊肉系列、调料系列、面点系列等 260 种产品，诸多品牌的产品与服务组合，拓展了东来顺集团规模化、多元化的市场发展空间，也为更多消费者所熟知。同时，东来顺集团利用二十多年连锁特许经营资源和企业品牌资源，进行过业务整合和收购，完善资源配置体系、管理架构和运行机制，持续提升企业竞争力。

2. 数据汇总 见表 9－10。

表 9－10 东来顺品牌的基础数据和基础指标汇总表

地区	类别	人口数（万人）	知名度（%）	认知度（%）	美誉度（%）	忠诚度（%）	品牌信息量估值（万比特）
北京	城市总人口	1 961.240 0	80.00	38.24	35.88	35.38	4 785.922 87
	目标消费者	1 309.716 1	80.00	38.24	35.88	35.38	3 033.084 55
成都	城市总人口	1 404.760 0	19.82	14.41	5.38	3.12	447.634 90
	目标消费者	938.098 7	20.75	15.09	5.38	3.27	340.201 23
深圳	城市总人口	1 035.790 0	23.1	11.35	20	4.22	370.762 44
	目标消费者	691.700 6	23	11.3	20.36	4.28	248.546 52
西安、济南	城市总人口	1 528.180 0	25.25	16.67	28.75	4.58	722.524 95
	目标消费者	1 020.518 6	24.49	15.31	31.43	4.49	442.997 49
南昌	城市总人口	504.260 0	52.63	36.84	2.5	5.96	695.670 87
	目标消费者	336.771 5	52.63	36.84	2.5	5.96	500.785 82
太原	城市总人口	420.160 0	33.96	16.51	22.22	8.81	259.473 19
	目标消费者	280.582 8	33.33	16.18	22.22	9.15	168.493 60
阳泉	城市总人口	136.850 0	25.50	12.42	32.31	4.07	58.597 87
	目标消费者	91.388 4	25.50	12.42	32.31	4.07	37.645 61
嘉祥	城市总人口	87.230 0	32	16	30	12.53	51.562 61
	目标消费者	58.252 2	32	16	30	12.53	33.419 05
全国	总人口	132 344.720 0	34.52	19.61	22.96	7.55	97 355.855 19
	目标消费者	88 380.836 0	34.19	19.22	23.61	7.62	64 449.846 68

3. 品牌质量分析 东来顺品牌的信息质量比值为 0.080 9，属于较好质量水平，信息总量接近 10 亿，是个大规模品牌，全国的基础指标结构中，除忠诚度略显低，其余指标及其之间的关系均表现优良，有较高的知名度和认知度，品牌形成了一定的口碑效应，对消费者的偏好有一定的影响，但重复购买率还是略显低。单看北京的指标，这是个拥有很高知名度的品牌，各项指标均

处于高值，表现优异，应该说是还有一点地域特征的全国性品牌。

表 9-11 东来顺的品牌质量比值分析表

品牌	品牌信息总量（比特）	信息基本量（比特）	品牌信息基本量的贡献率（%）	品牌信息质的贡献率（%）	品牌信息质量比值
东来顺	973 558 551.9	900 680 316.8	92.51	7.49	0.080 9

4. 品牌信息平均值分析 该品牌的信息均值比小于1，已经是一个大众化经营的品牌。全国人均指标与目标消费者指标没有显著差异，与该品牌所在行业的特点或该企业采用的大众化的品牌传播方式有关。具有很好的扩张基础和延伸条件。

表 9-12 东来顺的品牌信息均值分析表

品牌	全国人口平均信息量（比特/人）	目标人群（人）	目标消费者平均信息量（比特/人）	信息均值比
东来顺	0.735 62	883 808 360	0.729 23	0.991 31

5. 品牌信息的稳定性分析 该品牌稳定性为8.61，属于较为稳定的类型，表明该品牌已经完成有区域品牌向全国品牌的过渡期，该品牌处于成熟期内。全国指标相比北京的指标还有明显的差距，应该是在成熟期早期，没有到达鼎盛期，还有很高的上升空间。该品牌具有较长的信息间隔期，品牌维护成本较低，具有很好的抗风险能力。综合分析，该品牌处于成熟期早期，全国性大众化经营的大规模品牌，品质优良。

表 9-13 东来顺的品牌稳定性分析表

品牌	$N(E)$ 函数值	品牌衰减系数	品牌信息的衰减速率	品牌稳定性指数
东来顺	8.472 05	0.119 11	$0.119\ 11^t$	8.61

四、都一处

1. 品牌简介 都一处烧麦馆最早是经营烧饼、炸豆腐、烧酒的小铺，俗名“醉葫芦”，因门口挂一破酒葫芦而得名，清乾隆十七年（1752）乾隆皇帝微服私访深夜回京，到酒铺用餐，因除夕京城仅此一家还未关门又服务热情，因而龙颜大悦，于是派太监赐匾取名“都一处”。乾隆赐匾后，很多人都来都一处看匾，生意甚为兴隆，经营酒类由白酒佛手露发展到五加皮、茵酒、黄酒、蒸酒等；菜肴也由凉菜发展为数十种炒菜，面食有烧麦、炸三角、饺子、馅饼等。

1996 年，都一处进行了改建和装修，1998 年 8 月 18 日重张开业，新开业的都一处内设 3 个大厅和 1 个外宾餐厅。一楼以普通烧麦为主，二、三楼经营中高档烧麦和山东风味炒菜，都一处烧麦不仅用料精细，做工精湛，而且具有鲜香爽口，醇面不腻等特点，并曾经荣获商业部“金鼎奖”和“中华名小吃”等光荣称号。

2. 数据汇总　见表 9-14。

表 9-14　都一处的品牌基础数据和基础指标汇总表

地区	类别	人口数（万人）	知名度（%）	认知度（%）	美誉度（%）	忠诚度（%）	品牌信息量估值（万比特）
北京	城市总人口	1 961.240 0	40.00	25.88	37.59	11.45	1 899.039 55
	目标消费者	1 309.716 1	40.00	25.88	37.59	11.45	1 195.694 31
成都	城市总人口	1 404.760 0	5.41	2.70	10.00	0.12	82.259 62
	目标消费者	938.098 7	5.66	2.83	10.00	0.13	60.541 91
深圳	城市总人口	1 035.790 0	9.42	4.26	10	0.38	112.811 43
	目标消费者	691.700 6	9.33	4.20	10	0.39	77.966 18
西安、济南	城市总人口	1 528.180 0	12.12	1.52	0	0	183.022 51
	目标消费者	1 020.518 6	11.22	1.02	0	0	110.539 65
南昌	城市总人口	504.260 0	21.05	11.84	10	0.35	160.786 79
	目标消费者	336.771 5	21.05	11.84	10	0.35	112.479 81
太原	城市总人口	420.160 0	8.49	3.77	16.67	2.83	41.457 86
	目标消费者	280.582 8	7.84	3.43	16.67	2.83	25.736 34
阳泉	城市总人口	136.850 0	5.37	2.68	0	0	7.650 00
	目标消费者	91.388 4	5.37	2.68	0	0	5.108 67
嘉祥	城市总人口	87.230 0	8	4	0	0	7.683 81
	目标消费者	58.252 2	8	4	0	0	5.131 25
全国	总人口	132 344.72	12.27	5.43	8.92	1.47	23 076.649 69
	目标消费者	88 380.836 0	11.88	5.22	8.92	1.47	14 975.820 76

3. 品牌质量分析　都一处品牌的信息质量比值为 0.120 3，属于较好的品牌质量，总量为 2.3 亿比特，属于中等偏小规模，全国指标均偏小，对消费者影响力有限，但在品牌所在地北京地区的指标结构比较理想，有着较高的知名

度，认知度与知名度的比率关系很好，说明消费者对该品牌的认知程度较深，有相当不错的口碑效应，和小众范围的品牌忠诚者，有部分消费者对该品牌有较深的喜好，形成了一定程度的消费偏好和习惯。曾是个品质优良的区域品牌。目前的全国指标并不算低，具有全国品牌的特征，应该是个区域优势明显的全国性品牌，尚处于向全国品牌过渡的时期（表 9－15）。

表 9－15　都一处的品牌质量比值分析表

品牌	品牌信息总量（比特）	信息基本量（比特）	品牌信息基本量的贡献率（%）	品牌信息质的贡献率（%）	品牌信息质量比值
都一处	230 766 496.9	205 982 942.8	89.26	10.74	0.120 3

4. 品牌信息平均值分析　信息均值比已经降到 1 以下，是个大众化经营的品牌。全国人均指标与目标消费者指标没有显著差异，与该品牌所在行业的特点或该企业采用的大众化的品牌传播方式有关。此指标使得该品牌具有很好延伸条件，但总量太小，不建议实施（表 9－16）。

表 9－16　都一处的品牌信息均值分析表

品牌	全国人口平均信息量（比特/人）	目标人群（人）	目标消费者平均信息量（比特/人）	信息均值比
都一处	0.174 37	883 808 360	0.169 45	0.971 78

5. 品牌信息的稳定性分析　该品牌的稳定性为 3.14，是很弱的稳定性类型，这与该品牌处在过渡期有关。属于过渡期失稳现象，该品牌需要较高密度的品牌信息传播量，费用较高。综合分析，该品牌处在成长后期向成熟期过渡的阶段，是一个全国性大众化经营的中等偏小规模的品牌（表9－17）。

表 9－17　都一处的品牌稳定性分析表

品牌	*N*（*E*）函数值	品牌衰减系数	品牌信息的衰减速率	品牌稳定性指数
都一处	22.414 66	0.044 64	0.044 64	3.14

五、丰泽园

1. 品牌简介　丰泽园为中外驰名的老字号企业，是在原丰泽园饭庄的基础上新扩建成的具有国际三星级水准的饭店，其建筑风格独特。

丰泽园以经营餐饮为主，继承和发扬老丰泽园的饮食文化传统，店内有

18 个大小不同、风格各异的餐厅、宴会厅和豪华的歌伴宴雅座，采用全方位高标准优质量服务方式，可承办大型高中宴会、喜庆家宴、业务洽谈旅游订餐，同时接纳 700 多位宾客，饭店技术力量雄厚。

2. 数据汇总　见表 9－18。

表 9－18　丰泽园品牌的基础数据和基础指标汇总表

地区	类别	人口数（万人）	知名度（%）	认知度（%）	美誉度（%）	忠诚度（%）	品牌信息量估值（万比特）
北京	城市总人口	1 961.240 0	24.71	16.18	27.50	4.82	891.120 47
	目标消费者	1 309.716 1	24.71	16.18	27.50	4.82	583.091 85
成都	城市总人口	1 404.760 0	6.31	2.70	0	0.12	92.353 53
	目标消费者	938.098 7	6.60	2.83	0	0.12	64.874 63
深圳	城市总人口	1 035.790 0	12.39	6.13	30	1.02	172.393 83
	目标消费者	691.700 6	12.09	5.98	30	1.04	108.405 92
西安、济南	城市总人口	1 528.180 0	7.07	3.54	25	0.27	128.376 86
	目标消费者	1 020.518 6	7.14	3.57	25	0.27	85.754 38
南昌	城市总人口	504.260 0	15.79	10.53	10	0.70	115.675 09
	目标消费者	336.771 5	15.79	10.53	10	0.70	80.921 52
太原	城市总人口	420.160 0	12.26	4.72	26	2.26	64.496 74
	目标消费者	280.582 8	11.76	4.41	26	2.35	40.206 79
阳泉	城市总人口	136.850 0	7.35	3.69	10.00	0.27	11.358 33
	目标消费者	91.388 4	7.35	3.69	10.00	0.27	7.945 19
嘉祥	城市总人口	87.230 0	24	12	32.50	5.60	34.726 21
	目标消费者	58.252 2	24	12	32.50	5.60	22.293 35
全国	总人口	132 344.720 0	11.3	5.85	19.94	12.34	20 219.048 02
	目标消费者	88 380.836 0	11.17	5.78	19.94	1.26	13 365.431 02

3. 品牌质量分析　丰泽园品牌的信息质量比值为 0.048 5，属于一般质量水平，信息总量 2 亿比特，全国指标总体较低，各项指标的关系基本正常，是一个有一定口碑的中等偏小品牌。所在地北京的基础指标相对好，但也并不特别突出，在该地区有不错的口碑自传播率，一定的重复购买率，但

对消费者的影响力总体还是偏小。应该是处于全国发展即将结束的阶段，完成了从成长后期向成熟早期的过渡阶段，结构稳定性应该是回稳时期，不会太低（表 9 - 19）。

表 9 - 19　丰泽园的品牌质量比值分析表

品牌	品牌信息总量（比特）	信息基本量（比特）	品牌信息基本量的贡献率（%）	品牌信息质的贡献率（%）	品牌信息质量比值
丰泽园	20 219.048 02	19 282.028 80	95.37	4.63	0.048 5

4. 品牌信息平均值分析　丰泽园品牌的信息均值比为 0.992 21，属于大众化经营的品牌，全国人均指标与目标消费者指标没有显著差异，与该品牌所在行业的特点或该企业采用的大众化的品牌传播方式有关。该指标使得品牌具有扩张基础，但总量太小，宜等到其他指标全都符合条件是再实施。现在进行扩张和延伸的风险太高（表 9 - 20）。

表 9 - 20　丰泽园的品牌信息均值分析表

品牌	全国人口平均信息量（比特/人）	目标人群（人）	目标消费者平均信息量（比特/人）	信息均值比
丰泽园	0.669 32	883 808 360	0.664 11	0.992 21

5. 品牌信息的稳定性分析　丰泽园品牌的稳定性指数为 7.16，属于回稳至较稳定水平边缘的阶段，应该是即将完成或刚刚渡过过渡期的表现。综合分析，该品牌处于成熟期早期，全国性大众化经营的中等偏小规模品牌（表 9 - 21）。

表 9 - 21　丰泽园的品牌稳定性分析表

品牌	$N(E)$ 函数值	品牌衰减系数	品牌信息的衰减速率	品牌稳定性指数
丰泽园	10.030 01	0.099 83	0.099 83t	7.16

六、狗不理

1. 品牌简介　狗不理包子是天津市汉族特色小吃。为“天津三绝”之首，是中华老字号之一。始创于 1858 年，经过 100 多年的变革发展，目前狗不理已成为拥有大型饭店、中型酒家、排挡式餐厅、快餐、早餐、早点、速冻食品生产，商品零售、物流商贸和烹饪学校以及在国内外设有 70 余家特许连锁企业的集团公司。狗不理已被国家商标局评为中国驰名商标，狗不理包子被评为天津市名牌产品。

2. 数据汇总　见表 9－22。

表 9－22　狗不理品牌的基础数据和基础指标汇总表

地区	类别	人口数（万人）	知名度（%）	认知度（%）	美誉度（%）	忠诚度（%）	品牌信息量估值（万比特）
北京	城市总人口	1 961.240 0	94.12	66.76	31.41	39.84	8 237.720 09
	目标消费者	1 309.716 1	94.12	66.76	31.41	39.84	5 310.440 48
成都	城市总人口	1 404.760 0	72.97	50.45	22.73	15.68	3 595.287 44
	目标消费者	938.098 7	72.64	51.42	20.67	14.40	2 399.186 93
深圳	城市总人口	1 035.790 0	67.23	36.06	41.73	21.01	2 091.003 34
	目标消费者	691.700 6	67.15	36.07	42.50	20.87	1 296.642 71
西安、济南	城市总人口	1 528.180 0	82.83	59.09	73.33	19.80	6 043.497 19
	目标消费者	1 020.518 6	82.65	58.16	30.69	18.98	3 117.128 08
南昌	城市总人口	504.260 0	92.11	48.68	15.56	16.84	1 545.429 46
	目标消费者	336.771 5	92.11	48.68	15.56	16.48	1 058.432 34
太原	城市总人口	420.160 0	79.25	49.06	20.77	31.07	1 136.376 83
	目标消费者	280.582 8	80.39	50	21.18	32.16	785.696 54
阳泉	城市总人口	136.850 0	79.87	37.58	23.92	17.36	314.939 49
	目标消费者	91.388 4	79.87	37.58	23.92	17.36	208.909 36
嘉祥	城市总人口	87.230 0	80	40	52.50	25.07	233.626 79
	目标消费者	58.252 2	80	40	52.50	25.07	138.966 45
全国	总人口	132 344.720 0	82.08	49.31	35.12	23.07	398 585.367 20
	目标消费者	88 380.836 0	82.34	49.38	25.24	23.08	248 878.355 80

3. 品牌质量分析　狗不理品牌的信息质量比值为 0.656，属于一般质量水平，总量达到近 40 亿比特的大规模水平，基础指标均处于高位，是个有着很高知名度和认知度的品牌，对消费者影响力大，美誉度高意味着该品牌有着很高的自传播率，口碑效应明显。较高的忠诚度意味着该品牌有着较高的重复购买率，但忠诚度与美誉度的比率略有失衡，说明被口碑影响的消费者中有相当部分的消费者没有产生重复购买，这可能和产品或服务的局限性有关。这个品牌的基础指标相当不错，是一个处于成熟期的品牌，但质量比较低反映出该品牌出现的一些衰退迹象，但还没有进入衰退期，准确确定其周期位置需要结合

稳定性等其他指标综合判断（表 9－23）。

表 9－23 狗不理的品牌质量比值分析表

品牌	品牌信息总量（比特）	信息基本量（比特）	品牌信息基本量的贡献率（%）	品牌信息质的贡献率（%）	品牌信息质量比值
狗不理	3 985 853 672.0	3 740 407 068.0	93.84	6.16	0.065 6

4. 品牌信息平均值分析 该品牌的信息均值比为 0.935 01，是一个大众化经营的品牌，全国人均指标与目标消费者指标没有显著差异，与该品牌所在行业的特点或该企业采用的大众化的品牌传播方式有关。结合其巨量的规模，该品牌具有很好的扩张基础和延伸条件（表 9－24）。

表 9－24 狗不理的品牌信息均值分析表

品牌	全国人口平均信息量（比特/人）	目标人群（人）	目标消费者平均信息量（比特/人）	信息均值比
狗不理	3.011 72	883 808 360	2.815 98	0.935 01

5. 品牌信息的稳定性分析 该品牌的稳定性指数为 9.43，属于较稳定的类型，说明该品牌没有处于过渡期，品牌结构稳定，有很长的信息间隔期，品牌维护成本低，抗风险能力强。综合分析，该品牌处于成熟期后期略有衰退迹象出现的阶段，全国性大众化经营的大规模品牌（表 9－25）。

表 9－25 狗不理的品牌稳定性分析表

品牌	$N(E)$ 函数值	品牌衰减系数	品牌信息的衰减速率	品牌稳定性指数
狗不理	7.923 69	0.129 99	$0.129\ 99^t$	9.43

七、海底捞

1. 品牌简介 四川海底捞餐饮股份有限公司成立于 1994 年，是一家以经营川味火锅为主，融会各地火锅特色于一体的大型跨省直营餐饮民营企业。公司始终秉承“服务至上、顾客至上”的理念，以创新为核心，改变传统的标准化、单一化的服务，提倡个性化的特色服务，致力于为顾客提供愉悦的用餐服务；在管理上，倡导双手改变命运的价值观，为员工创建公平公正的工作环境，实施人性化和亲情化的管理模式，提升员工价值。

2. 数据汇总 见表 9－26。

表 9-26　海底捞品牌的基础数据和基础指标汇总表

地区	类别	人口数（万人）	知名度（%）	认知度（%）	美誉度（%）	忠诚度（%）	品牌信息量估值（万比特）
北京	城市总人口	1 961.240 0	92.35	47.35	50.42	44.67	6 750.440 64
	目标消费者	1 309.716 1	92.35	47.35	50.42	44.67	4 047.296 18
成都	城市总人口	1 404.760 0	63.96	31.98	26.79	14.29	2 363.606 51
	目标消费者	938.098 7	64.15	33.02	27.41	14.84	1 589.510 42
深圳	城市总人口	1 035.790 0	55.48	27.16	42.41	17.26	1 456.263 03
	目标消费者	691.700 6	55.32	27.14	42.86	17.55	898.034 92
西安、济南	城市总人口	1 528.180 0	64.65	31.31	36.90	20.54	2 666.494 20
	目标消费者	1 020.518 6	64.29	30.10	36.43	3.06	1 632.863 32
南昌	城市总人口	504.260 0	68.42	32.89	22.50	7.37	908.462 35
	目标消费者	336.771 5	68.42	32.89	22.50	7.37	605.932 89
太原	城市总人口	420.160 0	33.96	16.51	13.64	10.94	251.118 94
	目标消费者	280.582 8	34.31	17.16	13.64	11.37	178.122 49
阳泉	城市总人口	136.850 0	42.95	21.48	30.37	12.30	125.195 31
	目标消费者	91.388 4	42.95	21.48	30.37	12.30	81.027 83
嘉祥	城市总人口	87.230 0	36	18	27.50	16	60.633 47
	目标消费者	58.252 2	36	18	27.50	16	39.674 64
全国	总人口	132 344.720 0	53.25	26.1	27.76	15.26	177 064.315 40
	目标消费者	88 380.836 0	53.26	26.02	27.69	11.32	113 450.049 10

3. 品牌质量分析　海底捞品牌的质量比为 0.095 5，品牌质量较好，信息总量达到 17 亿比特以上的大规模水平，基础指标结构合理，各个指标均处于较高水平。认知度与知名度比率合理，说明该品牌的传播方式选择得当，消费者认知程度与知名程度匹配，美誉度与认知度比率优良，形成了很高的自传播率，口碑效应明显，忠诚度较高，有相当高的重复购买率，但忠诚度与美誉度的比率偏小，说明被口碑影响的消费者中有部分未发生重复购买的现象，这可能与该品牌的产品或服务有局限性有关。该品牌基础指标和质量比均反映出该

品牌处于鼎盛期间，品牌发展健康，品质优良（表 9－27）。

表 9－27 海底捞的品牌质量比值分析表

品牌	品牌信息总量（比特）	信息基本量（比特）	品牌信息基本量的贡献率（%）	品牌信息质的贡献率（%）	品牌信息质量比值
海底捞	1 770 643 154.0	1 616 170 172.0	91.28	8.72	0.095 5

4. 品牌信息平均值分析 该品牌的信息均值比为 0.959 45，是一个大众化经营的品牌，全国人均指标与目标消费者指标没有显著差异，与该品牌所在行业的特点或该企业采用的大众化的品牌传播方式有关。结合该品牌具有的大规模总量，它具有很好的扩张基础和延伸条件（表 9－28）。

表 9－28 海底捞的品牌信息均值分析表

品牌	全国人口平均信息量（比特/人）	目标人群（人）	目标消费者平均信息量（比特/人）	信息均值比
海底捞	1.337 90	883 808 360	1.283 65	0.959 45

5. 品牌信息的稳定性分析 该品牌的稳定性指数为 10.24，属于较强稳定性的类型，品牌信息间隔期长，维护费用低，对消费者的影响力大，抗风险能力强。综合分析，该品牌处于成熟期的鼎盛期阶段，全国性大众化经营的大规模品牌，品质优良（表 9－29）。

表 9－29 海底捞的品牌稳定性分析表

品牌	$N(E)$ 函数值	品牌衰减系数	品牌信息的衰减速率	品牌稳定性指数
海底捞	7.222 20	0.140 67	$0.140\ 67^{t}$	10.24

八、馄饨侯

1. 品牌简介 馄饨侯自开张以来，一直以经营馄饨为主，除“文化大革命”时期外，其主营的品种就是馄饨和芝麻烧饼。馄饨的特点是皮薄、馅细、汤好、佐料全。馄饨侯的老经营模式是：每个职工擀皮、做馅、吊汤、服务样样都能干，按岗位定人。

2. 数据汇总 见表 9－30。

表 9-30　馄饨侯品牌的基础数据和基础指标汇总表

地区	类别	人口数（万人）	知名度（%）	认知度（%）	美誉度（%）	忠诚度（%）	品牌信息量估值（万比特）
北京	城市总人口	1 961.240 0	28.24	17.94	33.89	13.02	1 094.061 45
	目标消费者	1 309.716 1	28.24	17.94	33.89	13.02	698.645 77
成都	城市总人口	1 404.760 0	8.11	3.15	10.00	1.14	125.738 54
	目标消费者	938.098 7	7.55	2.83	10.00	1.07	80.758 20
深圳	城市总人口	1 035.790 0	9.03	4.26	27	0.51	115.385 43
	目标消费者	691.700 6	9.07	4.27	27	0.52	76.011 10
西安、济南	城市总人口	1 528.180 0	1.01	0.51	0	0	14.542 05
	目标消费者	1 020.518 6	1.02	0.51	0	0	9.807 33
南昌	城市总人口	504.260 0	7.89	2.63	0	0	41.325 95
	目标消费者	336.771 5	7.89	2.63	0	0	27.599 66
太原	城市总人口	420.160 0	2.83	0.94	0	0.13	11.435 72
	目标消费者	280.582 8	2.94	0.98	0	0.13	7.948 63
阳泉	城市总人口	136.850 0	6.04	2.68	0	0	8.604 47
	目标消费者	91.388 4	6.04	2.68	0	0	5.746 06
嘉祥	城市总人口	87.230 0	0	0	0	0	0
	目标消费者	58.252 2	0	0	0	0	0
全国	总人口	132 344.720 0	5.6	2.58	3.62	0.8	9 639.251 04
	目标消费者	88 380.836 0	5.62	2.58	3.62	0.8	6 333.008 82

3. 品牌质量分析　馄饨侯品牌的信息质量比值为 0.152 3，是良好品牌质量的类型，信息总量不足 1 亿的小规模。该品牌基础指标均过低，从全国范围内看，没有进行过有效的规模化品牌运作，获得很低的知名度，认知度基本是依靠营销过程中的自然形成，因此略有口碑，但品牌几乎没有影响力。在品牌所在地北京地区，该品牌的指标结构较为理想，有着较高的知名度以及与其向匹配的认知度，还有较高水平的美誉度，有不错的口碑效应，并且形成了一批具有消费习惯的消费者，这是一个依靠口碑传播的品牌，这也是这个品牌量很小但质量比值较好的原因。该品牌在全国各个城市中的指标差异比较明显，应该是向全国范围发展的品牌，但没有完成过渡期（表 9-31）。

表 9－31 馄饨侯的品牌质量比值分析表

品牌	品牌信息总量（比特）	信息基本量（比特）	品牌信息基本量的贡献率（%）	品牌信息质的贡献率（%）	品牌信息质量比值
馄饨侯	96 392 510.4	83 648 542.1	86.78	13.22	0.152 3

4. 品牌信息平均值分析 该品牌的信息比均值为 0.983 82，是一个大众化经营的品牌，全国人均指标与目标消费者指标没有差异，说明该品牌在运作中的目标人群定位不够清晰，没有专门针对目标人群的品牌传播，几乎完全是依靠营销等经营活动自发的形成品牌（表 9－32）。

表 9－32 馄饨侯的品牌信息均值分析表

品牌	全国人口平均信息量（比特/人）	目标人群（人）	目标消费者平均信息量（比特/人）	信息均值比
馄饨侯	0.072 83	883 808 360	0.071 66	0.983 82

5. 品牌信息的稳定性分析 该品牌的稳定性指数为 1.26，是很弱的稳定类型，信息间隔周期很短，要发展品牌需要高密度的信息投放量和很高的成本，抗风险能力低。综合分析，于全国的角度看，该品牌处于成长期早期阶段，稳定性没有形成的时期，是个区域特征非常明显的全国性大众化经营的小规模品牌。于北京地区看，这个品牌处于成熟期，是一个不错的区域品牌（表 9－33）。

表 9－33 馄饨侯的品牌稳定性分析表

品牌	$N(E)$ 函数值	品牌衰减系数	品牌信息的衰减速率	品牌稳定性指数
馄饨侯	55.219 07	0.018 11	$0.018\ 11^{t}$	1.26

九、家得家长沙米粉

1. 品牌简介 略。

2. 数据汇总 见表 9－34。

表 9－34 家得家长沙米粉品牌的基础数据和基础指标汇总表

地区	类别	人口数（万人）	知名度（%）	认知度（%）	美誉度（%）	忠诚度（%）	品牌信息量估值（万比特）
北京	城市总人口	1 961.240 0	18.82	4.71	35.00	2.00	478.098 40
	目标消费者	1 309.716 1	18.82	4.71	35.00	2.00	304.014 20

（续）

地区	类别	人口数（万人）	知名度（%）	认知度（%）	美誉度（%）	忠诚度（%）	品牌信息量估值（万比特）
成都	城市总人口	1 404.760 0	18.02	8.56	15.56	2.64	351.543 39
	目标消费者	938.098 7	18.87	8.96	15.56	2.77	255.610 10
深圳	城市总人口	1 035.790 0	59.35	29.16	38.83	21.26	1 601.636 65
	目标消费者	691.700 6	59.53	29.96	38.90	21.38	1 023.204 30
西安、济南	城市总人口	1 528.180 0	20.20	12.12	16.67	1.28	483.837 68
	目标消费者	1 020.518 6	19.39	10.71	25	1.16	315.956 02
南昌	城市总人口	504.260 0	10.53	10.53	0	0	74.254 16
	目标消费者	336.771 5	10.53	10.53	0	0	49.590 85
太原	城市总人口	420.160 0	11.32	5.66	0	0.13	55.964 94
	目标消费者	280.582 8	9.80	4.90	0	0.13	31.403 49
阳泉	城市总人口	136.850 0	18.79	9.40	0	0.89	34.636 08
	目标消费者	91.388 4	18.79	9.40	0	0.89	23.129 96
嘉祥	城市总人口	87.230 0	4	0	50	4	3.880 11
	目标消费者	58.252 2	4	0	50	4	2.330 09
全国	总人口	132 344.720 0	17.87	9.87	9.09	1.92	38 041.186 66
	目标消费者	88 380.836 0	17.3	9.39	11.05	1.9	24 416.103 36

3. 品牌质量分析 家得家长沙米粉品牌的信息质量比值为 0.080 6，信息总量为 3.8 亿比特，属于质量较好的中等规模水平，全国基础指标偏低，但结构基本合理，知名度、美誉度和认知度之间相匹配，这也是这个品牌质量比较好的原因，但忠诚度偏低，该品牌在营销中有一定的作用，但对消费者的影响力有限，没有形成消费偏好，这也可能与该品牌的产品有行业局限性有关。全国指标与目标消费者指标间的差异很小，说明企业在该品牌的运作中没有针对目标消费者有针对性的传播活动，品牌运作方向是泛大众化。该品牌有明显的地域特征，深圳的各项基础指标均处在高位，各项指标间的比率关系合理，拥有大批的忠实消费者和重复购买率，口碑很好，单看深圳指标，这是一个高品质的品牌，这可能是与其目标消费者在深圳比较集中所致（表 9－35）。

表 9－35　家得家长沙米粉的品牌质量比值分析表

品牌	品牌信息总量（比特）	信息基本量（比特）	品牌信息基本量的贡献率（%）	品牌信息质的贡献率（%）	品牌信息质量比值
家得家长沙米粉	380 411 866.6	352 037 762.7	92.54	7.46	0.080 6

4. 品牌信息平均值分析　该品牌的信息均值比为 0.961 10，属于大众化经营的品牌，全国人均指标与目标消费者指标没有显著差异，与该品牌所在行业的特点或该企业采用的大众化的品牌传播方式有关。该品牌的总量不足，还不具有跨行业延伸条件（表 9－36）。

表 9－36　家得家长沙米粉的品牌信息均值分析表

品牌	全国人口平均信息量（比特/人）	目标人群（人）	目标消费者平均信息量（比特/人）	信息均值比
家得家长沙米粉	0.287 44	8 838 083 560	0.276 26	0.961 10

5. 品牌信息的稳定性分析　该品牌的稳定性指数为 3.91，属于较弱稳定性，该品牌的信息间隔期较短，若要发展品牌，需要较高的投入，抗风险能力较弱。综合分析，于全国指标看，该品牌处于成长早期阶段，于深圳看，该品牌处于成熟期，是个地域特征非常明显的全国性大众化经营的中等规模的品牌（表 9－37）。

表 9－37　家得家长沙米粉的品牌稳定性分析表

品牌	N（E）函数值	品牌衰减系数	品牌信息的衰减速率	品牌稳定性指数
家得家长沙米粉	18.105 82	0.055 29	0.055 29	3.91

十、嘉旺

1. 品牌简介　深圳市嘉旺餐饮连锁有限公司隶属于深圳市得时实业集团股份有限公司，成立于 1997 年。至今，深圳市嘉旺餐饮连锁有限公司已经发展成为在国内具有一定知名度、美誉度，多品牌、立体化的大型餐饮连锁企业。拥有员工 4 000 多人，拥有嘉旺、百鲜楼、正品茶餐厅、正品轩酒楼等多项品牌。按照“立足深圳、辐射广东、面向全国”的发展战略，公司已在深圳、广州、北京等市场开设了近百家直营门店。凭借丰富的餐饮实战经验和雄厚的资金实力连续多年入选中国餐饮百强企业。

2. 数据汇总　见表 9－38。

表 9-38　嘉旺品牌的基础数据和基础指标汇总表

地区	类别	人口数（万人）	知名度（%）	认知度（%）	美誉度（%）	忠诚度（%）	品牌信息量估值（万比特）
北京	城市总人口	1 961.240 0	2.35	0.59	75.00	1.18	58.028 86
	目标消费者	1 309.716 1	2.35	0.59	75.00	1.18	31.678 12
成都	城市总人口	1 404.760 0	2.70	1.35	30.00	1.02	41.694 02
	目标消费者	938.098 7	2.83	1.42	30.00	1.07	28.416 15
深圳	城市总人口	1 035.790 0	59.35	30.71	41.93	26	1 671.599 03
	目标消费者	691.700 6	59.26	30.68	40.58	26.17	1 030.224 51
西安、济南	城市总人口	1 528.180 0	5.05	1.01	0	0	74.467 24
	目标消费者	1 020.518 6	5.10	1.02	0	0	50.245 29
南昌	城市总人口	504.260 0	2.63	0	0	0	12.187 13
	目标消费者	336.771 5	2.63	0	0	0	8.139 21
太原	城市总人口	420.160 0	1.89	0.94	10	0.94	7.934 22
	目标消费者	280.582 8	1.96	0.98	10	0.98	5.766 47
阳泉	城市总人口	136.850 0	1.34	0.34	0	0	1.713 55
	目标消费者	91.388 4	1.34	0.34	0	0	1.144 31
嘉祥	城市总人口	87.230 0	0	0	0	0	0.000 00
	目标消费者	58.252 2	0	0	0	0	0.000 00
全国	总人口	132 344.720 0	5.83	2.33	10	1.79	15 113.484 22
	目标消费者	88 380.836 0	5.86	2.34	9.92	1.81	9 511.765 71

3. 品牌质量分析　嘉旺品牌的信息质量比值高达 0.755 6，超出最优上限 0.4 很多，信息总量为 1.5 亿比特，属于中等偏小规模的品牌，质量比超出上限很多意味着这个品牌出现质余而量亏的现象，结合该品牌的全国指标看，5.86%的知名度和 2.33%的认知度都处于相当低的程度，相当于企业没有对品牌进行过有效的宣传，10%的美誉度说明该品牌的产品或服务质量很到位，形成了一定的口碑，该品牌是依靠营销自然积累而成，依靠口碑传播的品牌，这也是这个品牌的信息质量比高、而量不足的原因。如单看深圳的指标，这是一个品质优良的品牌，有着很高的知名度和美誉度以及与之匹配的认知度，品牌在目标消费者和一般消费者之间的没有差别，反映出该品牌没有专门进行过有针对性的宣传，基本是依靠口碑传播、渠道传播等营销中的自然传播发展。其他地区与深圳的指标相比悬殊，是个区域品牌，建议企业适当提高深圳之外的其他地区的知名度和认知度，提高品牌信息的总量，这样能够更好的发挥品

牌的作用（表 9－39）。

表 9－39　嘉旺的品牌质量比值分析表

品牌	品牌信息总量（比特）	信息基本量（比特）	品牌信息基本量的贡献率（%）	品牌信息质的贡献率（%）	品牌信息质量比值
嘉旺	151 134 842.2	86 080 963.3	56.96	43.04	0.755 6

4. 品牌信息平均值分析　该品牌的信息均值比小于 1，是大众化经营的品牌，全国人均指标与目标消费者指标没有显著差异，与该品牌所在行业的特点或该企业采用的大众化的品牌传播方式有关。单看该指标，该品牌具有很好跨行业延伸条件，但该品牌信息量太小，不足以支撑延伸（表 9－40）。

表 9－40　嘉旺的品牌信息均值分析表

品牌	全国人口平均信息量（比特/人）	目标人群（人）	目标消费者平均信息量（比特/人）	信息均值比
嘉旺	0.114 20	883 808 360	0.107 62	0.942 42

5. 品牌信息的稳定性分析　该品牌的稳定性指数为 3.5，是较弱稳定性，对全国范围而言，发展全国品牌需要该品牌需要高密度的信息传播量，需要较高的投入，高品牌的抗风险能力较弱。综合分析，该品牌于全国指标而言是一个成长期早期的品牌，于深圳而言是一个处于成熟期早期的品牌，采取个大众化经营的优秀区域品牌（表 9－41）。

表 9－41　嘉旺的品牌稳定性分析表

品牌	$N(E)$ 函数值	品牌衰减系数	品牌信息的衰减速率	品牌稳定性指数
嘉旺	20.154 71	0.049 66	0.049 66ᶦ	3.5

十一、贾三灌汤包

1. 品牌简介　闻名全国的贾三灌汤包是陕西省著名清真饮食技师贾三先生发扬民族传统饮食一技之长，研究、吸收南北各地穆斯林风味小吃的优点后创制。随后，数家仿效，逐步形成古城西安的清真名小吃。众家之中，贾三灌汤包独具风味，“皮薄如纸，馅嫩含汤，调料香浓”，人称“三绝”，被誉为古城第一笼。

2. 数据汇总　见表 9－42。

表 9-42 贾三灌汤包品牌的基础数据和基础指标汇总表

地区	类别	人口数（万人）	知名度（%）	认知度（%）	美誉度（%）	忠诚度（%）	品牌信息量估值（万比特）
北京	城市总人口	1 961.240 0	17.65	9.12	33.33	0.98	524.462 46
	目标消费者	1 309.716 1	17.65	9.12	33.33	0.98	335.627 38
成都	城市总人口	1 404.760 0	18.02	9.01	7.78	3.42	346.607 60
	目标消费者	938.098 7	17.92	8.96	7.78	3.58	242.741 54
深圳	城市总人口	1 035.790 0	40.65	19.23	25.19	5.61	831.801 42
	目标消费者	691.700 6	40.74	19.25	24.94	5.71	550.127 43
西安、济南	城市总人口	1 528.180 0	38.38	27.27	36.67	8.62	1 457.506 77
	目标消费者	1 020.518 6	37.76	26.02	36.67	8.71	882.173 30
南昌	城市总人口	504.260 0	10.53	3.95	0	2.63	58.345 12
	目标消费者	336.771 5	10.53	3.95	0	2.63	38.965 96
太原	城市总人口	420.160 0	14.15	8.96	17.14	2.52	84.219 55
	目标消费者	280.582 8	13.73	8.82	17.14	2.61	55.360 21
阳泉	城市总人口	136.850 0	18.79	9.40	20.00	1.70	37.381 72
	目标消费者	91.388 4	18.79	9.40	20.00	1.70	25.170 03
嘉祥	城市总人口	87.230 0	8	4	25	4.53	8.452 59
	目标消费者	58.252 2	8	4	25	4.53	5.583 82
全国	总人口	132 344.720 0	21.85	13.09	20.85	3.95	54 900.806 11
	目标消费者	88 380.836 0	21.59	12.76	20.84	4	34 718.122 95

3. 品牌质量分析 贾三灌汤包的信息质量比值为 0.151 5，属于较好质量，信息总量达到 5 亿比特以上，属于中等偏上规模，基础指标较好，指标间的比率关系比较好，有一定的知名度和与之匹配的认知度，获得了较高的美誉度，口碑效应明显，但忠诚度偏很低，没有形成有规模的重复购买率，这可能和产品或服务有局限性有关，有相当部分受口碑和知名度影响的消费者未能重复购买。该品牌在全国各级城市中的指标很均匀，没有显著的区域特征，是一个全国性品牌。各项指标仍有很大的发展空间，处于成长期中后期，发展质量健康的品牌类型（表 9-43）。

表 9-43 贾三灌汤包的品牌质量比值分析表

品牌	品牌信息总量（比特）	信息基本量（比特）	品牌信息基本量的贡献率（%）	品牌信息质的贡献率（%）	品牌信息质量比值
贾三灌汤包	549 008 061.1	476 767 779.5	86.84	13.16	0.151 5

4. 品牌信息平均值分析 该品牌的信息均值比为 0.946 95，是一个大众化经营的品牌，全国人均指标与目标消费者指标几乎没有差异，与该品牌所在行业的特点或该企业采用的大众化的品牌传播方式有关。该指标反映出该品牌应该具有良好的扩张基础和延伸条件，但总量不足，建议谨慎选择（表 9-44）。

表 9-44 贾三灌汤包的品牌信息均值分析表

品牌	全国人口平均信息量（比特/人）	目标人群（人）	目标消费者平均信息量（比特/人）	信息均值比
贾三灌汤包	0.414 83	883 808 360	0.392 82	0.946 95

5. 品牌信息的稳定性分析 该品牌的稳定性指数为 7.52，属于较好稳定性类型，说明该品牌不在过渡期，短期内不会有大的变化，综合分析，为处于成长期后期的品牌，是一个全国性大众化经营的中等偏上规模的品牌（表 9-45）。

表 9-45 贾三灌汤包的品牌稳定性分析表

品牌	N（E）函数值	品牌衰减系数	品牌信息的衰减速率	品牌稳定性指数
贾三灌汤包	9.597 40	0.104 63	$0.104\ 63^{t}$	7.52

十二、聚德华天

1. 品牌简介 北京华天饮食集团公司母体和重要子公司聚德华天控股有限公司以经营老字号餐饮为主业，旗下拥有鸿宾楼、烤肉季、烤肉宛、砂锅居、同和居、峨嵋酒家、同春园、老西安饭庄、又一顺、曲园酒楼、马凯餐厅、西来顺、玉华台、大地餐厅、护国寺小吃、庆丰包子铺等 20 余个老字号品牌、300 多家门店。其中，中式快餐品牌庆丰包子铺和护国寺小吃分别发展了 180 家和 40 多家连锁店。这些企业大都是经营百年以上的历史名店，经营网点遍布北京城区，并在河北省开有分店。主营京、湘、鲁、苏、豫、川、清真等不同菜系，涵盖中式正餐、快餐、小吃、西餐等不同业种。公司现有 17 家企业被商务部重新认定为中华老字号，有国家级、北京市级和西城区级非物质文化遗产项目近 20 个。有 6 家老字号被评北京市著名商标。重要子公司北京万方有限公司是在原北京万方实业总公司的基础上改制而成的有限公司，北京华天饮食集团公司占有 40%的股权。目前主要经营天福号食品厂、桂香村南味食品和元长厚茶叶等。

2. 数据汇总　见表 9－46。

表 9－46　聚德华天品牌的基础数据和基础指标汇总表

地区	类别	人口数（万人）	知名度（%）	认知度（%）	美誉度（%）	忠诚度（%）	品牌信息量估值（万比特）
北京	城市总人口	1 961.240 0	22.35	14.41	39.50	10.75	802.688 90
	目标消费者	1 309.716 1	22.35	14.41	39.50	10.75	501.729 27
成都	城市总人口	1 404.760 0	4.50	2.25	5.00	1.02	65.810 19
	目标消费者	938.098 7	4.72	2.36	5.00	1.07	49.456 07
深圳	城市总人口	1 035.790 0	11.35	4.90	25.71	8	148.097 51
	目标消费者	691.700 6	11.30	4.93	25.71	0.81	97.255 74
西安、济南	城市总人口	1 528.180 0	5.05	2.02	0	0	78.016 38
	目标消费者	1 020.518 6	5.10	2.04	0	0	52.662 57
南昌	城市总人口	504.260 0	5.26	1.32	0	0	25.968 49
	目标消费者	336.771 5	5.26	1.32	0	0	17.343 13
太原	城市总人口	420.160 0	2.83	0.47	0	0	11.181 25
	目标消费者	280.582 8	2.94	0.49	0	0	7.764 58
阳泉	城市总人口	136.850 0	2.01	1.01	10.00	0.89	2.757 44
	目标消费者	91.388 4	2.01	1.01	10.00	0.89	1.928 84
嘉祥	城市总人口	87.230 0	0	0	0	0	0
	目标消费者	58.252 2	0	0	0	0	0
全国	总人口	132 344.720 0	5.09	2.11	5.62	1.22	8 222.746 71
	目标消费者	88 380.836 0	5.14	2.12	5.62	0.83	5 423.312 58

3. 品牌质量分析　聚德华天品牌的信息质量比值为 0.105 2，质量较好，信息总量小于 1 亿比特的小规模水平，看该品牌的全国基础指标，各项指标均处于低值水平，是几乎没有有效运作过的迹象，所获得的知名度、美誉度是依靠营销中的消费者体验自然发生并积累而成的。这也是该品牌质量比较好的原因。单看所在地北京地区的指标，该品牌指标结构良好，有一定的知名度和与之匹配的认知程度，具有很高的口碑效应。是一个依靠口碑传播的品牌，也有一定的消费者重复购买率，是一个不错的区域品牌。深圳的指标与北京的情况相仿，但总体略低于北京，其他城市指标过低。说明这个品牌重点发展在一线城市，可以称为是对城市类型有所选择的全国品牌（表 9－47）。

表 9-47　聚德华天的品牌质量比值分析表

品牌	品牌信息总量（比特）	信息基本量（比特）	品牌信息基本量的贡献率（%）	品牌信息质的贡献率（%）	品牌信息质量比值
聚德华天	82 227 467.1	74 395 459.8	90.48	9.52	0.105 2

4. 品牌信息平均值分析　该品牌的信息均值比小于1，是大众化经营的品牌，全国人均指标与目标消费者指标没有显著差异，与该品牌所在行业的特点或该企业采用的大众化的品牌传播方式有关。尽管在信息均值比上具有很好延伸条件，但该品牌总量很低，分布也不够均匀，建议谨慎选择（表 9-48）。

表 9-48　聚德华天的品牌信息均值分析表

品牌	全国人口平均信息量（比特/人）	目标人群（人）	目标消费者平均信息量（比特/人）	信息均值比
聚德华天	0.062 13	883 808 360	0.061 36	0.987 63

5. 品牌信息的稳定性分析　该品牌的稳定性指数是 1.97，属于弱稳定，从基础指标看，是没有形成稳定性而非失稳，综合分析，该品牌应该是处于成长期早期的品牌，全国性大众化经营的小规模品牌（表 9-49）。

表 9-49　聚德华天的品牌稳定性分析表

品牌	N（E）函数值	品牌衰减系数	品牌信息的衰减速率	品牌稳定性指数
聚德华天	35.619 17	0.028 08	0.028 08	1.97

十三、开封第一楼

1. 品牌简介　开封第一楼有限责任公司的前身是第一楼包子馆，其始建于 1922 年，具有悠久历史的中华老字号企业、国家特级酒家、中华餐饮名店、全国绿色餐饮企业，以经营中华名小吃——第一楼小笼灌汤包子和什锦包子宴而驰名中外。第一楼小笼灌汤包子源于北宋都城东京（今开封），它用料考究，制艺精湛，具有皮薄馅大、灌汤流油、软嫩鲜香、肥而不腻的特点和提起像灯笼、放下似菊花的优美外形，被誉为“中州膳食一绝”，曾获商业部优质产品“金鼎奖”、首届中华名小吃和“中华名点”等荣誉称号。

2. 数据汇总　见表 9-50。

表 9-50　开封第一楼品牌的基础数据和基础指标汇总表

地区	类别	人口数（万人）	知名度（%）	认知度（%）	美誉度（%）	忠诚度（%）	品牌信息量估值（万比特）
北京	城市总人口	1 961.240 0	17.65	9.12	18.89	4.27	496.356 95
	目标消费者	1 309.716 1	17.65	9.12	18.89	4.27	335.627 38
成都	城市总人口	1 404.760 0	5.41	2.70	10.00	0.12	82.259 62
	目标消费者	938.098 7	5.66	2.83	10.00	0.13	60.541 91
深圳	城市总人口	1 035.790 0	21.55	10.39	27.08	1.42	344.533 49
	目标消费者	691.700 6	21.55	10.38	27.08	1.45	225.728 12
西安、济南	城市总人口	1 528.180 0	16.16	12.63	0	0	368.959 48
	目标消费者	1 020.518 6	15.31	11.22	0	0	223.400 07
南昌	城市总人口	504.260 0	7.89	2.63	0	0	41.325 95
	目标消费者	336.771 5	7.89	2.63	0	0	27.599 66
太原	城市总人口	420.160 0	3.77	1.88	0	0	15.912 14
	目标消费者	280.582 8	2.94	1.47	0	0	8.132 69
阳泉	城市总人口	136.850 0	11.41	5.70	55.00	0.76	22.696 89
	目标消费者	91.388 4	11.41	5.70	55.00	0.76	13.372 48
嘉祥	城市总人口	87.230 0	4	2	1	53	5.160 69
	目标消费者	58.252 2	4	2	1	53	2.561 00
全国	总人口	132 344.720 0	10.53	6.12	14.71	1.19	19 234.258 85
	目标消费者	88 380.836 0	10.11	5.69	14.71	1.19	11 816.308 43

3. 品牌质量分析　开封第一楼品牌的信息质量比值是 0.059 3，属于一般质量水平，信息总量接近 2 亿比特，属于中等偏小规模。基础指标较低，品牌对消费者的影响力有限，基本没有形成消费者的消费习惯和偏好，美誉度略高，可能是因为该品牌是依靠口碑传播，品牌指标中，没有过大规模运作过的痕迹，是一个在营销中逐步积累起来的品牌。各地指标接近，没有明显的区域特点，是一个全国品牌（表 9-51）。

表 9-51　开封第一楼的品牌质量比值分析表

品牌	品牌信息总量（比特）	信息基本量（比特）	品牌信息基本量的贡献率（%）	品牌信息质的贡献率（%）	品牌信息质量比值
开封第一楼	192 342 588.5	181 575 551.8	94.4	5.6	0.059 3

4. 品牌信息平均值分析 该品牌的信息均值比为0.919 93，是一个大众化发展的品牌，全国人均指标与目标消费者指标没有显著差异，与该品牌所在行业的特点或该企业采用的大众化的品牌传播方式有关。因该品牌的总量太低，不足以支撑延伸与扩张，尽管该品牌已经大众化，但还是应当谨慎选择（表9－52）。

表9－52 开封第一楼的品牌信息均值分析表

品牌	全国人口平均信息量（比特/人）	目标人群（人）	目标消费者平均信息量（比特/人）	信息均值比
开封第一楼	0.145 33	883 808 360	0.133 70	0.919 93

5. 品牌信息的稳定性分析 该品牌的稳定性指数为5.24，属于一般稳定性，该品牌间隔期较短，对消费者影响力有限，如要发展品牌需要的投入较大。综合分析，该品牌处于成长期中后期，如保持这一指标很久，则是一种在成长期止步的、未能发展起来的品牌；或是经历过成熟期的鼎盛期后的衰退。如属于后者，这个品牌的问题比较严重，是基础指标不高的情况下出现失稳的状态，当属衰退期。建议企业进行连续观察，及时采用应对措施（表9－53）。

表9－53 开封第一楼的品牌稳定性分析表

品牌	*N*（*E*）函数值	品牌衰减系数	品牌信息的衰减速率	品牌稳定性指数
开封第一楼	13.594 84	0.073 62	0.073 62′	5.24

十四、李连贵

1. 品牌简介 李连贵熏肉大饼于1842年由河北滦县柳庄人李盛厚始创的“兴盛厚肉铺”发展而来，其子李广忠（乳名连贵）迁至吉林省梨树县，并改号为李连贵熏肉大饼铺。

1950年，李连贵之孙李春生，携家在沈阳繁华的老中街广生堂胡同，开设了沈阳李连贵熏肉大饼店，生意兴隆，蜚声海内外，成为最受沈阳百姓喜爱的风味食品之一。

几十年来，沈阳李连贵熏肉大饼以传奇色彩、精湛工艺、独特风味、优质服务，吸引八方来客。先后获得了辽宁风味名店、辽宁省知名企业字号、沈阳市明星企业、沈阳老字号、中华最佳名小吃、十二届全运会辽菜示范店等荣誉。

2014年，沈阳李连贵熏肉大饼传统制作技艺，被沈阳市人民政府列入

"市级非物质文化遗产"名录。

2. 数据汇总　见表 9－54。

表 9－54　李连贵品牌的基础数据和基础指标汇总表

地区	类别	人口数（万人）	知名度（%）	认知度（%）	美誉度（%）	忠诚度（%）	品牌信息量估值（万比特）
北京	城市总人口	1 961.240 0	12.35	2.65	15.00	1.33	266.635 28
	目标消费者	1 309.716 1	12.35	2.65	15.00	1.33	182.988 92
成都	城市总人口	1 404.760 0	10.81	5.41	3.33	1.14	179.216 11
	目标消费者	938.098 7	11.32	5.66	3.33	1.19	135.974 85
深圳	城市总人口	1 035.790 0	31.48	15.16	25.19	3.80	577.638 35
	目标消费者	691.700 6	31.41	15.11	25.19	3.87	379.928 19
西安、济南	城市总人口	1 528.180 0	11.11	5.05	10	0.13	202.644 21
	目标消费者	1 020.518 6	10.20	4.59	10	0.14	127.767 21
南昌	城市总人口	504.260 0	10.53	3.95	0	0	58.345 12
	目标消费者	336.771 5	10.53	3.95	0	0	38.965 96
太原	城市总人口	420.160 0	9.43	4.72	5.00	0.25	45.790 13
	目标消费者	280.582 8	8.82	4.41	5.00	0.26	30.155 09
阳泉	城市总人口	136.850 0	13.42	6.71	10.00	0.36	23.362 26
	目标消费者	91.388 4	13.42	6.71	10.00	0.36	16.341 97
嘉祥	城市总人口	87.230 0	8	4	0	4	7.683 81
	目标消费者	58.252 2	8	4	0	4	5.131 25
全国	总人口	132 344.720 0	12.15	5.54	7.92	0.54	20 357.637 94
	目标消费者	88 380.836 0	11.78	5.35	7.92	0.55	13 565.204 04

3. 品牌质量分析　李连贵品牌的信息质量比值为 0，约等于该行业的平均水平，总信息量 2 亿比特，是个质量一般的中等偏小规模的品牌，从全国指标看，该品牌各项基础指标均较小，看不出进行过有效的品牌运作，有一定的知名度，认知度与之有明显失衡，美誉度略显突出，有一定的口碑，但自传播率很低，忠诚度基本没有，该品牌对消费者的影响十分有限。属于成长期早期的

品牌类型（表 9-55）。

表 9-55　李连贵的品牌质量比值分析表

品牌	品牌信息总量（比特）	信息基本量（比特）	品牌信息基本量的贡献率（%）	品牌信息质的贡献率（%）	品牌信息质量比值
李连贵	203 576 379.4	204 875 324.2	—	−0.64	0

4. 品牌信息平均值分析　该品牌的信息均值比为 0.997 81，属于大众化经营的品牌，全国人均指标与目标消费者指标没有差异，与该品牌所在行业的特点有关。该品牌总量太小，还不具有扩张和延伸的条件（表 9-56）。

表 9-56　李连贵的品牌信息均值分析表

品牌	全国人口平均信息量（比特/人）	目标人群（人）	目标消费者平均信息量（比特/人）	信息均值比
李连贵	0.153 82	883 808 360	0.153 49	0.997 81

5. 品牌信息的稳定性分析　李连贵的稳定性指数是 2.78，属于弱稳定类型，品牌信息间隔期短，若发展品牌经营，需要较高的投入，抗风险能力弱。综合分析，该品牌处于成长期早期，全国性大众化经营的中等偏小规模的品牌（表 9-57）。

表 9-57　李连贵的品牌稳定性分析表

品牌	*N*（*E*）函数值	品牌衰减系数	品牌信息的衰减速率	品牌稳定性指数
李连贵	25.259 54	0.039 60	0.039 60	2.78

十五、龙抄手

1. 品牌简介　龙抄手的得名并非老板姓龙，而是创办人张武光与其好友在当时的浓花茶园商议开抄手店之事，切磋店名时，借用浓花茶园的浓字，以谐音字龙为名号，也寓有龙腾虎跃、吉祥、生意兴隆之意。

抄手是四川人对馄饨的特殊叫法。龙抄手于 1941 年开设于四川成都的悦来场，20 世纪 50 年代初迁往新集场，60 年代后又迁至春熙路南段至今，迄今已有 60 余年的历史了。

龙抄手皮薄馅嫩，爽滑鲜香，汤浓色白，为蓉城小吃的佼佼者。

2. 数据汇总　见表 9-58。

表 9－58　龙抄手品牌的基础数据和基础指标汇总表

地区	类别	人口数（万人）	知名度（%）	认知度（%）	美誉度（%）	忠诚度（%）	品牌信息量估值（万比特）
北京	城市总人口	1 961.240 0	24.71	12.65	0.22	5.76	725.095 77
	目标消费者	1 309.716 1	24.71	12.65	0.22	5.76	526.485 09
成都	城市总人口	1 404.760 0	85.59	47.30	21.67	34.59	4 012.755 62
	目标消费者	938.098 7	85.85	47.64	32.35	33.40	2 821.581 11
深圳	城市总人口	1 035.790 0	29.16	14.65	26.52	4.71	530.028 50
	目标消费者	691.700 6	29.17	14.65	26.92	4.67	348.678 99
西安、济南	城市总人口	1 528.180 0	16.16	11.11	80	2.02	477.421 00
	目标消费者	1 020.518 6	15.31	9.69	80	2.04	231.259 06
南昌	城市总人口	504.260 0	23.68	13.16	100	2.63	265.467 35
	目标消费者	336.771 5	23.68	13.16	100	2.63	131.749 08
太原	城市总人口	420.160 0	7.55	3.77	5.00	1.07	35.262 61
	目标消费者	280.582 8	6.86	3.43	5.00	1.11	22.519 30
阳泉	城市总人口	136.850 0	11.41	5.70	50.00	0.89	22.268 12
	目标消费者	91.388 4	11.41	5.70	50.00	0.89	13.372 48
嘉祥	城市总人口	87.230 0	0	0	0	0	0.000 00
	目标消费者	58.252 2	0	0	0	0	0.000 00
全国	总人口	132 344.720 0	17.06	9.59	46.64	2.93	44 906.641 91
	目标消费者	88 380.836 0	16.68	9.17	46.98	2.91	26 589.306 30

3. 品牌质量分析　龙抄手品牌的信息质量比值为 0.348 6，处于最优区间，信息总量为 4.49 亿比特，属于中等规模的品牌，该品牌从全国指标看，知名度和认知度并不高，忠诚度也不足，唯一突出的就是美誉度很高，意味着该品牌具有很高的自传播率，口碑效应明显。但在成都的指标则反映出该品牌在成都地区是个具有极高知名度的品牌，认知度与其知名度相匹配，比率高于 0.5，认知程度很好，且有很高的忠诚度，而且远高于品牌所在地的美誉度，这是非常难能可贵之处，意味着消费者已经形成了相当稳定的忠实消费者群，而且为数众多，在所在地的美誉度不如全国指标的美誉度，一方面说明所在地的口碑已经形成消费者消费习惯，另一方面说明其他地区的消费者对该品牌的

产品或服务认可度很高。在所在地该品牌是个品质优秀的成熟品牌，处于鼎盛期，在全国看，该品牌处于成熟早期，在北京、深圳等大型城市中具有较高的基础指标值，而且很均匀，说明已经完成了过渡期，而在中小级别的城市指标均很低，该品牌信息总量不大的原因是中小型城市对其认知不够，这也使得它具有很大的发展空间。即使是在向全国市场发展过程中各地指标还远未能达到与成都相当的水平，但内在的品牌质量并没有被稀释，依然表现出了其优秀的品牌特征（表 9－59）。

表 9－59　龙抄手的品牌质量比值分析表

品牌	品牌信息总量（比特）	信息基本量（比特）	品牌信息基本量的贡献率（%）	品牌信息质的贡献率（%）	品牌信息质量比值
龙抄手	44 906.641 91	33 298.749 08	74.15	25.85	0.348 6

4. 品牌信息平均值分析　该品牌的信息均值比为 0.886 64，属于大众化经营的品牌，全国人均指标与目标消费者指标没有显著差异，与该品牌所在行业的特点有关（表 9－60）。

表 9－60　龙抄手的品牌信息均值分析表

品牌	全国人口平均信息量（比特/人）	目标人群（人）	目标消费者平均信息量（比特/人）	信息均值比
龙抄手	0.339 32	883 808 360	0.300 85	0.886 64

5. 品牌信息的稳定性分析　该品牌稳定性指标为 17.82，是一个具有极强稳定性的品牌，具有很长的信息间隔期，品牌衰减缓慢，维护成本很低。由此也可以判断出它已经完全渡过了过渡失稳期，进入成熟早期。综合分析，该品牌在所在地是个处于成熟期鼎盛阶段的品牌，于全国而言是个成熟早期的品牌，是一个全国性大众化经营的中等规模的品牌，品质优秀，仍具有成长空间的品牌（表 9－61）。

表 9－61　龙抄手的品牌稳定性分析表

品牌	N（E）函数值	品牌衰减系数	品牌信息的衰减速率	品牌稳定性指数
龙抄手	4.256 95	0.236 53	0.236 53t	17.82

十六、龙翔小笼包

1. 品牌简介　略。

2. 数据汇总　见表 9－62。

表 9－62　龙翔小笼包品牌的基础数据和基础指标汇总表

地区	类别	人口数（万人）	知名度（%）	认知度（%）	美誉度（%）	忠诚度（%）	品牌信息量估值（万比特）
北京	城市总人口	1 961.240 0	22.35	12.65	16.67	2.47	698.312 93
	目标消费者	1 309.716 1	22.35	12.65	16.67	2.47	476.201 61
成都	城市总人口	1 404.760 0	31.53	15.77	25.00	6.91	797.614 34
	目标消费者	938.098 7	31.13	15.57	25.00	7.23	517.329 47
深圳	城市总人口	1 035.790 0	43.35	21.10	30	6.38	946.342 97
	目标消费者	691.700 6	43.36	31.09	29.17	6.37	760.173 35
西安、济南	城市总人口	1 528.180 0	31.31	15.15	34.29	5.32	877.321 33
	目标消费者	1 020.518 6	30.61	13.78	34.29	5.37	525.674 00
南昌	城市总人口	504.260 0	28.95	13.16	10	0.35	230.245 01
	目标消费者	336.771 5	28.95	13.16	10	0.35	161.069 92
太原	城市总人口	420.160 0	21.70	10.38	10.00	1.07	131.810 88
	目标消费者	280.582 8	20.59	9.80	10.00	1.11	85.825 5
阳泉	城市总人口	136.850 0	26.17	13.09	42.50	1.52	63.805 8
	目标消费者	91.388 4	26.17	13.09	42.50	1.52	39.428 71
嘉祥	城市总人口	87.230 0	8	4	0	0	7.683 81
	目标消费者	58.252 2	8	4	0	0	5.131 25
全国	总人口	132 344.720 0	27.22	13.22	23.67	2.57	61 535.770 58
	目标消费者	88 380.836 0	26.74	13.28	23.62	2.60	40 280.167 46

3. 品牌质量分析　龙翔小笼包品牌的信息质量比值为 0.032 3，质的贡献率不高，是个质量一般的品牌。信息总量处于中等偏大水平，属于中等规模的品牌。从全国基础指标看，知名度与认知度之间的比率关系合理，说明该品牌的传播方式选择得当，消费者认知程度与知名程度匹配，尤其突出的是美誉度很高，形成了很高的自传播率，口碑效应明显，该品牌的产品和服务得到消费者的认可，但忠诚度与美誉度的比率偏小，说明被口碑影响的消费者中有大部分未发生重复购买的现象，这可能与该品牌的产品或服务有局限性有关。综合

其他指标分析，该品牌处于成长期中后期（表 9－63）。

表 9－63　龙翔小笼包的品牌质量比值分析表

品牌	品牌信息总量（比特）	信息基本量（比特）	品牌信息基本量的贡献率（%）	品牌信息质的贡献率（%）	品牌信息质量比值
龙翔小笼包	615 357 705.8	596 085 068.7	96.87	3.13	0.032 3

4. 品牌信息平均值分析　龙翔小笼包品牌的信息均值比为 0.980 2，属于大众化经营的品牌，全国人均指标与目标消费者指标没有明显差异，与该品牌所在行业的特点有关（表 9－64）。

表 9－64　龙翔小笼包的品牌信息均值分析表

品牌	全国人口平均信息量（比特/人）	目标人群（人）	目标消费者平均信息量（比特/人）	信息均值比
龙翔小笼包	0.464 97	883 808 360	0.455 76	0.980 2

5. 品牌信息的稳定性分析　龙翔小笼包品牌的稳定性指数为 8.56，属于较好稳定性类型，说明该品牌不在过渡期，短期内不会有大的变化，综合分析，为处于成长期中后期的品牌，是一个全国性大众化经营的中等偏大规模的品牌（表 9－65）。

表 9－65　龙翔小笼包的品牌稳定性分析表

品牌	$N(E)$ 函数值	品牌衰减系数	品牌信息的衰减速率	品牌稳定性指数
龙翔小笼包	8.465 74	0.118 49	0.118 49^t	8.56

十七、楼外楼

1. 品牌简介　楼外楼是一家名闻中外、有 160 年历史的名餐馆。它坐落在杭州西湖的孤山脚下，与西湖风景中的一些有名的自然和人文景点：平湖秋月、放鹤亭、玛瑙坡、西泠桥、苏小小墓、六一泉、四照阁、西泠印社、俞楼、秋瑾墓、中山公园、文澜阁、浙江博物馆等为邻。楼外楼创建于 1848 年（清道光二十八年）。创始人叫洪瑞堂，是一位从绍兴来杭州谋生的落第文人。他从南宋诗人林升的诗中取了三个字，为自己的小店取名“楼外楼”。

2. 数据汇总　见表 9－66。

3. 品牌质量分析　楼外楼品牌的信息质量比值为 0.078 8，属于质量较好

表 9-66　楼外楼品牌的基础数据和基础指标汇总表

地区	类别	人口数（万人）	知名度（%）	认知度（%）	美誉度（%）	忠诚度（%）	品牌信息量估值（万比特）
北京	城市总人口	1 961.240 0	25.29	13.24	35.00	1.33	862.622 48
	目标消费者	1 309.716 1	25.29	13.24	35.00	1.33	548.526 16
成都	城市总人口	1 404.760 0	17.12	9.46	18.33	0.72	348.102 54
	目标消费者	938.098 7	17.92	9.91	18.33	0.75	250.654 77
深圳	城市总人口	1 035.790 0	24.39	11.61	39.66	1.95	425.431 18
	目标消费者	691.700 6	24.44	11.63	39.66	1.99	266.470 42
西安、济南	城市总人口	1 528.180 0	15.15	7.58	50	0.13	354.155 23
	目标消费者	1 020.518 6	14.29	7.14	50	0.14	197.425 61
南昌	城市总人口	504.260 0	36.84	17.11	3.33	3.33	319.474 90
	目标消费者	336.771 5	36.84	17.11	3.33	3.33	229.250 36
太原	城市总人口	420.160 0	10.38	5.19	25.00	1.07	55.425 38
	目标消费者	280.582 8	9.80	4.90	25.00	1.11	34.173 28
阳泉	城市总人口	136.850 0	12.08	6.04	10.00	0.89	20.505 57
	目标消费者	91.388 4	12.08	6.04	10.00	0.89	14.343 71
嘉祥	城市总人口	87.230 0	0	0	0	0	0.000 00
	目标消费者	58.252 2	0	0	0	0	0.000 00
全国	总人口	132 344.720 0	17.39	8.53	25.56	1.19	35 336.122 20
	目标消费者	88 380.836 0	17.06	8.36	25.56	1.21	23 129.112 34

的类型，信息总量 3.5 亿比特左右，是一个中等规模的品牌。各项基础指标均处于较低区间，只有美誉度较高，说明该品牌依靠口碑传播，基础指标中，没有大规模有效运作品牌的痕迹，已经形成了较高的自传播率，口碑效应明显，该品牌的产品和服务得到消费者的认可，但忠诚度明显偏小，说明被口碑影响的消费者中有大部分未发生重复购买的现象，这可能与该品牌的产品或服务有局限性有关。综合分析，该品牌处于成长期中后期（表9-67）。

表 9-67　楼外楼的品牌质量比值分析表

品牌	品牌信息总量（比特）	信息基本量（比特）	品牌信息基本量的贡献率（%）	品牌信息质的贡献率（%）	品牌信息质量比值
楼外楼	353 361 222.0	327 513 477.2	92.69	7.31	0.078 8

4. 品牌信息平均值分析 楼外楼品牌的信息均值比为0.980 1，属于大众化经营的品牌，全国人均指标与目标消费者指标没有明显差异，与该品牌所在行业的特点有关。从各地区的指标看，没有明显的区域品牌特征，是全国性品牌（表9-68）。

表9-68 楼外楼的品牌信息均值分析表

品牌	全国人口平均信息量（比特/人）	目标人群（人）	目标消费者平均信息量（比特/人）	信息均值比
楼外楼	0.267 00	883 808 360	0.261 70	0.980 1

5. 品牌信息的稳定性分析 楼外楼品牌的稳定性指数为9.28，属于稳定性很好的品牌，品牌信息的有效间隔期长，抗风险能力强。综合分析，为处于成长期中后期的品牌，是一个全国性大众化经营的中等规模的品牌（表9-69）。

表9-69 楼外楼的品牌稳定性分析表

品牌	*N*（*E*）函数值	品牌衰减系数	品牌信息的衰减速率	品牌稳定性指数
楼外楼	7.824 11	0.128 01	0.128 01*t*	9.28

十八、马兰拉面

1. 品牌简介 1995年，马兰拉面快餐连锁有限责任公司成立。在中国传统饮食文化的基础上，借鉴了现代快餐简捷、明快的风格，形成了中国传统餐饮与现代快餐相结合的中式快餐模式。在中式餐饮的标准化、工业化、连锁化方面取得了重大突破，从民间小吃走向快餐企业，从作坊加工走向工业化生产。

2. 数据汇总 见表9-70。

表9-70 马兰拉面品牌的基础数据和基础指标汇总表

地区	类别	人口数（万人）	知名度（%）	认知度（%）	美誉度（%）	忠诚度（%）	品牌信息量估值（万比特）
北京	城市总人口	1 961.240 0	64.71	32.94	26.75	36.63	3 399.544 33
	目标消费者	1 309.716 1	64.71	32.94	26.75	36.63	2 230.815 51
成都	城市总人口	1 404.760 0	21.62	11.26	16.67	1.86	463.353 28
	目标消费者	938.098 7	21.70	11.32	16.67	1.95	317.749 6

（续）

地区	类别	人口数（万人）	知名度（%）	认知度（%）	美誉度（%）	忠诚度（%）	品牌信息量估值（万比特）
深圳	城市总人口	1 035.790 0	31.61	15.42	28.05	2.61	590.699 73
	目标消费者	691.700 6	31.80	15.51	28.05	2.65	389.005 17
西安、济南	城市总人口	1 528.180 0	19.19	8.08	10	1.14	392.055 01
	目标消费者	1 020.518 6	18.37	7.65	10	1.16	258.530 9
南昌	城市总人口	504.260 0	26.32	13.16	50	2.63	243.830 92
	目标消费者	336.771 5	26.32	13.16	50	2.63	146.437 32
太原	城市总人口	420.160 0	28.30	13.68	33.75	5.09	208.522 01
	目标消费者	280.582 8	27.45	13.24	33.75	5.29	127.548 32
阳泉	城市总人口	136.850 0	20.13	10.07	12.86	2.95	39.854 31
	目标消费者	91.388 4	20.13	10.07	12.86	2.95	27.575 75
嘉祥	城市总人口	87.230 0	0	0	0	0	0
	目标消费者	58.252 2	0	0	0	0	0
全国	总人口	132 344.720 0	25.87	12.48	24.95	4.79	60 635.217 78
	目标消费者	88 380.836 0	25.46	12.26	24.95	4.85	38 797.953 64

3. 品牌质量分析 马兰拉面品牌的信息质量比值为 0.094 5，质量较好的品牌，信息总量为 6 亿多比特，属于中等偏大规模的品牌。从全国各项指标看，基础指标均处于较低水平，但基础指标间的比率关系基本合理。认知度与知名度比率合理，说明该品牌的传播方式选择得当，消费者认知程度与知名度匹配，美誉度与认知度比率优良，具有较高的美誉度，说明该品牌形成了很高的自传播率，口碑效应明显，但忠诚度明显偏小，重复购买率低，说明被口碑影响的消费者中大部分未发生重复购买的现象，该品牌对消费者偏好的形成没有太大影响，这可能与该品牌的产品或服务有局限性有关。

于其所在地北京地区看，该品牌有着高知名度和其他较高水平的指标结构，是一个区域特征仍十分明显的全国品牌，在北京地区有很高的忠诚度，消费者偏好明显，重复购买率高，是一个不错的区域品牌，全国其他地区的指标并不算低，已经完成了区域向全国发展的过渡阶段，品牌具有成熟期早期的稳定结构和指标体系（表 9－71）。

表 9－71　马兰拉面的品牌质量比值分析表

品牌	品牌信息总量（比特）	信息基本量（比特）	品牌信息基本量的贡献率（%）	品牌信息质的贡献率（%）	品牌信息质量比值
马兰拉面	606 352 177.8	554 053 695.8	91.37	8.63	0.094 5

4. 品牌信息平均值分析　马兰拉面品牌的信息均值比为 0.958 2，属于大众化经营的品牌，全国人均指标与目标消费者指标没有明显差异，与该品牌所在行业的特点有关（表 9－72）。

表 9－72　马兰拉面的品牌信息均值分析表

品牌	全国人口平均信息量（比特/人）	目标人群（人）	目标消费者平均信息量（比特/人）	信息均值比
马兰拉面	0.458 16	883 808 360	0.438 99	0.958 2

5. 品牌信息的稳定性分析　马兰拉面品牌的稳定性指数为 9.09，具有较强的稳定性，品牌信息的有效间隔期长，品牌维护费用低。该品牌具有中等偏大规模的信息量，较好的信息质量比值和较强稳定性，综合分析，是处于成熟期早期的品牌，是一个全国性大众化经营的中等偏大规模的品牌，品质优良（表 9－73）。

表 9－73　马兰拉面的品牌稳定性分析表

品牌	N（E）函数值	品牌衰减系数	品牌信息的衰减速率	品牌稳定性指数
马兰拉面	8.017 06	0.125 49	$0.125\ 49^{t}$	9.09

十九、面点王

1. 品牌简介　深圳面点王饮食连锁有限公司 1996 年 12 月成立，涉足中式快餐行业，目前已发展成为一家在深圳、广州和北京拥有 3 000 多名员工的现代大型中式快餐连锁企业。

公司采用连锁化经营、科学化管理、标准化生产，主要经营凉菜、面饺、陕饼、包粥四大系列，80 多个品种。十几年间，面点王公司以“弘扬民族饮食文化，争创中式快餐之王”为己任，努力探索中式快餐的发展壮大之路，成功地塑造出了“面点王”这一优秀中式快餐品牌，成为深圳市乃至国内具有一定知名度和影响力的大型中式快餐企业，并正朝着生产工业化、产品标准化、品种系列化、管理科学化、经营连锁化、发展规模化的方向稳步迈进。

几年来，先后荣获中国快餐连锁十大著名品牌企业、中国餐饮企业百强、中华餐饮名店、最具影响力深圳知名品牌、全国重合同守信誉企业、深圳市工商百强企业、深圳市纳税大户、深圳市“食品卫生先进单位”、广东省著名商标等荣誉称号。

2. 数据汇总　见表 9－74。

表 9－74　面点王品牌的基础数据和基础指标汇总表

地区	类别	人口数（万人）	知名度（%）	认知度（%）	美誉度（%）	忠诚度（%）	品牌信息量估值（万比特）
北京	城市总人口	1 961.240 0	26.47	12.06	27.14	1.57	845.268 96
	目标消费者	1 309.716 1	26.47	12.06	27.14	1.57	553.849 57
成都	城市总人口	1 404.760 0	18.92	9.46	20.00	0.36	387.160 43
	目标消费者	938.098 7	17.92	8.96	5.00	0.25	227.830 87
深圳	城市总人口	1 035.790 0	82.84	41.87	46.12	46.17	2 890.674 34
	目标消费者	691.700 6	83.05	42.05	46.19	46.62	1 771.611 02
西安、济南	城市总人口	1 528.180 0	18.18	8.08	7.50	2.29	367.895 59
	目标消费者	1 020.518 6	17.35	7.65	7.50	2.31	244.175 89
南昌	城市总人口	504.260 0	23.68	10.53	0	0	166.983 70
	目标消费者	336.771 5	23.68	10.53	0	0	111.520 55
太原	城市总人口	420.160 0	16.04	7.17	5.00	1.07	85.549 99
	目标消费者	280.582 8	15.69	6.86	5.00	1.11	58.987 58
阳泉	城市总人口	136.850 0	16.78	8.05	5.00	0.76	30.087 80
	目标消费者	91.388 4	16.78	8.05	5.00	0.76	21.451 75
嘉祥	城市总人口	87.230 0	0	0	0	0	0
	目标消费者	58.252 2	0	0	0	0	0
全国	总人口	132 344.720 0	21.94	10.2	8.69	3.62	51 473.954 05
	目标消费者	88 380.836 0	21.63	10.01	8.24	3.66	33 508.766 01

3. 品牌质量分析　面点王品牌的信息质量比值为 0.177 7，信息总量为 5 亿多比特，是一个质量优良的中等偏大规模品牌。全国总人口的基础指标总体偏低，有一定的知名度，但各项指标间的比率关系基本合理，认知度与美誉度的比率关系基本匹配，美誉度略显低，但有一定的口碑，忠诚度略显不足，意味着该品牌没有消费者的偏好形成较深的影响，消费者的消费习惯未形成。目标消费者与全国总人口平均指标基本接近，没有显著差异，可能是在品牌传播

中使用大众媒体的缘故，或者该品牌就定位于大众。

该品牌的基础数据中，深圳的数据特别突出，具有82.84%的极高知名度以及与之匹配的高认知度，很高的美誉度，且美誉度与认知度比率关系合理，最难能可贵的是获得了高于美誉度的忠诚度，说明在深圳地区，该品牌的口碑相当好，消费者重复购买率很高，消费者的偏好明显，消费习惯已经形成，是个品质优秀的区域品牌。

在全国其他城市二线以上城市的分布基本均匀，是个向全国市场发展的品牌，在有的三线以下城市各项指标为0，说明该品牌在发展过程中对城市有所选择，这可能与其发展模式有关。该品牌应该是全国性品牌，但保留非常明显的区域特征。在全国范围内看，该品牌处于成长期后期向成熟期过渡的阶段。单看深圳地区指标，该品牌的基础指标优良，指标之间的比例关系很好，是个内在质量上乘的品牌，处于成熟期鼎盛阶段。即使在全国指标中的基础指标并不理想，但质量比值却反映出该品牌具有的优良质量，在向全国市场发展的过程中，质量指标并不会因市场的扩大而被稀释，反而会成为判断品牌发展状况的重要依据（表9-75）。

表9-75　面点王的品牌质量比值分析表

品牌	品牌信息总量（比特）	信息基本量（比特）	品牌信息基本量的贡献率（%）	品牌信息质的贡献率（%）	品牌信息质量比值
面点王	514 739 540.5	437 081 101.2	84.91	15.09	0.177 7

4. 品牌信息平均值分析　面点王品牌的信息均值比小于1，已经是一个大众化经营的品牌。全国人均指标与目标消费者指标没有显著差异，与该品牌所在行业的特点或该企业采用的大众化的品牌传播方式有关，该品牌的基本量不足以支撑其进行大幅的扩张基础和延伸（表9-76）。

表9-76　面点王的品牌信息均值分析表

品牌	全国人口平均信息量（比特/人）	目标人群（人）	目标消费者平均信息量（比特/人）	信息均值比
面点王	0.388 94	883 808 360	0.379 14	0.974 81

5. 品牌信息的稳定性分析　面点王品牌的稳定性指数为2.9，稳定性较弱，该品牌的信息间隔期较短，抗风险能力较弱。该品牌的弱稳定性结构说明该品牌还没有完成由区域品牌向全国品牌的过渡期，处于区域品牌向全国品牌发展的过渡期，这一期间的品牌都会出现结构性失稳，是正常现象，且在指标

体系中，该品牌保持了协调发展的节奏；另外，也表明该品牌还有很高的上升空间。综合分析，该品牌于全国是一个处于成长期后期向成熟期早期过渡的品牌，与品牌所在地而言是个处于成熟期鼎盛阶段的品牌，是一个区域特点明显的全国性品牌，大众化经营的中等偏上规模品牌，品质优秀，成长性好（表9－77）。

表9－77 面点王的品牌稳定性分析表

品牌	*N*（*E*）函数值	品牌衰减系数	品牌信息的衰减速率	品牌稳定性指数
面点王	24.262 08	0.041 28	0.041 28	2.9

二十、起士林

1. 品牌简介 起士林是天津乃至中国最早的西餐馆。在清末，八国联军侵占天津以后，相传有一个随着德国侵略军来津的德国厨师，名叫起士林，以制作面包、糖果著称。起士林带来的西餐传播了西方的饮食文化，也是老一辈天津人津津乐道的传奇篇章，从精美的餐具到花样繁多的西式菜品、从布置考究的店堂到周到礼貌的服务，起士林为天津的餐饮界谱写了靓丽的华章。

2. 数据汇总 见表9－78。

表9－78 起士林品牌的基础数据和基础指标汇总表

地区	类别	人口数（万人）	知名度（%）	认知度（%）	美誉度（%）	忠诚度（%）	品牌信息量估值（万比特）
北京	城市总人口	1 961.240 0	8.24	3.24	50.00	1.25	208.562 70
	目标消费者	1 309.716 1	8.24	3.24	50.00	1.25	125.246 40
成都	城市总人口	1 404.760 0	3.60	1.35	10.00	0.12	51.508 85
	目标消费者	938.098 7	3.77	1.42	10.00	0.13	37.854 73
深圳	城市总人口	1 035.790 0	7.74	2.65	19.09	0.52	89.641 23
	目标消费者	691.700 6	7.88	2.69	19.09	0.53	61.771 09
西安、济南	城市总人口	1 528.180 0	4.04	1.01	0	1.14	59.573 80
	目标消费者	1 020.518 6	4.08	1.02	0	1.16	40.196 23
南昌	城市总人口	504.260 0	2.63	0	0	0	12.187 13
	目标消费者	336.771 5	2.63	0	0	0	8.139 21
太原	城市总人口	420.160 0	2.83	1.42	50.00	1.89	14.153 02
	目标消费者	280.582 8	1.96	0.98	50.00	1.96	5.766 47

（续）

地区	类别	人口数（万人）	知名度（%）	认知度（%）	美誉度（%）	忠诚度（%）	品牌信息量估值（万比特）
阳泉	城市总人口	136.850 0	2.68	1.34	25.00	0.76	3.953 69
	目标消费者	91.388 4	2.68	1.34	25.00	0.76	2.611 83
嘉祥	城市总人口	87.230 0	0	0	0	0	0.000 00
	目标消费者	58.252 2	0	0	0	0	0.000 00
全国	总人口	132 344.720 0	3.6	1.24	22.49	1.03	5 169.456 304
	目标消费者	88 380.836 0	3.39	1.13	22.49	1.05	3 110.404 815

3. 品牌质量分析 起士林品牌的信息质量比值为0.021 6，总量小，是一个质量一般的小品牌，基础指标中知名度低于5%的下限，认知度和忠诚度可以忽略不计，看不出有过有效的品牌运作痕迹。很低的指标来自营销活动中自然传播发生并积累起来，美誉度较高，但在很低的基本量下意义不大，该品牌是在营销中依靠消费者对产品或服务的认知获取了较高的口碑来进行品牌传播和积累，总体看，对消费者影响力有限（表9－79）。

表9－79 起士林的品牌质量比值分析表

品牌	品牌信息总量（比特）	信息基本量（比特）	品牌信息基本量的贡献率（%）	品牌信息质的贡献率（%）	品牌信息质量比值
起士林	5 169.456 304	5 060.513 971	97.89	2.11	0.021 6

4. 品牌信息平均值分析 该品牌的信息均值比低于1，是个大众化经营的品牌，其基本量太小，不足以支撑其延伸与扩展。该品牌的基础指标中也没有区域特征（表9－80）。

表9－80 起士林的品牌信息均值分析表

品牌	全国人口平均信息量（比特/人）	目标人群（人）	目标消费者平均信息量（比特/人）	信息均值比
起士林	0.039 06	883 808 360	0.035 19	0.900 99

5. 品牌信息的稳定性分析 该品牌的稳定性指标为8.12，属于较稳定结构，有着较长的间隔期和较低的维护费用。较为稳定的结构意味着该品牌没有在过渡期内，结合其小规模和低质量特征，该品牌应该还处于成长期内（表9－81）。

表 9-81　起士林的品牌稳定性分析表

品牌	N（E）函数值	品牌衰减系数	品牌信息的衰减速率	品牌稳定性指数
起士林	8.893 59	0.112 57	$0.112\ 57^t$	8.12

可能是在本次调研的城市当中没有该品牌的所在地的缘故，该品牌的数据间有矛盾，如上判断只针对该品牌在调研地区的状况推断，仅作参考。

二十一、俏江南

1. 品牌简介　俏江南创始于2000年，自成立以来，遵循着创新、发展、品位与健康的企业核心精神，不断追求品牌的创新和突破，从第一家餐厅到北京、上海、天津、武汉、成都、深圳、苏州、青岛、沈阳、南京、合肥等地的50多家店，从服务商业精英、政界要员到2008北京奥运会、2010上海世博会……历经十几年的健康成长，俏江南已经成为了中国最具发展潜力的国际餐饮服务管理公司之一。

2. 数据汇总　见表9-82。

表 9-82　俏江南品牌的基础数据和基础指标汇总表

地区	类别	人口数（万人）	知名度（%）	认知度（%）	美誉度（%）	忠诚度（%）	品牌信息量估值（万比特）
北京	城市总人口	1 961.240 0	81.76	42.35	25.44	19.25	5 030.932 46
	目标消费者	261.943 2	81.76	42.35	25.44	19.25	663.577 20
成都	城市总人口	1 404.760 0	57.66	31.53	23.33	6.85	2 084.715 70
	目标消费者	187.619 7	59.43	32.55	21.76	6.23	289.686 82
深圳	城市总人口	1 035.790 0	62.97	29.94	29.07	13.08	1 663.109 79
	目标消费者	138.340 1	63.07	29.96	28.83	13.18	216.625 71
西安、济南	城市总人口	1 528.180 0	40.40	18.69	16	2.42	1 161.523 79
	目标消费者	204.120 7	39.80	18.37	16	2.45	155.187 44
南昌	城市总人口	504.260 0	71.05	42.11	17.50	5.96	1 086.356 97
	目标消费者	67.354 3	71.05	42.11	17.50	5.96	147.707 58
太原	城市总人口	420.160 0	39.62	19.34	14.21	8.93	316.255 67
	目标消费者	56.116 6	40.20	19.61	14.21	9.28	44.478 78
阳泉	城市总人口	136.850 0	29.53	15.10	22.00	1.61	70.605 02
	目标消费者	18.277 7	29.53	15.10	22.00	1.61	9.435 77

（续）

地区	类别	人口数（万人）	知名度（%）	认知度（%）	美誉度（%）	忠诚度（%）	品牌信息量估值（万比特）
嘉祥	城市总人口	87.230 0	32	16	50	4.53	55.650 04
	目标消费者	58.252 2	32	16	50	4.53	33.419 05
全国	总人口	132 344.72	46.55	23.91	18.8	6.23	143 333.300 50
	目标消费者	18 654.663 5	45.86	23.53	20.38	6.23	19 948.431 01

3. 品牌质量分析 俏江南品牌的信息质量比值为 0.064 8，总量达到 14 亿比特以上，是个质量一般偏好的大规模品牌，该品牌知名度较高，认知度与其基本匹配，美誉度和忠诚度较低，呈现出逐次下降的品牌指标结构，该品牌有过大规模运作，在美誉度上目标消费者指标高于全国总人口指标，意味着消费者对该品牌的产品质量或服务认可，该品牌有一定的口碑效应，有一定的自传播发生，及较小规模的重复购买率，基本没有形成消费习惯，消费者对其偏好不明显。是一种表现比较稳定的结构。在个别地区有着很高的基础指标，但总体看，还是美誉度较低影响了整个品牌对消费者的影响力。建议企业关注美誉度，提高重复购买率（表 9－83）。

表 9－83 俏江南的品牌质量比值分析表

品牌	品牌信息总量（比特）	信息基本量（比特）	品牌信息基本量的贡献率（%）	品牌信息质的贡献率（%）	品牌信息质量比值
俏江南	1 433 333 005.0	1 346 038 684.0	93.91	6.09	0.064 8

4. 品牌信息平均值分析 该品牌的信息均值比小于 1，是一个大众化经营的品牌，其基本量很大，足以支撑其延伸与扩展。该品牌的基础指标中也没有区域特征，是一个全国性的品牌（表 9－84）。

表 9－84 俏江南的品牌信息均值分析表

品牌	全国人口平均信息量（比特/人）	目标人群（人）	目标消费者平均信息量（比特/人）	信息均值比
俏江南	1.083 03	186 546 635	1.069 35	0.987 37

5. 品牌信息的稳定性分析 该品牌的稳定性指标为 7.37，属于接近较稳定的水平，有着较长的间隔期和较低的维护费用。较为稳定的结构意味着该品牌没有在过渡期内，结合其大规模基本量等特征，该品牌应该还处于成熟期早期，全国性大众化经营的大规模品牌（表 9－85）。

表 9-85　俏江南的品牌稳定性分析表

品牌	N（E）函数值	品牌衰减系数	品牌信息的衰减速率	品牌稳定性指数
俏江南	9.812 72	0.102 56	0.102 56	7.37

二十二、全聚德

1. 品牌简介　全聚德是中华著名老字号。创建于1864年的全聚德烤鸭店，传承宫廷挂炉烤鸭技艺，是享誉海内外的“中华第一烤鸭店”。历经1个多世纪的磨砺，全聚德现已发展为拥有100余家成员企业，年接待近2 000万顾客的知名品牌。1999年1月，全聚德被国家工商总局认定为“驰名商标”，是我国第一例服务类的中国驰名商标。

2. 数据汇总　见表9-86。

表 9-86　全聚德品牌的基础数据和基础指标汇总表

地区	类别	人口数（万人）	知名度（%）	认知度（%）	美誉度（%）	忠诚度（%）	品牌信息量估值（万比特）
北京	城市总人口	1 961.240 0	92.35	63.24	48.17	46.24	8 267.541 08
	目标消费者	1 309.716 1	92.35	63.24	48.17	46.24	4 999.613 37
成都	城市总人口	1 404.760 0	57.66	36.04	23.89	16.82	2 271.379 47
	目标消费者	938.098 7	58.49	36.79	22.06	17.36	1 538.936 03
深圳	城市总人口	1 035.790 0	30.58	16.65	29.73	4.52	594.995 64
	目标消费者	691.700 6	30.35	16.56	30	4.58	382.483 20
西安、济南	城市总人口	1 528.180 0	70.71	37.88	34.58	8.48	3 259.585 51
	目标消费者	1 020.518 6	70.41	36.73	34.58	8.57	2 026.282 47
南昌	城市总人口	504.260 0	84.21	60.53	32.67	23.51	1 767.698 23
	目标消费者	336.771 5	84.21	60.53	32.67	23.51	1 134.171 69
太原	城市总人口	420.160 0	52.83	33.49	24.62	13.08	595.880 07
	目标消费者	280.582 8	53.92	34.31	24.62	13.59	408.492 82
阳泉	城市总人口	136.850 0	48.32	25.17	17.41	6.49	145.928 40
	目标消费者	91.388 4	48.32	25.17	17.41	6.49	99.232 65
嘉祥	城市总人口	87.230 0	60	30	43.64	30.13	141.249 81
	目标消费者	58.252 2	60	30	43.64	30.13	86.906 46
全国	总人口	132 344.720 0	61.97	37.65	28.56	13.96	256 995.620 50
	目标消费者	88 380.836 0	62.21	37.63	28.53	14.14	165 905.257 80

3. 品牌质量分析 全聚德品牌的信息质量比值为 0.093 5，总信息量达到 25 亿比特以上，是个质量较好的大规模品牌，该品牌有很高的知名度和认知度，而且二者之间匹配度优良，美誉度指标较高，有着良好的口碑传播效应，忠诚度相对偏低，意味着消费者重复购买率较低，而在很高的知名度和较高美誉度下出现较低忠诚度，是一种衰退迹象，但不很明显。目标消费者指标和全国总人口指标基本一样，这可能和该品牌的产品或服务面对大众有关。

在其所在的北京地区，该品牌有 92.35%的极高知名度以及其优秀的指标结构，高认知度和高自传播率及高重复购买率，使得该品牌可以称为非常优秀的区域品牌。其他地区也都保持了较高水平，是一个全国性品牌，区域特征不明显（表 9－87）。

表 9－87 全聚德的品牌质量比值分析表

品牌	品牌信息总量（比特）	信息基本量（比特）	品牌信息基本量的贡献率（%）	品牌信息质的贡献率（%）	品牌信息质量比值
全聚德	2 569 956 205.0	2 350 222 440.0	91.45	8.55	0.093 5

4. 品牌信息平均值分析 该品牌的信息均值比为 0.966 68，低于 1，是个大众化经营的品牌，其基本量很大，足以支撑其延伸与扩张。该品牌的基础指标中也没有区域特征，是一个全国性的品牌（表 9－88）。

表 9－88 全聚德的品牌信息均值分析表

品牌	全国人口平均信息量（比特/人）	目标人群（人）	目标消费者平均信息量（比特/人）	信息均值比
全聚德	1.941 87	883 808 360	1.877 16	0.966 68

5. 品牌信息的稳定性分析 全聚德品牌的稳定性指数为 10.62，具有很强的稳定性，品牌信息的有效间隔期长，品牌维护费用低。该品牌具有大规模的信息量，较好的信息质量比值和强稳定性，综合分析，于全国而言，该品牌处于成熟期中后期有微弱的衰退迹象，是一个全国性大众化经营的中等偏大规模的品牌，品质优良。于所在地而言，处于成熟期鼎盛阶段，是一个品质优秀的区域品牌（表 9－89）。

表 9－89 全聚德的品牌稳定性分析表

品牌	$N(E)$ 函数值	品牌衰减系数	品牌信息的衰减速率	品牌稳定性指数
全聚德	7.011 39	0.145 56	0.145 56	10.62

二十三、上海老饭店

1. 品牌简介　上海老饭店创建于清光绪元年，原名荣顺馆，地处海上明园豫园旅游区内。有“品味源头上海菜，驻足百年老饭店”之美誉。饭店外观为飞檐翘角仿明清风格，紧邻外滩、南京路步行街及新天地等景点。上海老饭店作为上海菜的发源地，由国家级大师主理，以选料精细、风味醇正著称。1965年迁至福佑路老城隍庙西侧，迁址时，改名为上海老饭店，以经营上海本地风味菜为特色。

2. 数据汇总　见表9－90。

表9－90　上海老饭店品牌的基础数据和基础指标汇总表

地区	类别	人口数（万人）	知名度（%）	认知度（%）	美誉度（%）	忠诚度（%）	品牌信息量估值（万比特）
北京	城市总人口	1 961.240 0	15.29	8.82	4.29	2.08	402.533 62
	目标消费者	1 309.716 1	15.29	8.82	4.29	2.08	287.773 49
成都	城市总人口	1 404.760 0	11.71	6.76	5.00	1.26	205.684 02
	目标消费者	938.098 7	12.26	7.08	5.00	1.32	155.358 33
深圳	城市总人口	1 035.790 0	28.65	14.65	33.40	3.38	534.605 30
	目标消费者	691.700 6	28.65	14.65	33.40	3.44	342.026 92
西安、济南	城市总人口	1 528.180 0	17.17	9.09	16.67	1.28	372.684 29
	目标消费者	1 020.518 6	16.33	7.65	16.67	1.29	229.820 88
南昌	城市总人口	504.260 0	18.42	7.89	0	0	118.726 26
	目标消费者	336.771 5	18.42	7.89	0	0	79.291 68
太原	城市总人口	420.160 0	11.32	5.66	10.00	0.13	58.140 85
	目标消费者	280.582 8	10.78	5.39	10.00	0.13	38.324 98
阳泉	城市总人口	136.850 0	12.75	7.05	10.00	0.27	22.476 51
	目标消费者	91.388 4	12.75	7.05	10.00	0.27	15.722 39
嘉祥	城市总人口	87.230 0	0	0	0	0	0
	目标消费者	58.252 2	0	0	0	0	0
全国	总人口	132 344.720 0	15.05	7.68	10.77	0.72	27 163.637 89
	目标消费者	88 380.836 0	14.72	7.28	10.77	0.73	17 856.787 54

3. 品牌质量分析　上海老饭店的信息质量比值为－0.011 9，低于该行业的平均水平，信息总量为2.7亿比特，是一个中等偏小规模的品牌，该品牌的

基础指标值均偏低，有一定的知名度，认知度与之相匹配，美誉度高于认知度，这是自然积累的结果，没有运作痕迹，可能是没有安排在其所在地调研的原因，该品牌没有区域特点（表 9－91）。

表 9－91　上海老饭店的品牌质量比值分析表

品牌	品牌信息总量（比特）	信息基本量（比特）	品牌信息基本量的贡献率（%）	品牌信息质的贡献率（%）	品牌信息质量比值
上海老饭店	271 636 378.9	274 901 379.2	—	－1.2	－0.011 9

4. 品牌信息平均值分析　该品牌的信息均值比为 0.984 38，低于 1，是一个大众化经营的品牌，其基本量偏小，不足以支撑其延伸与扩张（表 9－92）。

表 9－92　上海老饭店的品牌信息均值分析表

品牌	全国人口平均信息量（比特/人）	目标人群（人）	目标消费者平均信息量（比特/人）	信息均值比
上海老饭店	0.205 25	883 808 360	0.202 04	0.984 38

5. 品牌信息的稳定性分析　该品牌的稳定性为 3.8，属于很弱的稳定性类型，若要品牌能够发挥作用，需要很高的投入，从调研的城市数据中看，这个品牌应该是在成长期没有发展起来，未能完成由区域品牌向全国品牌的过渡，也可以直接视为衰退期的品牌，出现明显的衰退特征（表 9－93）。

表 9－93　上海老饭店的品牌稳定性分析表

品牌	N（E）函数值	品牌衰减系数	品牌信息的衰减速率	品牌稳定性指数
上海老饭店	18.572 00	0.053 87	$0.053\ 87^t$	3.8

可能是在本次调研的城市当中没有该品牌的所在地的缘故，该品牌的数据不全，如上判断只针对该品牌在调研地区的状况推断，仅作参考。

二十四、谭鱼头

1. 品牌简介　谭鱼头投资股份有限公司是一家以谭鱼头火锅为核心产品的公司，2001 年 4 月经成都市体改委批准改制，成立成都谭鱼头投资股份有限公司，注册资本 5 451 万元。拥有食品研究所、烹饪学院、物流、配送中心等全资子公司，拥有员工 8 000 余人，年销售额 5 亿多元人民币，成为四川省最大规模的股份制餐饮企业。谭鱼头的迅猛发展，极大地繁荣了四川传统餐饮业，并成为川菜产业向外扩张的领军者。

2. 数据汇总 见表 9－94。

表 9－94 谭鱼头品牌的基础数据和基础指标汇总表

地区	类别	人口数（万人）	知名度（%）	认知度（%）	美誉度（%）	忠诚度（%）	品牌信息量估值（万比特）
北京	城市总人口	1 961.240 0	20.59	9.12	17.78	2.75	576.589 85
	目标消费者	1 309.716 1	20.59	9.12	17.78	2.75	391.533 59
成都	城市总人口	1 404.760 0	43.24	21.62	16.50	9.43	1 231.257 19
	目标消费者	938.098 7	43.40	22.17	14.74	9.75	846.713 54
深圳	城市总人口	1 035.790 0	25.03	12.13	26.48	3.61	421.979 51
	目标消费者	691.700 6	24.97	12.09	26.98	3.55	276.626 93
西安、济南	城市总人口	1 528.180 0	17.17	7.07	7.50	3.16	335.039 71
	目标消费者	1 020.518 6	16.33	5.61	10	2.18	219.061 41
南昌	城市总人口	504.260 0	34.21	19.74	16.67	3.33	334.168 27
	目标消费者	336.771 5	34.21	19.74	16.67	3.33	227.897 93
太原	城市总人口	420.160 0	9.43	4.72	50.00	1.07	54.364 54
	目标消费者	280.582 8	8.82	4.41	50.00	1.11	30.155 09
阳泉	城市总人口	136.850 0	8.72	4.36	50.00	2.01	16.137 13
	目标消费者	91.388 4	8.72	4.36	50.00	2.01	9.690 69
嘉祥	城市总人口	87.230 0	4	2	0	0	3.524 15
	目标消费者	58.252 2	4	2	0	0	2.353 43
全国	总人口	132 344.720 0	17.19	8.55	30.36	2.54	36 125.989 04
	目标消费者	88 380.836 0	16.83	8.14	30.92	2.33	23 541.841 70

3. 品牌质量分析 谭鱼头品牌的信息质量比值为 0.115 1，信息总量 3 亿比特以上，是一个质量较好的中等规模品牌，该品牌的基础指标较低，有一定的知名度和与之较为匹配的认知度，微弱的忠诚度不足以对消费者的消费偏好有影响。只有较高的美誉度表明该品牌具有较高的自传播率，有着良好的口碑效应，消费者对其产品或服务有很高的认可，这是该品牌质量比值较好的主要原因。但基于该品牌的信息量较小，对消费者的影响有限（表

9－95）。

表 9－95　谭鱼头的品牌质量比值分析表

品牌	品牌信息总量（比特）	信息基本量（比特）	品牌信息基本量的贡献率（%）	品牌信息质的贡献率（%）	品牌信息质量比值
谭鱼头	361 259 890.4	323 981 213.9	89.68	10.32	0.115 1

4. 品牌信息平均值分析　该品牌的信息均值比为 0.975 82，低于 1，是一个大众化经营的品牌，其基本量偏小，不足以支撑其延伸与扩张（表 9－96）。

表 9－96　谭鱼头的品牌信息均值分析表

品牌	全国人口平均信息量（比特/人）	目标人群（人）	目标消费者平均信息量（比特/人）	信息均值比
谭鱼头	0.272 97	883 808 360	0.266 37	0.975 82

5. 品牌信息的稳定性分析　该品牌的稳定性指数为 11.36，属于强稳定性，具有较长的间隔期，品牌维护维护的费用较低，该品牌具有较好的质量比值，强稳定性和中等水平的信息量，综合分析，该品牌处于成长中期，全国性大众化经营的中等规模的品牌（表 9－97）。

表 9－97　谭鱼头的品牌稳定性分析表

品牌	N（E）函数值	品牌衰减系数	品牌信息的衰减速率	品牌稳定性指数
谭鱼头	6.467 61	0.155 18	$0.155\ 18^{t}$	11.36

二十五、西安饭店

1. 品牌简介　西安饭庄为国际餐饮名店，中华老字号，陕西省、西安市首批非物质文化遗产名录保护单位，创建于 1929 年，1958 年由西安市西大街三道巷迁至东大街现址。建店伊始，即有“东钟西鼓、青龙白虎、香菜热汤”的民谣流传于世，在近 1 个世纪的发展中，西安饭庄始终以“食领三秦”、继承和弘扬陕菜为己任，不断致力于陕菜的挖掘、传承与创新，素以“陕西风味大全”闻名于世。

2. 数据汇总　见表 9－98。

表 9-98　西安饭店品牌的基础数据和基础指标汇总表

地区	类别	人口数（万人）	知名度（%）	认知度（%）	美誉度（%）	忠诚度（%）	品牌信息量估值（万比特）
北京	城市总人口	1 961.240 0	22.35	10.88	20.00	2.90	669.110 94
	目标消费者	1 309.716 1	22.35	10.88	20.00	2.90	450.528 91
成都	城市总人口	1 404.760 0	10.81	5.41	55.00	1.02	218.257 91
	目标消费者	938.098 7	11.32	5.66	55.00	1.07	135.974 85
深圳	城市总人口	1 035.790 0	31.74	16.00	22.37	2.67	589.872 77
	目标消费者	691.700 6	31.93	16.10	22.37	2.72	397.052 17
西安、济南	城市总人口	1 528.180 0	38.38	27.78	38.57	3.57	1 483.886 85
	目标消费者	1 020.518 6	37.76	26.53	45	3.47	904.568 25
南昌	城市总人口	504.260 0	10.53	3.95	0	0	58.345 12
	目标消费者	336.771 5	10.53	3.95	0	0	38.965 96
太原	城市总人口	420.160 0	16.04	8.96	5.00	0.25	91.148 72
	目标消费者	280.582 8	15.69	8.82	5.00	0.26	63.263 05
阳泉	城市总人口	136.850 0	18.12	9.73	20.00	0.94	36.450 94
	目标消费者	91.388 4	18.12	9.73	20.00	0.94	24.543 31
嘉祥	城市总人口	87.230 0	0	0	0	0	0.000 00
	目标消费者	58.252 2	0	0	0	0	0.000 00
全国	总人口	132 344.720 0	21.67	13.03	18.18	1.42	54 138.573 10
	目标消费者	88 380.836 0	21.46	12.71	19.68	1.4	34 655.140 21

3. 品牌质量分析　西安饭庄品牌的信息质量比值为 0.158 5，信息总量 5 亿比特以上，是一个质量很好的中等偏大规模的品牌，该品牌基础指标均较小，但指标间的比率关系非常好，认知度是知名度的 60%，二者关系良好，说明品牌传播的内容和途径选择得当，随着知名度的增加，消费者认深入知度，美誉度是认知度的 1.4 倍，说明该品牌的口碑效应形成，自传播率高，目标人群的美誉度略高于全国总人口平均指标，说明直接消费者对其品牌的产品或服务认可。这是该品牌质量比高的原因。只是忠诚度太低，该品牌几乎没有

重复购买率，这可能和该行业的特点有关。基础数据中，所在地的指标确实高出其他地区不少，但其他地区均匀且并不算低，该品牌是仍保留有区域特征的全国性品牌（表9－99）。

表9－99　西安饭店的品牌质量比值分析表

品牌	品牌信息总量（比特）	信息基本量（比特）	品牌信息基本量的贡献率（%）	品牌信息质的贡献率（%）	品牌信息质量比值
西安饭店	541 385 731.0	471 987 125.7	87.18	13.82	0.158 5

4. 品牌信息平均值分析　该品牌的信息均值比为0.958 54，低于1，是一个大众化经营的品牌，其基本量偏小，不足以支撑其延伸与扩张（表9－100）。

表9－100　西安饭店的品牌信息均值分析表

品牌	全国人口平均信息量（比特/人）	目标人群（人）	目标消费者平均信息量（比特/人）	信息均值比
西安饭店	0.409 07	883 808 360	0.392 11	0.958 54

5. 品牌信息的稳定性分析　该品牌的稳定性指数为7.07，属于一般偏上的稳定性类型，有一定的抗风险能力，该品牌具有很高质量比，中等偏大规模的信息量以及一般偏上的稳定性水平，综合分析，该品牌应该处于成长期后期，失稳不明显，还未开始向成熟期过渡的阶段，全国性大众化经营的中等偏大规模的品牌（表9－101）。

表9－101　西安饭店的品牌稳定性分析表

品牌	$N(E)$ 函数值	品牌衰减系数	品牌信息的衰减速率	品牌稳定性指数
西安饭店	10.162 38	0.098 54	$0.098\ 54^t$	7.07

二十六、咸亨酒店

1. 品牌简介　咸亨酒店是浙江省绍兴市的一所酒店，创建于清光绪甲午年（1894），为酒乡绍兴最负盛名的百年老店，曾在中途结业。1981年，为纪念鲁迅诞辰100周年，咸亨酒店重新开业；2007年，咸亨酒店被改建成五星级的鲁迅文化主题酒店。咸亨酒店因在《孔乙己》等多部鲁迅的作品中提及而闻名，成为浙江当地的旅游热点。

2. 数据汇总　见表9－102。

表 9-102 咸亨酒店品牌的基础数据和基础指标汇总表

地区	类别	人口数（万人）	知名度（%）	认知度（%）	美誉度（%）	忠诚度（%）	品牌信息量估值（万比特）
北京	城市总人口	1 961.240 0	22.94	11.18	26.25	3.18	710.136 31
	目标消费者	1 309.716 1	22.94	11.18	26.25	3.18	466.888 24
成都	城市总人口	1 404.760 0	9.91	4.95	5.00	0.24	162.373 11
	目标消费者	938.098 7	10.38	5.19	5.00	0.25	122.415 95
深圳	城市总人口	1 035.790 0	29.03	14.39	16.67	0.71	504.414 97
	目标消费者	691.700 6	28.85	14.30	17.33	0.71	342.096 67
西安、济南	城市总人口	1 528.180 0	13.13	5.56	0	0	235.185 37
	目标消费者	1 020.518 6	12.24	5.61	0	0	146.695 28
南昌	城市总人口	504.260 0	47.37	23.68	25	13.51	524.796 49
	目标消费者	336.771 5	47.37	23.68	25	13.51	346.710 66
太原	城市总人口	420.160 0	10.38	4.72	5.00	1.07	50.403 13
	目标消费者	280.582 8	9.80	4.41	5.00	1.11	33.505 66
阳泉	城市总人口	136.850 0	14.09	7.05	27.50	1.52	26.553 33
	目标消费者	91.388 4	14.09	7.05	27.50	1.52	17.374 78
嘉祥	城市总人口	87.230 0	0	0	0	0	0
	目标消费者	58.252 2	0	0	0	0	0
全国	总人口	132 344.720 0	18.79	9.01	12.83	2.81	41 104.604 27
	目标消费者	88 380.836 0	18.42	8.94	12.87	2.82	27 063.901 43

3. 品牌质量分析 咸亨酒店品牌的信息质量比值为 0.143 1，总量超过 4 亿比特，属于质量较好的中等规模品牌，基础指标均偏低，有一定的知名度，但指标间的比率关系基本合理，表现得很协调，认知度与知名度之间的关系基本匹配，美誉度高于认知度，形成了口碑效应，有一定的自传播现象发生。明显不足是忠诚度偏低，意味着该品牌对消费者的偏好影响不足，消费者的消费习惯没有形成，只有为数不多的重复购买率。该品牌与消费者的关系良好，但影响力有限。

该品牌没有在其所在地调研，所以在基础数据中没有其所在地的数据，但在南昌地区的数据明显高于其他地区，应该是仍有一定的区域特征，南北方之间有差异，其他地区差异不大，是一个全国品牌。目标消费者指标与全国总人口指标差异不大，说明该品牌并没有针对目标消费者的宣传，或是该品牌就是一个大众化的品牌。目标消费者的美誉度指标略高于全国总人口指标说明直接消费者对其产品质量或服务体验比较认可（表 9－103）。

表 9－103　咸亨酒店的品牌质量比值分析表

品牌	品牌信息总量（比特）	信息基本量（比特）	品牌信息基本量的贡献率（%）	品牌信息质的贡献率（%）	品牌信息质量比值
咸亨酒店	411 046 042.7	359 577 892.1	87.48	12.52	0.143 1

4. 品牌信息平均值分析　该品牌的信息均值比为 0.985 94，低于 1，是一个大众化经营的品牌，其基本量不大，不足以支撑其延伸与扩张（表 9－104）。

表 9－104　咸亨酒店的品牌信息均值分析表

品牌	全国人口平均信息量（比特/人）	目标人群（人）	目标消费者平均信息量（比特/人）	信息均值比
咸亨酒店	0.310 59	883 808 360	0.306 22	0.985 94

5. 品牌信息的稳定性分析　该品牌的稳定性指数为 4.57，属于较弱稳定性，该品牌的有效信息间隔期较短，若要品牌发挥重要作用，需要较大的投资。该品牌具有较高的质量比值，中等规模的信息量以及较弱的稳定性，综合分析，该品牌应该处于成长期后期向成熟期过渡的阶段，出现了过渡期失稳现象，是一个全国性大众化经营的中等规模的品牌，品质优良（表 9－105）。

表 9－105　咸亨酒店的品牌稳定性分析表

品牌	*N*（*E*）函数值	品牌衰减系数	品牌信息的衰减速率	品牌稳定性指数
咸亨酒店	15.545 36	0.064 44	0.064 44	4.57

二十七、香港翠华茶餐厅

1. 品牌简介　翠华餐厅集团是香港著名的连锁茶餐厅集团，在中环、铜锣湾和佐敦等地设有多家分店。作为香港老字号，翠华茶餐厅几乎是港式饮食文化的代表。

2. 数据汇总　见表 9－106。

表 9-106　香港翠华茶餐厅品牌的基础数据和基础指标汇总表

地区	类别	人口数（万人）	知名度（%）	认知度（%）	美誉度（%）	忠诚度（%）	品牌信息量估值（万比特）
北京	城市总人口	1 961.240 0	18.82	8.82	17.57	1.57	521.210 34
	目标消费者	1 309.716 1	18.82	8.82	17.57	1.57	354.211 72
成都	城市总人口	1 404.760 0	16.22	9.01	24.29	1.62	332.264 14
	目标消费者	938.098 7	16.04	8.96	20.00	1.57	214.055 86
深圳	城市总人口	1 035.790 0	35.61	18.00	31.82	2.55	724.008 98
	目标消费者	691.700 6	35.38	17.89	32.56	2.56	462.567 22
西安、济南	城市总人口	1 528.180 0	17.17	11.62	55	1.14	468.638 95
	目标消费者	1 020.518 6	16.33	10.20	55	1.16	250.877 61
南昌	城市总人口	504.260 0	13.16	5.26	0	0	76.875 93
	目标消费者	336.771 5	13.16	5.26	0	0	51.341 81
太原	城市总人口	420.160 0	8.49	5.19	0	0.13	41.210 30
	目标消费者	280.582 8	7.84	4.90	0	0.13	25.122 79
阳泉	城市总人口	136.850 0	12.75	6.38	20.00	0.85	22.775 89
	目标消费者	91.388 4	12.75	6.38	20.00	0.85	15.335 56
嘉祥	城市总人口	87.230 0	4	2	10	53	3.661 17
	目标消费者	58.252 2	4	2	10	53	2.561 00
全国	总人口	132 344.720 0	14.26	7.91	20.26	1.47	28 276.742 22
	目标消费者	88 380.836 0	13.86	7.49	20.17	1.48	17 297.670 50

3. 品牌质量分析　香港翠华茶餐厅的品牌信息质量比值为 0.076 9，属于较好质量，信息总量为不到 3 亿比特的水平，属于中等偏小规模的品牌。该品牌基础指标均偏低，只有 14.26%的知名度，但该品牌的指标结构非常优秀，有着高于知名度的美誉度，说明该品牌是个依靠产品质量和消费体验进行口碑传播的品牌，而且积累了相当好的口碑，这是该品牌质量比较好的原因。但总量小，知名度和认知度都偏低，影响力该品牌的综合表现，对消费者的消费偏好影响十分有限，忠诚度明显低，说明消费者并没有形成稳定的消费习惯。该品牌的基础指标中，没有进行过有效的品牌运作痕迹，应该是非常重视口碑的企业，重视营销中其他环节，强调服务和质量水平（表 9-107）。

表 9-107　香港翠华茶餐厅的品牌质量比值分析表

品牌	品牌信息总量（比特）	信息基本量（比特）	品牌信息基本量的贡献率（%）	品牌信息质的贡献率（%）	品牌信息质量比值
香港翠华茶餐厅	282 767 422.2	262 573 089.7	92.86	7.14	0.076 9

4. 品牌信息平均值分析　该品牌的信息均值比为 0.916 02，低于 1，是一个大众化经营的品牌，其基本量不大，不足以支撑其延伸与扩张。该品牌的基础指标中深圳的指标比较突出，但其他地区的指标并不算低，应该说是一个仍保留着一些区域特征的全国性的品牌（表 9-108）。

表 9-108　香港翠华茶餐厅的品牌信息均值分析表

品牌	全国人口平均信息量（比特/人）	目标人群（人）	目标消费者平均信息量（比特/人）	信息均值比
香港翠华茶餐厅	0.213 66	883 808 360	0.195 72	0.916 02

5. 品牌信息的稳定性分析　该品牌的稳定性指数为 7.25，属于接近较好水平的结构类型，有一定的抗风险能力。该品牌有较好的质量比，接近较好水平的稳定性，及中等偏小规模的信息量，综合分析，该品牌应该处于成长中后期，是一个全国性大众化经营的中等偏小规模品牌（表 9-109）。

表 9-109　香港翠华茶餐厅的品牌稳定性分析表

品牌	$N(E)$ 函数值	品牌衰减系数	品牌信息的衰减速率	品牌稳定性指数
香港翠华茶餐厅	9.913 34	0.101 02	$0.101\ 02^t$	7.25

二十八、小南国

1. 品牌简介　小南国餐饮控股有限公司的总部设于上海，持有并经营中国中高端市场最大的中餐正餐连锁餐厅之一。截至 2014 年 6 月 30 日，小南国已在中国近 20 个省（自治区、直辖市）拥有和经营逾 80 间分属不同中餐品牌的餐厅。

小南国的核心品牌包括为中高端顾客提供富有上海特色的佳肴的“上海小南国”（Shanghai Min）；服务于商务及高端客户，在格调高雅的公馆式环境中提供粤菜及沪菜佳肴的“慧公馆”（Maison De L′Hui）；以时尚闲适空间中呈献海派美食理念的第三个品牌“南小馆”（the dining room）；2014 年，推出的旗下第 4 个定位中端、以家庭大众消费为主、轻松氛围的中餐正餐品牌“小小南国”（Shanghai Min's Family Restaurant）。

2. 数据汇总　见表 9－110。

表 9－110　小南国品牌的基础数据和基础指标汇总表

地区	类别	人口数（万人）	知名度（%）	认知度（%）	美誉度（%）	忠诚度（%）	品牌信息量估值（万比特）
北京	城市总人口	1 961.240 0	34.12	19.71	17.14	5.73	1 297.625 80
	目标消费者	1 309.716 1	34.12	19.71	17.14	5.73	883.307 02
成都	城市总人口	1 404.760 0	13.51	6.76	14.00	0.60	245.588 37
	目标消费者	938.098 7	14.15	7.08	14.00	0.63	179.308 36
深圳	城市总人口	1 035.790 0	22.32	10.90	38.70	1.40	379.238 51
	目标消费者	691.700 6	22.57	11.02	38.70	1.43	241.363 01
西安、济南	城市总人口	1 528.180 0	9.09	4.04	10	0.27	159.162 99
	目标消费者	1 020.518 6	9.18	4.08	10	0.27	112.623 06
南昌	城市总人口	504.260 0	31.58	14.47	5	2.63	256.099 05
	目标消费者	336.771 5	31.58	14.47	5	2.63	182.605 92
太原	城市总人口	420.160 0	5.66	2.36	10.00	0.13	25.358 10
	目标消费者	280.582 8	4.90	1.96	10.00	0.13	15.083 79
阳泉	城市总人口	136.850 0	6.71	3.02	25.00	0.76	10.671 71
	目标消费者	91.388 4	6.71	3.02	25.00	0.76	7.049 78
嘉祥	城市总人口	87.230 0	4	2	0	0	3.524 15
	目标消费者	58.252 2	0	0	0	0	0.000 00
全国	总人口	132 344.720 0	13.19	6.22	14.08	1.04	25 550.919 85
	目标消费者	88 380.836 0	12.98	6.11	14.08	1.04	17 441.008 09

3. 品牌质量分析　小南国品牌的信息质量比值为 0.119 2，总量为 2.5 亿比特的水平，是一个质量较好的中等偏小规模的品牌。该品牌基础指标均偏低，只有 13.19%的知名度，但该品牌的指标结构非常优秀，有着高于知名度的美誉度，说明该品牌是个依靠产品质量和消费体验进行口碑传播的品牌，而且积累了相当好的口碑，这是该品牌质量比较好的原因。但总量小，知名度和认知度都偏低，影响力该品牌的综合表现，对消费者的消费偏好影响十分有限，忠诚度明显低，说明消费者并没有形成稳定的消费习惯。该品牌的基础指标中，没有进行过有效的品牌运作痕迹，应该是非常重视口碑的企业，重视营销中其他环节，强调服务和质量水平（表 9－111）。

表 9-111　小南国的品牌质量比值分析表

品牌	品牌信息总量（比特）	信息基本量（比特）	品牌信息基本量的贡献率（%）	品牌信息质的贡献率（%）	品牌信息质量比值
小南国	25 550.919 85	22 830.991 14	89.35	10.65	0.119 2

4. 品牌信息平均值分析　该品牌的信息均值比为 1.221 5，略高于 1，属于接近大众化经营的专营品牌类型，其基本量不大，不足以支撑其延伸与扩张。该品牌中没有明显的区域特征，是一个全国性经营的品牌（表 9-112）。

表 9-112　小南国的品牌信息均值分析表

品牌	全国人口平均信息量（比特/人）	目标人群（人）	目标消费者平均信息量（比特/人）	信息均值比
小南国	0.193 06	883 808 360	0.197 34	1.221 5

5. 品牌信息的稳定性分析　该品牌的稳定性指数为 5，属于较弱稳定性，品牌有效信息的间隔期较短，品牌维护的费用较高。该品牌结构具有较好质量比值，较弱稳定性，中等偏小规模信息量的指标，综合分析，该品牌处于成长后期向成熟早期过渡阶段，发生了过渡期失稳，是一个全国性专营经营的中等偏小规模的品牌（表 9-113）。

表 9-113　小南国的品牌稳定性分析表

品牌	N（E）函数值	品牌衰减系数	品牌信息的衰减速率	品牌稳定性指数
小南国	14.208 66	0.070 43	$0.070\ 43^t$	5

二十九、小绍兴

1. 品牌简介　小绍兴品牌创始于 1943 年，距今已有 70 多年的历史。小绍兴各连锁企业主要供应获得“商务部优质产品”、“中国名菜”、“中国名小吃”称号的小绍兴优质白斩鸡以及具有上海菜特征的上海风味菜系列。小绍兴以经营餐饮为主，兼有客房、食品加工、品牌加盟，在经营模式上实行酒家、风味小吃、食品专卖并举。并通过自营及加盟经营实现企业经营的最大化。目前小绍兴有直营企业 11 户，加盟企业 40 余户以及一批和产业相关的契约企业。年销售达 2.8 亿余元。

小绍兴长期来坚持发扬特色，创立品牌，质量第一、宾客至上的经营宗旨。小绍兴现有部优产品 2 个，中国名菜名点 11 个，中华名小吃 18 个。小绍兴的产品、服务商标自 1999 年以来被连续评为上海市“著名商标”，小绍兴酒家还是“中华老字号”、“中华餐饮名店”、“国家特级酒家”。

2. 数据汇总 见表 9－114。

表 9－114 小绍兴品牌的基础数据和基础指标汇总表

地区	类别	人口数（万人）	知名度（%）	认知度（%）	美誉度（%）	忠诚度（%）	品牌信息量估值（万比特）
北京	城市总人口	1 961.24	10.59	3.82	0	0.67	226.987 77
	目标消费者	1 309.716 1	10.59	3.82	0	0.67	151.582 44
成都	城市总人口	1 404.76	3.60	1.80	0	0	50.617 37
	目标消费者	938.098 7	3.77	1.89	0	0	35.543 43
深圳	城市总人口	1 035.79	18.06	8.39	36.11	0.76	279.303 78
	目标消费者	691.700 6	17.98	8.33	36.11	0.77	175.700 75
西安、济南	城市总人口	1 528.18	8.08	4.04	10	0.27	141.478 21
	目标消费者	1 020.518 6	7.14	3.57	10	0.27	85.754 38
南昌	城市总人口	504.26	7.89	2.63	0	0	41.325 95
	目标消费者	336.771 5	7.89	2.63	0	0	27.599 66
太原	城市总人口	420.16	3.77	1.89	0	0	15.919 36
	目标消费者	280.582 8	2.94	1.47	0	0	8.132 69
阳泉	城市总人口	136.85	7.38	3.36	5.00	0.18	11.034 57
	目标消费者	91.388 4	7.38	3.36	5.00	0.18	7.867 34
嘉祥	城市总人口	87.23	0	0	0	0	0
	目标消费者	58.252 2	0	0	0	0	0
全国	总人口	132 344.72	7.18	3.22	5.29	0.18	10 830.673 76
	目标消费者	88 380.836 0	6.74	2.99	5.29	0.18	6 861.816 98

3. 品牌质量分析 小绍兴品牌的信息质量比值为－0.017 2，低于同行业平均水平，信息总量 1 亿比特，是一个中等偏小品牌。该品牌的全国指标均很小，对消费者的影响力极有限，没有发挥出品牌的作用。也没有有效运作过的痕迹。基础数据中深圳地区的指标突出，是个区域特点比较明显的品牌，单看深圳的指标，该品牌在当地应该有不错的口碑，但知名度和认知度还是明显偏低，忠诚度几乎没有，没有形成重复购买率，该企业的营销并不依赖品牌，可能是在其他环节比较有优势，品牌的积累依靠消费者对产品和服务的体验积累（表 9－115）。

表 9-115　小绍兴品牌的质量比值分析表

品牌	品牌信息总量（比特）	信息基本量（比特）	品牌信息基本量的贡献率（%）	品牌信息质的贡献率（%）	品牌信息质量比值
小绍兴	10 830.673 76	11 020.376 00	—	−1.75	−0.017 2

4. 品牌信息平均值分析　该品牌的信息均值比为 0.948 71，低于 1，是一个大众化经营的品牌，其基本量不大，不足以支撑其延伸与扩张。该品牌的基础指标中深圳的指标比较突出，但其他地区的指标与深圳的差距不大，应该说是一个仍保留着一些区域特征的全国性的品牌（表 9-116）。

表 9-116　小绍兴的品牌信息均值分析表

品牌	全国人口平均信息量（比特/人）	目标人群（人）	目标消费者平均信息量（比特/人）	信息均值比
小绍兴	0.081 84	883 808 360	0.077 64	0.948 71

5. 品牌信息的稳定性分析　该品牌的稳定性指标为 1.85，属于很弱的稳定性，该品牌的有效间隔期很短，若要发挥该品牌的作用需要密集度很高的传播，投资较大。综合分析，该品牌还处于成长期早期，品牌质量较低，指标结构没有形成的时期，是个全国性大众化经营的中小规模品牌（表 9-117）。

表 9-117　小绍兴的品牌稳定性分析表

品牌	$N(E)$ 函数值	品牌衰减系数	品牌信息的衰减速率	品牌稳定性指数
小绍兴	37.807 00	0.026 45	0.026 45′	1.85

三十、杏花楼

1. 品牌简介　杏花楼创建于 1851 年，是广东人胜仔开的甜品店，到如今已成为颇具规模、享誉申城的粤菜名店。杏花楼月饼品牌崛起于 20 世纪初，独特的配方，精湛的工艺，品牌走俏。上海杏花楼（集团）有限公司是以餐饮、酒店和食品加工业为主的大型企业集团，汇集了中华美食之精华。特色饭店和老字号酒楼有南新雅华美达大酒店、杏花楼、新雅粤菜馆、扬州饭店、沈大成、香满楼、德兴面馆、燕云楼、洪长兴、老正兴、功德林、老半斋、德大西菜社等 20 余家。

2. 数据汇总　见表 9-118。

表 9-118　杏花楼品牌的基础数据和基础指标汇总表

地区	类别	人口数（万人）	知名度（%）	认知度（%）	美誉度（%）	忠诚度（%）	品牌信息量估值（万比特）
北京	城市总人口	1 961.240 0	7.06	2.94	5.00	0.16	148.583 84
	目标消费者	1 309.716 1	7.06	2.94	5.00	0.16	105.936 12
成都	城市总人口	1 404.760 0	9.91	4.95	6.00	1.38	162.993 64
	目标消费者	938.098 7	8.49	4.25	5.00	0.50	95.067 99
深圳	城市总人口	1 035.790 0	16.00	7.61	51.82	0.97	255.553 69
	目标消费者	691.700 6	15.75	7.48	47.27	0.99	148.216 67
西安、济南	城市总人口	1 528.180 0	6.06	2.53	0	0	95.770 22
	目标消费者	1 020.518 6	5.10	2.04	0	0	52.662 57
南昌	城市总人口	504.260 0	31.58	13.16	0	0	241.762 24
	目标消费者	336.771 5	31.58	13.16	0	0	161.461 61
太原	城市总人口	420.160 0	10.38	4.72	17.50	2.14	5 288.996 61
	目标消费者	280.582 8	8.82	3.92	20.00	2.09	29.913 27
阳泉	城市总人口	136.850 0	4.70	2.35	0	0	6.598 88
	目标消费者	91.388 4	4.70	2.35	0	0	4.406 73
嘉祥	城市总人口	87.230 0	0	0	0	0	0.000 00
	目标消费者	58.252 2	0	0	0	0	0.000 00
全国	总人口	132 344.720 0	11.41	5.02	8.09	0.69	19 952.145 06
	目标消费者	88 380.836 0	10.70	4.65	8.49	0.65	12 459.220 42

3. 品牌质量分析　杏花楼品牌的信息质量比值为 0.058 2，信息总量为接近 2 亿比特，属于质量一般的中等偏小规模品牌，基础指标均偏小，仅有 11.41%的知名度，5.02%的认知度，对消费者影响较小，几乎没有忠诚度，对消费偏好没有影响，有一定的美誉度，说明该品牌是依靠口碑传播积累而成的品牌（表 9-119）。

表 9-119　杏花楼的品牌质量比值分析表

品牌	品牌信息总量（比特）	信息基本量（比特）	品牌信息基本量的贡献率（%）	品牌信息质的贡献率（%）	品牌信息质量比值
杏花楼	199 521 450.6	188 545 458.0	94.5	5.5	0.058 2

4. 品牌信息平均值分析　该品牌的信息均值比为 0.916 02，低于 1，是一

个大众化经营的品牌，其基本量不大，不足以支撑其延伸与扩张。该品牌的基础指标中深圳和南昌的指标比较突出，但总体差异不大，应该说是一个仍保留着一些区域特征的全国性的品牌（表 9－120）。

表 9－120　杏花楼的品牌信息均值分析表

品牌	全国人口平均信息量（比特/人）	目标人群（人）	目标消费者平均信息量（比特/人）	信息均值比
杏花楼	0.150 76	883 808 360	0.140 97	0.935 08

5. 品牌信息的稳定性分析　该品牌的稳定性指数为 2.99，属于较弱稳定结构，品牌有效信息的间隔期很短，需要密集传播，费用较高。综合分析，该品牌处于成长早期，品牌质量与品牌稳定结构都未能形成的阶段，是全国性大众化经营的中等偏小规模的品牌（表 9－121）。

表 9－121　杏花楼的品牌稳定性分析表

品牌	$N(E)$ 函数值	品牌衰减系数	品牌信息的衰减速率	品牌稳定性指数
杏花楼	23.547 08	0.042 48	0.042 48	2.99

三十一、真功夫

1. 品牌简介　功夫餐饮管理有限公司，被誉为中式快餐第一品牌，是中国快餐行业前五强中唯一的本土品牌，坚持“营养还是蒸的好”的品牌定位，主营以蒸品为特色的中式快餐。1990 年由蔡达标、潘宇海等人在东莞创办，历经初创期、标准化运作期、品牌运作期、资本运作期，实现了由个体企业向现代化企业集团的飞跃。截至 2014 年 3 月，真功夫门店数量达 570 家，遍布全国近 40 个城市，在中国市场上成为和肯德基、麦当劳鼎足而立的“快餐三巨头。”

品牌定位：营养还是蒸的好。

2. 数据汇总　见表 9－122。

表 9－122　真功夫品牌的基础数据和基础指标汇总表

地区	类别	人口数（万人）	知名度（%）	认知度（%）	美誉度（%）	忠诚度（%）	品牌信息量估值（万比特）
北京	城市总人口	1 961.240 0	81.76	39.12	21.80	39.61	4 705.281 36
	目标消费者	1 309.716 1	81.76	39.12	21.80	39.61	3 146.504 62

（续）

地区	类别	人口数（万人）	知名度（%）	认知度（%）	美誉度（%）	忠诚度（%）	品牌信息量估值（万比特）
成都	城市总人口	1 404.760 0	25.23	13.51	10.63	6.92	566.220 16
	目标消费者	938.098 7	26.42	14.15	10.63	6.92	421.618 34
深圳	城市总人口	1 035.790 0	77.55	38.90	46.28	41.88	2 578.132 30
	目标消费者	691.700 6	77.42	38.84	46.36	41.71	1 566.353 09
西安、济南	城市总人口	1 528.180 0	48.48	21.72	34	18.25	1 609.255 76
	目标消费者	1 020.518 6	48.98	21.94	34	18.44	1 043.250 45
南昌	城市总人口	504.260 0	55.26	26.32	31.25	11.93	664.714 49
	目标消费者	336.771 5	55.26	26.32	31.25	11.93	428.803 27
太原	城市总人口	420.160 0	12.26	6.13	13.33	4.02	64.933 60
	目标消费者	280.582 8	11.76	5.88	13.33	4.18	42.610 21
阳泉	城市总人口	136.850 0	4.70	2.01	100.00	0.67	9.517 44
	目标消费者	91.388 4	4.70	2.01	100.00	0.67	4.723 04
嘉祥	城市总人口	87.230 0	16	8	15	9.07	18.964 22
	目标消费者	58.252 2	0	0	0	0	0.000 00
全国	总人口	132 344.720 0	33.49	15.83	39.62	12.06	103 244.977 00
	目标消费者	88 380.836 0	33.27	15.72	39.41	12.01	66 131.193 41

3. 品牌质量分析 真功夫的品牌信息质量比值为 0.305 5，处于最优区间的下限，信息总量为 10 亿比特以上，是个品质优秀的大规模品牌。该品牌的基础指标均处于较高值，指标间的比率关系很好，尤其是美誉度处于 39.62% 的高位，高于认知度 2 倍以上，说明该品牌的口碑效应十分明显，消费者对该品牌的体验比较密集和频繁，认知度随知名度自然增长，形成了一定的忠诚度，有一定的重复购买率发生，对消费者的偏离略有影响。基础数据中的各个城市间差异不大，在北京、深圳等一线城市有很高的知名度，三线以下城市的指标很低，该品牌是对城市有所选择的全国性品牌（表 9－123）。

表 9－123 真功夫的品牌质量比值分析表

品牌	品牌信息总量（比特）	信息基本量（比特）	品牌信息基本量的贡献率（%）	品牌信息质的贡献率（%）	品牌信息质量比值
真功夫	103 244.977 00	79 083.931 38	76.6	23.4	0.305 5

4. 品牌信息平均值分析 该品牌的信息均值比为0.959 15，低于1，是一个大众化经营的品牌，其基本量大，足以支撑其延伸与扩张（表9-124）。

表9-124 真功夫的品牌信息均值分析表

品牌	全国人口平均信息量（比特/人）	目标人群（人）	目标消费者平均信息量（比特/人）	信息均值比
真功夫	0.780 12	883 808 360	0.748 25	0.959 15

5. 品牌信息的稳定性分析 该品牌的稳定性指数为15.02，是一个极稳定的类型，具有很长的间隔周期，很低的品牌维护费用，抗风险能力强。综合分析，该品牌处于成熟期的鼎盛阶段，是一个全国性大众化经营的大规模品牌，品质优秀，仍有较大的上升空间（表9-125）。

表9-125 真功夫的品牌稳定性分析表

品牌	$N(E)$ 函数值	品牌衰减系数	品牌信息的衰减速率	品牌稳定性指数
真功夫	5.074 48	0.201 84	$0.201\ 84^t$	15.02

三十二、知味观

1. 品牌简介 素有“知味停车、闻香下马”雅称的百年名店——知味观，由孙翼斋先生于1913年创建。知味观东临繁华商业街——延安路，西濒湖滨商贸特色街及风景秀丽的西湖，是商务部首批认定的“中华老字号”、“中国十大餐饮品牌”企业，是目前杭州最具知名度的餐饮企业之一，2012年获得中国驰名商标。知味观是杭州饮食服务集团下属大型现代化餐饮企业，知味观借鉴国内外知名餐饮连锁企业的成功经验，走集团化、产业化和连锁经营发展之路，使企业经营得到了持续发展。目前，知味观已在上海及杭城周边地区开设各类连锁店近80余家，并拥有一个建筑面积4 000余米^{2}的连锁配送中心以及一个面积达28 000多米^{2}的现代化大型食品工厂。今日知味观正以名店品牌，实施餐饮连锁经营的战略，实现企业滚动式的发展。

2. 数据汇总 见表9-126。

表9-126 知味观品牌的基础数据和基础指标汇总表

地区	类别	人口数（万人）	知名度（%）	认知度（%）	美誉度（%）	忠诚度（%）	品牌信息量估值（万比特）
北京	城市总人口	1 961.240 0	6.47	3.82	25.00	0.16	152.554 16
	目标消费者	1 309.716 1	6.47	3.82	25.00	0.16	100.778 04

（续）

地区	类别	人口数（万人）	知名度（%）	认知度（%）	美誉度（%）	忠诚度（%）	品牌信息量估值（万比特）
成都	城市总人口	1 404.760 0	4.50	2.25	25.00	1.02	71.027 05
	目标消费者	938.098 7	4.72	2.36	25.00	1.07	49.456 07
深圳	城市总人口	1 035.790 0	19.10	8.90	25.88	1.82	289.154 43
	目标消费者	691.700 6	19.06	9.01	25.88	1.84	190.696 68
西安、济南	城市总人口	1 528.180 0	7.07	1.52	10	0.13	110.914 06
	目标消费者	1 020.518 6	7.14	1.53	10	0.14	78.389 04
南昌	城市总人口	504.260 0	18.42	7.89	0	0	118.726 26
	目标消费者	336.771 5	18.42	7.89	0	0	79.291 68
太原	城市总人口	420.160 0	4.72	2.36	10.00	0.13	21.146 69
	目标消费者	280.582 8	3.92	1.96	10.00	0.13	12.067 03
阳泉	城市总人口	136.850 0	6.04	2.68	0	0	8.604 47
	目标消费者	91.388 4	6.04	2.68	0	0	5.746 06
嘉祥	城市总人口	87.230 0	4	2	0	53	3.524 15
	目标消费者	58.252 2	0	0	0	0	0
全国	总人口	132 344.720 0	8.43	3.48	8.6	0.94	13 163.603 24
	目标消费者	88 380.836 0	8.18	3.35	8.6	0.21	8 637.051 843

3. 品牌质量分析　该品牌的信息质量比值为0.006 1，略高于同行业平均水平，信息量1亿比特以上，属于质量一般的中等偏小规模的品牌，该品牌的基础指标均偏低，对消费者的影响力很小，仅有8.43%的知名度，于全国的范围看，该品牌没有有效运作品牌的痕迹，是依靠营销中自然形成的结果。在基础数据中，深圳和南昌的指标突出，该品牌的发展对城市有所选择，可能与该品牌的运营模式有关（表9－127）。

表9－127　知味观的品牌质量比值分析表

品牌	品牌信息总量（比特）	信息基本量（比特）	品牌信息基本量的贡献率（%）	品牌信息质的贡献率（%）	品牌信息质量比值
知味观	13 163.603 24	13 083.699 46	99.39	0.61	0.006 1

4. 品牌信息平均值分析　该品牌的信息均值比为0.982 52，低于1，是一个大众化经营的品牌，其基本量大，足以支撑其延伸与扩张（表9－128）。

表 9-128　知味观的品牌信息均值分析表

品牌	全国人口平均信息量（比特/人）	目标人群（人）	目标消费者平均信息量（比特/人）	信息均值比
知味观	0.099 46	883 808 360	0.097 73	0.982 52

5. 品牌信息的稳定性分析　该品牌的稳定性指数为 3.03，属于较弱稳定结构，品牌有效信息的间隔期很短，需要密集传播，费用较高。综合分析，该品牌处于成长早期，品牌质量与品牌稳定结构都未能形成的阶段，是全国性大众化经营的中等偏小规模的品牌（表 9-129）。

表 9-129　知味观的品牌稳定性分析表

品牌	N（E）函数值	品牌衰减系数	品牌信息的衰减速率	品牌稳定性指数
知味观	23.255 58	0.043 00	0.043 00	3.03

第十章 >>>

体育用品类连锁经营品牌分析报告

第一节　体育用品行业品牌质量简述

本报告各地推荐的体育用品品牌仅有 7 个，不能代表整个行业的品牌的状况，仅对这 7 个品牌的状况做一简要概述。

所调研的品牌中，361°品牌的信息总量最大，安踏与之接近，除了德尔惠品牌之外，其他品牌都属于大规模类型。信息均值比为均在 1 以下，全部为大众化品牌，专业专营的特征都不具备，消费者对这些品牌的产品基本淡化其专业印象，造成这个现象的原因有可能是在品牌传播过程中经常使用大众媒体，可能是该行业的目标消费者的媒体偏好不够集中所致。除德尔惠外，其他品牌的稳定性均为较高水平的稳定结构。本次调研到的品牌均有着较为优良的品牌质量，是该行业里最具实力的一批优秀品牌（表 10－1）。

表 10－1　体育用品品牌分析数据汇总表

品　牌	品牌信息总量（比特）	品牌信息质量比值	信息均值比	品牌稳定性指数
361°	4 072 232 838.0	0.037 6	0.856 128 54	8.46
安踏	3 769 573 660.0	0.035 2	0.961 571 62	8.69
李宁	3 350 997 031.0	0.086 2	0.924 519 57	10.5
鸿星尔克	2 833 345 053.0	0.056 5	0.972 504 90	8.64
特步	2 646 227 170.0	0.133 4	0.951 566 02	11.93
匹克	1 400 831 232.0	0.153 0	0.896 843 99	9.35
德尔惠	698 389 642.2	0.205 1	0.963 462 62	3.48
均值	2 681 656 661	0.101	0.932 371 037	8.721 428 571

第二节　体育用品类连锁品牌质量个案分析

一、361°

1. 品牌简介　361°集团是一家集品牌、研发、设计、生产、经销为一体的综合性体育用品公司，其产品包括运动鞋、服及相关配件、童装、时尚休闲等多品类构成。集团成立于2003年，在致力于成为全球令人尊敬的品牌典范精神引领下，已经成为中国领先的运动品牌企业之一。2009年6月30日，361°于香港联交所主板成功上市。同时，361°坚持集团化多品牌路线，2009年、2011年，361°童装、尚（innofashion）品牌相继诞生。

2. 数据汇总　见表10－2。

表10－2　361°品牌的基础数据和基础指标汇总表

地区	类别	人口数（万人）	知名度（%）	认知度（%）	美誉度（%）	忠诚度（%）	品牌信息量估值（万比特）
北京	城市总人口	1 961.240 0	98.82	33.82	24.17	36.67	4 766.377 82
	目标消费者	934.138 6	98.80	62.28	24.17	37.33	3 222.129 50
成都	城市总人口	1 404.760 0	95.50	52.25	19.71	40.30	4 167.196 38
	目标消费者	669.087 2	96.97	53.54	17.94	40.88	2 007.935 70
深圳	城市总人口	1 035.790 0	92.9	44.26	37.46	48.73	3 130.108 59
	目标消费者	493.346 8	93.89	44.7	37.55	48.89	1 291.929 73
西安、济南	城市总人口	1 528.180 0	98.97	49.49	21.56	45.39	4 604.113 07
	目标消费者	727.872 1	98.95	47.89	21.75	47.16	2 102.997 53
南昌	城市总人口	504.260 0	100	73.69	22.86	20.88	2 057.015 47
	目标消费者	240.198 1	100	50	17.86	22.04	694.716 69
太原	城市总人口	420.160 0	94.34	46.70	24.16	46.48	1 188.172 74
	目标消费者	200.122 2	95.35	50	24.16	24.24	572.449 55
阳泉	城市总人口	136.850 0	95.97	51.34	19.15	46.71	401.184 77
	目标消费者	65.181 7	96.53	13.68	19.51	47.45	97.656 15
嘉祥	城市总人口	87.230 0	92.00	50.00	39.38	60.53	287.475 21
	目标消费者	41.547 6	93.33	53.33	34.55	67.56	119.027 89
全国	总人口	132 344.720 0	96.74	51.64	23.21	42.06	407 223.283 80
	目标消费者	63 036.540 4	97.24	43.09	22.47	36.88	166 057.053 70

3. 品牌质量分析　361°品牌的信息质量比值为0.037 6，略高于该行业的平均质量水平，属总信息量达到4 072 232 838比特，是一个具有极高知名度的品牌，品牌认知度达到51.64%的高水平，消费者对该品牌的认知程度很高，品牌基础指标都处于高位，品牌指标间的结构基本合理，是个发展强劲的健康品牌。只有美誉度在比率中略显较低，这是信息质量比值低的原因，说明该品牌的运作基本依靠强势的大众主流媒体传播较多，与消费者接触的公共关系类活动相对较少，对目标消费者的口碑培育略显不足。该品牌忠诚度高说明产品质量、服务等其他与品牌有关的因素做得比较到位，获得了相当数量消费者的消费偏好，消费者重复购买率高，是一个处于成熟期的大规模品牌（表10-3）。

表10-3　361°的品牌质量比值分析表

品牌	品牌信息总量（比特）	信息基本量（比特）	品牌信息基本量的贡献率（%）	品牌信息质的贡献率（%）	品牌信息质量比值
361°	4 072 232 838	3 924 747 275	96.38	3.62	0.037 6

4. 品牌信息平均值分析　361°品牌的信息均值比为0.86，在消费者中已经形成大众品牌形象，专业化经营的约束已经消失，具备品牌延伸和扩张经营的条件。该品牌没有明显的区域特征，是一个全国性品牌（表10-4）。

表10-4　361°的品牌信息均值分析表

品牌	全国人口平均信息量（比特/人）	目标人群（人）	目标消费者平均信息量（比特/人）	信息均值比
361°	3.076 989	630 365 404	2.634 298 340	0.86

5. 品牌信息的稳定性分析　361°品牌的稳定性指数是8.46，是个稳定性很好的品牌，在巨大的品牌信息量下，有很高的稳定性说明该品牌在成熟期中期，质量比偏低可能是出现衰退迹象。综合分析，该品牌是一个处于鼎盛时期的全国性大众品牌（表10-5）。

表10-5　361°的品牌稳定性分析表

品牌	$N(E)$ 函数值	品牌衰减系数	品牌信息的衰减速率	品牌稳定性指数
361°	8.901 613	0.117 194	$0.117\ 194^t$	8.46

二、安踏

1. 品牌简介　安踏集团是一家中外合资的综合体育用品集团有限公司，

由安踏鞋业有限公司、北京安踏东方体育用品有限公司、安踏（香港）国际投资公司和安踏鞋业总厂等组成。集团公司的前身安踏（福建）鞋业有限公司创建于1991年，地处中国三大鞋都之首——福建晋江市陈埭镇。十多年来，秉成“安心创业、脚踏实地”的经营理念，源于争创中华民族产业品牌的激情，经过全体安踏人的不懈努力，安踏集团已从一个地区性的运动鞋生产型企业，发展成为全国性的营销导向型的综合体育用品企业集团。安踏集团拥有员工5 000多人，厂房建筑面积超过12万米^2，全部实行电脑化管理的6条现代化流水线，年生产各类休闲运动鞋达500多万双（套）。同时，中国商业联合会、中华全国商业信息中心的统计数据表明：安踏运动鞋1999—2001年连续三年市场综合占有率位居全国同类产品第一位，已成为众多消费者，尤其是广大青少年喜爱和追逐的时尚运动品牌。2002年，荣获中国体育用品界运动鞋类民营企业第一个“中国驰名商标”。

2. 数据汇总 见表10-6。

表10-6 安踏品牌的基础数据和基础指标汇总表

地区	类别	人口数（万人）	知名度（%）	认知度（%）	美誉度（%）	忠诚度（%）	品牌信息量估值（万比特）
北京	城市总人口	1 961.240 0	98.24	32.94	23.78	35.73	4 651.611 66
	目标消费者	1 309.716 1	98.24	32.94	23.78	35.73	2 981.975 03
成都	城市总人口	1 404.760 0	72.07	36.04	18.00	27.87	2 448.010 08
	目标消费者	938.098 7	71.70	35.85	17.87	27.17	1 635.173 36
深圳	城市总人口	1 035.790 0	92.39	41.35	37.76	40.51	2 989.971 78
	目标消费者	691.700 6	92.64	41.39	38.07	40.32	1 704.023 30
西安、济南	城市总人口	1 528.180 0	94.95	58.59	8.11	34.28	4 406.401 83
	目标消费者	1 020.518 6	94.9	57.65	8.27	34.49	3 212.348 37
南昌	城市总人口	504.260 0	89.47	63.16	27.33	28.07	1 709.618 88
	目标消费者	336.771 5	89.47	63.16	27.33	28.07	1 062.537 68
太原	城市总人口	420.160 0	91.51	42.92	26.45	54.03	1 113.865 44
	目标消费者	280.582 8	91.18	42.65	25.67	44.38	688.885 37
阳泉	城市总人口	136.850 0	91.95	48.99	30.24	34.36	410.509 54
	目标消费者	91.388 4	91.95	48.99	30.24	34.36	248.700 02
嘉祥	城市总人口	87.230 0	84	42	23.13	36.27	203.402 29
	目标消费者	58.252 2	84	42	23.13	36.27	131.137 35
全国	总人口	132 344.720 0	91.82	49.91	23.2	39.02	376 957.366 00
	目标消费者	88 380.836 0	91.72	49.61	23.03	36.41	242 061.297 40

3. 品牌质量分析　安踏品牌的信息质量比值为0.035 2，略高于该行业的平均质量水平，属总信息量达到3 769 573 660比特，是一个极高知名度的品牌，品牌认知度达到49.91%的高水平，消费者对该品牌的认知程度很高，品牌基础指标都处于高位，品牌指标间的结构基本合理，是个发展强劲的健康品牌。只有美誉度在比率中略显较低，这是信息质量比值低的原因，说明该品牌的运作基本依靠强势的大众主流媒体传播较多，与消费者接触的公共关系类活动相对较少，对目标消费者的口碑培育略显不足。该品牌忠诚度高说明产品质量、服务等其他与品牌有关的因素做得比较到位，获得了相当数量消费者的消费偏好，消费者重复购买率高，是一个处于成熟期的大规模品牌（表10－7）。

表10－7　安踏的品牌质量比值分析表

品牌	品牌信息总量（比特）	信息基本量（比特）	品牌信息基本量的贡献率（%）	品牌信息质的贡献率（%）	品牌信息质量比值
安踏	3 769 573 660	3 641 310 135	96.6	3.4	0.035 2

4. 品牌信息平均值分析　安踏品牌的信息均值比为0.96，在消费者中已经形成大众品牌形象，专业化经营的约束已经消失，具备品牌延伸和扩张经营的条件。该品牌没有明显的区域特征，是一个全国性品牌（表10－8）。

表10－8　安踏的品牌信息均值分析表

品牌	全国人口平均信息量（比特/人）	目标人群（人）	目标消费者平均信息量（比特/人）	信息均值比
安踏	2.848 299	883 808 360	2.738 843 719	0.96

5. 品牌信息的稳定性分析　安踏品牌的稳定性指数是8.69，是一个稳定性很好的品牌，在巨大的品牌信息量下，有很高的稳定性说明该品牌在成熟期中期，还没有出现衰退迹象。综合分析，该品牌是一个处于鼎盛时期的全国性大众品牌（表10－9）。

表10－9　安踏的品牌稳定性分析表

品牌	$N(E)$ 函数值	品牌衰减系数	品牌信息的衰减速率	品牌稳定性指数
安踏	8.682 858	0.120 210	$0.120\ 210^t$	8.69

三、德尔惠

1. 品牌简介　德尔惠是一家致力于运动鞋服及配饰研发、生产、行销为一体的国内知名体育用品企业，经过多年发展，已建立起完备的品质管理、科学的品牌营销、成熟的销售网络、高效的售后服务体系，致力于为中国消费者提供动感、有型的运动生活装备。面对高度同质化的行业竞争态势，德尔惠紧随运动生活化的产业趋势，以极限运动为载体，诠释自由活力、挑战超越的品牌精神；以街头展现潮流，彰显年轻、酷动的品牌个性，倾力打造中国运动生活产业的潮流品牌。

品牌定位：运动生活派。

品牌个性：年轻酷动潮流时尚。

2. 数据汇总 见表10－10。

表10－10 德尔惠品牌的基础数据和基础指标汇总表

地区	类别	人口数（万人）	知名度（%）	认知度（%）	美誉度（%）	忠诚度（%）	品牌信息量估值（万比特）
北京	城市总人口	1 961.240 0	36.47	11.76	23.00	2.82	1 088.137 79
	目标消费者	366.359 6	37.23	16.79	20.00	25.55	223.080 25
成都	城市总人口	1 404.760 0	38.74	20.27	19.00	10.99	984.496 64
	目标消费者	262.409 2	46.43	25.00	22.50	20.83	251.295 46
深圳	城市总人口	1 035.790 0	23.23	9.03	24.65	2.64	343.791 17
	目标消费者	193.485 6	26.61	11.99	29.17	3.47	78.551 32
西安、济南	城市总人口	1 528.180 0	54.55	26.26	25	15.42	1 799.656 83
	目标消费者	285.464 0	54.76	25.6	26.43	17.86	319.432 44
南昌	城市总人口	504.260 0	47.37	22.37	20	3.33	456.145 35
	目标消费者	94.203 2	38.46	19.23	0	0	54.229 35
太原	城市总人口	420.160 0	10.38	4.25	6	2.26	45.496 74
	目标消费者	78.485 9	18.18	6.06	0	0.40	14.997 87
阳泉	城市总人口	136.850 0	6.71	3.36	5	0.76	9.206 95
	目标消费者	25.563 6	7.58	3.79	0	0.20	1.887 88
嘉祥	城市总人口	87.230 0	24	12	40	5.6	37.198 06
	目标消费者	16.294 6	44.44	22.22	20	4.44	12.580 42
全国	总人口	132 344.720 0	28.67	13.18	15.15	5.57	69 838.964 22
	目标消费者	24 722.289 0	30.43	13.86	9.83	6.58	12 569.405 04

3. 品牌质量分析 德尔惠的品牌信息质量比值为0.205 1，是质量很好的品牌，信息总量为698 389 642.2比特，属于中等偏上规模的品牌，质量优良。

各项指标基本处于合理范围，指标间的比率关系也基本健康，没有区域特征，是一个正处于健康发展中的全国性品牌。该品牌应该是比较重视消费者口碑培育，是品牌的知名与美誉能够保持协调发展，美中不足之处是认知度略显偏低，这会影响消费者对该品牌的深入认知，进而影响到传播的效果和自传播率的提高。认知度不高的原因很多，建议企业仔细查明认知度不高的原因，相应的采取措施（表 10－11）。

表 10－11 德尔惠的品牌质量比值分析表

品牌	品牌信息总量（比特）	信息基本量（比特）	品牌信息基本量的贡献率（%）	品牌信息质的贡献率（%）	品牌信息质量比值
德尔惠	698 389 642.2	579 530 214.8	82.98	17.02	0.205 1

4. 品牌信息平均值分析 德尔惠的品牌信息均值比为 0.96，属于大众品牌范畴，在市场中表现的品牌形象和内涵已经脱离专业专营的约束，具有进行品牌延伸的基本条件。品牌本身可以保留专业形象和专营方式，但消费者对其形象与内涵的理解和认识可以不同于品牌自身所要表达的信息，信息均值比所反映出来的是消费者对该品牌的认知和理解。信息比越低越易于品牌的跨行业延伸，在 0～1 可以称该品牌是大众品牌，如信息量和美誉度的指标也符合，则该品牌具备进行品牌延伸的条件（表 10－12）。

表 10－12 德尔惠的品牌信息均值分析表

品牌	全国人口平均信息量（比特/人）	目标人群（人）	目标消费者平均信息量（比特/人）	信息均值比
德尔惠	0.527 705	247 222 890	0.508 423 999	0.96

5. 品牌信息的稳定性分析 德尔惠的品牌稳定性为 3.48，是一个较弱稳定性的品牌，品牌信息的有效间隔期较短，维护品牌和发展品牌的费用都比较高，品牌抵御环境风险的能力也较弱。在大中规模品牌信息均值降到 1 以下，同时出现弱稳定性的现象，一般会发生在品牌处于成长期后期向成熟期早期过渡的阶段，此现象称为阶段性失稳，也是品牌走向成熟的标志之一。综合分析，该品牌是一个处于成长期后期向成熟期过渡阶段，全国性中等偏上规模的品牌，品质优良（表 10－13）。

表 10－13 德尔惠的品牌稳定性分析表

品牌	*N*（*E*）函数值	品牌衰减系数	品牌信息的衰减速率	品牌稳定性指数
德尔惠	20.354 000	0.049 290	0.049 290	3.48

四、鸿星尔克

1. 品牌简介 鸿星尔克集团创建于 2000 年 6 月，是国内领先的体育运动品牌。集团现有鸿星尔克、ERKE 两个全球品牌，产品涵盖运动鞋、运动服以及种类齐全的运动配件。主要业务为专业研究、设计、生产及销售本集团品牌 ERKE 及鸿星尔克的体育用品，鸿星尔克产品包括适合各种体育活动的运动鞋、运动服、运动包、运动帽、专业用球、专业球拍、运动护具等系列。秉承“脚踏实地，演绎非凡”的经营理念，鸿星尔克在国内国际市场上迅速崛起，取得了卓越的成就，先后获得了“中国驰名商标”、“中国名牌”、“中国 500 最具价值品牌”、“中国行业十大影响力品牌”、“亚洲品牌 500 强”等荣誉。

品牌目标：实现员工、用户、股东、伙伴以及社会的全面满意！

品牌理念：脚踏实地、演绎非凡；高飞让人充满激情，但更难能可贵的是冷静。

2. 数据汇总 见表 10－14。

表 10－14 鸿星尔克品牌的基础数据和基础指标汇总表

地区	类别	人口数（万人）	知名度（%）	认知度（%）	美誉度（%）	忠诚度（%）	品牌信息量估值（万比特）
北京	城市总人口	1 961.240 0	87.65	29.71	25.31	15.06	3 971.633 81
	目标消费者	1 309.716 1	87.65	29.71	25.31	15.06	2 512.209 15
成都	城市总人口	1 404.760 0	84.68	42.34	18.37	21.56	3 183.494 51
	目标消费者	938.098 7	86.79	43.40	17.62	22.45	2 212.429 96
深圳	城市总人口	1 035.790 0	63.10	29.61	35.86	16.27	1 653.037 79
	目标消费者	691.700 6	63.47	29.83	36.04	16.55	963.672 34
西安、济南	城市总人口	1 528.180 0	89.90	46.46	22.27	26.06	4 037.059 22
	目标消费者	1 020.518 6	90.82	46.94	22.27	26.33	2 667.060 37
南昌	城市总人口	504.260 0	89.47	38.16	26.67	11.05	1 217.760 44
	目标消费者	336.771 5	89.47	38.16	26.67	11.05	761.228 22
太原	城市总人口	420.160 0	66.04	30.19	13.81	22.45	584.793 18
	目标消费者	280.582 8	67.65	30.88	14.15	23.20	426.023 02
阳泉	城市总人口	136.850 0	86.58	43.29	30.00	27.11	356.009 17
	目标消费者	91.388 4	86.58	43.29	30.00	27.11	216.135 33

（续）

地区	类别	人口数（万人）	知名度（%）	认知度（%）	美誉度（%）	忠诚度（%）	品牌信息量估值（万比特）
嘉祥	城市总人口	87.230 000	56	28	46.25	14.67	131.317 02
	目标消费者	58.252 2	56	28	46.25	14.67	69.157 01
全国	总人口	132 344.720 0	80.46	37.96	23.22	21.61	283 334.505 30
	目标消费者	88 380.836 0	81.2	38.31	23.3	21.92	184 010.561 90

3. 品牌质量分析 鸿星尔克品牌的信息质量比值为0.056 5，高于行业的平均水平，属于质量较好的品牌，但质量的贡献率还是有些偏小，仅为5.35%，是一个具有很高知名度的品牌，各项指标均处于合理区间，比值正常，是个发展健康的品牌，具有相当数量的品牌忠诚者，会带给品牌相当不错的稳定性，品牌总信息量高达2 833 345 053比特，没有区域特征，是个大规模的全国性品牌。

表10－15 鸿星尔克的品牌质量比值分析表

品牌	品牌信息总量（比特）	信息基本量（比特）	品牌信息基本量的贡献率（%）	品牌信息质的贡献率（%）	品牌信息质量比值
鸿星尔克	2 833 345 053	2 681 690 108	94.65	5.35	0.056 5

4. 品牌信息平均值分析 鸿星尔克品牌的信息均值比为0.97，消费者对该品牌的认知已经超出了专业专营品牌的范围，已经形成了具有普遍意义的大众品牌形象，具有进行品牌跨行业延伸的基础。

表10－16 鸿星尔克的品牌信息均值分析表

品牌	全国人口平均信息量（比特/人）	目标人群（人）	目标消费者平均信息量（比特/人）	信息均值比
鸿星尔克	2.140 883	883 808 360	2.082 018 799	0.97

5. 品牌信息的稳定性分析 鸿星尔克品牌的稳定性指标是8.64，属于稳定性强的品牌，品牌信息有效间隔期长，在高知名度和认知度下具有这样的稳定性，说明该品牌的传播效率很好，可以适时调整维护品牌关系的手段，重视品牌自传播率指标，迅速提高品牌美誉度，以期提高质量比值。综合分析，该品牌是一个成熟品牌早期向中期过渡的特征，还存在较大的空间提升（表10－17）。

表 10－17　鸿星尔克的品牌稳定性分析表

品牌	*N*（*E*）函数值	品牌衰减系数	品牌信息的衰减速率	品牌稳定性指数
鸿星尔克	8.583 087	0.119 562	0.119 562	8.64

五、李宁

1. 品牌简介　李宁公司成立于1990年，经过20多年的探索，已逐步成为代表中国的、国际领先的运动品牌公司。李宁公司采取多品牌业务发展策略，除自有核心李宁品牌（LI－NING），还拥有乐途品牌（LOTTO）、艾高品牌（AIGLE）、心动品牌（Z－DO）。此外，李宁公司控股上海红双喜，全资收购凯胜体育。

2. 数据汇总　见表10－18。

表 10－18　李宁品牌的基础数据和基础指标汇总表

地区	类别	人口数（万人）	知名度（%）	认知度（%）	美誉度（%）	忠诚度（%）	品牌信息量估值（万比特）
北京	城市总人口	1 961.240 0	90.00	23.82	27.03	45.14	3 694.254 42
	目标消费者	1 309.716 1	90.00	23.82	27.03	45.14	2 301.852 24
成都	城市总人口	1 404.760 0	90.09	45.95	25.38	37.48	3 794.171 34
	目标消费者	938.098 7	91.51	46.70	24.44	38.18	2 446.846 36
深圳	城市总人口	1 035.790 0	82.58	39.16	38.44	30.19	2 599.707 04
	目标消费者	691.700 6	82.52	39.55	38.54	31.06	1 474.424 44
西安、济南	城市总人口	1 528.180 0	91.92	45.45	29.18	31.99	4 323.059 77
	目标消费者	1 020.518 6	91.48	45.41	29.18	32.31	2 629.307 72
南昌	城市总人口	504.260 0	97.37	47.37	40	37.89	1 706.395 44
	目标消费者	336.771 5	97.37	47.37	40	37.89	949.246 63
太原	城市总人口	420.160 0	79.25	37.74	23.04	34.84	864.873 07
	目标消费者	280.582 8	79.41	37.75	23.45	35.23	560.921 65
阳泉	城市总人口	136.850 0	87.25	43.29	18.86	23.13	325.444 81
	目标消费者	91.388 4	87.25	43.29	18.86	23.13	217.807 89
嘉祥	城市总人口	87.230 0	76	38	28.57	35.20	181.479 57
	目标消费者	58.252 2	76	38	28.57	35.20	111.564 61
全国	总人口	132 344.720 0	87.48	41.61	27.41	32.77	335 099.703 10
	目标消费者	883 808 360	87.46	41.65	27.5	33.02	206 891.017 40

3. 品牌质量分析　李宁品牌的信息质量比值为0.086 2，高于行业平均水平，属于质量较好的品牌，品牌信息总量达到3 350 997 031比特，知名度很高，消费者对其认知程度也很高，美誉度中等偏上，拥有较高的重复购买率，属于品质优良的大规模品牌。该品牌无区域特征，是一个全国性品牌（表10-19）。

表10-19　李宁的品牌质量比值分析表

品牌	品牌信息总量（比特）	信息基本量（比特）	品牌信息基本量的贡献率（%）	品牌信息质的贡献率（%）	品牌信息质量比值
李宁	3 350 997 031	3 084 975 996	92.06	7.94	0.086 2

4. 品牌信息平均值分析　李宁品牌的信息均值比为0.92，消费者对该品牌的认知已经超出了专业专营品牌的范围，已经形成了具有普遍意义的大众品牌形象，有巨大的品牌信息量支撑，该品牌具有进行品牌跨行业延伸的基础（表10-20）。

表10-20　李宁的品牌信息均值分析表

品牌	全国人口平均信息量（比特/人）	目标人群（人）	目标消费者平均信息量（比特/人）	信息均值比
李宁	2.532 022	883 808 360	2.340 903 603	0.92

5. 品牌信息的稳定性分析　李宁品牌的稳定性指标是10.5，属于稳定性强的品牌，品牌信息有效间隔期长，在高知名度和认知度下，美誉度和忠诚度也达到很高的水平，说明该品牌进入了品牌成熟期中期，属于鼎盛时期，基础指标没有出现衰退迹象，需要系统指标配合检测衰退信号。综合分析，该品牌对消费者的影响力很大，传播效率和目标消费者集中度很好，可以维护品牌关系的效果比较明显，这类品牌应当适时进行品牌的延伸和扩张策略，一方面维护品牌的高质高量，另一方面尽可能延长品牌继续向成熟后期发展的过程，避免衰退（表10-21）。

表10-21　李宁的品牌稳定性分析表

品牌	$N(E)$ 函数值	品牌衰减系数	品牌信息的衰减速率	品牌稳定性指数
李宁	7.271 992	0.144 056	$0.144\ 056^t$	10.5

六、匹克

1. 品牌简介　福建匹克集团有限公司是一家集制鞋、鞋材、服装、包袋等体育运动专业装备器材的外向型企业集团，已经具有 25 年的专业制造与销售经验。自 1988 年集团的核心企业中外合资泉州丰登制鞋有限公司创办伊始，匹克就具有超前的品牌意识，树立了“创民族品牌，建百年企业”的长远战略目标，沿着以质量创名牌的道路，不断努力拼搏，开拓进取，将匹克打造成具有鲜明的品牌个性的篮球运动品牌。作为国内篮球五大职业赛事的战略合作伙伴，已经经受了国内各大赛事超强度的性能质量考验。而且早在 1993 年，匹克商标就陆续在 68 个国家和地区注册，为匹克的全球品牌计划奠定了扎实的基础。

2. 数据汇总 见表 10－22。

表 10－22 匹克品牌的基础数据和基础指标汇总表

地区	类别	人口数（万人）	知名度（%）	认知度（%）	美誉度（%）	忠诚度（%）	品牌信息量估值（万比特）
北京	城市总人口	1 961.240 0	64.12	24.41	27.67	13.06	2 678.717 20
	目标消费者	1 309.716 1	64.12	24.41	27.67	13.06	1 659.760 88
成都	城市总人口	1 404.760 0	61.26	30.63	13.89	8.41	1 829.415 35
	目标消费者	938.098 7	63.21	31.60	11.76	7.86	1 308.503 90
深圳	城市总人口	1 035.790 0	45.42	20.71	32.96	10.09	971.001 00
	目标消费者	691.700 6	45.13	14.4	33.15	10.56	492.445 65
西安、济南	城市总人口	1 528.180 0	63.64	33.33	33.48	9.23	2 573.133 13
	目标消费者	1 020.518 6	63.27	32.14	33.48	9.32	1 475.771 05
南昌	城市总人口	504.260 0	52.63	27.63	43.33	13.51	690.584 12
	目标消费者	336.771 5	52.63	27.63	43.33	13.51	373.131 63
太原	城市总人口	420.160 0	25.47	11.79	10.00	3.96	145.417 17
	目标消费者	280.582 8	25.49	11.76	10.00	4.12	105.163 83
阳泉	城市总人口	136.850 0	47.65	25.17	22.80	7.47	135.155 49
	目标消费者	91.388 4	47.65	25.17	22.80	7.47	87.389 26
嘉祥	城市总人口	87.230 0	44	22	33.33	13.6	81.716 92
	目标消费者	58.252 2	44	22	33.33	13.6	48.186 22
全国	总人口	132 344.720 0	47.2	23.62	25.56	8.38	140 083.123 20
	目标消费者	88 380.836 0	47.16	23.02	25.51	8.46	83 898.501 72

3. 品牌质量分析 匹克品牌的信息质量比值为 0.153 0，质的贡献率为 13.27%，是个较好的质量比值，信息量总量为 140 083 比特，是个大规模品

牌，没有很明显的区域特点，但各级城市间的差异还是存在，这可能与该品牌在各个城市进行营销的支持力度或模式有关，但不构成区域特征，应该是一个全国性品牌。该品牌拥有较高的知名度，但忠诚度较低，指标结构基本合理，比率关系良好，是一个质量较好的全国性品牌。

表 10－23　匹克的品牌质量比值分析表

品牌	品牌信息总量（比特）	信息基本量（比特）	品牌信息基本量的贡献率（%）	品牌信息质的贡献率（%）	品牌信息质量比值
匹克	140 083.123 2	121 487.865 1	86.73	13.27	0.153 0

4. 品牌信息平均值分析　匹克的信息均值比为 0.90，接近专营 1 以上的指标，是个大众品牌，有可能以前一直是一个专业品牌已经进行过行业内的延伸，或专营方式经营者某大类的商品，但消费者对其专业化的认知已经淡化，具有很好的扩张经营的基础。

表 10－24　匹克的品牌信息均值分析表

品牌	全国人口平均信息量（比特/人）	目标人群（人）	目标消费者平均信息量（比特/人）	信息均值比
匹克	1.058 472	883 808 360	0.949 283 867	0.90

5. 品牌信息的稳定性分析　匹克品牌的稳定性指数是 9.35，稳定性良好，具有较长的信息间隔期，是一个处于成熟期早期的品牌，应该是渡过了成长期向成熟期发展的阶段。

表 10－25　匹克的品牌稳定性分析表

品牌	$N(E)$ 函数值	品牌衰减系数	品牌信息的衰减速率	品牌稳定性指数
匹克	7.841 202	0.128 922	$0.128\ 922^t$	9.35

七、特步

1. 品牌简介　特步（中国）有限公司位于福建省泉州市经济技术开发区，是一家以综合开发、生产和销售特步牌（XTEP）运动鞋、服、包、帽、球、袜为主业的大型体育用品企业。特步在中国各地拥有超过 5 500 家零售商店，是一个真正塑造运动和青年时装潮流的市场领导者。

品牌文化：倡导前卫、时尚、个性与自由。它告知公众，其所走的路与众不同，是一种既稳健，又特立独行的时尚步伐。它为全球每一位热爱生命、推崇时尚生活方式的人提供可靠、丰富的时尚用品，确切引领新生代对时尚的理解与追求。

品牌愿景：打造全球时尚运动第一品牌，成为受人称道的民族品牌运营商；特步专注于体育用品行业；特步将根植中国，放眼世界。成为全球时尚运动第一品牌是特步为之奋斗终生的目标！特步将持续捕捉机会，不断扩大品牌疆域，提升在世界体育用品行业的地位，为推动中国体育事业，履行民族使命和社会责任而贡献力量！

2. 数据汇总 见表 10－26。

表 10－26 特步品牌的基础数据和基础指标汇总表

地区	类别	人口数（万人）	知名度（%）	认知度（%）	美誉度（%）	忠诚度（%）	品牌信息量估值（万比特）
北京	城市总人口	1 961.240 0	87.64	22.06	22.84	24.12	3 342.865 65
	目标消费者	572.682 1	89.24	21.20	23.75	24.60	950.754 50
成都	城市总人口	1 404.760 0	80.18	40.99	19.35	23.48	2 979.327 86
	目标消费者	410.189 9	82.95	42.61	16.75	26.74	899.735 58
深圳	城市总人口	1 035.790 0	60.90	27.42	35.58	16.92	1 527.752 34
	目标消费者	302.450 7	63.57	28.45	35.14	17.73	410.219 67
西安、济南	城市总人口	1 528.180 0	91.92	43.43	29.05	29.29	4 194.331 83
	目标消费者	446.228 6	94.38	42.13	29	31.31	1 130.548 05
南昌	城市总人口	504.260 0	73.68	35.53	46	8.60	1 138.193 41
	目标消费者	147.255 6	75	35.94	55	9.79	278.165 52
太原	城市总人口	420.160 0	56.60	27.36	20.75	27.11	505.269 08
	目标消费者	122.686 7	67.53	32.47	20.28	33.25	189.736 37
阳泉	城市总人口	136.850 0	75.17	39.60	36.56	29.31	309.664 47
	目标消费者	39.960 2	73.33	39.17	33.47	30.72	74.159 00
嘉祥	城市总人口	87.230 0	64	32	37	15.73	148.854 58
	目标消费者	25.471 2	66.67	33.33	37.14	29.44	39.646 66
全国	总人口	132 344.720 0	73.68	34.86	30.58	24.3	264 622.717 00
	目标消费者	38 645.114 3	77.44	36.01	31.14	27.25	73 528.215 47

3. 品牌质量分析 特步品牌的质量比值为 0.133 4，为较好质量类型，总信息量达到 2 646 227 170 比特，是一个高知名度的品牌，自传播率较高，各项指标均处于合理区间，指标间关系良好，会有一个较强的稳定性。该品牌在

各个城市的指标差异不大，属于全国性品牌，是一个高质高量的品牌（表 10－27）。

表 10－27　特步的品牌质量比值分析表

品牌	品牌信息总量（比特）	信息基本量（比特）	品牌信息基本量的贡献率（%）	品牌信息质的贡献率（%）	品牌信息质量比值
特步	2 646 227 170	2 334 856 006	88.23	11.77	0.133 4

4. 品牌信息平均值分析　特步品牌的信息均值比为 0.95，接近专营 1 以上的指标，是一个大众品牌，消费者对其专业化的认知反映不明显，具有很好的品牌跨行业延伸的条件（表 10－28）。

表 10－28　特步的品牌信息均值分析表

品牌	全国人口平均信息量（比特/人）	目标人群（人）	目标消费者平均信息量（比特/人）	信息均值比
特步	1.999 496	386 451 143	1.902 652 296	0.95

5. 品牌信息的稳定性分析　特步品牌的稳定性指数是 11.93，稳定性良好，具有较长的信息间隔期，在现阶段品牌运营和维护的成本较低，是一个处于成熟期早期的中期品牌，综合分析，该品牌应该是处于成熟期中期，全国性的大规模大众品牌，品质优良（表 10－29）。

表 10－29　特步的品牌稳定性分析表

品牌	$N(E)$ 函数值	品牌衰减系数	品牌信息的衰减速率	品牌稳定性指数
特步	6.422 265	0.162 608	$0.162\ 608^t$	11.93

第十一章 ›››

手机类连锁经营品牌分析报告

第一节 手机行业品牌质量简述

本报告的手机品牌只有5个，不具有行业代表性，以下只对这5个品牌的整体情况作简要说明。

据Analysys International公布的调查数据显示，2013年一季度排名前十的手机品牌综合市场占有率为78%。三星手机在国内的占有率达到了17.3%，位居榜首。其次分别为联想（13.1%）、酷派（10.3%）。其中，华为和中兴分别占到了10.1%、6.9%，排名第四、第五。值得一提的是，过去广受国人热捧的苹果手机，其市场占有率仅为6.4%，排名更是下滑至第六。剩余的市场额则分别由天语（4.1%）、金立（3.8%）、排名第九的HTC（3.1%）和排名第十的OPPO（2.9%）瓜分。

这五个品牌的信息量都属于大规模，最大的是OPPO；质量最好的是朵唯品牌，处于最优区间；OPPO品牌质量也非常好，全部属于大众品牌范畴；信息质量比值最高的是酷派品牌。它们的品牌结构都处于相对稳定的阶段，最为稳定的是OPPO品牌。可能是与该行业成长与发展的程度有关，这5个品牌的质量状况和稳定性都很好，整体处于成熟的品牌竞争环境（表11-1）。

表11-1 手机行业分析数据汇总表

品　牌	品牌信息总量（比特）	品牌信息质量比值	信息均值比	品牌稳定性指数
OPPO	2 922 551 830.0	0.443 0	0.827 591 77	13.88
酷派	2 334 040 189.0	0.127 4	0.973 024 16	7.78
金立	1 824 511 179.0	0.218 0	0.835 760 36	8.99
朵唯	1 580 011 854.0	0.329 8	0.872 440 60	9.51
魅族	1 454 903 988.0	0.666 1	0.741 559 28	10.76
均值	2 023 203 808	0.356 86	0.850 075 234	10.184

第二节　手机类连锁品牌质量个案分析

一、OPPO

1. 品牌简介　OPPO 全称为广东欧珀移动通信有限公司，成立于 2004 年。是一家全球性的智能终端和移动互联网公司，致力于为客户提供最先进和最精致的智能手机、高端影音设备和移动互联网产品与服务，业务覆盖中国、美国、欧洲、东南亚等广大市场。

OPPO 旗下智能手机主要分为 Find、N 和 R3 个系列，因创新的功能配置和精致的产品设计而广受欢迎，并在手机拍照领域拥有突出表现。据中国权威市场调研机构赛诺统计，OPPO 在 2013 年中国智能手机市场销售额排行中排名第六。

OPPO 旗下蓝光播放机在欧美市场被奉为“殿堂级表现的全能播放机”，几乎囊括全球所有音响器材专业测评机构和主流媒体的最高奖项或评分。

品牌定位：中低端的国际化品牌。

2. 数据汇总　见表 11 - 2。

表 11 - 2　OPPO 品牌的基础数据和基础指标汇总表

地区	类别	人口数（万人）	知名度（%）	认知度（%）	美誉度（%）	忠诚度（%）	品牌信息量估值（万比特）
北京	城市总人口	1 961.240 0	87.65	39.41	38.75	4.94	6 150.692 54
	目标消费者	572.682 1	92.68	76.42	44.71	5.37	2 025.341 54
成都	城市总人口	1 404.760 0	70.27	35.14	21.48	8.71	2 406.961 99
	目标消费者	410.189 9	78.41	39.20	19.10	10.23	732.894 97
深圳	城市总人口	1 035.790 0	56	27.42	35.62	7.66	1 615.060 06
	目标消费者	302.450 7	59.38	29.3	36.29	8.1	363.664 72
西安、济南	城市总人口	1 528.180 0	89.9	55.56	30	5.86	5 170.707 33
	目标消费者	446.228 6	92.13	54.49	31.3	6.37	1 201.537 27
南昌	城市总人口	504.260 0	60.53	39.47	23.33	1.05	822.186 51
	目标消费者	147.255 6	68.75	42.19	23.33	1.25	248.980 44
太原	城市总人口	420.160 0	50.94	20.75	40.42	9.56	574.074 76
	目标消费者	122.686 7	55.84	22.73	43.33	13.77	125.050 93
阳泉	城市总人口	136.850 0	67.11	37.92	42.50	10.20	344.488 09
	目标消费者	39.960 2	71.67	40.42	46.56	11.50	70.683 62

（续）

地区	类别	人口数（万人）	知名度（%）	认知度（%）	美誉度（%）	忠诚度（%）	品牌信息量估值（万比特）
嘉祥	城市总人口	87.230 0	40	28	26	13.07	82.176 11
	目标消费者	25.471 2	58.33	37.5	26.67	10.56	34.394 75
全国	总人口	132 344.720 0	67.26	36.87	34.71	7.22	292 255.183 00
	目标消费者	38 645.114 2	72.17	40.4	36.89	8.83	70 626.284 98

3. 品牌质量分析 OPPO品牌的质量比值为0.443 0，略高于最优状态（0.3～0.4），信息总量达到2 922 551 830比特，各项基础指标均处于正常范围，指标间比率关系合理，品质优良，是个大规模的高质高量品牌。品牌信息质量比略高，并不是要求降低质量，而是在获取高质量时信息量有增加的空间，企业利润最大化的本质自发的要求增加品牌信息量，在信息量增加的过程中，质量比逐渐下降，质量比处于最优状态时的含义是“品牌能够发挥出的作用对于品牌经营最有效、企业收益最大”。OPPO品牌的质量高于最优，显然是对品牌量提出了扩张的要求。该品牌获得了很高的知名度，而且在各个城市差异不大，是一个开始就以全国市场为目标的品牌，全国营销的模式基本一致，营销力度相仿才能获得如此均匀的基础指标（表11－3）。

表11－3　OPPO的品牌质量比值分析表

品牌	品牌信息总量（比特）	信息基本量（比特）	品牌信息基本量的贡献率（%）	品牌信息质的贡献率（%）	品牌信息质量比值
OPPO	2 922 551 830.0	2 025 374 870.0	69.3	30.7	0.443 0

4. 品牌信息平均值分析 OPPO品牌的信息均值比为0.83，消费者对其产品的专业性认识已经泛化，加之品牌总量和品牌指标结构的优势，该品牌具有进行跨行业延伸的条件（表11－4）。

表11－4　OPPO的品牌信息均值分析表

品牌	全国人口平均信息量（比特/人）	目标人群（人）	目标消费者平均信息量（比特/人）	信息均值比
OPPO	2.208 287 44	386 451 142	1.827 560 52	0.83

5. 品牌信息的稳定性分析 OPPO品牌的稳定性指数为13.88，是一个稳定性非常好的品牌。该品牌的信息有效间隔期较长，品牌抗衰减能力较强。综

合分析，该品牌有着优良的品牌指标结构，高质量比和高稳定性以及下降至1以下的信息均值，是一个处于成熟期中期鼎盛期之前，全国性的大规模大众品牌。如果不再跨行业延伸，在该行业中，OPPO品牌继续上升的空间有限（表11－5）。

表11－5　OPPO的品牌稳定性分析表

品牌	N（E）函数值	品牌衰减系数	品牌信息的衰减速率	品牌稳定性指数
OPPO	5.422 058	0.187 483	$0.187\ 483^t$	13.88

二、朵唯

1. 品牌简介　深圳市朵唯志远科技有限公司是一家集手机研发、生产、销售、服务为一体的高科技企业。品牌精神"勇敢，让未知更美"，鼓励女性勇敢尝新。朵唯关注现代女性的多维追求，用心演绎以高科技为载体的女性关爱，努力将朵唯打造成为女性手机第一品牌。

2. 数据汇总　见表11－6。

表11－6　朵唯品牌的基础数据和基础指标汇总表

地区	类别	人口数（万人）	知名度（%）	认知度（%）	美誉度（%）	忠诚度（%）	品牌信息量估值（万比特）
北京	城市总人口	1 961.24	72.35	35.88	35.38	2.04	4 524.195 99
	目标消费者	1 309.716 1	72.73	33.33	35.56	2.22	2 053.885 60
成都	城市总人口	1 404.760 0	53.15	24.77	9.00	1.20	1 211.711 20
	目标消费者	938.098 7	55.56	25.00	12.86	1.30	1 105.778 18
深圳	城市总人口	1 035.790 0	51.61	23.16	31.49	5.88	1 274.844 96
	目标消费者	691.700 6	52.94	23.76	33.44	6.42	679.684 66
西安、济南	城市总人口	1 528.180 0	71.72	32.32	37.5	6.87	3 434.368 42
	目标消费者	1 020.518 6	86.96	39.13	36.36	8.41	2 069.588 35
南昌	城市总人口	504.260 0	57.89	22.37	0	0.70	383.267 56
	目标消费者	336.771 5	64.71	26.47	0	0	308.997 95
太原	城市总人口	420.160 0	31.13	12.74	26.67	2.39	228.251 70
	目标消费者	280.582 8	31.37	12.75	26.67	2.48	126.837 11
阳泉	城市总人口	136.850 0	41.61	21.14	30.77	2.33	128.805 98
	目标消费者	91.388 4	40.16	20.47	27.78	2.31	60.882 31

（续）

地区	类别	人口数（万人）	知名度（%）	认知度（%）	美誉度（%）	忠诚度（%）	品牌信息量估值（万比特）
嘉祥	城市总人口	87.230 0	20	10	60	5.3	52.636 68
	目标消费者	58.252 2	27.27	13.64	60	1.21	23.380 22
全国	总人口	132 344.720 0	50.47	22.51	26.69	4.01	158 001.185 40
	目标消费者	88 380.836 0	55.11	24.54	26.08	3.62	92 055.067 22

3. 品牌质量分析 朵唯品牌的信息质量比为 0.329 8，处于质量比最优状态，信息总量为 1 580 011 854 比特，是一个优质高量的品牌，品牌在企业经营中发挥出了最佳效果，表现出企业对品牌运作的高水平管理能力，传播手段选择得当，品牌管理当中最重要的美誉度指标和知名度、认知度的比率恰到好处，形成了与目标消费者认知程度最为匹配的自传播率，使得信息质量比值到达最优。但在基础指标中的忠诚度还是明显偏低，消费者的重复购买率不足，这可能与品牌质量或设计更新速度有关，在消费者口碑良好的情况下未能实现对其偏好的较大影响（表 11－7）。

表 11－7 朵唯的品牌质量比值分析表

品牌	品牌信息总量（比特）	信息基本量（比特）	品牌信息基本量的贡献率（%）	品牌信息质的贡献率（%）	品牌信息质量比值
朵唯	1 580 011 854.0	1 188 020 066.0	75.2	24.8	0.329 8

4. 品牌信息平均值分析 朵唯品牌的信息比均值为 0.87，是一个消费者对产品所属行业淡化的大众品牌，具有品牌跨行业延伸的条件。区域特征也不明显，是一个全国性品牌，处于成熟期，忠诚度的偏低，有两种可能的信息，一种是处在鼎盛期前期，品牌依靠延伸等策略继续扩大，渐成对消费者的影响，形成品牌忠诚。另一种是衰退迹象，品牌有可能在以前曾经出现过较高忠诚度，对一批目标消费者有影响，但受到其他品牌的影响，或消费者偏好的转移，逐渐失去了品牌忠诚度，这是鼎盛期后期的表现，是品牌走向成熟期后期的开始。可以对照一个间隔期的指标再做深入分析，如属于后者，应对不及时，信息质量比值将有所下降（表 11－8）。

表 11－8 朵唯的品牌信息均值分析表

品牌	全国人口平均信息量（比特/人）	目标人群（人）	目标消费者平均信息量（比特/人）	信息均值比
朵唯	1.193 860 89	883 808 360	1.041 572 71	0.87

5. 品牌信息的稳定性分析　朵唯品牌的稳定性指数是 9.51，属于稳定性强的品牌，信息有效间隔期长，品牌运营费用较低，有相当高的抗风险能力。综合分析，该品牌处于成熟期的鼎盛时期前后，是一个全国性的大规模大众品牌，质量处于最优区间（表 11－9）。

表 11－9　朵唯的品牌稳定性分析表

品牌	*N*（*E*）函数值	品牌衰减系数	品牌信息的衰减速率	品牌稳定性指数
朵唯	7.667 935	0.131 031	0.131 031	9.51

三、金立

1. 品牌简介　深圳市金立通信设备有限公司成立于 2002 年 9 月 16 日，是一家专业手机研发、加工生产、内外销售同步进行的民营高科技企业。金立以“金品质，立天下”为使命，致力于打造科技的、国际的、跨界的新金立，不仅仅提供手机产品，更会围绕人对信息、金融、社交、娱乐、健康、工作、生活方式等需求，向全世界的人们，以正确的方式提供拥有极致用户体验的智能终端设备和服务。主要产品有 ELIFE 系列、天鉴系列、风华系列、语音王系列等智能手机。

2. 数据汇总　见表 11－10。

表 11－10　金立品牌的基础数据和基础指标汇总表

地区	类别	人口数（万人）	知名度（%）	认知度（%）	美誉度（%）	忠诚度（%）	品牌信息量估值（万比特）
北京	城市总人口	1 961.240 0	75.76	37.06	21.00	1.29	3 698.667 62
	目标消费者	1 309.716 1	75.76	37.06	21.00	1.29	2 264.199 91
成都	城市总人口	1 404.760 0	58.56	30.18	10.77	2.34	1 518.430 00
	目标消费者	938.098 7	58.49	30.19	7.50	2.33	1 023.762 29
深圳	城市总人口	1 035.790 0	55.23	27.74	26.59	6.75	1 355.844 73
	目标消费者	691.700 6	55.32	27.79	26.80	6.86	752.257 47
西安、济南	城市总人口	1 528.180 0	68.69	31.31	19.17	3.37	2 305.999 86
	目标消费者	1 020.518 6	68.37	31.12	19.17	3.40	1 448.792 06
南昌	城市总人口	504.260 0	55.26	30.26	50	0.35	1 062.899 37
	目标消费者	336.771 5	55.26	30.26	50	0.35	380.889 50

（续）

地区	类别	人口数（万人）	知名度（%）	认知度（%）	美誉度（%）	忠诚度（%）	品牌信息量估值（万比特）
太原	城市总人口	420.160 0	40.57	19.34	20.00	3.84	304.666 55
	目标消费者	280.582 8	41.18	19.61	20.00	3.99	193.918 63
阳泉	城市总人口	136.850 0	64.43	32.89	19.70	5.86	200.734 86
	目标消费者	91.388 4	64.43	32.89	19.70	5.86	125.869 03
嘉祥	城市总人口	87.230 0	52	26	53.33	4	170.747 54
	目标消费者	58.252 2	52	26	53.33	4	57.533 18
全国	总人口	132 344.720 0	57.30	28.19	24.81	3.58	182 451.117 90
	目标消费者	88 380.836 0	57.40	28.23	24.73	3.63	101 830.946 80

3. 品牌质量分析 金立品牌的信息质量比值为 0.218 0，属于高质量的品牌类型，信息总量达到 1 824 511 179 比特，属于高质高量品牌，品牌基础指标都处于合理区间，指标间关系基本合理，只是忠诚度偏低，可能是使用的传播手段仅有信息量的构建功能，在品牌关系方面没有完成对消费者偏好的影响，消费者重复购买率低，影响了整个品牌作用的效果（表 11－11）。

表 11－11 金立的品牌质量比值分析表

品牌	品牌信息总量（比特）	信息基本量（比特）	品牌信息基本量的贡献率（%）	品牌信息质的贡献率（%）	品牌信息质量比值
金立	1 824 511 179.0	1 497 902 361.0	82.1	17.9	0.218 0

4. 品牌信息平均值分析 该品牌信息均值比为 0.84，属于消费者对品牌认知已经淡化其产品专业性的大众品牌类型，该品牌不具有区域特征，各地指标接近，应该从开始就以全国市场为目标的（表 11－12）。

表 11－12 金立的品牌信息均值分析表

品牌	全国人口平均信息量（比特/人）	目标人群（人）	目标消费者平均信息量（比特/人）	信息均值比
金立	1.378 60 519	883 808 360	1.152 183 57	0.84

5. 品牌信息的稳定性分析 品牌稳定性指数在 8.99，属于稳定性较强的范围，具有一定的抗风险能力，综合分析，该品牌应该是在成熟期早期的品牌，建议企业围绕着提高忠诚度以展开品牌管理工作，以目标消费者对品牌及

产品的体验提高重复购买率，该品牌还有很大的上升空间。这是一个品质优良成长性很好的全国性大众品牌（表 11－13）。

表 11－13　金立的品牌稳定性分析表

品牌	N（E）函数值	品牌衰减系数	品牌信息的衰减速率	品牌稳定性指数
金立	8.088 220	0.124 194	0.124 194ʼ	8.99

四、酷派

1. 品牌简介　酷派是宇龙通信公司的手机品牌，创立于 1993 年 4 月。系酷派集团有限公司的全资附属子公司，是中国专业的智能手机终端、移动数据平台系统、增值业务运营一体化解决方案提供商，专注于以智能手机为核心的无线数据一体化解决方案，并致力发展成为智能手机领导者与无线数据行业应用专家。酷派还是中国第四大手机制造商。酷派是国内首个拿到双卡 4G 入网资格证书的手机厂商。在 4G 网络“横跨”美国、加拿大、欧洲和亚洲等多家运营商长达 2 年之后，酷派真正揭开了中国 4G 时代的竞争帷幕。

2. 数据汇总　见表 11－14。

表 11－14　酷派品牌的基础数据和基础指标汇总表

地区	类别	人口数（万人）	知名度（%）	认知度（%）	美誉度（%）	忠诚度（%）	品牌信息量估值（万比特）
北京	城市总人口	1 961.240 0	68.82	33.24	13.57	1.65	2 759.444 97
	目标消费者	572.682 1	71.52	34.18	15.71	1.69	937.253 94
成都	城市总人口	1 404.760 0	63.96	31.98	22.00	6.31	2 102.835 55
	目标消费者	410.189 9	68.18	34.09	17.50	5.38	573.071 39
深圳	城市总人口	1 035.790 0	62.84	31.03	23.86	8.20	1 551.999 86
	目标消费者	302.450 7	65.89	32.48	25.46	8.33	431.801 75
西安、济南	城市总人口	1 528.180 0	88.89	44.44	23.13	4.78	3 910.564 36
	目标消费者	446.228 6	88.76	43.26	24.62	4.87	1 008.089 58
南昌	城市总人口	504.260 0	71.05	40.63	15	3.68	841.507 23
	目标消费者	147.255 6	75	38.16	30	4.38	346.152 83
太原	城市总人口	420.160 0	52.83	25.94	13.70	9.50	401.467 04
	目标消费者	122.686 7	54.55	26.62	13.18	11.69	127.090 18

（续）

地区	类别	人口数（万人）	知名度（%）	认知度（%）	美誉度（%）	忠诚度（%）	品牌信息量估值（万比特）
阳泉	城市总人口	136.850 0	75.84	38.25	30.54	7.38	313.688 29
	目标消费者	39.960 2	76.67	39.17	24.38	7.17	67.900 08
嘉祥	城市总人口	87.230 0	48	24	24	13.07	88.355 76
	目标消费者	25.471 2	75	37.50	14	27.22	38.712 89
全国	总人口	132 344.720 0	70.06	35.64	20.26	6.58	233 404.018 90
	目标消费者	38 645.114 3	72.06	35.73	21.46	7.44	66 316.245 19

3. 品牌质量分析 酷派品牌的质量比为 0.127 4，信息量达到 2 334 040 189 比特，各项指标均在合理区间，有很高的知名度和认知度，品牌基础状况优良，只有美誉度和认知度的比率略有失调，影响了品牌质量比值，理论上，70%以上的高知名度和 35.64%的认知度，应该有较高的美誉度，在消费者高度熟悉品牌而且了解品牌的背景下，品牌如不能获得较高的口碑，可能与产品质量或设计更新速度，或终端渠道的服务质量有关，建议企业查清原因，采取相应的措施增加美誉度，信息质量比值可以迅速增加，才能充分发挥品牌的作用（表 11 - 15）。

表 11 - 15 酷派的品牌质量比值分析表

品牌	品牌信息总量（比特）	信息基本量（比特）	品牌信息基本量的贡献率（%）	品牌信息质的贡献率（%）	品牌信息质量比值
酷派	2 334 040 189.0	2 070 038 719.0	88.7	11.3	0.127 4

4. 品牌信息平均值分析 该品牌的信息均值比为 0.97，是一个接近专营形象的大众品牌，没有区域特征，也没有对市场类型进行选择，各类城市的指标非常接近，是一个全国性品牌（表 11 - 16）。

表 11 - 16 酷派的品牌信息均值分析表

品牌	全国人口平均信息量（比特/人）	目标人群（人）	目标消费者平均信息量（比特/人）	信息均值比
酷派	1.763 606 58	386 451 143	1.716 031 80	0.97

5. 品牌信息的稳定性分析 该品牌的稳定性指数为 7.78，属于较为稳定的

类型，结合忠诚度指标略低和美誉度与认知度略有失调的现状看，品牌稳定性应当是处于下滑中，有两种可能会导致此现象，一种是处于成长期向成熟期早期过渡阶段的正常失稳，为过渡特征，品牌运营中的策略沿袭的导入期和成长期的一贯作法，在过渡期失效的缘故。另一种可能是在成熟期中后期出现的衰退迹象。建议企业连续监测关键指标的变化，确定品牌周期的位置，采取相应的措施（表 11－17）。

表 11－17　酷派的品牌稳定性分析表

品牌	*N*（*E*）函数值	品牌衰减系数	品牌信息的衰减速率	品牌稳定性指数
酷派	9.321 849	0.108 138	0.108 138	7.78

五、魅族

1. 品牌简介　魅族（MEIZU）科技成立于 2003 年 3 月，是知名的智能手机厂商，总部位于中国广东省珠海市。公司致力于向消费者提供国际一流性能和品质的电子产品，立足于中高端市场。

魅族为中国智能手机十大品牌之一，中国智能手机创新与设计的领先者。目前主要产品有魅族 MX4，魅族 MX3，魅族 MX2，魅族 MX、M9、M8 系列手机。魅族深谙“产品大于商业”的理念，对智能手机给出了“ J. Wong 式”的定义。旗下 Flyme 系统与腾讯手机管家的合作是魅族设计理念在软件更深层上的体现，也是魅族手机的核心竞争力之一，被魅族称为“产品的灵魂所在”。截至目前，魅族在全国一共拥有 800 多家专卖店，产品在中国内地、中国香港以及俄罗斯、法国、意大利、乌克兰、以色列、捷克、斯洛伐克、马来西亚等国家和地区销售。

2. 数据汇总　见表 11－18。

表 11－18　魅族品牌的基础数据和基础指标汇总表

地区	类别	人口数（万人）	知名度（%）	认知度（%）	美誉度（%）	忠诚度（%）	品牌信息量估值（万比特）
北京	城市总人口	1 961.240 0	61.76	30.88	53.00	1.80	4 934.617 73
	目标消费者	572.682 1	65.19	31.96	48.00	1.94	764.052 35
成都	城市总人口	1 404.760 0	43.24	22.52	28.57	7.93	1 355.652 75
	目标消费者	410.189 9	51.14	26.70	24.17	8.71	385.236 93

（续）

地区	类别	人口数（万人）	知名度（%）	认知度（%）	美誉度（%）	忠诚度（%）	品牌信息量估值（万比特）
深圳	城市总人口	1 035.790 0	34.19	16	31.62	3.97	730.164 79
	目标消费者	302.450 7	36.90	17.44	31.75	4.26	179.151 01
西安、济南	城市总人口	1 528.180 0	68.69	33.33	38.75	2.83	3 421.615 19
	目标消费者	446.228 6	71.91	34.83	38.75	3.15	707.473 09
南昌	城市总人口	504.260 0	39.47	19.74	50	0.35	624.208 69
	目标消费者	147.255 6	43.75	21.88	50	0.42	113.182 54
太原	城市总人口	420.160 0	20.75	9.91	41.67	1.57	187.069 24
	目标消费者	122.686 7	27.27	12.99	21.67	2.16	41.969 96
阳泉	城市总人口	136.850 0	26.17	13.09	7.50	0.94	44.233 20
	目标消费者	39.960 2	30.00	15.00	10.00	1.06	20.128 69
嘉祥	城市总人口	87.230 0	28	14	0	0	26.833 58
	目标消费者	25.471 2	41.67	20.84	0	0	13.519 54
全国	总人口	132 344.720 0	39.52	19.36	34.78	1.88	145 490.398 80
	目标消费者	38 645.114 3	44.18	21.6	29.4	2.19	31 504.180 53

3. 品牌质量分析 魅族品牌的信息质量比为0.666 1，是一个很高的比值，超过最优区间（0.3～0.4）很多，过犹不及，该比值并不是越大越好，而是距离最优区间越近越好，该比值过大意味着该品牌的量明显不足，可能是在较小目标人群中获得了较高水平的口碑，或者是在较低认知度的情况下，获得了相对多的消费者的青睐，其质的来源可能来自消费者对产品质量的认可，或是终端渠道的服务质量比较到位，但主流的传播力度对其品牌影响的扩大明显不足，潜在消费者并没有大规模的向消费者转移。该品牌的信息量达到1 454 903 988比特，已属大规模品牌，但该品牌的上升空间很大，是一个成长性很好的品牌（表11－19）。

表11－19 魅族的品牌质量比值分析表

品牌	品牌信息总量（比特）	信息基本量（比特）	品牌信息基本量的贡献率（%）	品牌信息质的贡献率（%）	品牌信息质量比值
魅族	1 454 903 988.0	873 273 282.3	60.02	39.98	0.666 1

4. 品牌信息平均值分析 魅族品牌信息均值比为0.74，也已经突破了行

业的束缚，具有相当好的品牌跨行业延伸的能力。该品牌没有明显的区域特征，但在目标城市中可能有关发展次序上的选择，各类城市的指标差异还是比较大的，是一个全国性品牌（表 11-20）。

表 11-20 魅族的品牌信息均值分析表

品牌	全国人口平均信息量（比特/人）	目标人群（人）	目标消费者平均信息量（比特/人）	信息均值比
魅族	1.099 329 08	386 451 144	0.815 217 68	0.74

5. 品牌信息的稳定性分析 该品牌的稳定性指数为 10.76，属于较稳定的品牌，结合很低的忠诚度指标和过高的质量比可以确认该品牌是个处在成长期后期的品牌，还没有开始向成熟期过渡，预计下一步该品牌在提高品牌基础量时，品牌稳定性会有所下降，这是正常的，建议企业选择主流媒体对品牌传播，同时选择与目标消费者距离近的方式建立品牌关系，从维系质量关系的角度提高品牌忠诚度，该品牌会成为一个优秀的品牌（表 11-21）。

表 11-21 魅族的品牌稳定性分析表

品牌	$N(E)$ 函数值	品牌衰减系数	品牌信息的衰减速率	品牌稳定性指数
魅族	6.801 854	0.147 494	$0.147\ 494^{t}$	10.76

第十二章 >>>

箱包类连锁经营品牌分析报告

第一节　箱包行业品牌质量简述

本报告各地推荐的箱包品牌仅有 5 个，不能代表整个行业的品牌的状况，以下仅对这 5 个品牌的状况做一简要概述。

所调研的品牌中，袋鼠品牌的信息总量最大，属于大规模，沙驰、万里马和金猴属于中等或中等偏小的品牌类型，迪桑娜是小规模品牌，都处于较弱稳定性范畴（表 12－1）。

表 12－1　箱包行业分析数据汇总表

品　牌	品牌信息总量（比特）	品牌信息质量比值	信息均值比	品牌稳定性指数
袋鼠	1 049 133 472.0	0.003 4	1.099 732 07	5.64
沙驰	384 639 147.2	0.263 6	0.993 688 12	4.35
万里马	290 677 397.2	0.073 5	1.206 269 29	2.03
金猴	204 554 642.0	0.097 7	0.991 953 95	5.96
迪桑娜	65 654 501.2	0.018 4	0.908 341 46	0.87
均值	398 931 831.9	0.091 32	1.039 996 978	3.77

第二节　箱包类连锁品牌质量个案分析

一、万里马

1. 品牌简介　广东万里马投资实业有限公司，历经 20 多年的发展，已从国内皮具企业发展为集设计、生产、零售、多品牌管理于一体的具有国际知名度的公司。万里马旗下自创于 1993 年的 WANLIMA 品牌，现已拥有男女皮鞋、手袋、旅行箱等 10 余类产品，以卓越不凡的产品质量、臻于至善的售后服务、引领时尚的设计风格，赢得业界的广泛认同。现在，万里马坚守“立足中国，放眼世界”的发展战略，努力开拓国际市场，把产品销往美国、俄罗斯、缅甸、越南等多个国家，为把万里马公司打造成国际顶尖时尚企业的远景奠定坚实的基础。

2. 数据汇总　见表 12－2。

表 12－2　万里马品牌的基础数据和基础指标汇总表

地区	类别	人口数（万人）	知名度（%）	认知度（%）	美誉度（%）	忠诚度（%）	品牌信息量估值（万比特）
北京	城市总人口	1 961.240 0	5.88	1.47	0	1.18	112.962 18
	目标消费者	427.746 4	5.41	2.70	0	0	23.951 61
成都	城市总人口	1 404.760 0	4.50	1.35	100.00	0.90	94.273 41
	目标消费者	306.378 2	4.76	1.59	0	0	14.364 25
深圳	城市总人口	1 035.790 0	16.39	5.55	6.47	1.08	203.054 05
	目标消费者	225.905 8	16.58	5.56	5.71	0.46	47.234 45
西安、济南	城市总人口	1 528.180 0	11.11	5.05	5	0.27	197.893 04
	目标消费者	333.296 1	12	4	0	0	43.741 60
南昌	城市总人口	504.260 0	13.16	5.26	10	0.35	79.669 21
	目标消费者	109.987 8	9.52	2.38	0	0	10.686 45
太原	城市总人口	420.160 0	10.38	2.83	10.00	0.38	47.370 96
	目标消费者	91.636 9	13.89	3.47	10.00	0.56	14.909 79
阳泉	城市总人口	136.850 0	36.24	15.77	13.33	3.98	85.274 71
	目标消费者	29.847 0	42.22	19.44	14.44	4.22	24.887 91
嘉祥	城市总人口	87.230 0	0	0	0	0	0.000 00
	目标消费者	19.024 9	0	0	0	0	0.000 00
全国	总人口	132 344.720 0	15.68	6.18	11.29	1.13	29 067.739 72
	目标消费者	28 864.727 6	17.44	6.45	5.80	0.98	7 647.445 29

3. 品牌质量分析　万里马品牌的信息质量比值为 0.073 5，质的贡献率为 6.85%，总信息量处于中等偏下的水平。知名度和美誉度处于正常范围，但各项指标间的关系都略显单薄。该品牌的特殊之处在于目标消费者的美誉度、忠诚度低于全国平均水平，而且都明显偏低。说明该品牌可能已经经历了较长时间的发展，但没有在美誉度、忠诚度上有过质变，错过了发展关键期，目标消费者的认知水平有所下降。这种类型的品牌单看指标，成熟期特征不明显，但

各项指标关系比值均显示该品牌确实处于成熟中期，属于未能从成长期向成熟期过渡成功的品牌，上升空间有限，品质一般的品牌（表 12－3）。

表 12－3　万里马的品牌质量比值分析表

品牌	品牌信息总量（比特）	信息基本量（比特）	品牌信息基本量的贡献率（%）	品牌信息质的贡献率（%）	品牌信息质量比值
万里马	290 677 397.2	270 758 326.3	93.15	6.85	0.073 5

4. 品牌信息平均值分析　信息均值比为 1.2 说明该品牌是专营品牌，是专营某大类产品的品牌。还没有发展到令消费者淡化其产品所属行业的程度，不完全具备延伸和扩张的条件（表 12－4）。

表 12－4　万里马的品牌信息均值分析表

品牌	全国人口平均信息量（比特/人）	目标人群（人）	目标消费者平均信息量（比特/人）	信息均值比
万里马	0.219 63 657	288 647 276	0.264 940 84	1.206 269 29

5. 品牌信息的稳定性分析　品牌稳定性指数为 2.03，属于较弱稳定结构。该品牌的信息衰减速度较快，结构易失稳，抗风险能力差，在品牌成熟后期向衰退期过渡的早期表现特征。需要定期连续观测指标变化，才能确定准确的周期位置（表 12－5）。

表 12－5　万里马的品牌稳定性分析表

品牌	*N*（*E*）函数值	品牌衰减系数	品牌信息的衰减速率	品牌稳定性指数
万里马	34.445 299	0.029 040	0.029 040	2.03

二、迪桑娜

1. 品牌简介　历经时代洗礼岁月递嬗，DISSONA 已蜕变成为一个蕴含优雅美学、知性品位与奢华价值的时尚精品品牌，为追求生活质感与懂得鉴赏的现代成功女性提供高级、别致、内敛的精致皮具配饰产品。2011 年，DISSONA 全面推出女鞋，品牌的时尚版图迈向全新阶段。DISSONA 坚持“最优质的皮料是灵魂”，每一块精选的上乘皮料，都经过多重繁复的步骤处理，融合奢华精品的设计信仰以及匠师独一无二的手工，为新时代的女性创造出高雅精致的皮具精品，诠释她们心中华美而坚韧的梦想，经过时间的沉淀，她带给人们的不仅是优质生活的享受，更是永恒追求美好的精神启发。集优雅、知性与奢华于一身，是许多女性的梦想，这也正是DISSONA存在的理由：以世代传承的精湛工艺与艺术情怀，凌驾于潮流之上，用优雅、知性、奢华的精神打造女性形象。

2. 数据汇总　见表12-6。

表12-6　迪桑娜品牌的基础数据和基础指标汇总表

地区	类别	人口数（万人）	知名度（%）	认知度（%）	美誉度（%）	忠诚度（%）	品牌信息量估值（万比特）
北京	城市总人口	1 961.240 0	6.47	1.76	7.14	55.00	129.845 50
	目标消费者	684.276 6	20.59	7.35	10.00	1.96	199.148 43
成都	城市总人口	1 404.760 0	11.71	5.86	20.00	2.94	210.927 07
	目标消费者	490.120 8	15.52	8.62	25.00	5.40	110.940 28
深圳	城市总人口	1 035.790 0	18.45	5.87	37.04	1.47	263.587 13
	目标消费者	361.387 1	18.38	6.57	22.00	1.59	84.793 70
西安、济南	城市总人口	1 528.180 0	5.05	0	0	1.01	70.477 71
	目标消费者	533.182 0	0	0	0	0	0.000 00
南昌	城市总人口	504.260 0	7.89	0	0	0	36.334 35
	目标消费者	175.950 3	4.17	0	0	0	6.700 57
太原	城市总人口	420.160 0	0	0	0	0	0.000 00
	目标消费者	146.593 8	0	0	0	0	0.000 00
阳泉	城市总人口	136.850 0	3.36	0.34	0	0	4.269 75
	目标消费者	47.747 0	2.25	0	0	0	0.981 10
嘉祥	城市总人口	87.230 0	0	0	0	0	0.000 00
	目标消费者	30.434 5	0	0	0	0	0.000 00
全国	总人口	132 344.720 0	4.72	0.66	3.03	3.38	6 565.450 12
	目标消费者	46 175.621 96	3.64	1.02	2.51	0.36	2 080.749 39

3. 品牌质量分析　品牌信息质量比值为0.018 4，该品牌质量略高于该行业的平均水平，但信息总量很小，知名度在5%以下可以视为该企业对品牌没有过有意的传播，各项指标也过小，且很分散，这样低指标的品牌作用十分有限，品牌量的形成依靠营销中发生的消费者体验自然形成的一定知名度和极浅的认识。在基础指标中体现出一定的区域特点，单看北京、深圳等一线城市中的指标，该品牌还是具有比较正常的结构，这一点在略有美誉度与忠诚度的关系上体现的更明显，应该指出该品牌有可能是将主要精力放在

了目标城市上，其他地区的信息量则来自消费者的营销体验而非品牌传播（表12－7）。

表12－7　迪桑娜的品牌质量比值分析表

品牌	品牌信息总量（比特）	信息基本量（比特）	品牌信息基本量的贡献率（%）	品牌信息质的贡献率（%）	品牌信息质量比值
迪桑娜	65 654 501.2	64 464 583.6	98.19	1.81	0.018 4

4. 品牌信息平均值分析　信息均值为0.91，是一个没有专业专营特征的品牌（表12－8）。

表12－8　迪桑娜的品牌信息均值分析表

品牌	全国人口平均信息量（比特/人）	目标人群（人）	目标消费者平均信息量（比特/人）	信息均值比
迪桑娜	0.049 608 70	461 756 220	0.045 061 64	0.91

5. 品牌信息的稳定性分析　品牌稳定性指标为0.87，是非常弱的结构，品牌有效信息间隔期极短，综合分析，该品牌的指标结构整体看还相当分散，是一种过渡期的特点，与其他同行业的品牌相比较，还没有形成对消费者有力的影响，这是一个正在向其他城市发展的区域品牌，处在成长期早期向中期过渡的时期（表12－9）。

表12－9　迪桑娜的品牌稳定性分析表

品牌	N（E）函数值	品牌衰减系数	品牌信息的衰减速率	品牌稳定性指数
迪桑娜	79.832 656	0.012 527	$0.012\ 527^t$	0.87

三、沙驰

1. 品牌简介　源于欧洲高端商务的男装品牌沙驰（Satchi）于20世纪80年代进入亚洲，分别在新加坡、中国内地、中国香港、中国台湾、马来西亚等地发展业务，在全国100多家顶级商场开设品牌专柜，为各界成功男士带来欧洲经典着装的新体验。在中国，沙驰通过深入研究国人的外形体态，以至面貌气质以及地域差异，气候变化等不固定元素，确保各项产品能全面照顾消费者的需要和习惯，并为消费者提供多样化的选择。在中国内地的一、二线城市取得了优异的业绩。截至目前，全国店铺数量高达400多家。

2. 数据汇总　见表12－10。

表 12-10 沙驰品牌的基础数据和基础指标汇总表

地区	类别	人口数（万人）	知名度（%）	认知度（%）	美誉度（%）	忠诚度（%）	品牌信息量估值（万比特）
北京	城市总人口	1 961.240 0	10.00	0.88	6.00	0.39	191.730 46
	目标消费者	871.771 2	10.63	0.94	6.00	0.42	96.971 60
成都	城市总人口	1 404.760 0	11.71	4.50	36.67	1.14	214.649 60
	目标消费者	624.415 8	13.27	5.10	36.67	1.29	103.731 49
深圳	城市总人口	1 035.790 0	36.65	14.13	28	4.34	663.172 36
	目标消费者	460.408 7	37.50	14.99	28.24	4.49	300.711 99
西安、济南	城市总人口	1 528.180 0	6.06	2.02	10	1.14	97.057 61
	目标消费者	679.276 0	4.76	2.38	10	1.80	36.134 29
南昌	城市总人口	504.260 0	42.11	21.05	33.33	3.33	455.857 54
	目标消费者	224.161 4	40	20	33.33	3.62	178.235 21
太原	城市总人口	420.160 0	0.94	0	0	0	3.606 85
	目标消费者	186.761 1	1.11	0	0	0	1.893 19
阳泉	城市总人口	136.850 0	32.21	11.74	7.50	0.72	65.660 75
	目标消费者	60.829 8	34.07	12.22	8.57	0.69	33.666 11
嘉祥	城市总人口	87.230 0	12	4	25	4.53	12.734 13
	目标消费者	38.773 7	13.33	6.67	25	7.56	6.871 21
全国	总人口	132 344.720 0	17.18	6.87	12.05	1.26	38 463.914 72
	目标消费者	58 827.917 2	17.11	6.99	12.27	1.51	16 989.493 59

3. 品牌质量分析 沙驰品牌的质量信息比值为 0.263 6，接近最优阈，总信息量为中等水平，基础指标间的关系显得有些缺陷，基础指标中的认知度明显偏低，加之本就不够大的知名度影响了品牌的总量，两者的比值偏低，显示出品牌传播的力度不足。较高的美誉度是该品牌质量比能够达到较好水平的重要原因，但美誉度与忠诚度之间的比例失调，意味着该品牌可能在产品或服务是令消费者满意的，但没有形成消费者的偏好或习惯。该品牌没有明显的区域特征，但各级城市间指标悬殊，应该是对城市有所选择的全国发展的品牌（表 12-11）。

表 12-11 沙驰的品牌质量比值分析表

品牌	品牌信息总量（比特）	信息基本量（比特）	品牌信息基本量的贡献率（%）	品牌信息质的贡献率（%）	品牌信息质量比值
沙驰	384 639 147.2	304 413 395.6	79.14	20.86	0.263 6

4. 品牌信息平均值分析 沙驰品牌的信息均值比为 0.99，是处于大众和专营之间的品牌，综合基础指标看，这一比值仍会继续下降，使之具有可以快速扩张和跨行业延伸的条件，应该是一个处于成长期中期的品牌类型（表 12－12）。

表 12－12　沙驰的品牌信息均值分析表

品牌	全国人口平均信息量（比特/人）	目标人群（人）	目标消费者平均信息量（比特/人）	信息均值比
沙驰	0.290 634 30	588 279 172	0.288 799 85	0.99

5. 品牌信息的稳定性分析 稳定性指标为 4.35，属于较弱稳定，该品牌的维护成本较高，而较弱的稳定性再次确定了该品牌的发展周期位置，高质量比下存在较弱的稳定性，且各地基础指标并不均匀，这是成长期中期品牌的标志（表 12－13）。

表 12－13　沙驰的品牌稳定性分析表

品牌	$N(E)$ 函数值	品牌衰减系数	品牌信息的衰减速率	品牌稳定性指数
沙驰	16.306 179	0.061 383	$0.061\ 383^t$	4.35

四、袋鼠

1. 品牌简介 袋鼠皮具有限公司是一家集男女休闲包、定型包、银包、皮带、礼盒及拉杆箱等系列产品设计开发、生产和销售的知名企业。公司品牌在国家工商行政管理局商标局核准注册，是国内极少数拥有自身国际知名皮具品牌的大型企业之一。品牌注册于 1997 年。东莞市袋鼠皮具有限公司作为中国地区总经销，全权负责产品系列在中国市场拓展业务。

2. 数据汇总 见表 12－14。

表 12－14　袋鼠品牌的基础数据和基础指标汇总表

地区	类别	人口数（万人）	知名度（%）	认知度（%）	美誉度（%）	忠诚度（%）	品牌信息量估值（比特）
北京	城市总人口	1 961.240 0	38.24	9.71	20.67	4.24	11 066 300.3
	目标消费者	1 254.016 9	38.24	9.71	20.67	4.24	7 095 104.8
成都	城市总人口	1 404.760 0	41.44	12.16	5.56	2.64	8 713 032.8
	目标消费者	898.203 5	40.91	12.27	5.56	20.00	5 901 384.4

（续）

地区	类别	人口数（万人）	知名度（%）	认知度（%）	美誉度（%）	忠诚度（%）	品牌信息量估值（比特）
深圳	城市总人口	1 035.790 0	55.48	20.90	21.18	7.95	11 671 994.4
	目标消费者	662.284 1	56.32	62.31	21.18	7.95	15 208 976.0
西安、济南	城市总人口	1 528.180 0	56.57	19.19	24.62	4.38	17 077 558.4
	目标消费者	977.118 3	57.73	19.59	24.62	4.47	11 098 761.1
南昌	城市总人口	504.260 0	57.89	13.16	0	0.70	4 398 662.4
	目标消费者	322.449 4	57.89	13.16	0	0.70	2 812 727.7
太原	城市总人口	420.160 0	31.13	8.49	13.33	1.57	1 794 382.4
	目标消费者	268.650 3	31.68	8.42	13.33	1.65	1 205 019.2
阳泉	城市总人口	136.850 0	44.30	19.46	16.96	7.29	1 167 103.0
	目标消费者	87.501 9	44.59	19.59	16.96	7.34	767 680.9
嘉祥	城市总人口	87.230 0	40	14	50	8	666 885.8
	目标消费者	55.774 9	38.10	14.29	50	9.52	362 482.9
全国	总人口	132 344.720 0	45.74	14.72	15.79	3.81	1 049 133 472.0
	目标消费者	84 622.214 0	46.22	17.12	15.79	4.40	737 726 521.4

3. 品牌质量分析 袋鼠品牌的信息质量比值为 0.003 4，略高于行业水平，信息总量是中大规模水平，该品牌有较高的知名度、认知度、美誉度以及一定程度的忠诚度，各项指标均处于较好的水平，但指标间的比率关系略有失衡，尤其是认知度与知名度的关系上，可以看出传播的效果还是比较有限，这一点是质量比值较低的主要原因（表 12－15）。

表 12－15 袋鼠的品牌质量比值分析表

品牌	品牌信息总量（比特）	信息基本量（比特）	品牌信息基本量的贡献率（%）	品牌信息质的贡献率（%）	品牌信息质量比值
袋鼠	1 049 133 472.0	1 045 518 831.0	99.66	0.34	0.003 4

4. 品牌信息平均值分析 袋鼠品牌的信息均值比为 1.1，是一个经营大类产品的品牌，消费者对其产品与品牌还略有一些专业专营的认知，但有大规模的信息量支持，具有扩张和跨行业延伸的条件（表 12－16）。

表 12-16　袋鼠的品牌信息均值分析表

品牌	全国人口平均信息量（比特/人）	目标人群（人）	目标消费者平均信息量（比特/人）	信息均值比
袋鼠	0.792 727 86	846 222 140	0.871 788 25	1.10

5. 品牌信息的稳定性分析　袋鼠品牌的稳定性指数为 5.64，属于有一定稳定性但不足的品牌，品牌有效信息的间隔期较短。综合分析，该品牌应该是处于成熟期后期，稳定性一般而信息量很大的品牌有两种可能，一种是处在成熟期早期稳定性正在恢复的过程，一种是处在成熟期后期，渐失稳定的过程，是老化迹象，结合质量比较低和忠诚度较低看，应该是成熟期后期的品牌，鼎盛期后出现衰退迹象，建议企业进行连续观察，能够准确地判断出企业所处的周期位置，有利于制订相应的措施（表 12-17）。

表 12-17　袋鼠的品牌稳定性分析表

品牌	N（E）函数值	品牌衰减系数	品牌信息的衰减速率	品牌稳定性指数
袋鼠	12.669 182	0.079 207	$0.079\ 207^{t}$	5.64

五、金猴

1. 品牌简介　金猴集团威海皮具有限公司是中国北方规模最大、档次最高的专业皮具生产厂家。公司先后通过了 ISO9001、ISO14001、SA8000 国际标准认证，拥有当今世界先进水平的箱包生产流水线和完备的检测设施，年可生产各类箱包 200 多万套。公司生产的金猴牌皮具先后被认定为“中国名牌产品”、“中国驰名商标”、“中国箱包领先品牌”，不仅畅销全国，还远销美、英、法、德等 20 多个国家和地区，成为三星、戴尔等著名电脑商的专用电脑包。2009 年以来为全军和武警部队研发和生产了将官衣帽箱、留守袋、前运袋、航母专用箱、制式内外腰带等 20 多个品种的军用箱、包、袋，受到广大官兵的好评。

2. 数据汇总　见表 12-18。

表 12-18　金猴品牌的基础数据和基础指标汇总表

地区	类别	人口数（万人）	知名度（%）	认知度（%）	美誉度（%）	忠诚度（%）	品牌信息量估值（万比特）
北京	城市总人口	1 961.240 0	8.82	0.88	36.67	0.75	192.701 77
	目标消费者	1 309.716 1	8.82	0.88	36.67	0.75	120.537 70

（续）

地区	类别	人口数（万人）	知名度（%）	认知度（%）	美誉度（%）	忠诚度（%）	品牌信息量估值（万比特）
成都	城市总人口	1 404.760 0	5.41	1.35	0	0	74.031 75
	目标消费者	938.098 7	5.66	1.42	0	0	51.890 63
深圳	城市总人口	1 035.790 0	11.61	4.06	29.17	0.55	149.283 60
	目标消费者	691.700 6	11.56	4.07	34.17	0.55	97.539 65
西安、济南	城市总人口	1 528.180 0	24.24	8.59	30	2.02	547.481 07
	目标消费者	1 020.518 6	24.49	8.67	30	2.04	356.945 72
南昌	城市总人口	504.260 0	7.89	0	0	0	36.334 35
	目标消费者	336.771 5	7.89	0	0	0	24.266 00
太原	城市总人口	420.160 0	8.49	1.42	0	0.13	34.861 52
	目标消费者	280.582 8	8.82	1.47	0	0.98	24.241 23
阳泉	城市总人口	136.850 0	6.04	1.34	30.00	0.76	9.145 05
	目标消费者	91.388 4	6.04	1.34	30.00	0.76	5.885 18
嘉祥	城市总人口	87.230 0	40	18	5	8	61.488 81
	目标消费者	58.252 2	40	18	5	8	44.015 83
全国	总人口	132 344.720 0	12.15	3.21	16.41	0.83	20 455.464 20
	目标消费者	88 380.836 0	12.30	3.25	16.69	1.07	13 550.406 91

3. 品牌质量分析　金猴品牌的信息质量比值为 0.097 7，处于较好水平，信息总量是中等偏小水平，基础指标分布均匀，是一个全国发展的品牌，区域特征不明显。该品牌的认知度明显低，这会大幅影响该品牌的基本量，也会影响自传播率的提高，使得品牌的质量下降。该品牌的主要问题就是消费者对其品牌的传播内容认知程度过低，有待尽快提高。是一个处于成长期中期的品牌（表 12 - 19）。

表 12 - 19　金猴的品牌质量比值分析表

品牌	品牌信息总量（比特）	信息基本量（比特）	品牌信息基本量的贡献率（%）	品牌信息质的贡献率（%）	品牌信息质量比值
金猴	204 554 642.0	186 342 072.3	91.10	8.90	0.097 7

4. 品牌信息平均值分析　该品牌信息均值比为 0.99，消费者对其所经营的产品的专业性认识程度低，这一方面可能是传播的效果不佳造成的，也可能

为品牌的跨行业延伸提供了较好的基础（表 12－20）。

表 12－20　金猴的品牌信息均值分析表

品牌	全国人口平均信息量（比特/人）	目标人群（人）	目标消费者平均信息量（比特/人）	信息均值比
金猴	0.154 562 00	883 808 360	0.153 318 38	0.99

5. 品牌信息的稳定性分析　金猴品牌的稳定性指数为 5.96，也属于弱稳定性范畴，该品牌如要在经营中发挥主要作用，还是需要较高的运营成本的。综合分析，该品牌是一个处于成长期中期，全国性发展的中小规模的品牌（表 12－21）。

表 12－21　金猴的品牌稳定性分析表

品牌	N（E）函数值	品牌衰减系数	品牌信息的衰减速率	品牌稳定性指数
金猴	11.983 737	0.083 521	$0.083\ 521^{t}$	5.96

第十三章 ›››

鞋类连锁经营品牌分析报告

第一节　鞋类行业品牌质量简述

我国有制鞋企业2万余家，从业人员有200多万人，但鞋市场的品牌集中度相对较低，（CR5）仅达到14.5%，即使是十强品牌总体份额也仅在21.4%，超过0.5%以上的品牌为23个，从消费数量和市场容量上看，近几年每年消费鞋类近20亿双，人均消费每年1.67次，总体看，该行业市场化程度高，发展阶段成熟，竞争非常激烈，处于垄断竞争市场格局。按地区分，鞋类品牌原产地较为集中，品牌主要集中在广东、江苏两省。

本报告各地推荐的鞋类品牌14个，具有一定的代表性，对它们的分析能够在一定程度上代表国内制鞋行业的整体分析。

从本次调研的数据分析看，品牌信息质量比值的均值为0.097，距离最优状态（0.3～0.4）还有一定的差距，但通过数据分析可以看出，有近半的品牌能够保持较为合理的品牌指标结构，品牌信息总量的均值达到1 428 709 752高值，说明鞋类品牌质量状况整体处于中等水平。整体稳定性均值为7.42，远高于其他行业，说明该行业竞争环境比较适合品牌的发展，品牌化经营在该行业较为成熟，行业的品牌发展阶段整体处于成熟期。

该行业信息均值比平均为1.16，基本都在1左右，整体属于专营大类产品的类型，有少数品牌有属于大众品牌范畴。按照地区分析品牌信息量构成中，该行业的品牌都没有区域品牌的特征，都是以全国范围为目标发展的品牌，且定位雷同，目标人群的规模相近，品牌间差异程度不大，因此竞争激烈。

品牌信息的稳定性所要解释的主要是对目标消费者消费偏好影响的持久性问题，鞋类行业的品牌稳定性指数为7.42，说明该行业的品牌信息质量总体看还是比较稳定的（表13-1）。

表 13-1　鞋品牌分析数据汇总表

品　牌	品牌信息总量（比特）	品牌信息质量比值	信息均值比	品牌稳定性指数
意尔康	3 024 049 155.0	0.090 9	0.849 152 43	12.72
达芙妮	2 867 827 195.0	0.043 6	1.296 459 27	11.98
红蜻蜓	2 656 400 655.0	−0.022 0	1.203 479 59	7.15
奥康	2 215 918 468.0	0.056 4	0.991 937 94	8.66
蜘蛛王	1 660 781 414.0	0.057 4	1.015 032 73	7.8
百丽	1 652 239 797.0	0.175 8	1.234 715 74	11.3
富贵鸟	1 591 118 149.0	0.002 8	1.112 827 34	5.13
百思图	889 086 793.2	0.136 5	1.351 783 23	8.41
康奈	815 108 670.8	0.013 6	0.986 119 16	6.97
千百度	765 233 713.0	0.039 4	1.324 406 12	2.97
接吻猫	723 097 795.4	0.168 5	1.346 023 77	8.63
星期六	686 159 699.9	0.199 8	1.203 206 63	7.53
哈森	353 013 958.1	0.337 1	1.479 263 20	3.19
SKAP	101 901 066.7	0.064 4	0.806 966 54	1.47
均值	1 428 709 752	0.097 442 857	1.157 240 978	7.42

第二节　鞋类连锁品牌质量个案分析

一、奥康

1. 品牌简介　浙江奥康鞋业股份有限公司是中国领先的零售服务运营商，经过25年的发展，现已成为中国最大的民营制鞋企业之一，是北京2008年奥运会皮具产品供应商，奥康品牌价值达123.18亿元。根据国家统计局公布的信息，企业连续四年位列中国工业行业效益十佳企业第一位。公司于2012年4月26日在上海证券交易所A股主板正式挂牌上市。

公司建立了两大研发中心、三大制造基地、5 000多个营销网点，拥有奥康、康龙、美丽佳人、红火鸟4个自有品牌，并于2010年成功收购了意大利品牌万利威德（valleverde）的大中华区品牌所有权，形成了纵向一体化的经营模式。

2. 数据汇总　见表13-2。

表 13－2　奥康品牌的基础数据和基础指标汇总表

地区	类别	人口数（万人）	知名度（%）	认知度（%）	美誉度（%）	忠诚度（%）	品牌信息量估值（万比特）
北京	城市总人口	1 961.240 0	67.65	30.88	55.00	10.00	3 790.040 81
	目标消费者	1 309.716 1	67.65	30.88	55.00	10.00	2 135.845 49
成都	城市总人口	1 404.760 0	69.37	35.14	12.50	11.17	2 409.027 74
	目标消费者	938.098 7	71.70	36.32	11.11	11.57	1 765.280 84
深圳	城市总人口	1 035.790 0	57.16	26.58	26.67	10.31	1 339.600 47
	目标消费者	691.700 6	57.42	26.74	26.85	10.48	883.018 11
西安、济南	城市总人口	1 528.180 0	65.66	17.17	19.44	9.43	1 761.707 91
	目标消费者	1 020.518 6	65.31	16.84	19.44	9.52	1 179.207 16
南昌	城市总人口	504.260 0	92.11	61.84	29.29	25.44	1 840.449 36
	目标消费者	336.771 5	92.11	61.84	29.29	25.44	1 186.469 72
太原	城市总人口	420.160 0	54.72	24.06	18.18	18.87	471.747 37
	目标消费者	280.582 8	55.88	24.51	18.75	18.63	333.563 55
阳泉	城市总人口	136.850 0	63.76	32.89	23.67	9.08	219.654 83
	目标消费者	91.388 4	63.76	32.89	23.67	9.08	145.813 84
嘉祥	城市总人口	87.230 0	64	32	16.25	21.60	132.994 39
	目标消费者	58.252 2	64	32	16.25	21.60	91.777 88
全国	总人口	132 344.720 0	65.97	30.71	23.44	14.62	221 591.846 80
	目标消费者	88 380.836 0	66.29	30.8	23.56	14.6	146 787.732 90

3. 品牌质量分析　奥康品牌的信息质量比值为 0.056 4，中等偏上质量水平，信息质量的贡献率不算高，但该品牌信息总量大，各项指标均处于较高水平，是个高知名度品牌，只有认知度与知名度的比率关系略显不足，其他指标关系状况均处于优良水平，说明该企业具有很高的品牌管理水平。

该品牌有着相对较高的美誉度和忠诚度，显示出具有相当数量的自传播比率及消费者对其产品的消费习惯和偏好，企业应该是很重视消费者口碑和消费者体验，但总的质量比较低，其原因还是在于认知度相对不足，仅从 30.71% 的认知程度看，该值并不算低，但与 65.97% 的知名度相比，该值还是偏低了，建议企业扩大消费者认知面，促进消费者对其品牌内涵和内容的了解，品牌质量会有一个大幅的提高空间。该品牌没有明显的区域特征，是一个全国性的成熟期中期的品牌（表 13－3）。

表 13－3　奥康的品牌质量比值分析表

品牌	品牌信息总量（比特）	信息基本量（比特）	品牌信息基本量的贡献率（%）	品牌信息质的贡献率（%）	品牌信息质量比值
奥康	2 215 918 468.0	2 097 666 342.0	94.66	5.34	0.056 4

4. 品牌信息平均值分析　奥康品牌的信息均值比为 0.99，消费者对其品牌的所属行业认识已经很低，处于大众品牌，该品牌具有进行跨行业延伸的条件（表 13－4）。

表 13－4　奥康的品牌均值分析表

品牌	全国人口平均信息量（比特/人）	目标人群（人）	目标消费者平均信息量（比特/人）	信息均值比
奥康	1.674 353 51	883 808 360	1.660 854 77	0.99

5. 品牌信息的稳定性分析　奥康品牌的稳定性指数为 8.66，属于结构稳定的品牌，品牌有较强的抵抗风险的能力，较长的信息间隔期。综合分析，该品牌处于鼎盛时期，是个具有高稳定结构、大规模水平、优良的基础指标结构、中等水平的质量比值的全国性大众化品牌（表 13－5）。

表 13－5　奥康的品牌稳定性分析表

品牌	$N(E)$ 函数值	品牌衰减系数	品牌信息的衰减速率	品牌稳定性指数
奥康	8.488 487	0.119 868	0.119 868	8.66

二、红蜻蜓

1. 品牌简介　红蜻蜓集团创始于 1995 年 3 月，位于浙江省温州市，是一家集专业制鞋、服饰、多元投资的全国无区域性集团。

红蜻蜓集团始终不渝坚持“从距离中寻求接近”的核心理念，在民营企业中创造性实行“远距离管钱，近距离管人”，大力引进高级管理人才与技术专才，不断完善现代企业制度，积极营造“文化、自然、亲和”的良好企业氛围，倾力构筑不败的文化团队，使企业实现了超常规、跳跃式发展。通过实施现代化企业管理制度，红蜻蜓已获得 ISO 9002 质量体系认证和 ISO 14000 环保认证。到目前为止，红蜻蜓集团已成为国家中型企业、中国皮革工业协会优势企业、全国民企 500 强、全国行业百强、浙江省重点民营企业、浙江省“五个一批”企业，连续 6 年被评为行业纳税大户。红蜻蜓皮鞋，获得首批

“国家免检产品”称号，2002 年、2005 年相继被评为“中国名牌产品”，六度蝉联温州厂长经理最高奖——金鹿奖。

品牌定位：红蜻蜓皮具是自然精灵存在的又一种形式，是自然自由精神内涵的又一种表达，是东方经典和西方时尚的完美融合。

2. 数据汇总 见表 13-6。

表 13-6 红蜻蜓品牌的基础数据和基础指标汇总表

地区	类别	人口数（万人）	知名度（%）	认知度（%）	美誉度（%）	忠诚度（%）	品牌信息量估值（万比特）
北京	城市总人口	1 961.240 0	70.59	20.29	14.67	5.92	2 560.210 73
	目标消费者	476.385 2	88.46	50.00	20.00	5.90	1 444.419 73
成都	城市总人口	1 404.760 0	82.88	40.99	18.24	16.58	3 270.093 77
	目标消费者	341.216 2	85.42	42.71	21.43	14.72	878.018 05
深圳	城市总人口	1 035.790 0	70.84	33.23	28.98	18.99	1 910.913 13
	目标消费者	251.593 4	72.93	34.76	25.60	20.02	468.356 24
西安、济南	城市总人口	1 528.180 0	76.77	34.85	15.56	9.43	2 932.024 00
	目标消费者	371.194 9	73.68	36.84	17.14	23.16	742.578 47
南昌	城市总人口	504.260 0	81.58	40.79	16.36	22.11	1 140.498 33
	目标消费者	122.494 5	95	50	18.57	26.33	388.287 41
太原	城市总人口	420.160 0	76.42	36.32	13.46	33.52	814.260 42
	目标消费者	102.056 9	83.33	38.33	15.59	37.89	238.350 21
阳泉	城市总人口	136.850 0	80.54	38.93	21.76	16.20	304.993 68
	目标消费者	33.240 9	84.42	42.21	24.84	22.25	83.551 10
嘉祥	城市总人口	87.230 0	60	30	64	6.13	154.096 58
	目标消费者	21.188 2	50	25	36.67	10.56	21.579 42
全国	总人口	132 344.720 0	77.4	36.16	17.73	19.7	265 640.065 50
	目标消费者	32 146.922 9	82.32	40.84	19.42	25.95	77 654.226 02

3. 品牌质量分析 红蜻蜓品牌的信息质量比值略低于该行业的平均水平，品牌信息总量规模大，但该品牌的目标消费者指标要比全国平均水平显著优良，有可能是在高知名度下产生的信息溢出效应所致。一般性的溢出效应不会增加自传播率，而仅仅扩大了品牌的知名度和认知度，没有形成口碑效应。有可能是认知度和美誉度之间的比率值欠佳，约束了品牌质量，也有可能是质量衰减引发的信息放量。该品牌没有区域特征，是一个全国性品牌（表 13-7）。

表 13－7　红蜻蜓的品牌质量比值分析表

品牌	品牌信息总量（比特）	信息基本量（比特）	品牌信息基本量的贡献率（%）	品牌信息质的贡献率（%）	品牌信息质量比值
红蜻蜓	2 656 400 655.0	2 716 177 022.0	—	－2.25	－0.022 0

4. 品牌信息平均值分析　该品牌信息均值比为 1.20，属于专营某大类的品牌，消费者对其产品依然存有一定的行业认识，但很微弱，是一个很靠近大众化的品牌，具有较好的延伸基础（表 13－8）。

表 13－8　红蜻蜓的品牌信息均值分析表

品牌	全国人口平均信息量（比特/人）	目标人群（人）	目标消费者平均信息量（比特/人）	信息均值比
红蜻蜓	2.007 182 95	321 469 229	2.415 603 71	1.20

5. 品牌信息的稳定性分析　该品牌具有较高的稳定性，具有较长的信息间隔期，具有一定的抗风险能力，质量比较低出现较高稳定性和低信息均值比，是一种成熟期中后期的表现，意味着该品牌出现衰退迹象，如果综合基础指标分析，只有美誉度指标低，其他指标均处于正常阈值且有较高知名度，在衰退先兆中，这是一种多镒信息衰减，是由质衰减引发的量放大，是成熟期后期向衰退期发展中出现的一种信号。总之，该品牌的指标结构比较特殊，只看基础指标这个品牌应该是个不错的品牌，但各项比值分析能够看出该品牌潜在风险很高，应该是发生了品牌信息的溢出效应，基本信息量的溢出对于品牌而言总的来说弊大于利，在指标中表现为质量水平的下降，建议企业查清原因，防微杜渐（表 13－9）。

表 13－9　红蜻蜓的品牌稳定性分析表

品牌	N（E）函数值	品牌衰减系数	品牌信息的衰减速率	品牌稳定性指数
红蜻蜓	10.297 718	0.099 619	$0.099\ 619^t$	7.15

三、蜘蛛王

1. 品牌简介　蜘蛛王集团创始于 1996 年 3 月，总部坐落于浙江省温州市。蜘蛛王品牌在全国 26 个省（自治区、直辖市）设立销售分公司和直营办事处，网点遍布全国各地，并大力拓展电子商务，网上网下联动，逐步形成纵横交错强势的营销网络。

品牌核心价值：智慧与豪迈。

品牌理念：恪守诚信，稳健经营。

2. 数据汇总　见表 13－10。

表 13－10　蜘蛛王品牌的基础数据和基础指标汇总表

地区	类别	人口数（万人）	知名度（%）	认知度（%）	美誉度（%）	忠诚度（%）	品牌信息量估值（万比特）
北京	城市总人口	1 961.240 0	25.29	13.82	24.00	0.90	815.361 66
	目标消费者	1 309.716 1	25.29	13.82	24.00	0.90	540.330 14
成都	城市总人口	1 404.760 0	49.55	18.47	2.31	3.90	1 154.597 07
	目标消费者	938.098 7	50.94	18.87	2.31	4.09	889.780 45
深圳	城市总人口	1 035.790 0	39.10	16.51	25.00	6.32	719.663 98
	目标消费者	691.700 6	39.16	16.51	24.71	6.38	474.505 04
西安、济南	城市总人口	1 528.180 0	32.32	15.66	23.33	0.40	850.774 85
	目标消费者	1 020.518 6	32.65	15.82	23.33	0.41	573.988 35
南昌	城市总人口	504.260 0	73.68	40.79	23.75	11.93	1 070.628 89
	目标消费者	336.771 5	73.68	40.79	23.75	11.93	710.476 73
太原	城市总人口	420.160 0	56.60	27.83	14.33	13.58	517.467 78
	目标消费者	280.582 8	57.84	28.43	14.33	14.12	373.051 08
阳泉	城市总人口	136.850 0	73.15	34.90	26.67	13.65	265.379 56
	目标消费者	91.388 4	73.15	34.90	26.67	13.65	173.426 00
嘉祥	城市总人口	87.230 0	48	24	53.33	5.07	103.108 29
	目标消费者	58.252 2	48	24	53.33	5.07	58.615 32
全国	总人口	132 344.720 0	53.64	26.55	21.49	8.77	166 078.141 40
	目标消费者	88 380.836 0	54.1	26.76	21.47	8.93	112 575.532 50

3. 品牌质量分析　蜘蛛王品牌的信息质量比值为 0.057 4，属于一般质量水平，总量 1 660 781 414 比特，品牌指标结构基本合理，处于中等偏上的水平，没有明显的地域特征，属于全国发展的品牌（表 13－11）。

表 13－11　蜘蛛王的品牌质量比值分析表

品牌	品牌信息总量（比特）	信息基本量（比特）	品牌信息基本量的贡献率（%）	品牌信息质的贡献率（%）	品牌信息质量比值
蜘蛛王	1 660 781 414.0	1 570 612 566.0	94.57	5.43	0.057 4

4. 品牌信息平均值分析　品牌信息均值 1.02，是一个接近大众的专营品牌，说明消费者对其品牌的行业属性认知较淡，具有跨行业延伸的条件（表 13－12）。

表 13－12　蜘蛛王的品牌信息均值分析表

品牌	全国人口平均信息量（比特/人）	目标人群（人）	目标消费者平均信息量（比特/人）	信息均值比
蜘蛛王	1.254 890 57	883 808 360	1.273 755 01	1.02

5. 品牌信息的稳定性分析　该品牌的结构稳定性指数为 7.8，属于较强稳定性范围，该品牌的信息间隔期较长，品牌维护费用较低。综合分析，该品牌应该是完成长期过渡，进入成熟期的品牌，还没有达到鼎盛期，应该是处于成熟期早期，大规模的全国性大众品牌（表 13－13）。

表 13－13　蜘蛛王的品牌稳定性分析表

品牌	$N(E)$ 函数值	品牌衰减系数	品牌信息的衰减速率	品牌稳定性指数
蜘蛛王	9.315 297	0.108 389	0.108 389	7.8

四、康奈

1. 品牌简介　康奈集团成立于 1980 年，开始主营中高档男女皮鞋，后扩展为兼营内衣、服饰等领域，是中国鞋业的龙头企业。现有员工 4 000 多名，占地 160 亩，拥有一流制鞋设备和工艺。其旗下康奈品牌中高档鞋以质量著称，以舒适时尚为产品特色。

目前，康奈皮鞋已在全国开设专卖店 2 300 家，并远销世界 40 多个国家和地区。从 2001 年 1 月开始，康奈在法国、美国、意大利、西班牙、比利时等 10 多个国家开设了 80 多家皮鞋专卖店，成为中国皮鞋行业首家以开设专卖店形式走向国际市场的品牌。

品牌定位：事业有成、追求品位的时尚精英人士。

品牌理念：创造我自己。

2. 数据汇总 见表 13－14。

表 13－14 康奈品牌的基础数据和基础指标汇总表

地区	类别	人口数（万人）	知名度（%）	认知度（%）	美誉度（%）	忠诚度（%）	品牌信息量估值（万比特）
北京	城市总人口	1 961.240 0	24.12	9.71	27	2.31	699.019 82
	目标消费者	1 309.716 1	24.12	9.71	27	2.31	456.023 42
成都	城市总人口	1 404.760 0	36.94	18.47	17.50	5.60	931.904 35
	目标消费者	938.098 7	37.74	18.87	17.50	5.35	659.213 08
深圳	城市总人口	1 035.790 0	18.32	6.97	30	1.79	260.136 31
	目标消费者	691.700 6	18.27	6.90	31.20	1.80	166.990 57
西安、济南	城市总人口	1 528.180 0	34.34	11.62	0	1.14	714.070 66
	目标消费者	1 020.518 6	33.67	10.20	0	1.16	447.740 65
南昌	城市总人口	504.260 0	44.74	25	40	13.16	529.461 24
	目标消费者	336.771 5	44.74	25	40	13.16	322.738 50
太原	城市总人口	420.160 0	38.68	18.40	14.00	8.23	286.070 55
	目标消费者	280.582 8	39.22	18.63	14.00	8.56	203.694 53
阳泉	城市总人口	136.850 0	32.89	16.44	23.33	3.67	79.141 81
	目标消费者	91.388 4	32.89	16.44	23.33	3.67	52.630 31
嘉祥	城市总人口	87.230 0	4	2	1	53	5.709 30
	目标消费者	58.252 2	4	2	1	53	2.542 96
全国	总人口	132 344.720 0	24.12	9.71	27	2.31	81 510.867 08
	目标消费者	88 380.836 0	24.12	9.71	27	2.31	53 678.008 69

3. 品牌质量分析 康奈品牌的信息质量比值为 0.013 6，略高于该行业的平均水平，信息总量属于大规模品牌，基础指标的结构关系还算是基本平衡，但认知度和忠诚度明显低，知名度属于中等偏下，可知该品牌的传播效果不是很理想，消费者对其品牌内涵的认知有限。没有明显的区域特征，属于全国性品牌（表 13－15）。

表 13－15 康奈的品牌质量比值分析表

品牌	品牌信息总量（比特）	信息基本量（比特）	品牌信息基本量的贡献率（%）	品牌信息质的贡献率（%）	品牌信息质量比值
康奈	815 108 670.8	804 148 767.5	98.66	1.34	0.013 6

4. 品牌信息平均值分析 康奈品牌的信息均值比为 0.986，属于大众品牌，消费者对其专业专营没有形成显著的认知，可能是在品牌信息的传播方式上没有针对目标消费者，渠道接近大众，或者目标人群的跨度大，不够集中所致，也可能是品牌发展至泛大众品牌的阶段易于跨行业延伸（表 13－16）。

表 13－16 康奈的品牌信息均值分析表

品牌	全国人口平均信息量（比特/人）	目标人群（人）	目标消费者平均信息量（比特/人）	信息均值比
康奈	0.615 898 14	883 808 360	0.607 348 96	0.986 119 16

5. 品牌信息的稳定性分析 康奈品牌的稳定性指数为 6.97，属于具有一定的稳定性的品牌，品牌信息的最优间隔期较短，品牌运营成本较高。该品牌具备一定的应对风险能力。综合分析，该品牌是一个处于成熟早期、全国性大规模的大众品牌（表 13－17）。

表 13－17 康奈的品牌稳定性分析表

品牌	*N*（*E*）函数值	品牌衰减系数	品牌信息的衰减速率	品牌稳定性指数
康奈	10.350 359	0.097 215	0.097 215ℓ	6.97

五、富贵鸟

1. 品牌简介 富贵鸟集团公司成立于 1995 年，历经多年发展，公司业已成为中国最为著名的鞋服产业基地——福建省石狮市最具影响力的大型企业之一。公司主要从事男女皮鞋、男式商务休闲装及皮具等相关配饰的研发、生产及销售。同时，公司采取 OEM/ODM 模式，为国际及国内其他鞋履服饰品牌生产皮鞋产品。公司采用垂直一体化业务模式，业务范围涵盖品牌运营、设计研发、采购、生产及销售等多个环节。公司采取自主生产为主、外协生产为辅的生产模式，经销和直营相结合、经销为主的销售模式。在充分利用产品优势及品牌知名度的基础上，从 2011 年开始，以富贵鸟品牌销售西装、裤子、夹克及衬衫等多种商务休闲男装以及皮带、皮包、行李箱及钱包等皮革配饰产品。多元化的产品组合使公司在中国鞋服市场上脱颖而出，占有优势地位。

品牌定位：25～48 岁，中产阶层家庭的男士。

品牌理念：优雅是永恒的美丽。

2. 数据汇总 见表 13－18。

表 13-18　富贵鸟品牌的基础数据和基础指标汇总表

地区	类别	人口数（万人）	知名度（%）	认知度（%）	美誉度（%）	忠诚度（%）	品牌信息量估值（万比特）
北京	城市总人口	1 961.240 0	62.94	15.29	19.17	4.00	2 060.065 01
	目标消费者	597.197 6	72.00	28.00	8.00	13.07	914.948 99
成都	城市总人口	1 404.760 0	62.16	29.28	11.88	8.95	1 930.575 26
	目标消费者	427.749 4	73.91	34.78	18.75	15.51	876.119 64
深圳	城市总人口	1 035.790 0	75.10	32	26.68	13.89	1 956.949 40
	目标消费者	315.398 1	83.45	35.34	24.71	18.25	682.132 93
西安、济南	城市总人口	1 528.180 0	56.57	20.20	8.57	1.82	1 545.202 17
	目标消费者	465.330 8	56.25	28.13	5	1.67	569.452 95
南昌	城市总人口	504.260 0	86.84	30.26	28.75	14.21	1 077.676 86
	目标消费者	153.559 4	82.61	28.26	16	14.20	275.824 80
太原	城市总人口	420.160 0	50.94	17.92	14.17	1.89	372.586 14
	目标消费者	127.938 7	50.85	17.80	18.89	7.91	122.674 53
阳泉	城市总人口	136.850 0	54.36	19.46	14.38	4.34	134.659 45
	目标消费者	41.670 8	56.00	22.00	15.00	4.09	47.025 24
嘉祥	城市总人口	87.230 0	52	26	16.25	11.20	96.027 32
	目标消费者	26.561 5	1	40	30	10.67	82.964 45
全国	总人口	132 344.720 0	60.59	21.67	15.99	5.29	159 111.814 90
	目标消费者	40 299.437 8	62.14	24.91	14.35	7.77	53 916.610 64

3. 品牌质量分析　富贵鸟品牌的信息质量比值为－0.002 8，略低于该行业的平均水平。信息总量处于大规模水平，是一个具有高知名度的品牌，质量比出现负值的原因在于高知名度下的认知度、美誉度均偏低，基础指标的关系失衡所致。单看21.67%的认知度并不算低，但对比60.59%的高知名度，消费者的认知程度远远不足，这一点影响了整个品牌指标结构，造成信息质量比值严重下降的结构。在品牌管理实务中这一结果有两种可能的原因，一种是该企业在品牌管理和品牌传播过程中，出现了比较严重的失误；另一种可能是品牌发展至成熟后期或衰退期早期，出现明显的衰退迹象（表13-19）。

表 13-19　富贵鸟的品牌质量比值分析表

品牌	品牌信息总量（比特）	信息基本量（比特）	品牌信息基本量的贡献率（%）	品牌信息质的贡献率（%）	品牌信息质量比值
富贵鸟	1 591 118 149.0	1 595 570 327.0	—	－0.28	－0.002 8

4. 品牌信息平均值分析 富贵鸟品牌的信息均值比为 1.112 8，属于专营某大类的品牌，消费者对其专业形象的已经淡化，消费者对其产品依然存有一点行业认识，但很微弱，是一个很靠近大众化的品牌，该品牌没有明显的区域特征，属于全国性品牌（表 13－20）。

表 13－20 富贵鸟的品牌信息均值分析表

品牌	全国人口平均信息量（比特/人）	目标人群（人）	目标消费者平均信息量（比特/人）	信息均值比
富贵鸟	1.202 252 84	402 994 378	1.337 899 82	1.112 827 34

5. 品牌信息的稳定性分析 富贵鸟品牌的稳定性指标为 5.13，属于具有一定的稳定的品牌，品牌信息的最优间隔期较短，具备一定的应对风险的能力。综合分析，富贵鸟是处于成熟后期或衰退早期的全国性专营某大类商品的大规模品牌（表 13－21）。

表 13－21 富贵鸟的品牌稳定性分析表

品牌	N（E）函数值	品牌衰减系数	品牌信息的衰减速率	品牌稳定性指数
富贵鸟	13.937 135	0.072 153	$0.072\ 153^{t}$	5.13

六、哈森

1. 品牌简介 哈森 1979 年始创于中国台湾，致力于中高档男女真皮鞋研发制作。哈森品牌以其文雅的风格，优秀的品质受到了许多消费者的青睐和关注。哈森以专业、诚信、服务为己任，引进意大利时尚格式奉献给国内女性，把握足下潮流，拥有先进的生产装备，能够给消费者提供优质的售后服务。哈森旗下主要拥有哈森和卡迪娜 2 个品牌，风格各有千秋，迎合了不同消费者的需求。

品牌定位：以年龄 25～45 岁职业女性为主。充满自信、乐观及活跃的都市女孩，稳重成熟又不失浪漫风情的上班族，端庄、典雅的贵族女性，经济自由度高的白领阶层。

品牌个性：坚持的（坚持自己的要求从不放弃）、淡雅的（不哗众取宠，不怪异造势）、时尚的（了解国际潮流）、闲适的（回归自我的个性）。

2. 数据汇总 见表 13－22。

表 13-22　哈森品牌的基础数据和基础指标汇总表

地区	类别	人口数（万人）	知名度（%）	认知度（%）	美誉度（%）	忠诚度（%）	品牌信息量估值（万比特）
北京	城市总人口	1 961.240 0	18.82	8.24	5.83	4.00	465.564 71
	目标消费者	424.988 5	19.20	8.80	6.36	5.33	115.630 31
成都	城市总人口	1 404.760 0	41.44	18.92	36.00	10.21	1 164.426 82
	目标消费者	304.402 7	56.06	25.76	30.59	13.94	364.935 77
深圳	城市总人口	1 035.790 0	45.16	19.81	33.07	7.78	941.527 00
	目标消费者	224.449 2	50	22.15	32.88	9.16	225.622 06
西安、济南	城市总人口	1 528.180 0	5.05	2.02	0	0.13	74.928 11
	目标消费者	331.147 1	5.80	2.17	0	0	18.764 79
南昌	城市总人口	504.260 0	47.37	19.74	35.71	18.42	486.664 11
	目标消费者	109.258 1	66.67	33.34	40	33.33	186.398 14
太原	城市总人口	420.160 0	6.60	2.36	0	0.13	27.306 71
	目标消费者	91.046 0	6	1	0	0	5.077 60
阳泉	城市总人口	136.850 0	3.36	1.34	0	0	4.337 44
	目标消费者	29.654 5	3.42	1.28	0	0	0.954 21
嘉祥	城市总人口	87.230 0	0	0	0	0	0.000 00
	目标消费者	18.902 2	0	0	0	0	0.000 00
全国	总人口	132 344.720 0	15.43	6.42	8.53	3.76	35 301.395 81
	目标消费者	28 677.799 2	19.05	8.46	9.02	6.17	11 315.572 47

3. 品牌质量分析　哈森品牌的信息质量比值为 0.337 1，处于最优状态，品牌信息质的贡献率高达 25.21%是本次调研的鞋类品牌中质量最好的品牌。该品牌的信息总量不算大，为 353 013 958.1 比特，属于中等规模的品牌。哈森的各项指标都偏低，但结构比例较为合理，没有明显的区域品牌特征，这说明该品牌处于成长期早期。目标消费者指标相对全国指标有明显优势，反映出该品牌的目标明确，市场定位较清晰（表 13-23）。

表 13-23　哈森的品牌质量比值分析表

品牌	品牌信息总量（比特）	信息基本量（比特）	品牌信息基本量的贡献率（%）	品牌信息质的贡献率（%）	品牌信息质量比值
哈森	353 013 958.1	264 004 487.4	74.79	25.21	0.337 1

4. 品牌信息平均值分析 哈森品牌的信息均值比为 1.47，理论上，是个有大众倾向的专营某大类产品的品牌，但基础指标过低也可能会出现本是专业性很强的品牌有很低的信息均值比。消费者对其产品依然存有一定的行业认识，但很微弱。综合分析，该品牌是一个处于成长期早期的全国性品牌（表 13－24）。

表 13－24 哈森的品牌信息均值分析表

品牌	全国人口平均信息量（比特/人）	目标人群（人）	目标消费者平均信息量（比特/人）	信息均值比
哈森	0.266 738 23	286 777 992	0.394 576 04	1.479 263 20

5. 品牌信息的稳定性分析 哈森品牌的稳定性指数为 3.19，属于稳定性较弱的品牌类型，信息有效间隔期较短，抵抗风险能力较弱，若要发展该品牌，需要高密度的信息传播，品牌运营费用也较高。这也是处于成长期早期的特征之一（表 13－25）。

表 13－25 哈森的品牌稳定性分析表

品牌	*N*（*E*）函数值	品牌衰减系数	品牌信息的衰减速率	品牌稳定性指数
哈森	22.155 733	0.045 261	0.045 261ᶠ	3.19

七、SKAP

1. 品牌简介 SKAP（圣伽步）——世界在你脚下。秉承自然、健康、时尚、经典的品牌理念，集科技于时尚，融东西文化于经典。品牌现已拥有男装、女装、精品等系列，产品涵盖鞋、皮具、配饰、商务艺术精品等。SKAP，对品质、对科技、对服务的坚持，不断为您开启经典、舒适、健康生活之旅。

品牌理念：自然、健康、时尚、经典。

SKAP 代表了现代人文理念的升华，提倡从奢华回归自然的同时，也和现代城市精英的生活模式紧紧相扣，他崇尚自然、远离束缚，用独特的个性情怀品味自然之美；他追求卓越，秉承对质量、科技的坚持，开启经典、舒适、健康生活之旅，缔造明日生活态度。

2. 数据汇总 见表 13－26。

表 13-26　SKAP 品牌的基础数据和基础指标汇总表

地区	类别	人口数（万人）	知名度（%）	认知度（%）	美誉度（%）	忠诚度（%）	品牌信息量估值（万比特）
北京	城市总人口	1 961.240 0	5.88	0.59	20.00	0.08	116.872 87
	目标消费者	261.943 2	5.88	0.59	20.00	0.08	15.817 37
成都	城市总人口	1 404.760 0	6.31	0.90	0	0.12	82.030 70
	目标消费者	187.619 7	6.54	0.93	0	0.12	11.370 31
深圳	城市总人口	1 035.790 0	28.97	3.69	18.19	7.68	342.781 45
	目标消费者	138.340 1	29.74	3.63	18.27	7.74	47.989 36
西安、济南	城市总人口	1 528.180 0	4.04	0.51	10	0.13	59.171 03
	目标消费者	204.120 7	4.08	0.51	10	0.14	8.522 14
南昌	城市总人口	504.260 0	7.89	2.63	0	0	39.614 18
	目标消费者	67.354 3	7.89	2.63	0	0	5.291 29
太原	城市总人口	420.160 0	4.72	0.94	0	0.13	18.384 98
	目标消费者	56.116 6	4.90	0.98	0	0.13	2.553 61
阳泉	城市总人口	136.850 0	2.68	1.01	0	0	3.410 48
	目标消费者	18.277 7	2.68	1.01	0	0	0.455 50
嘉祥	城市总人口	87.230 0	4	2	0	0	3.384 87
	目标消费者	58.252 2	4	2	0	0	2.260 41
全国	总人口	132 344.720 0	6.08	1.25	4.42	0.5	8 105.833 25
	目标消费者	18 654.663 5	6.08	1.3	4.2	0.48	1 159.084 38

3. 品牌质量分析　SKAP 的信息质量比值为－0.047 5，略低于该行业的平均水平。基础指标中明显的缺陷是各项指标均偏低，知名度仅仅为 6.08%，相当于刚刚进入导入期的阶段，认知度过低，可能是缺乏有效的传播手段，或是品牌本身的有效信息不够健全，消费者对该品牌的认知程度非常微弱，如果其经营比较正常，则有可能是同时经营多个品牌的一种产品，也会出现这样的结果，多重品牌策略一方面可以分散风险，另一方面也会分散目标消费者，有利也有弊。该品牌总信息量也偏小，目标人群的信息量仅为11 590 843.8比特，仅从基础指标看，这个品牌应该是一个未发展起来的小规模品牌（表 13-27）。

表 13-27 SKAP 的品牌质量比值分析表

品牌	品牌信息总量（比特）	信息基本量（比特）	品牌信息基本量的贡献率（%）	品牌信息质的贡献率（%）	品牌信息质量比值
SKAP	8 105.833 25	8 510.115 16	—	−4.99	−0.047 5

4. 品牌信息平均值分析 SKAP 品牌的信息均值比为 1.014 5，没有专业品牌特征，目标消费者的认知度对全国人口的指标没有明显优势，属于大众品牌。在所调研的城市当中，所有指标显示它还没有形成明显的区域特征，是一个专业化程度很低的小规模的品牌（表 13-28）。

表 13-28 SKAP 的品牌信息均值分析表

品牌	全国人口平均信息量（比特/人）	目标人群（人）	目标消费者平均信息量（比特/人）	信息均值比
SKAP	0.061 247 878	186 546 635	0.062 133 76	1.014 5

5. 品牌信息的稳定性分析 SKAP 品牌的稳定性指数为 1.47，属于弱稳定性范围，信息有效间隔期很短，抵抗环境风险的能力较弱。综合分析，应该是处于成长早期品牌量较小时所表现出来的较弱影响力的品牌特征（表 13-29）。

表 13-29 SKAP 的品牌稳定性分析表

品牌	*N*（*E*）函数值	品牌衰减系数	品牌信息的衰减速率	品牌稳定性指数
SKAP	47.655 446	0.020 986	0.020 986′	1.47

八、百丽

1. 品牌简介 百丽集团创建于 1992 年 3 月，是在香港丽华鞋业贸易有限公司投资中国内地兴建的生产加工企业的基础上，迅速发展起来的产销一体化集团企业，为著名的鞋业品牌连锁经营公司。

百丽集团自主经营 10 个著名鞋类品牌：Belle（百丽）、Teenmix（天美意）、Tata（他她）、Staccato（思加图）、Joy & Peace（真美诗）、Mirabell（美丽宝）、Millie's、Senda（森达）、Innet（茵奈儿）、Basto（百思图）及 JipiJapa，代理经营 8 个著名品牌——Bata、BCBG、Elle、Clarks、Mephisto、Merrell、Caterpillar、暇步士。百丽集团拥有中国鞋业第一自营连锁销售网络，2010 年营业额超过 237 亿元人民币，销售网络覆盖中国内地包括所有省会城市在内的300多个主要城市，自营连锁店铺达13 500余间（截至2011年10月）。产品辐射中国（含港澳台）、美国、日本等国家和欧洲、东南亚、中东、非洲等地区。

品牌定位：中等收入，年龄20～40岁的都市白领阶层，产品风格多样，以“舒适、简约、职业、成熟”为主流，亦不乏新潮、时尚、前卫。

2. 数据汇总　见表13-30。

表13-30　百丽品牌的基础数据和基础指标汇总表

地区	类别	人口数（万人）	知名度（%）	认知度（%）	美誉度（%）	忠诚度（%）	品牌信息量估值（万比特）
北京	城市总人口	1 961.240 0	69.41	32.94	32.71	30.47	3 596.012 74
	目标消费者	337.982 9	74.17	37.50	29.64	34.39	672.623 25
成都	城市总人口	1 404.760 0	69.37	34.68	40.77	38.26	2 770.189 12
	目标消费者	242.084 0	80.65	41.94	42.37	50.11	571.924 24
深圳	城市总人口	1 035.790 0	82.58	42.13	39.36	36.47	2 731.549 78
	目标消费者	178.499 0	87.24	44.84	41.04	39.92	477.080 03
西安、济南	城市总人口	1 528.180 0	34.34	10.10	20	7.27	756.815 88
	目标消费者	263.353 2	40.58	11.59	24.17	7.34	167.511 99
南昌	城市总人口	504.260 0	76.32	36.84	50.59	37.89	1 195.631 65
	目标消费者	86.890 3	92.86	42.86	68.75	50.95	248.964 42
太原	城市总人口	420.160 0	33.02	11.79	11.82	12.58	201.832 95
	目标消费者	72.406 7	42.86	17.35	10	14.97	54.629 28
阳泉	城市总人口	136.850 0	65.77	32.55	32.86	15.97	236.255 32
	目标消费者	23.583 5	77.27	38.18	29.72	16.97	49.445 32
嘉祥	城市总人口	87.230 0	52	22	28.33	17.07	93.743 97
	目标消费者	15.032 5	83.33	41.67	30	52.22	36.624 16
全国	总人口	132 344.720 0	52.09	22.73	27.27	18.87	165 223.979 70
	目标消费者	22 806.757 6	62.18	27.46	29.85	22.92	35 155.800 28

3. 品牌质量分析　百丽品牌的信息质量比值为0.175 8，是一个质量很好的品牌，信息总量达到16亿比特以上，是个大规模品牌，单独看基础指标都处在合理范围，而且是个具有高知名度的品牌，只有认知度与知名度的比率略显低，其他指标关系都较为理想。基础指标体现出，目标消费者信息指标对全国指标的有一定的优势，但差别不算显著，品牌大众化倾向比较明显，较高的

品牌信息总量和信息质量比值都说明这是一个质量状况优良的品牌（表 13－31）。

表 13－31 百丽的品牌质量比值分析表

品牌	品牌信息总量（比特）	信息基本量（比特）	品牌信息基本量的贡献率（%）	品牌信息质的贡献率（%）	品牌信息质量比值
百丽	1 652 239 797.0	1 405 202 881.0	85.05	14.95	0.175 8

4. 品牌信息平均值分析 百丽品牌的信息均值比为 1.234 7，属于专营某大类的品牌，消费者对其产品依然存有一定的行业认识，但很微弱，是一个很靠近大众化的品牌，具有很好的延伸基础和扩张条件。该品牌没有明显的区域特征，属于全国性品牌（表 13－32）。

表 13－32 百丽的品牌信息均值分析表

品牌	全国人口平均信息量（比特/人）	目标人群（人）	目标消费者平均信息量（比特/人）	信息均值比
百丽	1.248 436 51	228 067 576	1.541 464 20	1.234 715 74

5. 品牌信息的稳定性分析 百丽品牌的稳定性指数为 11.3，是个很稳定的品牌，品牌信息的有效间隔期很长，品牌维护所需的费用低，高质量比和高稳定性以及大规模的基本量说明该品牌已经完成了成熟期早期向中期过渡时期，很好的抗风险能力，是一个处在鼎盛时期的成熟品牌。建议企业在品牌传播与管理中关注品牌认知度的变化，采用适合所处周期位置的策略提高认知度，防止品牌老化。综合分析，该品牌是一个处于鼎盛时期，全国性专营某大类产品的大规模成熟品牌（表 13－33）。

表 13－33 百丽的品牌稳定性分析表

品牌	*N*（*E*）函数值	品牌衰减系数	品牌信息的衰减速率	品牌稳定性指数
百丽	6.701 178	0.154 511	0.154 511	11.3

九、千百度

1. 品牌简介 千百度，一个富有文化和浪漫气息的时尚品牌，蕴含米兰时尚风潮，是美丽华实业公司旗下主打品牌之一。首席设计师为意大利知名时尚设计人，设计风格时尚、简洁、舒适而富有活力，紧追世界时尚潮流。

该品牌产品时尚、品质优良，无论是设计，还是选材，均充分体现了“关爱女性，创造和谐、高品质生活”的品牌理念，自 1995 年进入中国内地市场以来，便深深赢得中国都市女性喜爱。

品牌定位：时尚、性感。

品牌理念：爱女性，创造和谐、高品质生活。

2. 数据汇总　见表 13－34。

表 13－34　千百度品牌的基础数据和基础指标汇总表

地区	类别	人口数（万人）	知名度（%）	认知度（%）	美誉度（%）	忠诚度（%）	品牌信息量估值（万比特）
北京	城市总人口	1 961.240 0	43.53	30.50	12.61	4.86	1 939.916 84
	目标消费者	157.374 8	55.00	27.50	18.00	7.67	205.371 43
成都	城市总人口	1 404.760 0	45.95	21.17	25.63	8.95	1 290.447 59
	目标消费者	112.721 5	68.57	34.29	15.56	10.86	189.392 13
深圳	城市总人口	1 035.790 0	54.45	16.90	34.83	10.33	1 065.837 72
	目标消费者	83.114 4	65.07	29.70	37.23	15.20	128.494 75
西安、济南	城市总人口	1 528.180 0	28.28	9.09	20	1.68	603.583 21
	目标消费者	122.625 0	33.33	16.67	0	4.44	63.994 24
南昌	城市总人口	504.260 0	55.26	21.05	18.33	11.23	534.727 02
	目标消费者	40.458 7	62.50	25	0	25	48.145 85
太原	城市总人口	420.160 0	19.81	7.55	10.00	3.33	104.842 09
	目标消费者	33.714 7	28.13	10.94	6.67	6.67	13.676 37
阳泉	城市总人口	136.850 0	36.24	15.10	20.00	2.82	82.701 98
	目标消费者	10.981 2	41.82	16.36	14.00	4.36	7.745 72
嘉祥	城市总人口	87.230 0	28	14	30	4.53	41.639 03
	目标消费者	6.999 6	50	25	30	28.33	7.496 57
全国	总人口	132 344.720 0	34.3	13.62	17.75	4.68	76 523.371 30
	目标消费者	10 619.505 2	42.08	18.23	8.41	9.38	8 132.291 48

3. 品牌质量分析　千百度品牌的信息质量比值为 0.039 4，略高于该行业的平均水平，质的贡献率不是很高，信息总量为 765 233 713 比特，属于质量一般的中等偏上规模的品牌，该品牌基本没有明显的区域特征，属于全国性品牌（表 13－35）。

表 13－35 千百度的品牌质量比值分析表

品牌	品牌信息总量（比特）	信息基本量（比特）	品牌信息基本量的贡献率（%）	品牌信息质的贡献率（%）	品牌信息质量比值
千百度	765 233 713.0	736 207 390.6	96.21	3.79	0.039 4

4. 品牌信息平均值分析 千百度品牌的信息均值比为 1.324 4，属于有一定专营某大类产品的品牌，消费者对其产品依然存有一定的行业认识，但很微弱，是个很靠近大众化的品牌，具有较好的延伸基础（表 13－36）。

表 13－36 千百度的品牌信息均值分析表

品牌	全国人口平均信息量（比特/人）	目标人群（人）	目标消费者平均信息量（比特/人）	信息均值比
千百度	0.578 212 50	106 195 052	0.765 788 17	1.324 406 12

5. 品牌信息的稳定性分析 千百度品牌的稳定性指数为 2.97，属于弱稳定性品牌，信息有效间隔期较短，抵御风险能力较弱。综合分析，该品牌处于成长期后期向成熟期过渡阶段，是一个全国性中等偏上规模的专营品牌（表 13－37）。

表 13－37 千百度的品牌稳定性分析表

品牌	*N*（*E*）函数值	品牌衰减系数	品牌信息的衰减速率	品牌稳定性指数
千百度	23.786 146	0.042 215	0.042 215′	2.97

十、达芙妮

1. 品牌简介 达芙妮国际控股有限公司于 1987 年在香港创立，至今已发展成为一个以鞋业研发、生产、加工及销售为主的多元化经营集团，旗下各项业务遍布中国内地、中国香港、中国台湾、欧洲及北美洲各地。达芙妮国际控股有限公司的长期目标和经营理念，反应了集团追求优质、卓越、创新的精神。1990 年以自创达芙妮品牌进入大陆内销市场，目前达芙妮已成为最受女性喜爱的女鞋品牌，连续 12 年在同类产品市场销量全国第一。

品牌定位：中高档，用质量赢取信任，用口碑来提升品牌知名度，让每个人都能拥有的时尚品牌。

品牌宗旨：集团以多品类、多品牌、多档次、多渠道的核心战略，致力于成为一家引领时尚与提供舒适的品牌公司。

2. 数据汇总　见表 13－38。

表 13－38　达芙妮品牌的基础数据和基础指标汇总表

地区	类别	人口数（万人）	知名度（%）	认知度（%）	美誉度（%）	忠诚度（%）	品牌信息量估值（万比特）
北京	城市总人口	1 961.240 0	90.59	38.82	34.94	34.35	5 257.549 47
	目标消费者	455.392 6	95.38	83.85	36.00	69.67	2 105.553 91
成都	城市总人口	1 404.760 0	82.88	40.09	26.23	39.16	3 360.779 57
	目标消费者	326.180 0	92.42	46.21	26.59	54.85	939.307 09
深圳	城市总人口	1 035.790 0	85.42	40.06	39.79	41.45	2 740.287 00
	目标消费者	240.506 6	89.89	42.7	40.31	46.53	638.863 08
西安、济南	城市总人口	1 528.180 0	78.79	30.3	25.45	21.08	2 914.744 08
	目标消费者	354.837 7	91.3	36.96	26	28.41	873.150 33
南昌	城市总人口	504.260 0	89.47	43.42	41.05	45.44	1 482.843 49
	目标消费者	117.074 5	93.33	43.33	52	66.67	335.926 87
太原	城市总人口	420.160 0	66.98	30.66	23.33	30.57	678.401 38
	目标消费者	97.252 1	90.38	44.23	24.74	47.82	267.381 34
阳泉	城市总人口	136.850 0	83.22	40.60	22.41	33.38	324.897 63
	目标消费者	31.776 1	92.62	45.90	23.17	37.38	91.504 18
嘉祥	城市总人口	87.230 0	68	34	37	29.60	163.342 41
	目标消费者	20.254 5	66.67	33.33	30	52.22	33.312 57
全国	总人口	132 344.720 0	78.98	35.66	28.1	32.15	286 782.719 50
	目标消费者	30 703.008 0	91.44	44.68	30.39	45.47	86 255.373 70

3. 品牌质量分析　达芙妮品牌的信息质量比值为 0.043 6，略高于该行业平均水平，信息质的贡献率不大。该品牌的信息总量高达 2 867 827 195 比特，是一个极高知名度的大规模品牌。单看各项基础指标均处于高位，品牌在营销中的作用明显，但指标比率关系中的美誉度相对知名度而言还是略显失衡，品牌具有相当高的自传播率，甚至相当数量消费者具有对该品牌的消费偏好。在所调研的城市中各项指标差异不大，反映出该品牌的宣传很到位，市场规模大。认知度是美誉度的基础，直接影响着品牌质量，该品牌的认知和知名度比率影响了品牌质量比值，虽然该品牌质量比没有达到应有的高度，但整体看，这是一个质量优良的品牌，仍具有较大发展空间的成熟品牌，处于鼎盛时期（表 13－39）。

表 13－39　达芙妮的品牌质量比值分析表

品牌	品牌信息总量（比特）	信息基本量（比特）	品牌信息基本量的贡献率（%）	品牌信息质的贡献率（%）	品牌信息质量比值
达芙妮	2 867 827 195.0	2 747 955 546.0	95.82	4.18	0.043 6

4. 品牌信息平均值分析　达芙妮品牌的信息均值比为 1.296 5，属于专营某大类的品牌，消费者对其产品依然存有一定的行业认识，但很微弱，是一个很靠近大众化的品牌，具有较好的延伸基础。目标消费者指标与全国指标有明显优势，说明该品牌的传播效果明显，目标定位比较明确（表 13－40）。

表 13－40　达芙妮的品牌信息均值分析表

品牌	全国人口平均信息量（比特/人）	目标人群（人）	目标消费者平均信息量（比特/人）	信息均值比
达芙妮	2.166 937 37	30 703.008 0	2.809 346 04	1.296 459 27

5. 品牌信息的稳定性分析　达芙妮的稳定系数为 11.98，具有很强的稳定性，品牌信息的最优间隔期很长，抵抗风险的能力很强，品牌对目标消费者偏好有较深的影响，使得品牌信息有效期和有效范围都比该行业的平均水平高很多，综合分析，达芙妮品牌处于鼎盛期偏后的位置上，质量比值较低有可能是即将出现衰退的信号，建议企业连续关注这一指标的变化，防微杜渐，总的来说，达芙妮是一个全国性专营类型的大规模成熟品牌（表 13－41）。

表 13－41　达芙妮的品牌稳定性分析表

品牌	N（E）函数值	品牌衰减系数	品牌信息的衰减速率	品牌稳定性指数
达芙妮	6.580 937	0.163 231	0.163 231^{t}	11.98

十一、星期六

1. 品牌简介　佛山星期六鞋业有限公司始建于 1990 年，注册资金 500 万人民币，固定资产 6 000 万人民币。在中国境内各中心城市建立起了以直营店为主，特许经营加盟店为辅的庞大销售网络，主要经营“ST&SAT”（星期六），“FONDBERYL”（菲伯利尔），“SAFIYA”（索菲娅）等知名品牌；产品销售遍及全国 28 个省（自治区、直辖市），出口欧美亚 10 多个国家和地区，年市场销售额超过 4 亿元。其中，主打品牌 ST&SAT（星期六），以款式新颖、美观、舒适、用料考究而闻名遐迩，始终站在时尚前沿，成为国内同行业的领跑者。在中国时尚女性心中已经成为流行的代言品牌。“与我们同行、发掘真美”是对顾客的承诺，它寄托着“星期六人”的产品理念：以时尚的产品、稳定的品质、诚信的服务，为顾客带来真美的享受。“星期六人”以“以人为本、服务社会”为经营宗旨，本着“团结敬业、创新发展”的企业精神，不断奋发图强、开拓进取，引导国内鞋业的流行趋势，紧跟世界潮流，引导国内鞋业流行新趋势。

品牌理念：星期六以时尚的产品、稳定的品质、诚信的服务，为顾客带来真美的享受。

2. 数据汇总　见表 13－42。

表 13－42　星期六品牌的基础数据和基础指标汇总表

地区	类别	人口数（万人）	知名度（%）	认知度（%）	美誉度（%）	忠诚度（%）	品牌信息量估值（万比特）
北京	城市总人口	1 961.240 0	38.24	18.24	29.12	11.84	1 423.053 70
	目标消费者	279.182 5	38.14	16.53	34.00	11.07	190.607 79
成都	城市总人口	1 404.760 0	29.73	13.06	36.67	5.77	717.945 80
	目标消费者	199.967 6	43.10	20.69	21.67	5.86	159.756 67
深圳	城市总人口	1 035.790 0	48.13	22.26	36.45	13.13	1 081.340 71
	目标消费者	147.444 7	53.03	24.31	36.11	13.10	164.837 13
西安、济南	城市总人口	1 528.180 0	11.11	4.55	10	1.14	192.066 26
	目标消费者	217.536 4	11.59	4.35	10	0.19	30.222 39
南昌	城市总人口	504.260 0	55.26	25	42	17.19	660.830 24
	目标消费者	71.773 6	61.54	30.77	70	31.79	114.932 42
太原	城市总人口	420.160 0	10.38	4.25	12.00	3.08	49.290 11
	目标消费者	59.809 8	15.91	5.68	2.50	5.15	10.917 72
阳泉	城市总人口	136.850 0	39.60	19.46	12.17	6.13	96.969 46
	目标消费者	19.480 6	42.00	20.50	9.38	5.60	15.421 58
嘉祥	城市总人口	87.230 0	44	22	55	9.07	91.189 48
	目标消费者	12.417 2	75	37.50	75	28.33	26.371 55
全国	总人口	132 344.720 0	27.45	12.57	19.64	6.5	68 615.969 99
	目标消费者	18 838.968 2	31.56	14.44	20.75	9.14	11 752.111 79

3. 品牌质量分析　星期六品牌信息质量比值为 0.199 8，品牌信息质的贡献率为 16.65%，说明该品牌是个质量很好的品牌。各项指标均处于较好水

平，指标之间的比率基本正常，个别略显偏低。结合较高的稳定性可以看出该品牌已经渡过成长期，稳定性已经恢复，但基础指标还没有完全调整到位，在较高质量比值下的基础指标中，出现较高美誉度而忠诚度明显偏低的现象，往往是成熟期早期的标志，此时的消费者重复购买率还较低，而品牌已有了较好的自传播效果，各项指标均显示该品牌处于成熟期早期阶段。品牌总信息量686 159 699.9 比特，是一个中等偏上规模的品牌，具有很好的成长性（表 13－43）。

表 13－43　星期六的品牌质量比值分析表

品牌	品牌信息总量（比特）	信息基本量（比特）	品牌信息基本量的贡献率（%）	品牌信息质的贡献率（%）	品牌信息质量比值
星期六	686 159 699.9	571 895 802.5	83.35	16.65	0.199 8

4. 品牌信息平均值分析　星期六品牌的信息均值比为 1.203 2，属于专营某大类的品牌，消费者对其产品依然存有一定的行业认识，但很微弱，是一个很靠近大众化的品牌，具有较好的延伸基础（表 13－44）。

表 13－44　星期六的品牌信息均值分析表

品牌	全国人口平均信息量（比特/人）	目标人群（人）	目标消费者平均信息量（比特/人）	信息均值比
星期六	0.518 463 98	188 389 682	0.623 819 29	1.203 206 63

5. 品牌信息的稳定性分析　星期六品牌稳定性指数为 7.53，属于具有较强稳定性的品牌，最优间隔时间较长，品牌对目标消费者偏好有较深的影响，使得品牌信息有效期和有效范围都比该行业的平均水平高很多，该品牌具备很强的应对风险能力。综合分析，星期六品牌处于成熟期早期，全国性专营类型的中等偏上规模的品牌（表 13－45）。

表 13－45　星期六的品牌稳定性分析表

品牌	*N*（*E*）函数值	品牌衰减系数	品牌信息的衰减速率	品牌稳定性指数
星期六	9.640 636	0.104 720	0.104 720	7.53

十二、接吻猫

1. 品牌简介　接吻猫品牌创立于 1989 年，1993 年进入中国市场。接吻猫品牌致力于为现代知性女性提供时尚、优雅、优质的产品及其附加价值，注重品牌自身对消费者、对社会的贡献与价值回馈。经过近十年的发展，接吻猫品牌的终端网络已经覆盖到全国 31 个省（自治区、直辖市），约 130 多个城市，开设品牌形象店铺 520 余家，并拥有一支 1 500 余名成员的市场团队，并在北京、上海、南京、苏州、常州、无锡、广州、深圳、长沙、武汉、成都、重庆、南昌、天津设立了分支机构。接吻猫以独特品牌理念，创造了具有猫一般魔力的，美丽、智慧、时尚、独立的知性女性的形象。

品牌定位：主体目标顾客定位 24～38 岁的女性。

品牌理念：亲亲相伴，春夏秋冬。

2. 数据汇总　见表 13－46。

表 13－46　接吻猫品牌的基础数据和基础指标汇总表

地区	类别	人口数（万人）	知名度（%）	认知度（%）	美誉度（%）	忠诚度（%）	品牌信息量估值（万比特）
北京	城市总人口	1 961.240 0	52.94	14.41	26.57	14.98	1 758.477 68
	目标消费者	279.182 5	59.35	13.01	27.59	17.94	265.363 87
成都	城市总人口	1 404.760 0	44.14	20.72	14.83	15.98	1 159.322 67
	目标消费者	199.967 6	60.34	27.59	11.82	20.00	266.287 58
深圳	城市总人口	1 035.790 0	54.97	23.74	32.09	11.44	1 247.649 84
	目标消费者	147.444 7	61.54	27.20	30.17	11.84	202.049 51
西安、济南	城市总人口	1 528.180 0	10.10	4.04	6.67	2.15	168.282 68
	目标消费者	217.536 4	13.04	5.07	6.67	3.09	34.936 42
南昌	城市总人口	504.260 0	47.37	21.05	44.29	13.86	525.006 51
	目标消费者	71.773 6	61.54	30.77	75	24.10	115.294 67
太原	城市总人口	420.160 0	13.21	6.60	15	4.28	69.448 27
	目标消费者	59.809 8	22.73	11.36	11.67	7.73	20.116 49
阳泉	城市总人口	136.850 0	44.30	21.14	21.60	4.56	118.590 2
	目标消费者	19.480 6	46.00	21.50	18.24	4.87	17.439 46
嘉祥	城市总人口	87.230 0	48	24	40	5.60	96.167 63
	目标消费者	12.417 2	75	37.50	50	31.67	26.020 93
全国	总人口	132 344.720 0	29.37	12.96	20.58	6.60	72 309.779 54
	目标消费者	18 838.968 2	36.66	16.53	23.59	10.01	13 854.799 90

3. 品牌质量分析　接吻猫品牌信息质量比值为 0.168 5，处于较高水平，品牌信息质的贡献率为 14.42%，其品牌质量的各项指标均处于较为合理阈

值，个别指标比率关系略有失衡，该品牌是一个质量优良的品牌，信息总量处于中等偏上水平，目标消费者信息指标对全国指标的有一定的优势，说明该品牌的传播效果较为明显，该品牌是一个处于成熟早期的品牌，具有很好的成长性（表 13-47）。

表 13-47　接吻猫的品牌质量比值分析表

品牌	品牌信息总量（比特）	信息基本量（比特）	品牌信息基本量的贡献率（%）	品牌信息质的贡献率（%）	品牌信息质量比值
接吻猫	723 097 795.4	618 806 456.0	85.58	14.42	0.168 5

4. 品牌信息平均值分析　接吻猫品牌的信息均值比为 1.346，属于专营某大类的品牌，消费者对其产品依然存有一定的行业认识，但很微弱，是个很靠近大众化的品牌，具有较好的延伸基础。消费者对该品牌认知度不高也可能是造成专业形象不足的原因，没有明显的区域特征，属于全国性品牌（表 13-48）。

表 13-48　接吻猫的品牌信息均值分析表

品牌	全国人口平均信息量（比特/人）	目标人群（人）	目标消费者平均信息量（比特/人）	信息均值比
接吻猫	0.546 374 49	188 389 682	0.735 433 06	1.346 023 77

5. 品牌信息的稳定性分析　接吻猫品牌稳定性指数为 8.63，属于具有较强稳定性的品牌，品牌信息的最优间隔期符合该行业成熟期品牌的规律。品牌有较强的抵抗风险的能力。该品牌具有较高质量比值、较高稳定性及中等偏上规模的信息量，处于成熟期早期，成长性很好的全国性专营品牌（表 13-49）。

表 13-49　接吻猫的品牌稳定性分析表

品牌	$N(E)$ 函数值	品牌衰减系数	品牌信息的衰减速率	品牌稳定性指数
接吻猫	8.477 322	0.119 371	0.119 371^t	8.63

十三、百思图

1. 品牌简介　2001 年，上海百思图鞋业有限公司推出百思图（BASTO）这一年轻、时尚、具有意大利风格的都市品牌。百思图鞋业有限公司是一家专业开发、生产经营鞋类产品的独资企业，自推出百思图品牌女鞋以来，先后被评为“江苏明星企业”、“AAA级资信企业”中国皮革工业协会理事单位。百思图品牌的设计宗旨以高水平的设计把高科技、高质量的生产品和优美的自然紧密联系起来。

品牌定位：品牌定位则主要以少女、淑女需求作为产品的主体风格，清新活泼、娴熟优雅，其他不同需求层为辅，崇尚心态胜于年龄的品牌理念。

品牌理念：集最佳（Best）、永恒（Abiding）、精粹（Select）、雅致（Tasteful）于一身不断前进，这便是百思图品牌的全新理念。

2. 数据汇总　见表13-50。

表13-50　百思图品牌的基础数据和基础指标汇总表

地区	类别	人口数（万人）	知名度（%）	认知度（%）	美誉度（%）	忠诚度（%）	品牌信息量估值（万比特）
北京	城市总人口	1 961.240 0	41.67	15.88	25.56	8.75	1 432.593 58
	目标消费者	55.836 5	46.34	18.70	26.67	11.06	48.223 19
成都	城市总人口	1 404.760 0	54.05	24.32	22.96	17.30	1 606.384 50
	目标消费者	39.993 5	74.14	31.90	18.95	22.30	71.375 18
深圳	城市总人口	1 035.790 0	69.68	31.16	31.15	20.84	1 829.675 01
	目标消费者	29.488 9	76.05	34.37	31.15	23.38	57.636 10
西安、济南	城市总人口	1 528.180 0	15.15	4.04	22	2.42	273.486 69
	目标消费者	43.507 3	18.84	5.07	27.5	2.03	10.396 81
南昌	城市总人口	504.260 0	42.11	21.05	28.33	11.23	429.349 21
	目标消费者	14.354 7	61.54	30.77	50	8.72	23.253 99
太原	城市总人口	420.160 0	22.64	9.43	2.5	5.09	122.569 43
	目标消费者	11.962 0	27.27	11.36	4	5.45	5.317 61
阳泉	城市总人口	136.850 0	54.36	28.19	27.00	10.83	174.211 07
	目标消费者	3.896 1	58.00	30.00	17.50	8.73	5.139 04
嘉祥	城市总人口	87.230 0	32	16	52.5	9.07	56.510 25
	目标消费者	2.483 4	75	37.5	75	56.67	5.314 72
全国	总人口	132 344.720 0	34.54	15.57	19.72	7.96	88 908.679 32
	目标消费者	3 767.791 8	42.06	18.98	23.07	8.27	3 421.617 76

3. 品牌质量分析　百思图品牌的信息质量比值为0.136 5，质的贡献率为12.01%，该品牌属于质量良好的品牌类型。信息总量处于大规模水平，各项指标均较高，大部分指标比率关系都处于正常范围，说明该企业的品牌传播效

果良好。该品牌已经形成了一定的消费者偏好和口碑，但很有限（表 13－51）。

表 13－51　百思图的品牌质量比值分析表

品牌	品牌信息总量（比特）	信息基本量（比特）	品牌信息基本量的贡献率（%）	品牌信息质的贡献率（%）	品牌信息质量比值
百思图	889 086 793.2	782 332 639.2	87.99	12.01	0.136 5

4. 品牌信息平均值分析　百思图品牌的信息均值比为 1.351 8，属于偏向大众品牌的专营品牌类型，消费者对该品牌认知度不高也可能是造成专业形象不足的原因。目标消费者信息量偏低，说明该品牌对目标人群的宣传不到位，针对性不强（表 13－52）。

表 13－52　百思图的品牌信息均值分析表

品牌	全国人口平均信息量（比特/人）	目标人群（人）	目标消费者平均信息量（比特/人）	信息均值比
百思图	0.671 796 19	37 677 918	0.908 122 83	1.351 783 23

5. 品牌信息的稳定性分析　百思图品牌的稳定性指数为 8.41，属于具有较强稳定性的品牌，品牌信息的最优间隔期符合该行业成熟期品牌的规律。品牌对消费者偏好的影响也较为持久，使得品牌信息有效期和有效范围都比该行业的平均水平高，该品牌具有相当高的应对风险的能力。综合分析，该品牌处于成熟期早期，上升空间很大，全国性专营类型的大规模品牌（表 13－53）。

表 13－53　百思图的品牌稳定性分析表

品牌	$N(E)$ 函数值	品牌衰减系数	品牌信息的衰减速率	品牌稳定性指数
百思图	8.667 451	0.116 486	0.116 486^{t}	8.41

十四、意尔康

1. 品牌简介　意尔康鞋业集团位于中国著名侨乡浙江省青田县，是一家主营设计、生产和销售中高级真皮皮鞋以及意尔康皮具业务的公司。公司在男、女鞋并重发展的经营策略下，看重产品研发和自主创新，高薪聘任全国著名设计师，组建引领时尚潮流的设计团队，进行产品构造的优化整合，形成了经典、魅力、都市、休闲等多种作风的男士皮鞋产品系列。2001 年，全面推行专卖特许加盟的销售模式，在全国建有 36 家销售分公司和 3 000 多家专卖店，并树立了一支素质精锐的品牌营销队伍，进行差别化的品牌流传和精致化的产品营销。历经多年的积淀，意尔康皮鞋已经成为许多家庭和消费者的挚爱，意尔康品牌也在广大消费者心目中拥有了卓越的口碑。

品牌定位：时尚实惠的全系列皮具专家，以25～40岁的女性为主，以18～25岁女性及中青年男性为辅；时尚一族、工薪阶层、商务人士、公职人员、个体业者，与意尔康皮鞋消费者定位相一致。

品牌理念：人本、亲和、和谐。

2. 数据汇总　见表13-54。

表13-54　意尔康品牌的基础数据和基础指标汇总表

地区	类别	人口数（万人）	知名度（%）	认知度（%）	美誉度（%）	忠诚度（%）	品牌信息量估值（万比特）
北京	城市总人口	1 961.240 0	40.59	16.18	15.71	2.63	1 335.951 51
	目标消费者	755.665 8	39.75	15.59	16.92	2.15	518.977 86
成都	城市总人口	1 404.760 0	56.76	27.93	8.80	12.37	1 688.938 60
	目标消费者	541.254 0	58.51	28.72	8.70	12.48	731.180 40
深圳	城市总人口	1 035.790 0	37.81	17.16	24.63	7.00	706.332 48
	目标消费者	399.089 9	39.32	17.82	25.71	7.23	286.133 51
西安、济南	城市总人口	1 528.180 0	68.69	35.35	31.50	12.32	2 876.538 31
	目标消费者	588.807 8	70.65	35.33	32.63	13.12	1 091.956 73
南昌	城市总人口	504.260 0	76.32	39.47	33	14.91	1 139.424 74
	目标消费者	194.306 8	73.68	39.47	50	11.23	426.393 33
太原	城市总人口	420.160 0	73.58	35.85	30.83	45.16	851.593 82
	目标消费者	161.887 6	75.28	37.64	33.14	44.64	334.347 61
阳泉	城市总人口	136.850 0	85.23	83.89	31.21	26.26	589.766 37
	目标消费者	52.728 3	86.13	42.33	31.80	26.18	133.527 65
嘉祥	城市总人口	87.230 0	60	30	33	15.73	131.041 86
	目标消费者	33.609 7	50	25	32	10.95	35.867 74
全国	总人口	132 344.720 0	70.62	43.04	29.59	23.57	302 404.915 50
	目标消费者	50 993.018 3	71.27	35.54	33.24	22.98	98 941.525 08

3. 品牌质量分析　意尔康品牌的信息质量比值为0.090 9，质的贡献率较高，属于质量较好的品牌，该品牌有着很高的知名度，各项基础指标均在高位，指标间比率关系全都在合理范围，品牌结构优良，体现出企业的高水平品

牌管理能力，品牌传播效果很好。美中不足是认知度和美誉度的关系比率偏低，反映出企业在品牌方面略显重名轻誉的思想。品牌有相当数量的自传播率以及形成较大规模的消费者偏好。建议企业适度进行跨行业延伸，培育和扩大目标消费者的口碑，形成优良的品牌与消费者的关系，品牌质量会有大幅的提高。该品牌没有明显的区域特征，是一个全国性品牌（表 13－55）。

表 13－55　意尔康的品牌质量比值分析表

品牌	品牌信息总量（比特）	信息基本量（比特）	品牌信息基本量的贡献率（%）	品牌信息质的贡献率（%）	品牌信息质量比值
意尔康	3 024 049 155.0	2 772 130 552.0	91.67	8.33	0.090 9

4. 品牌信息平均值分析　意尔康品牌的信息均值比为 0.849 2，表示这一品牌基本没有专业专营的特征，品牌内涵易于扩展，接近大众品牌，消费者对其专业专营没有形成显著的认知，在品牌信息的传播方式上没有针对目标消费者，渠道接近大众，或者目标人群的跨度大，不够集中所致（表 13－56）。

表 13－56　意尔康的品牌信息均值分析表

品牌	全国人口平均信息量（比特/人）	目标人群（人）	目标消费者平均信息量（比特/人）	信息均值比
意尔康	2.284 979 07	509 930 183	1.940 295 52	0.849 152 43

5. 品牌信息的稳定性分析　意尔康品牌的稳定性指数为 12.72，属于非常稳定的品牌，品牌信息的最优间隔期很长。质量比较高，且较高稳定性和低信息均值比，是一种成熟期中偏后期的表现，意味着该品牌到达鼎盛时期开始出现细微的衰退迹象，品牌对目标消费者偏好有较深的影响，使得品牌信息有效期和有效范围都比该行业的平均水平高很多，该品牌具备很强的应对风险能力，是一个成熟品牌（表 13－57）。

表 13－57　意尔康的品牌稳定性分析表

品牌	$N(E)$ 函数值	品牌衰减系数	品牌信息的衰减速率	品牌稳定性指数
意尔康	6.017 291	0.172 785	0.172 785	12.72

第十四章 >>>

羽绒服类连锁经营品牌分析报告

第一节 羽绒服行业品牌质量简述

根据中华全国商业信息中心的统计，2013 年 12 月全国重点大型零售企业羽绒服销售前十位品牌市场综合占有率合计为 57.7%，波司登以较明显的优势占据榜首，雪中飞和鸭鸭分列第 2 和第 3 位。

本报告的羽绒服品牌只有 4 个，不具有行业代表性，以下只对这 4 个品牌的整体情况作简要说明。

这 4 个品牌的信息量都属于大规模品牌，最大的是波司登，质量最好的是艾莱依，接近最优区间，鸭鸭质量也非常好，4 个品牌的信息均值比都小于 1，都是大众化经营类型，消费者对其产品所处行业的专营专业性质淡化。4 个品牌的稳定性都很好，其中艾莱依的稳定性最高，到达极高的水平，波司登和雅鹿接近，均属于很稳定类型，鸭鸭也在较为稳定的范围内，这 4 个品牌都在成熟期内，发展阶段略有不同（表 14 - 1）。

表 14 - 1 羽绒服品牌分析数据汇总表

品 牌	品牌信息总量（比特）	品牌信息质量比值	信息均值比	品牌稳定性指数
波司登	3 450 492 498.0	0.043 8	0.966 950 58	10.39
艾莱依	1 819 646 009.0	0.246 9	0.957 002 55	16.33
雅鹿	1 343 089 946.0	0.092 1	0.953 773 41	10.33
鸭鸭	970 805 536.5	0.163 6	0.860 421 28	8.18
均值	1 896 008 497	0.136 6	0.934 536 955	11.307 5

第二节 羽绒服类连锁品牌质量个案分析

为简化计算，羽绒服行业的参数取值说明：

价格调整系数按照品牌数目取值，全国市场销售占到 0.5%以上的品牌为 15 个，对照 N_Z 取值表 $N_{13}=1.0344$。

全行业品牌平均美誉度为 0.224 9。

羽绒服行业的 R_{max} 为 3.968 75。

N（E）函数系数全部取平均值 2，当期 $t=1$（品牌周期）。

一、艾莱依

1. 品牌简介 艾莱依始创于 1997 年，总部设在浙江丽水。集团现有员工 4 000 多名，旗下拥有浙江艾莱依羽绒制品有限公司、浙江艾莱依服饰有限公司、上海艾莱依服饰有限公司、上海艾莱依服装销售有限公司、上海艾莱依家用纺织品有限公司 5 家子公司。艾莱依经过十几年的发展，呈现以羽绒服装、时装、家纺产品多元发展局面，2012 年还推出了 NICKIE BOY 童装。

2009 年 4 月，“艾莱依”商标被国家工商总局认定为“中国驰名商标”。

品牌定位：18～38 岁都市白领为目标消费群体。

品牌理念：名牌的生命在于品质与文化。

2. 数据汇总 见表 14－2。

表 14－2 艾莱依品牌的基础数据和基础指标汇总表

地区	类别	人口数（万人）	知名度（%）	认知度（%）	美誉度（%）	忠诚度（%）	品牌信息量估值（万比特）
北京	城市总人口	1 961.240 0	37.06	13.24	21.76	4.90	1 101.626 95
	目标消费者	250.932 8	43.55	16.13	26.15	5.59	186.575 42
成都	城市总人口	1 404.760 0	39.64	18.92	37.50	12.25	1 113.348 79
	目标消费者	179.733 4	38.71	18.28	34.12	9.89	117.917 94
深圳	城市总人口	1 035.790 0	34.84	12.84	31.28	5.03	588.790 86
	目标消费者	132.525 2	36.04	13.44	32.82	5.24	73.958 90
西安、济南	城市总人口	1 528.180 0	48.48	16.67	78.57	3.57	2 021.175 12
	目标消费者	195.524 5	52.75	18.13	78.57	3.88	177.351 35
南昌	城市总人口	504.260 0	60.53	30.26	41.67	13.51	795.946 41
	目标消费者	64.523 2	86.84	31.82	40	15.56	125.785 81
太原	城市总人口	420.160 0	50.94	18.87	21.50	9.06	371.054 65
	目标消费者	53.757 8	52.94	18.82	23.89	10.98	50.827 43
阳泉	城市总人口	136.850 0	84.56	44.97	33.04	27.43	353.758 33
	目标消费者	17.509 4	84.50	44.57	34.78	28.42	41.397 95

（续）

地区	类别	人口数（万人）	知名度（%）	认知度（%）	美誉度（%）	忠诚度（%）	品牌信息量估值（万比特）
嘉祥	城市总人口	87.230 0	36	18	40	13.07	62.850 86
	目标消费者	11.160 7	46.15	23.08	50	24.10	10.371 60
全国	总人口	132 344.720 0	56.03	24.39	41.35	11.65	181 964.600 90
	目标消费者	16 933.176 5	62.01	25.11	42.44	12.87	22 280.853 28

3. 品牌质量分析　艾莱依品牌的信息质量比值为 0.245 9，属于较高质量水平的品牌，总体看，品牌的指标均处于较高水平，各项指标间的比率关系大部分都处在正常的范围内，总信息量也达到 18 亿比特以上的大规模水平，是一个成熟期品牌，目标人群的指标均高于全国水平，说明该品牌在品牌传播与定位方面的运用比较成功，全国各个城市的指标水平接近，没有明显的区域特征，是一个全国性的品牌。该品牌有着高知名度和高美誉度，属于质量上乘，美中不足之处有两点，其一是认知度相对高知名度略显偏低，认知度需要加强消费者对品牌内涵的认知，不仅仅是传播效率的问题。其二是忠诚度本身并不算低，但与美誉度相比略显不足，这是在具有高自传播率下没有形成重复购买率的问题，该品牌的口碑很好，但消费者对其消费的习惯没有完全形成，需要在营销环节中找原因。总体看该品牌的指标结构，还是一个相当不错的品牌，仍有较大的上升空间（表 14-3）。

表 14-3　艾莱依的品牌质量比值分析表

品牌	品牌信息总量（比特）	信息基本量（比特）	品牌信息基本量的贡献率（%）	品牌信息质的贡献率（%）	品牌信息质量比值
艾莱依	1 819 646 009.0	1 459 369 144.0	80.20	19.80	0.246 9

4. 品牌信息平均值分析　艾莱依的信息均值比为 0.96，属于大众品牌，基本没有专业专营的特征，品牌内涵易于扩展，是个大众品牌，该品牌具有扩张和进行品牌跨行业延伸的条件（表 14-4）。

表 14-4　艾莱依的品牌信息均值分析表

品牌	全国人口平均信息量（比特/人）	目标人群（人）	目标消费者平均信息量（比特/人）	信息均值比
艾莱依	1.374 929 06	169 331 765	1.315 810 61	0.957 002 55

5. 品牌信息的稳定性分析 艾莱依品牌的品牌稳定性指数是16.33，属于极稳定的类型，品牌信息的最优间隔期很长，品牌对目标消费者有较深的影响，使得品牌信息有效期和有效范围都比该行业的平均水平高很多，该品牌具备很强的应对风险能力。综合分析，艾莱依品牌处于成熟期鼎盛期，是一个全国性大众化经营的大规模品牌，品质优良（表14－5）。

表14－5 艾莱依的品牌稳定性分析表

品牌	N（E）函数值	品牌衰减系数	品牌信息的衰减速率	品牌稳定性指数
艾莱依	4.712 216	0.218 175	0.218 175	16.33

二、波司登

1. 品牌简介 波司登集团1976年创立于江苏省常熟市，是全国最大、生产设备最为先进的品牌羽绒服生产商，主要从事自有羽绒服品牌的开发和管理，包括产品的研究、设计、开发、原材料采购、外包生产及市场营销和销售。旗下品牌包括波司登、雪中飞、康博、冰洁、冰飞、上羽、波司登男装、Ricci-Club女装等。

品牌理念：波司登羽绒服设计风格简约、自然、飘逸。

2. 数据汇总 见表14－6。

表14－6 波司登品牌的基础数据和基础指标汇总表

地区	类别	人口数（万人）	知名度（%）	认知度（%）	美誉度（%）	忠诚度（%）	品牌信息量估值（万比特）
北京	城市总人口	1 961.240 0	91.18	43.24	29.79	39.22	5 180.903 61
	目标消费者	1 309.716 1	91.18	43.24	29.79	39.22	3 243.549 36
成都	城市总人口	1 404.760 0	90.09	45.50	23.28	35.44	3 575.741 10
	目标消费者	938.098 7	91.51	46.70	20.68	35.22	2 395.718 02
深圳	城市总人口	1 035.790 0	66.71	26.52	27.51	12.58	1 482.602 99
	目标消费者	691.700 6	66.89	26.54	28.12	12.62	954.218 87
西安、济南	城市总人口	1 528.180 0	90.91	49.49	24.17	23.97	4 179.603 89
	目标消费者	1 020.518 6	90.82	49.49	24.47	23.20	2 754.052 50
南昌	城市总人口	504.260 0	97.37	47.37	26.84	29.47	1 469.519 54
	目标消费者	336.771 5	97.37	47.37	26.84	29.47	944.392 47

（续）

地区	类别	人口数（万人）	知名度（%）	认知度（%）	美誉度（%）	忠诚度（%）	品牌信息量估值（万比特）
太原	城市总人口	420.160 0	87.74	42.45	30.96	50.88	1 066.688 94
	目标消费者	280.582 8	88.24	42.65	31.83	51.76	670.404 25
阳泉	城市总人口	136.850 0	91.95	46.98	23.37	27.20	363.268 16
	目标消费者	91.388 4	91.95	46.98	23.37	27.20	240.710 19
嘉祥	城市总人口	87.230 0	84	40	40	40	221.341 34
	目标消费者	58.252 2	84	40	40	40	126.611 16
全国	总人口	132 344.720 0	89.76	44.91	26.95	33.51	345 049.249 80
	目标消费者	88 380.836 0	89.93	45.01	27.21	33.57	222 811.115 10

3. 品牌质量分析　波司登品牌的信息质量比值为 0.044，属于一般质量水平，品牌信息总量达到 35 亿比特的大规模水平，主要原因是来自极高知名度和高认知度，品牌基础很好，品牌指标间的关系比率也处于合理区间，基本属于发展健康的成熟期品牌。难能可贵的是该品牌的忠诚度远高于美誉度，说明消费者对其品牌已经产生相当程度的消费习惯和偏好，目标消费者重复购买率较高，是个优秀的品牌，美中不足之处是 26.95%的美誉度相对于 89.76%的极高知名度而言相对较低，这是该品牌质量比值较低的原因，可见该品牌在品牌运作中还存在重名轻誉的倾向，该品牌的口碑远没有达到与其知名度相当的水平，建议企业调整品牌运营方向，在已经达到极高知名度的情况下可以适当减少品牌的传播，而重视并加强美誉度建设，这样会使得品牌的作用更为明显（表 14－7）。

表 14－7　波司登的品牌质量比值分析表

品牌	品牌信息总量（比特）	信息基本量（比特）	品牌信息基本量的贡献率（%）	品牌信息质的贡献率（%）	品牌信息质量比值
波司登	3 450 492 498.0	3 305 514 350	95.80	4.20	0.043 8

4. 品牌信息平均值分析　波司登品牌的信息均值比小于 1，是一个大众品牌，有极高知名度和大规模的信息总量的支撑，该品牌内涵易于扩展，该品牌具有扩张和进行品牌跨行业延伸的条件（表 14－8）。

表 14－8　波司登的品牌信息均值分析表

品牌	全国人口平均信息量（比特/人）	目标人群（人）	目标消费者平均信息量（比特/人）	信息均值比
波司登	2.607 200 72	883 808 360	2.521 034 26	0.966 950 58

5. 品牌信息的稳定性分析　波司登品牌的稳定性指数达到 10.39，是一个很稳定的品牌类型，品牌信息衰减速率缓慢，信息有效间隔期长，使得维护品牌的费用较低，综合分析，该品牌是一个处在成熟期的全国性大众化经营的大规模品牌（表 14－9）。

表 14－9　波司登的品牌稳定性分析表

品牌	$N(E)$ 函数值	品牌衰减系数	品牌信息的衰减速率	品牌稳定性指数
波司登	7.349 556	0.142 575	$0.142\ 575^t$	10.39

三、鸭鸭

1. 品牌简介　江西共青鸭鸭（集团）是我国最大的现代化羽绒制品专业生产企业，公司享有鸭鸭牌系列产品屡次获国家、省、部优产品称号，鸭鸭被认定为中国驰名商标、国家重点保护品牌，鸭鸭牌羽绒服被评为中国名牌产品、全国免检产品。公司通过了 ISO 9001 质量管理体系、ISO 14001 环境管理体系和绿色环境标志产品认证。鸭鸭商标在全球 80 多个国家和地区进行了注册，产品成功销往世界 60 多个国家和地区，畅销全国上千家销售点。构筑了鸭鸭庞大的销售网络体系，在强化自身管理，发展品牌战略的同时，公司还致力于开拓服装贸易加工业务，外贸加工历史悠久，生产、设计和技术开发实力雄厚，公司内设外贸加工各国服装款式样品数据库，曾为飞拉（FILA）、背靠背（KAPPA）、金利来（GOLDLION）、花花公子（PLAYBOY）、艾迪堡（EDDIE BAUER）等众多世界著名品牌服装在我国的指定生产基地。

品牌个性：时尚、热情、快乐、家庭、温暖。

品牌理念：舒适自由，质感生活。

2. 数据汇总　见表 14－10。

3. 品牌质量分析　鸭鸭的信息质量比值为 0.163 6，属较高质量的品牌类型，信息总量达到 9 亿比特以上的大规模水平，品牌作用明显。其品牌信息质量与指标结构的比例也都较为合理，基础指标中认知度略显不足，使得品牌整

表 14－10 鸭鸭品牌的基础数据和基础指标汇总表

地区	类别	人口数（万人）	知名度（%）	认知度（%）	美誉度（%）	忠诚度（%）	品牌信息量估值（万比特）
北京	城市总人口	1 961.24	37.06	16.76	20.65	10.08	1 190.768 46
	目标消费者	572.682 1	34.81	14.87	24.80	8.69	329.922 69
成都	城市总人口	1 404.76	38.74	19.37	22.14	7.93	959.585 02
	目标消费者	410.189 9	38.64	19.32	6.00	6.44	242.239 06
深圳	城市总人口	1 035.79	23.35	10.19	26.36	3.33	351.491 44
	目标消费者	302.450 7	22.14	9.37	22.90	2.38	89.497 36
西安、济南	城市总人口	1 528.18	32.32	15.66	18.46	5.25	772.840 03
	目标消费者	446.228 6	29.21	13.48	18.46	5.84	200.075 45
南昌	城市总人口	504.26	71.05	34.21	51.82	22.11	1 094.797 42
	目标消费者	147.255 6	65.63	31.25	57.50	19.58	221.275 64
太原	城市总人口	420.16	30.19	14.62	18.42	5.66	193.361 49
	目标消费者	122.686 7	32.47	15.58	14.38	6.15	61.717 19
阳泉	城市总人口	136.85	28.19	13.42	15.00	0.72	55.336 22
	目标消费者	39.960 2	29.17	13.75	11.67	0.67	17.239 25
嘉祥	城市总人口	87.23	56	28	28.75	7.73	109.001 25
	目标消费者	25.471 2	41.67	41.67	50	5.07	32.626 37
全国	总人口	132 344.72	36.99	17.75	23.56	7.27	97 080.553 65
	目标消费者	38 645.114 3	35.88	17.16	22.51	6.95	24 391.098 74

体指标结构略显失衡，但没有太大的影响，该品牌有着较高的口碑，尤其在其所在地南昌的调研数据中有所反映。与高美誉度相较而言的忠诚度偏低可能是一种衰退迹象，但不太明显。各项指标均说明这是一个质量状况健康的品牌，是一个处于成熟其后期的全国性品牌（表 14－11）。

表 14－11 鸭鸭的品牌质量比值分析表

品牌	品牌信息总量（比特）	信息基本量（比特）	品牌信息基本量的贡献率（%）	品牌信息质的贡献率（%）	品牌信息质量比值
鸭鸭	970 805 536.5	834 346 761.0	85.94	14.06	0.163 6

4. 品牌信息平均值分析 鸭鸭品牌的信息均值比为0.86，小于1，表示这一品牌基本没有专业专营的特征，品牌内涵易于扩展，是个大众品牌（表14-12）。

表14-12 鸭鸭的品牌信息均值分析表

品牌	全国人口平均信息量（比特/人）	目标人群（人）	目标消费者平均信息量（比特/人）	信息均值比
鸭鸭	0.733 543 08	386 451 143	0.631 156 08	0.860 421 28

5. 品牌信息的稳定性分析 鸭鸭品牌的品牌稳定性指数是8.18，具有较强稳定性，品牌对消费者偏好的影响也较为持久，使得品牌信息有效期和有效范围都比该行业的平均水平高，该品牌具有相当高的应对风险的能力。较高稳定性说明该品牌没有处于过渡期，因此，仅仅是出现衰退迹象，但品牌还没有完全开始衰退。综合分析，该品牌处于成熟期后期，有衰退迹象出现，全国性大众化经营的大规模品牌（表14-13）。

表14-13 鸭鸭的品牌稳定性分析表

品牌	*N*（*E*）函数值	品牌衰减系数	品牌信息的衰减速率	品牌稳定性指数
鸭鸭	8.886 478	0.113 418	0.113 418	8.18

四、雅鹿

1. 品牌简介 雅鹿是一家以羽绒服为核心产品，集研发、生产、销售于一体，多品牌发展的服装企业。自有品牌的羽绒服是雅鹿的主要产品，经营的品牌包括雅鹿、雅鹿·自由自在、蓝冰等。为了降低羽绒服季节性风险，充分运用现有优势资源，近几年雅鹿开始涉足四季化服装，主要包括EASY·FREE女装、百芙伦女装、奥洛威男装等。

品牌定位：大众品牌，国民产品。

经营理念：以创新取胜，塑世界品牌。

2. 数据汇总 见表14-14。

表14-14 雅鹿品牌的基础数据和基础指标汇总表

地区	类别	人口数（万人）	知名度（%）	认知度（%）	美誉度（%）	忠诚度（%）	品牌信息量估值（万比特）
北京	城市总人口	1 961.240 0	29.41	12.94	18.89	3.96	845.669 40
	目标消费者	261.943 2	29.41	12.94	18.89	3.96	116.600 58

（续）

地区	类别	人口数（万人）	知名度（%）	认知度（%）	美誉度（%）	忠诚度（%）	品牌信息量估值（万比特）
成都	城市总人口	1 404.760 0	39.64	18.47	22.22	7.63	962.730 23
	目标消费者	187.619 7	40.57	18.87	17.65	7.04	127.787 25
深圳	城市总人口	1 035.790 0	15.61	5.48	26.82	1.61	204.534 22
	目标消费者	138.340 1	15.88	5.58	26.82	1.64	26.833 45
西安、济南	城市总人口	1 528.180 0	54.55	24.75	37.50	10.57	1 886.984 51
	目标消费者	204.120 7	55.10	25	37.50	10.68	224.062 34
南昌	城市总人口	504.260 0	63.16	28.95	38.33	6.67	787.313 93
	目标消费者	67.354 3	63.16	28.95	38.33	6.67	91.418 56
太原	城市总人口	420.160 0	49.06	22.17	21.54	8.18	384.257 70
	目标消费者	56.116 6	49.02	22.06	21.54	8.50	51.592 10
阳泉	城市总人口	136.850 0	48.32	22.48	20.00	2.91	122.397 24
	目标消费者	18.277 7	48.32	22.48	20.00	2.91	16.711 28
嘉祥	城市总人口	87.230 0	56	28	35	13.60	115.194 30
	目标消费者	58.252 2	56	28	35	13.60	68.871 58
全国	总人口	132 344.720 0	49.20	22.39	27.83	6.97	134 308.994 60
	目标消费者	18 654.663 5	49.71	22.73	28.08	7.41	18 056.397 57

3. 品牌质量分析　雅鹿品牌的信息质量比值为 0.092 1，总量达到 13 亿比特以上的大规模品牌，质量较好，各项基本指标基本正常，指标间的比率关系显示认知度的不足，消费者对该品牌的认知程度不足，但美誉度与认知度的比率关系正常，说明该企业的品牌传播还是比较到位，品牌作用比较明显的，也有相当高的口碑，消费者比较认可该品牌的产品。但重复购买率较低，没有使消费者形成消费偏好，或者是由于其他品牌竞争的原因，高美誉度下的忠诚度逐步丧失。这都是品牌衰退的信号，建议企业进行连续观察，关注目标消费者偏好上的变化，防微杜渐。如果该品牌保持了相当长时期这样的品牌指标没有较大变化，该品牌应该是进入了成熟后期（表 14－15）。

表 14－15　雅鹿的品牌质量比值分析表

品牌	品牌信息总量（比特）	信息基本量（比特）	品牌信息基本量的贡献率（%）	品牌信息质的贡献率（%）	品牌信息质量比值
雅鹿	1 343 089 946.0	1 229 859 324.0	91.57	8.43	0.092 1

4. 品牌信息平均值分析 雅鹿品牌的信息均值比小于1，表示这一品牌基本没有专业专营的特征，是一个大众品牌，结合质量分析，处于成熟期后期的品牌进行延伸是必要的，该品牌具有进行延伸的基本条件（表14－16）。

表14－16 雅鹿的品牌信息均值分析表

品牌	全国人口平均信息量（比特/人）	目标人群（人）	目标消费者平均信息量（比特/人）	信息均值比
雅鹿	1.014 842 11	18 654.663 5	0.967 929 42	0.953 773 41

5. 品牌信息的稳定性分析 雅鹿品牌的品牌稳定性指数是10.33，是一个相当稳定的品牌，品牌信息衰减速率缓慢，信息有效间隔期长，品牌维护费用较低，综合分析，该品牌处在成熟后期，是一个全国性大众化经营的大规模品牌（表14－17）。

表14－17 雅鹿的品牌稳定性分析表

品牌	$N(E)$ 函数值	品牌衰减系数	品牌信息的衰减速率	品牌稳定性指数
雅鹿	7.122 927	0.141 868	$0.141\ 868^{t}$	10.33

第十五章 》》》

珠宝类连锁经营品牌分析报告

第一节 珠宝行业品牌质量简述

中国珠宝消费市场广阔，增长潜力巨大。统计数据显示，2011 年中国内地珠宝零售额达 3 810 亿元，2007—2011 年复合年增长率为 20.4%；2011 年香港珠宝零售额为 383 亿元，2007—2011 年复合年增长率达 26.4%。受零售行业增速放缓、金价波动和高价商品销售下降影响。珠宝行业市场份额占前 7 位的品牌分别是：周大福 5.56%、老凤祥 4.33%、老庙 3.06%、周生生 0.84%、谢瑞麟 0.53%、潮宏基 0.25%，六福 0.11%。

本报告各地推荐的珠宝类品牌 14 个，具有广泛的代表性，对它们的分析能够代表国内珠宝行业的整体分析。以下只对这 5 个品牌的整体情况作简要说明。

从本次调研的数据分析看，品牌信息质量比值的均值为 0.187 8，距离最优状态（0.3～0.4）很近，通过数据分析可以看出，有近半的品牌能够保持较为合理的品牌指标结构，品牌信息总量的均值达到 1 026 798 185 比特，说明珠宝类品牌质量状况整体处于优良水平。

该行业信息均值比平均为 0.889 7，基本都在 1 左右，整体属于专营大类产品的类型，有少数品牌属于大众品牌范畴。按照地区分析品牌信息量构成中，所调研的品牌部分为深圳企业，有明显的区域品牌特征，但都是以全国范围为目标发展的品牌，且定位雷同，目标人群的规模相近，竞争激烈。

品牌信息的稳定性所要解释的主要是对目标消费者消费偏好影响的持久性问题，珠宝类行业的品牌稳定性指数为 5.03，说明该行业竞争环境比较适合品牌的发展，品牌化经营在该行业较为成熟，行业的品牌发展阶段整体处于成熟期。该行业的品牌信息质量总体看还是比较稳定的（表 15－1）。

表 15－1　珠宝品牌分析数据汇总表

品　牌	品牌信息总量（比特）	品牌信息质量比值	信息均值比	品牌稳定性指数
周大生	2 021 964 075.0	0.139 6	0.891 08	7.31
老凤祥	2 601 986 140.0	0.142 2	0.886 40	8.67
潮宏基	176 151 727.3	0.153 3	0.948 41	2.71
吉盟	41 782 243.9	0.143 9	0.902 37	1.08
嘉华婚爱	50 973 575.5	—0.016 8	0.686 29	0.96
千禧之星	132 078 785.8	0.281 7	0.727 74	7.97
百泰	75 256 616.5	0.016 4	0.934 90	1.68
老庙	751 265 232.6	0.183 4	0.877 75	6.99
明牌	134 356 669.4	0.411 4	0.883 47	3.36
戴梦得	956 094 183.1	0.217 1	1.056 66	1.48
周生生	1 489 727 718.0	0.255 2	1.041 99	7.93
谢瑞麟	229 302 574.4	0.392 6	1.033 10	2.97
六福珠宝	2 273 904 104.0	0.088 4	0.764 49	5.31
周大福	3 440 330 943.0	0.220 9	0.821 11	12.01
均值	1 026 798 185.0	0.187 8	0.889 70	5.03

第二节　珠宝类连锁品牌质量个案分析

一、周大生

1. 品牌简介　周大生珠宝首饰有限公司以钻石进出口、批发及连锁经营为主要业务经营范围。目前，周大生钻石首饰公司已在国内开设了800多家珠宝连锁店，销售网络遍及北京、上海、天津、西安、郑州、武汉、杭州、宁波、绍兴、成都、泸州、内江、济南、青岛、德州、莱州、淄博、临沂、福州、厦门、银川、兰州、秦皇岛、郴州等50多个大中城市。已成为国内拥有最多销售网点的珠宝零售连锁品牌。

品牌定位：用10～15年的时间及全体“周大生人”的智慧和汗水，铸就中国顶级、世界驰名的珠宝品牌，建成属于中国人的珠宝王国。

品牌理念：创立传世品牌，缔造珠宝帝国。

2. 数据汇总　见表15－2。

表 15－2　周大生品牌的基础数据和基础指标汇总表

地区	类别	人口数（万人）	知名度（%）	认知度（%）	美誉度（%）	忠诚度（%）	品牌信息量估值（万比特）
北京	城市总人口	1 961.240 0	77.06	37.35	31.11	6.71	4 764.518 01
	目标消费者	226.719 3	76.07	36.81	27.73	5.52	429.818 81
成都	城市总人口	1 404.760 0	80.18	40.09	22.17	11.35	3 340.429 80
	目标消费者	162.390 3	82.52	41.26	21.43	11.13	362.624 99
深圳	城市总人口	1 035.790 0	80.90	40.45	39.88	21.82	3 075.614 62
	目标消费者	119.737 3	81.43	40.98	39.28	21.98	263.463 85
西安、	城市总人口	1 528.180 0	65.66	29.80	17.50	0.54	2 364.905 14
济南	目标消费者	176.657 6	63.08	28.46	17.50	0.82	243.653 68
南昌	城市总人口	504.260 0	73.68	35.53	18	1.75	974.656 38
	目标消费者	69.857 1	72.97	35.14	18	1.80	125.652 02
太原	城市总人口	420.160 0	48.11	23.58	3.85	1.64	359.035 61
	目标消费者	48.570 5	48.42	23.68	3.85	1.82	46.735 10
阳泉	城市总人口	136.850 0	47.65	25.17	42.22	3.13	187.663 24
	目标消费者	15.819 9	47.97	25.34	42.22	3.15	15.605 81
嘉祥	城市总人口	87.230 0	52	26	20	5.60	102.308 59
	目标消费者	10.083 8	57.14	28.57	10	6.03	11.681 59
全国	总人口	132 344.720 0	60.32	29.32	20.72	3.42	202 196.407 50
	目标消费者	15 750.546 2	60.25	29.25	20.27	3.44	21 442.715 39

3. 品牌质量分析　周大生品牌信息质量比值为 0.139 6，属于质量较好的品牌。总信息量 20 亿比特，信息质量基础指标在不同地区分布均匀，属大规模全国性品牌。品牌知名度较高，认知度和美誉度的比例也较合理，目标消费者指标接近全国总人口指标，说明该品牌信息传播媒体偏重大众化。不足之处在于品牌的忠诚度略低，消费者的重复购买率较低。这可能都与该行业的特点有关。该品牌的整体结构也是逐次下降型，有关密集传播的阶段，高知名度和认知度来源于品牌信息的高频次传播，符合行业的品牌信息特征，从而获得了较好的品牌质量比值（表 15－3）。

表 15－3 周大生的品牌质量比值分析表

品牌	品牌信息总量（比特）	信息基本量（比特）	品牌信息基本量的贡献率（%）	品牌信息质的贡献率（%）	品牌信息质量比值
周大生	2 021 964 075.0	1 774 198 759.0	87.75	12.25	0.139 6

4. 品牌信息平均值分析 周大生品牌信息均值比为 0.891，小于 1，属于明显的大众品牌类型。低信息均值使得该品牌具有很好的可延伸性（表 15－4）。

表 15－4 周大生的品牌信息均值分析表

品牌	全国人口平均信息量（比特/人）	目标人群（人）	目标消费者平均信息量（比特/人）	信息均值比
周大生	1.527 80	157 505 462	1.361 40	0.891 08

5. 品牌信息的稳定性分析 周大生品牌稳定性指数 7.31，属于接近较好水平稳定性的品牌。从品牌的各项信息质量指标来看，周大生品牌处于成熟期，全国性大众化经营的大规模品牌。因品牌的美誉度和忠诚度还偏低，建议在营销过程中进一步强化消费者体验环节，提高自传播率和重复购买率，促成品牌口碑效应，进而提高消费者忠诚度（表 15－5）。

表 15－5 周大生的品牌稳定性分析表

品牌	$N(E)$ 函数值	品牌衰减系数	品牌信息的衰减速率	品牌稳定性指数
周大生	9.864 85	0.101 72	$0.101\ 72^t$	7.31

二、老凤祥

1. 品牌简介 创始于清道光年间的老凤祥，已具有 100 多年的历史。老凤祥勇于开拓进取，通过不断传承创新，提升品牌、工艺、文化、创意和产品价值。老凤祥曾先后获得中国驰名商标、中国名牌产品、中华老字号、全国用户满意企业、全国用户满意产品、中国商业名牌、中国商业服务名牌、全国商业质量管理奖、轻工业卓越绩效先进企业特别奖、“全国售后服务十佳单位”等国家级荣誉；还曾作为中国内地唯一的珠宝首饰品牌，荣登“全球珠宝 100 强”。

2. 数据汇总 见表 15－6。

表 15-6　老凤祥品牌的基础数据和基础指标汇总表

地区	类别	人口数（万人）	知名度（%）	认知度（%）	美誉度（%）	忠诚度（%）	品牌信息量估值（万比特）
北京	城市总人口	1 961.240 0	62.94	32.65	25.52	7.37	3 365.432 76
	目标消费者	1 309.716 1	62.94	32.65	25.52	7.37	1 946.402 82
成都	城市总人口	1 404.760 0	73.87	38.74	20.77	10.15	2 963.675 46
	目标消费者	938.098 7	76.42	40.09	20.77	10.63	1 915.079 03
深圳	城市总人口	1 035.790 0	47.61	23.81	31.53	7.17	1 217.430 49
	目标消费者	691.700 6	48.23	24.11	31.82	7.28	669.887 24
西安、济南	城市总人口	1 528.180 0	64.65	43.43	22	3.97	3 076.658 54
	目标消费者	1 020.518 6	64.29	42.35	22	4.01	1 814.467 70
南昌	城市总人口	504.260 0	68.42	39.47	42.86	13.86	1 291.402 81
	目标消费者	336.771 5	68.42	39.47	42.86	13.86	609.574 61
太原	城市总人口	420.160 0	63.21	33.49	16.45	15.35	660.710 63
	目标消费者	280.582 8	64.71	34.31	16.45	15.95	441.272 97
阳泉	城市总人口	136.850 0	80.54	40.27	19.06	7.52	316.066 81
	目标消费者	91.388 4	80.54	40.27	19.06	7.52	197.175 12
嘉祥	城市总人口	87.230 0	64	32	20	5.60	141.032 52
	目标消费者	58.252 2	64	32	20	5.60	87.017 79
全国	总人口	132 344.720 0	67.09	37.56	23.68	9.8	260 198.614 00
	目标消费者	88 380.836 0	67.52	37.59	23.69	9.99	154 022.848 00

3. 品牌质量分析　老凤祥品牌信息质量比值为 0.142 2，高于行业平均值，品牌质量较好。品牌总信息量 26 亿比特，属大规模品牌。品牌知名度和认知度保持在较高水平；美誉度和忠诚度的指标数值结构比较合理，表明品牌信息传播影响范围大，形成了规模较大的消费者人群，品牌偏好已经形成，在消费者中有较好的口碑，品牌信息的自传播能力强。比对各地区指标，该品牌在大部分地区属于鼎盛期，部分地区处于成熟期接近鼎盛期，还有一定的成长性（表 15-7）。

表 15-7　老凤祥的品牌质量比值分析表

品牌	品牌信息总量（比特）	信息基本量（比特）	品牌信息基本量的贡献率（%）	品牌信息质的贡献率（%）	品牌信息质量比值
老凤祥	2 601 986 140.0	2 278 083 957.0	87.55	12.45	0.142 2

4. 品牌信息平均值分析 品牌信息均值比 0.886 4，属大众化经营的品牌。品牌具备了较好的产品延伸和跨行业扩张的条件（表 15－8）。

表 15－8 老凤祥的品牌信息均值分析表

品牌	全国人口平均信息量（比特/人）	目标人群（人）	目标消费者平均信息量（比特/人）	信息均值比
老凤祥	1.966 07	883 808 360	1.742 72	0.886 40

5. 品牌信息的稳定性分析 老凤祥品牌稳定指数 8.67，属高较高稳定性品牌。该品牌的信息间隔期较长，衰减周期较长，维护成本低。综合分析，该品牌处于成熟期鼎盛期阶段，全国性大众化经营的大规模品牌，品质优良（表 15－9）。

表 15－9 老凤祥的品牌稳定性分析表

品牌	N（E）函数值	品牌衰减系数	品牌信息的衰减速率	品牌稳定性指数
老凤祥	8.441 07	0.119 89	$0.119\ 89^t$	8.67

三、潮宏基

1. 品牌简介 广东潮宏基创立于 1996 年，是集珠宝首饰设计、生产、销售为一体的大型股份企业，其珠宝产品主打品牌为“潮宏基”。潮宏基珠宝始终致力于专业化品牌经营，注重良好品牌形象的打造，并将品牌内涵与珠宝首饰产品结合，使品牌附加值最大化。

品牌定位：以“传承经典，引领风尚”为自己的品牌定位，致力于在传承经典中求变化，以现代美学演绎传统经典；并能快速捕捉时尚脉搏，以丰富创意引领风尚。

品牌理念：弘扬东方文化精髓，推动中国原创设计。

2. 数据汇总 见表 15－10。

表 15－10 潮宏基品牌的基础数据和基础指标汇总表

地区	类别	人口数（万人）	知名度（%）	认知度（%）	美誉度（%）	忠诚度（%）	品牌信息量估值（万比特）
北京	城市总人口	1 961.240 0	11.76	5.59	55.00	1.33	463.902 07
	目标消费者	1 309.716 1	11.76	5.59	55.00	1.33	189.917 14

（续）

地区	类别	人口数（万人）	知名度（%）	认知度（%）	美誉度（%）	忠诚度（%）	品牌信息量估值（万比特）
成都	城市总人口	1 404.760 0	16.22	7.66	13.33	2.28	300.897 58
	目标消费者	938.098 7	16.98	8.02	13.33	2.39	212.548 09
深圳	城市总人口	1 035.790 0	26.58	11.74	28.98	2.07	493.078 41
	目标消费者	691.700 6	26.94	11.96	28.98	2.11	279.257 64
西安、	城市总人口	1 528.180 0	3.03	1.01	0	0	41.312 98
济南	目标消费者	1 020.518 6	3.06	1.02	0	0	27.873 11
南昌	城市总人口	504.260 0	28.95	14.47	0	2.63	200.383 82
	目标消费者	336.771 5	28.95	14.47	0	2.63	133.826 92
太原	城市总人口	420.160 0	6.60	2.83	10	0.25	29.843 60
	目标消费者	280.582 8	6.86	2.94	10	0.26	21.607 18
阳泉	城市总人口	136.850 0	1.34	0.67	0	0	1.613 88
	目标消费者	91.388 4	1.34	0.67	0	0	1.077 75
嘉祥	城市总人口	87.230 0	4	2	0	0	3.236 41
	目标消费者	58.252 2	4	2	0	0	2.161 28
全国	总人口	132 344.720 0	9.72	4.5	7.7	0.71	17 615.172 73
	目标消费者	88 380.836 0	9.84	4.55	7.7	0.72	11 156.694 12

3. 品牌质量分析　潮宏基品牌信息质量比值为0.153 3，信息总量1亿比特以上，是一个质量较好的中小品牌，于全国指标而言，该品牌质量信息的基础指标普遍偏低，并且有明显的南北地区差别。于地区而言，在北京、深圳的消费者美誉度较高，体现了品牌区域化营销的策略，重视一线的大型城市。从指标结构来看，品牌信息的传播途径和目标定位基本合适，口碑效应正在形成期，品牌知名度、认知度和忠诚度都有待进一步培育（表15－11）。

表15－11　潮宏基的品牌质量比值分析表

品牌	品牌信息总量（比特）	信息基本量（比特）	品牌信息基本量的贡献率（%）	品牌信息质的贡献率（%）	品牌信息质量比值
潮宏基	176 151 727.3	152 747 037.4	86.71	13.29	0.153 3

4. 品牌信息平均值分析　潮宏基品牌信息均值比为0.948 4，为大众品牌类型。不具备扩张和延伸的条件（表15－12）。

表 15-12　潮宏基的品牌信息均值分析表

品牌	全国人口平均信息量（比特/人）	目标人群（人）	目标消费者平均信息量（比特/人）	信息均值比
潮宏基	0.133 10	883 808 360	0.126 23	0.948 41

5. 品牌信息的稳定性分析　品牌稳定性指数 2.71，属弱稳定性品牌。该品牌信息质量指标在北京、深圳较好，显示出成熟期的特征，但从全国的指标看仍然处于成长期。品牌信息衰减周期短，需要较高频次的品牌信息维护，维护成本较高。在知名度和认知度进一步提高之后，该品牌在全国市场仍将有较强的成长性。综合分析，潮宏基品牌是一个趋于成熟的区域性大众化品牌（表 15-13）。

表 15-13　潮宏基的品牌稳定性分析表

品牌	*N*（*E*）函数值	品牌衰减系数	品牌信息的衰减速率	品牌稳定性指数
潮宏基	25.966 26	0.038 52	0.038 52^t	2.71

四、吉盟

1. 品牌简介　GMOND 吉盟珠宝一直都是国内珠宝品牌佼佼者，“中国驰名商标”荣誉获得者。2000 年，深圳市吉盟珠宝股份有限公司创立品牌。在十多年的发展与壮大中，已拥有品牌零售店近 300 家，占据了一定国内市场份额。GMOND 吉盟珠宝自有镶嵌工厂，自有设计团队，拥有数十项技术专利和设计专利，并与掌握全球 90%的钻石原料的戴比尔斯集团旗下珠宝品牌 Forevermark 永恒印记有着深刻与广泛的合作。

品牌定位：时尚、经典、值得信赖。

品牌理念：始终不渝的追求爱与美的梦想。

2. 数据汇总　见表 15-14。

表 15-14　吉盟品牌的基础数据和基础指标汇总表

地区	类别	人口数（万人）	知名度（%）	认知度（%）	美誉度（%）	忠诚度（%）	品牌信息量估值（万比特）
北京	城市总人口	1 961.240 0	0.59	0	0	0	9.906 95
	目标消费者	261.943 2	0	0	0	0	0

（续）

地区	类别	人口数（万人）	知名度（%）	认知度（%）	美誉度（%）	忠诚度（%）	品牌信息量估值（万比特）
成都	城市总人口	1 404.760 0	26.13	12.61	14.17	6.13	566.104 51
	目标消费者	187.619 7	27.36	13.21	14.17	6.42	79.602 97
深圳	城市总人口	1 035.790 0	5.81	2.19	51.43	0.79	102.737 65
	目标消费者	138.340 1	5.91	2.23	51.43	0.81	8.936 00
西安、济南	城市总人口	1 528.180 0	2.02	0	0	0	26.429 14
	目标消费者	204.120 7	2.04	0	0	0	3.565 12
南昌	城市总人口	504.260 0	5.26	2.63	0	0	25.198 89
	目标消费者	67.354 3	5.26	2.63	0	0	3.365 83
太原	城市总人口	420.160 0	0	0	0	0	0
	目标消费者	56.116 6	0	0	0	0	0
阳泉	城市总人口	136.850 0	1.34	0.67	0	0	1.613 88
	目标消费者	18.277 7	1.34	0.67	0	0	0.215 55
嘉祥	城市总人口	87.230 0	0	0	0	0	0
	目标消费者	58.252 2	0	0	0	0	0
全国	总人口	132 344.720 0	2.65	1.02	3.27	0.23	4 178.224 39
	目标消费者	18 654.663 5	2.52	0.98	3.1	0.22	531.445 94

3. 品牌质量分析 吉盟品牌信息质量比值为 0.143 9，品牌质量较好。但品牌质量信息基础指标的地区差别明显，体现出极强的区域性品牌特征。该品牌信息总量 0.417 亿比特，属小规模品牌；在全国范围内的品牌知名度仅 2.5%，品牌信息基本靠经销渠道自然传播，没有全国范围的大规模品牌运作的痕迹。在成都地区该品牌的各项指标良好，表明品牌在该地区的渠道具有品牌信息传播的优势，在地区内形成了一定规模的消费人群和品牌偏好。从全国的指标来看，形成全国性的品牌尚需时日，建议该品牌有重点地拓展市场范围，稳扎稳打，逐步扩大品牌在全国的知名度和认知度（表 15 - 15）。

表 15 - 15 吉盟的品牌质量比值分析表

品牌	品牌信息总量（比特）	信息基本量（比特）	品牌信息基本量的贡献率（%）	品牌信息质的贡献率（%）	品牌信息质量比值
吉盟	41 782 243.9	36 526 378.3	87.42	12.58	0.143 9

4. 品牌信息平均值分析 吉盟品牌在全国市场的信息均值比为0.902，属大众品牌类型（表15－16）。

表15－16 吉盟的品牌信息均值分析表

品牌	全国人口平均信息量（比特/人）	目标人群（人）	目标消费者平均信息量（比特/人）	信息均值比
吉盟	0.031 57	186 546 635	0.028 49	0.902 37

5. 品牌信息的稳定性分析 吉盟品牌稳定性指数1.08，属弱稳定性品牌。该品牌在区域范围内形成了自己的消费人群和品牌偏好，但全国范围内的知名度、认知度和美誉度都很低。综合分析，吉盟品牌在全国市场处于成长期，而在部分区域市场已进入成熟期（表15－17）。

表15－17 吉盟的品牌稳定性分析表

品牌	N（E）函数值	品牌衰减系数	品牌信息的衰减速率	品牌稳定性指数
吉盟	64.619 14	0.015 18	0.015 48^t	1.08

五、嘉华婚爱

1. 品牌简介 嘉华婚爱的品牌定位是：打造中国人最喜爱的结婚钻戒，弘扬中华民族优良传统的婚姻爱情文化。

2. 数据汇总 见表15－18。

表15－18 嘉华婚爱品牌的基础数据和基础指标汇总表

地区	类别	人口数（万人）	知名度（%）	认知度（%）	美誉度（%）	忠诚度（%）	品牌信息量估值（万比特）
北京	城市总人口	1 961.240 0	2.35	0	0	0	39.459 88
	目标消费者	322.820 1	0	0	0	0	0
成都	城市总人口	1 404.760 0	3.60	1.35	0	0	45.734 24
	目标消费者	231.223 5	4.26	1.06	0	0	8.806 00
深圳	城市总人口	1 035.790 0	11.10	3.48	45.45	0.75	192.012 64
	目标消费者	170.491 0	11.14	3.59	50	0.91	22.177 39
西安、济南	城市总人口	1 528.180 0	6.06	1.01	0	0	82.625 97
	目标消费者	251.538 4	0	0	0	0	0

（续）

地区	类别	人口数（万人）	知名度（%）	认知度（%）	美誉度（%）	忠诚度（%）	品牌信息量估值（万比特）
南昌	城市总人口	504.260 0	2.63	0	0	0	11.354 48
	目标消费者	83.007 8	2.63	0	0	0	1.869 10
太原	城市总人口	420.160 0	0.94	0	0	0	3.381 42
	目标消费者	69.158 3	1.72	0	0	0	1.018 43
阳泉	城市总人口	136.850 0	4.70	1.01	0	0	5.738 68
	目标消费者	22.525 5	6.35	0.79	0	0	1.264 96
嘉祥	城市总人口	87.230 0	0	0	0	0	0
	目标消费者	14.358 1	0	0	0	0	0
全国	总人口	132 344.720 0	3.81	0.66	2.51	0.04	5 097.357 55
	目标消费者	21 784.193 86	2.82	0.38	2.76	0.05	575.825 20

3. 品牌质量分析　嘉华婚爱品牌信息质量比为－0.016 8，低于行业平均值，品牌信息总量 0.509 亿比特，属小规模品牌。该品牌的各项基础指标均处于极低的水平，表明品牌信息传播是以经销渠道和消费者口碑为主要方式的自然传播，企业没有进行过有规模的品牌传播活动。该品牌在企业所在地有一定的知名度和高美誉度，说明该品牌的产品或服务是受到直接消费者认可的，但在其他地区知名度、认知度、美誉度均极低，目前仍然属于一个典型的区域品牌。从指标上看，该品牌信息的传播途径和方式缺乏有效性，在属地之外地区有限的消费人群中品牌认知和口碑尚未形成。当然，品牌的忠诚度低也与品牌产品定位于婚庆珠宝有关，此类产品重复购买率低，主要靠品牌口碑吸引潜在消费者（表 15－19）。

表 15－19　嘉华婚爱的品牌质量比值分析表

品牌	品牌信息总量（比特）	信息基本量（比特）	品牌信息基本量的贡献率（%）	品牌信息质的贡献率（%）	品牌信息质量比值
嘉华婚爱	50 973 575.5	51 842 858.8	—	－1.71	－0.016 8

4. 品牌信息平均值分析　嘉华婚爱的品牌信息均值比为 0.686，低于 1，属于没有专业专营特征的大众品牌；不同地区之间品牌信息质量指标差异明显，具有较强的区域品牌特征（表 15－20）。

表 15－20　嘉华婚爱的品牌信息均值分析表

品牌	全国人口平均信息量（比特/人）	目标人群（人）	目标消费者平均信息量（比特/人）	信息均值比
嘉华婚爱	0.038 52	21 784.193 9	0.026 43	0.686 29

5. 品牌信息的稳定性分析　嘉华婚爱的品牌稳定性指数为 0.96，稳定性极弱。品牌信息传播衰减较大，如果仅依靠渠道和口碑自然传播，短期内很难形成较高的知名度，也很难形成一定规模的消费人群和品牌偏好。综合分析，该品牌处于成长期，是一个区域性大众化经营的小规模品牌，有较大的成长空间（表 15－21）。

表 15－21　嘉华婚爱的品牌稳定性分析表

品牌	*N*（*E*）函数值	品牌衰减系数	品牌信息的衰减速率	品牌稳定性指数
嘉华婚爱	72.399 00	0.013 81	$0.013\ 81^{t}$	0.96

六、千禧之星

1. 品牌简介　千禧之星创立于 2000 年。是国内珠宝首饰行业集黄铂金珠宝首饰研发设计、生产加工、批发零售、品牌连锁经营、进出口业务为一体的大型中外合资企业。

品牌定位：婚庆珠宝。

2. 数据汇总　见表 15－22。

表 15－22　千禧之星品牌的基础数据和基础指标汇总表

地区	类别	人口数（万人）	知名度（%）	认知度（%）	美誉度（%）	忠诚度（%）	品牌信息量估值（万比特）
北京	城市总人口	1 961.240 0	10.59	1.76	0	0.08	190.868 87
	目标消费者	261.943 2	10.59	1.76	0	0.08	25.492 44
成都	城市总人口	1 404.760 0	3.60	1.80	5.00	0.24	49.355 70
	目标消费者	187.619 7	3.77	1.89	5.00	0.25	7.630 59
深圳	城市总人口	1 035.790 0	13.68	5.29	38	1.15	231.146 86
	目标消费者	138.340 1	14.40	5.50	38	1.38	24.488 75
西安、济南	城市总人口	1 528.180 0	5.05	1.52	0	0	70.259 81
	目标消费者	204.120 7	5.10	1.53	0	0	9.481 31
南昌	城市总人口	504.260 0	10.53	3.95	50	0.35	95.136 31
	目标消费者	67.354 3	10.53	3.95	50	0.35	8.260 35

（续）

地区	类别	人口数（万人）	知名度（%）	认知度（%）	美誉度（%）	忠诚度（%）	品牌信息量估值（万比特）
太原	城市总人口	420.160 0	7.55	1.89	50.00	0.13	52.645 19
	目标消费者	56.116 6	7.84	1.96	50.00	0.13	4.759 04
阳泉	城市总人口	136.850 0	4.70	1.34	0	0	5.814 44
	目标消费者	18.277 7	4.70	1.34	0	0	0.776 58
嘉祥	城市总人口	87.230 0	0	0	0	0	0
	目标消费者	58.252 2	0	0	0	0	0
全国	总人口	132 344.720 0	7.14	2.16	23.34	0.16	13 207.878 58
	目标消费者	18 654.663 5	6.9	2.08	22.12	0.17	1 354.846 55

3. 品牌质量分析　千禧之星品牌的信息质量比值为 0.281 7，接近最优值域 0.3 的下限。品牌信息总量 1.3 亿比特，属于中等偏小规模。该品牌信息质量的基础指标中，知名度、认知度较小，美誉度较高，而品牌忠诚度极低，指标结构不合理。原因可能是该品牌依靠口碑传播，在指标中没有进行过大规模有效运作的痕迹，或是品牌信息传播途径和方式的选择不当。较高的美誉度意味着该品牌的产品或服务受到直接消费者的认可，形成了一定的口碑，但品牌忠诚度低意味着重复购买率低，这也同品牌系婚庆珠宝的特殊定位有一定关系。品牌信息质量指标的地区差异并不明显，说明该品牌是一个全国性品牌（表 15－23）。

表 15－23　千禧之星的品牌质量比值分析表

品牌	品牌信息总量（比特）	信息基本量（比特）	品牌信息基本量的贡献率（%）	品牌信息质的贡献率（%）	品牌信息质量比值
千禧之星	132 078 785.8	1 030 438 292	78.02	21.98	0.281 7

4. 品牌信息平均值分析　千禧之星品牌的信息均值比为 0.727，属于没有专业专营特征的大众品牌。该品牌的信息量不足，不足以支撑其进行扩张与延伸（表 15－24）。

表 15－24　千禧之星的品牌信息均值分析表

品牌	全国人口平均信息量（比特/人）	目标人群（人）	目标消费者平均信息量（比特/人）	信息均值比
千禧之星	0.099 80	186 546 635	0.072 63	0.727 74

5. 品牌信息的稳定性分析 千禧之星的品牌稳定指数为 7.97，属较强稳定性品牌。该品牌的美誉度较高而忠诚度极低，说明品牌在既有消费人群中口碑好，口碑传播的效应较强，但婚庆产品重复购买率低限制了其品牌忠诚度的提高。建议该品牌扩大品牌营销范围，提高知名度和认知度，发展新的消费人群。该品牌，有较大的成长空间。综合分析，千禧之星目前处于成长期，是一个全国性大众化经营的中小规模品牌，具有良好的成长性（表 15－25）。

表 15－25 千禧之星的品牌稳定性分析表

品牌	$N(E)$ 函数值	品牌衰减系数	品牌信息的衰减速率	品牌稳定性指数
千禧之星	9.042 35	0.110 61	$0.110\ 61^t$	7.97

七、百泰

1. 品牌简介 深圳市百泰珠宝首饰有限公司（以下简称百泰）于 2000 年成立，是集首饰研发、生产加工、批发及零售于一体的大型黄金珠宝首饰企业。百泰已发展成拥有 20 多家子公司的集团企业。根据中国黄金协会 2014 年 2 月 10 日发布，2013 年全国黄金消费量 1 176 吨，成为 2013 年世界第一黄金消费大国。而百泰在 2013 年的黄金产品总销量就超过了 200 吨。截至 2014 年 4 月，百泰在深圳、杭州和天津成立共十多家生产加工厂，并经营 3 家展厅，以“尚金缘”与“航民百泰”商标进行批发销售。2007 年，百泰启动品牌加盟连锁业务，以其自有品牌“百泰首饰”在深圳市设立两家品牌自营店，并通过全国各地特许商开立超过 400 家品牌门店。

2. 数据汇总 见表 15－26。

表 15－26 百泰品牌的基础数据和基础指标汇总表

地区	类别	人口数（万人）	知名度（%）	认知度（%）	美誉度（%）	忠诚度（%）	品牌信息量估值（万比特）
北京	城市总人口	1 961.240 0	3.53	0.88	0	0.59	61.448 37
	目标消费者	261.943 2	3.53	0.88	0	0.59	8.207 04
成都	城市总人口	1 404.760 0	3.60	1.35	0	0.12	45.734 24
	目标消费者	187.619 7	3.77	1.42	0	0.13	6.414 38
深圳	城市总人口	1 035.790 0	18.84	6.52	31.92	1.90	308.893 40
	目标消费者	138.340 1	19.05	6.64	31.92	1.94	33.649 09

（续）

地区	类别	人口数（万人）	知名度（%）	认知度（%）	美誉度（%）	忠诚度（%）	品牌信息量估值（万比特）
西安、	城市总人口	1 528.180 0	4.04	1.52	10	0.13	63.197 11
济南	目标消费者	204.120 7	4.08	1.53	10	0.14	8.859 34
南昌	城市总人口	504.260 0	5.26	0	0	0	22.708 97
	目标消费者	67.354 3	5.26	0	0	0	3.033 25
太原	城市总人口	420.160 0	2.83	0.47	0	0	10.379 72
	目标消费者	56.116 6	2.94	0.49	0	0	1.441 38
阳泉	城市总人口	136.850 0	7.38	3.36	5.00	0.76	10.453 05
	目标消费者	18.277 7	7.38	3.36	5.00	0.76	1.537 85
嘉祥	城市总人口	87.230 0	0	0	0	0	0
	目标消费者	58.252 2	0	0	0	0	0
全国	总人口	132 344.720 0	5.25	1.57	5.06	0.32	7 525.661 65
	目标消费者	18 654.663 5	5.03	1.51	4.79	0.3	991.720 49

3. 品牌质量分析　百泰品牌的信息质量比为 0.016 4，略高于行业内平均水平。品牌信息总量 0.75 亿比特，属小规模品牌。品牌信息质量的基本指标存在明显的地域特征，知名度、认知度和美誉度等指标在企业属地明显高于属地之外的地区。品牌信息在属地之外的地区基本靠销售渠道和消费人群的口碑，属自然传播，没有有效的规模化运作过品牌。即使在品牌属地，从基本指标的结构来看，有一定的知名度，但认知度与其知名度比率关系失衡，消费者对其品牌的认知程度不够，在品牌传播过程中，品牌的内容或途径有欠缺的地方，该品牌在深圳的美誉度较高，而忠诚度微弱，表明良好的口碑效应并没有转换成为重复购买率，品牌信息没有有效扩散，仅在较小的消费人群具有品牌偏好，但还没有形成特定的消费习惯（表 15－27）。

表 15－27　百泰的品牌质量比值分析表

品牌	品牌信息总量（比特）	信息基本量（比特）	品牌信息基本量的贡献率（%）	品牌信息质的贡献率（%）	品牌信息质量比值
百泰	75 256 616.5	74 047 791.1	98.39	1.61	0.016 4

4. 品牌信息平均值分析 百泰品牌的信息均值比为 0.934 9，属于没有专业专营特征的大众品牌。信息量不足，不足以支撑其进行大幅扩张和延伸（表 15－28）。

表 15－28 百泰的品牌信息均值分析表

品牌	全国人口平均信息量（比特/人）	目标人群（人）	目标消费者平均信息量（比特/人）	信息均值比
百泰	0.056 86	186 546 635	0.053 16	0.934 90

5. 品牌信息的稳定性分析 百泰品牌的稳定性指数 1.68，为弱稳定性品牌。品牌的抗风险能力较弱，品牌信息的覆盖区域较小，信息衰减快，信息维护成本较高。该品牌的指标表现为一般的质量比水平，弱稳定性和小规模信息量，综合分析，百泰品牌处于成长期早期，有明显区域特征的全国性品牌，采取大众化经营的小规模品牌，品牌表现出了一定的成长性（表 15－29）。

表 15－29 百泰的品牌稳定性分析表

品牌	N（E）函数值	品牌衰减系数	品牌信息的衰减速率	品牌稳定性指数
百泰	41.724 22	0.023 97	$0.023\ 97^{t}$	1.68

八、老庙

1. 品牌简介 老庙黄金品牌创始于 1906 年，为中华老字号，也是改革开放后上海第一家黄金零售企业。目前在全国 24 个省（自治区、直辖市）建立了 300 多家品牌加盟店（柜）搭建了上海和深圳两大物流平台。2006 年，销售处于行业中的前两位并荣获“中国 500 最具价值品牌”，商务部认定的第一批“中华老字号”企业。2007 年，老庙产品荣获“中国名牌产品”。老庙品牌占珠宝首饰市场的前二位。2008 年，更是获得了由亚洲品牌盛典组委会颁发的“亚洲 500 最具价值品牌”。新发展“九天名玉”、“L&M”两大品牌，专注高品位的年轻时尚市场。

2. 数据汇总 见表 15－30。

表 15－30 老庙品牌的基础数据和基础指标汇总表

地区	类别	人口数（万人）	知名度（%）	认知度（%）	美誉度（%）	忠诚度（%）	品牌信息量估值（万比特）
北京	城市总人口	1 961.240 0	14.71	7.06	35.00	0.16	481.833 47
	目标消费者	1 309.716 1	14.71	7.06	35.00	0.16	249.364 90

（续）

地区	类别	人口数（万人）	知名度（%）	认知度（%）	美誉度（%）	忠诚度（%）	品牌信息量估值（万比特）
成都	城市总人口	1 404.760 0	34.23	18.02	21.00	2.76	922.159 03
	目标消费者	938.098 7	34.91	18.40	17.78	2.77	565.089 57
深圳	城市总人口	1 035.790 0	17.03	8.52	28.57	2.17	286.067 53
	目标消费者	691.700 6	17.21	8.61	28.57	2.21	161.771 79
西安、济南	城市总人口	1 528.180 0	24.24	16.67	10	0.27	604.403 75
	目标消费者	1 020.518 6	23.47	15.31	10	0.27	392.392 35
南昌	城市总人口	504.260 0	42.11	25	37.50	1.40	576.211 33
	目标消费者	336.771 5	42.11	25	37.50	1.40	289.620 62
太原	城市总人口	420.160 0	18.87	10.38	11.67	2.39	111.509 64
	目标消费者	280.582 8	18.63	10.29	11.67	2.48	74.696 99
阳泉	城市总人口	136.850 0	41.61	21.14	20.00	1.74	115.948 30
	目标消费者	91.388 4	41.61	21.14	20.00	1.74	71.540 67
嘉祥	城市总人口	87.230 0	56	28	38.33	6.67	142.047 89
	目标消费者	58.252 2	56	28	38.33	6.67	70.700 65
全国	总人口	132 344.720 0	28.58	16.27	19.56	1.56	75 126.523 26
	目标消费者	88 380.836 0	28.36	15.95	19.46	1.59	44 036.796 82

3. 品牌质量分析　老庙品牌信息质量比值为0.183 4，品牌质量较好。品牌信息总量7.5亿比特，为中等偏上规模品牌。从品牌信息质量的基本指标来看，指标结构基本合理，有较高知名度，认知度与之匹配程度很好，获得了高于认知度的美誉度水平，品牌的口碑效应形成，对消费者有一定的影响。但忠诚度偏低，可能与该行业重复购买率低有关，口碑效应没有转换成品牌偏好和消费习惯。特别之处是基础数据中，二、三线城市的指标好于一线城市，可能是调研没有对其所在地进行的缘故，属于调研样本缺陷，从全国的平均指标看，该品牌仍然属于一个有全国性影响的品牌，品质优良（表15-31）。

表15-31　老庙的品牌质量比值分析表

品牌	品牌信息总量（比特）	信息基本量（比特）	品牌信息基本量的贡献率（%）	品牌信息质的贡献率（%）	品牌信息质量比值
老庙	751 265 232.6	634 798 503.7	84.50	15.50	0.183 4

4. 品牌信息平均值分析　老庙品牌信息均值比为 0.877 75，属于没有专业专营特征的大众品牌。该品牌的信息量处于跨行业延伸的基本要求的边缘，建议企业补充数据，谨慎选择（表 15 - 32）。

表 15 - 32　老庙的品牌信息均值分析表

品牌	全国人口平均信息量（比特/人）	目标人群（人）	目标消费者平均信息量（比特/人）	信息均值比
老庙	0.567 66	883 808 360	0.498 26	0.877 75

5. 品牌信息的稳定性分析　品牌的稳定性指数为 6.99，接近较好稳定性。品牌的知名度、认知度和美誉度在不同地区之间有差距，是区域品牌向全国品牌发展过程未完全结束。在发展周期中看，属于过渡期，且即将完成过渡，稳定性恢复到较好水平之前的阶段，品牌的各项信息质量指标反映出品牌进入了成熟早期。建议该品牌针对不同地区、不同消费人群调整品牌信息传播的途径和方式，提高品牌信息传播的效率；针对品牌信息衰减较快的问题，适度提高信息维护的频次，将品牌进一步推向成熟。综合分析，老庙品牌处于成熟期早期，是一个全国性大众化经营的中偏大规模品牌（表 15 - 33）。

表 15 - 33　老庙的品牌稳定性分析表

品牌	N（E）函数值	品牌衰减系数	品牌信息的衰减速率	品牌稳定性指数
老庙	10.277 66	0.097 45	$0.097\ 45^t$	6.99

九、明牌

1. 品牌简介　日月集团目前主营业务为生产、加工、批发明牌系列首饰（黄金、铂金、K 金、贵金属镶嵌饰品）50 000 多种产品，产品以“成色足、工艺精、款式新、色泽美”四大特点入主市场，以优良的品质和良好的服务赢得了全国各地及海外消费者的青睐。注册商标明牌为中国驰名商标，明牌黄金首饰、贵金属镶嵌饰品系中国名牌产品。

2. 数据汇总　见表 15 - 34。

表 15 - 34　明牌品牌的基础数据和基础指标汇总表

地区	类别	人口数（万人）	知名度（%）	认知度（%）	美誉度（%）	忠诚度（%）	品牌信息量估值（万比特）
北京	城市总人口	1 961.240 0	2.94	0.59	0	0.59	50.581 11
	目标消费者	1 059.854 1	2.63	1.32	0	0	25.178 17

（续）

地区	类别	人口数（万人）	知名度（%）	认知度（%）	美誉度（%）	忠诚度（%）	品牌信息量估值（万比特）
成都	城市总人口	1 404.760 0	3.60	0.90	50.00	0.90	80.716 06
	目标消费者	759.132 3	4.62	1.54	50.00	1.54	37.323 62
深圳	城市总人口	1 035.790 0	10.32	3.55	43.57	1.47	175.074 42
	目标消费者	559.740 9	9.23	3.65	35	1.47	57.734 99
西安、	城市总人口	1 528.180 0	3.03	1.01	100	1.01	133.379 52
济南	目标消费者	825.828 5	3.45	1.72	0	0	26.142 20
南昌	城市总人口	504.260 0	7.89	3.95	0	0	39.672 87
	目标消费者	272.523 7	9.68	4.84	0	0	27.143 24
太原	城市总人口	420.160 0	1.89	0.94	0	0.13	7.065 26
	目标消费者	227.054 5	1.20	0.60	0	0.16	2.391 10
阳泉	城市总人口	136.850 0	16.11	7.72	31.43	2.95	36.062 69
	目标消费者	73.953 7	20.65	9.78	28.33	3.70	21.171 26
嘉祥	城市总人口	87.230 0	8	4	50	53	12.525 52
	目标消费者	47.139 1	8.70	4.35	50	58	4.844 84
全国	总人口	132 344.720 0	6.43	2.87	34	1.71	13 435.666 94
	目标消费者	71 519.926 1	7.43	3.53	9.54	1.68	6 414.649 36

3. 品牌质量分析　明牌品牌的信息质量比值为 0.411 4，略高于最优区间上限质量的指标。品牌信息总量 1.3 亿比特，为中等偏小规模。该品牌质量信息的基本指标偏小，说明品牌没有进行规模化营销，品牌的知名度、认知度属自然传播，以营销渠道推广和消费人群口碑为主要传播方式，这也形成了品牌较高的美誉度，在品牌知名度不高的情况下，高美誉度一方面说明品牌的消费者口碑较好，另一方面也说明品牌形成了一个小规模的消费人群，反映在部分地区消费者忠诚度较高。这是品牌质量指标较高的主要原因，但是由于品牌的知名度低，在全国市场的品牌影响力有限。该品牌的特殊之处在于目标消费者的口碑远低于全国总人口指标，意味着有过消费体验的直接消费者对该品牌的认可程度低于没有过消费体验的一般消费者，这可能是该品牌的产品质量或服务水平出现的问题，万幸的是该品牌所处行业的重复购买率本身很低，所以看不出造成的特别严重影响，该现象可以被视为一种衰退信号，但该品牌基础指标很低，没有到达成熟期，所以视为一种没有顺利度过成长期的品牌，制约该品牌发展的主要原因可能在于产品或服务水平不足，使得消费者体验不佳造成

的。建议企业及时查明原因，品牌表现出了良好的成长性，如能查明原因还是具潜力的一个品牌（表15－35）。

表15－35　明牌的品牌质量比值分析表

品牌	品牌信息总量（比特）	信息基本量（比特）	品牌信息基本量的贡献率（%）	品牌信息质的贡献率（%）	品牌信息质量比值
明牌	134 356 669.4	95 196 978.1	70.85	29.15	0.411 4

4. 品牌信息平均值分析　明牌的信息均值比为0.883 5，品牌信息平均值比小于1，属于没有专业专营特征的大众品牌。品牌的各项指标没有明显的地区差异，不具有区域品牌特征（表15－36）。

表15－36　明牌的品牌信息均值分析表

品牌	全国人口平均信息量（比特/人）	目标人群（人）	目标消费者平均信息量（比特/人）	信息均值比
明牌	0.101 52	715 199 261	0.089 69	0.883 47

5. 品牌信息的稳定性分析　明牌稳定性指数3.36，属弱稳定性品牌。由于该品牌的信息传播主要依靠消费者口碑和销售渠道的推广，信息传播效率较低，信息覆盖面和覆盖速度不足以及消费者体验不佳等原因造成该品牌没有顺利地从成长期过渡为成熟期，品牌指标结构没有形成，对消费者的影响力有限。综合分析，明牌处于成长期，全国性大众化发展的中小规模品牌，品牌质量良好，但潜在风险较大（表15－37）。

表15－37　明牌的品牌稳定性分析表

品牌	N（E）函数值	品牌衰减系数	品牌信息的衰减速率	品牌稳定性指数
明牌	20.965 85	0.047 73	0.047 73^t	3.36

十、戴梦得

1. 品牌简介　戴梦得珠宝是中国宝玉石协会颁发的中国珠宝质量驰名品牌，它的珠宝玉石全部由中国宝玉石协会提供质量鉴定证书，纯铂金全部由国家有色金属院及国家首饰质量监督检验中心提供质量检测合格证签，是中国民族珠宝第一大品牌。

2. 数据汇总　见表15－38。

表 15-38　戴梦得品牌的基础数据和基础指标汇总表

地区	类别	人口数（万人）	知名度（%）	认知度（%）	美誉度（%）	忠诚度（%）	品牌信息量估值（万比特）
北京	城市总人口	1 961.240 0	18.24	6.76	50.00	0.67	705.411 54
	目标消费者	1 059.854 1	35.90	12.82	0	0.68	499.867 50
成都	城市总人口	1 404.760 0	12.61	4.95	0	0.12	182.958 79
	目标消费者	759.132 3	15.38	6.15	0	0	125.590 46
深圳	城市总人口	1 035.790 0	17.55	5.29	19.55	1.50	238.873 54
	目标消费者	559.740 9	16.15	5.29	10	1.24	102.274 27
西安、济南	城市总人口	1 528.180 0	30.30	14.65	15.83	5.99	768.740 64
	目标消费者	825.828 5	34.48	13.79	0	4.37	383.944 69
南昌	城市总人口	504.260 0	57.89	27.63	0	2.63	537.819 13
	目标消费者	272.523 7	53.85	44.23	0	3.85	357.329 52
太原	城市总人口	420.160 0	10.38	2.83	10	0.94	46.935 84
	目标消费者	227.054 5	9.64	2.41	0	0	20.622 61
阳泉	城市总人口	136.850 0	76.51	36.21	16.00	9.53	271.371 48
	目标消费者	73.953 7	77.17	38.04	19.26	12.39	152.320 91
嘉祥	城市总人口	87.230 0	4	2	0	0	3.236 41
	目标消费者	47.139 1	4.35	2	0	0	1.901 99
全国	总人口	132 344.720 0	35.55	16.06	13.27	4	95 609.418 31
	目标消费者	71 519.926 1	36.81	18.93	4.23	4.07	54 595.524 18

3. 品牌质量分析　戴梦得品牌信息质量比值为 0.217 1，有很高的质量水平。品牌信息总量 9.5 亿比特，属于大规模品牌。品牌具有较高的知名度和认知度，且二者接近，说明品牌信息传播效果良好，具备品牌延伸的条件。与品牌知名度和认知度相比，忠诚度较低，且不同地区有明显差异，说明品牌没有针对不同地区的消费人群进行市场细分。该品牌还存有逐次下降结构的印记，曾经有过较大规模的品牌运作，随着美誉度的提高逐渐向好发展，具有较好的质量。结合上述分析，可以初步判断该品牌市场开发过程中对城市有所选择，该品牌的主要问题是目标消费者的美誉度指标远低于全国总人口指标，意味着有过消费体验的直接消费者对该品牌的认可程度低于没有过消费体验的一般消费者，这可能是该品牌的产品质量或服务水平出现的问题，万幸的是该品牌所处行业的重复购买率本身很低，所以看不出造成的特别严重影响，该现象可以被视为一种衰退信号，但该品牌基础指标较高，应该是到达成长后期没有顺利

渡过过渡期到达成熟早期，制约该品牌发展的主要原因可能在于产品或服务水平不足，使得消费者体验不佳造成的。建议企业及时查明原因，品牌表现出了良好的成长性，如能查明原因予以解决，该品牌还是一个品质优良的品牌（表15－39）。

表 15－39　戴梦得的品牌质量比值分析表

品牌	品牌信息总量（比特）	信息基本量（比特）	品牌信息基本量的贡献率（%）	品牌信息质的贡献率（%）	品牌信息质量比值
戴梦得	956 094 183.1	785 482 654.6	82.16	17.84	0.217 1

4. 品牌信息平均值分析　戴梦得品牌的信息均值比为 1.056 6，高于平均值 1，属于专业专营特征较弱的大众品牌。该品牌信息总量大，足以使该品牌具备跨行业扩张的条件（表 15－40）。

表 15－40　戴梦得的品牌信息均值分析表

品牌	全国人口平均信息量（比特/人）	目标人群（人）	目标消费者平均信息量（比特/人）	信息均值比
戴梦得	0.722 43	715 199 261	0.763 36	1.056 66

5. 品牌信息的稳定性分析　戴梦得品牌的稳定性指数为 1.48，稳定性很弱。品牌信息的有效期较短，需要高频次的信息维护，维护成本较高。这是处在过渡期的失稳表现，长期处于这一区间的风险很高，建议该企业查清原因，尽快完成过渡期，可以适时针对不同地区进行差异化营销，以分散风险，关注美誉度的变化。综合分析，该品牌处于成长后期未能过渡进入成熟期的阶段，是一个全国性大众化经营的大规模品牌，仍具很高的成长空间（表 15－41）。

表 15－41　戴梦得的品牌稳定性分析表

品牌	N（E）函数值	品牌衰减系数	品牌信息的衰减速率	品牌稳定性指数
戴梦得	47.241 82	0.021 19	$0.021\ 19^{t}$	1.48

十一、周生生

1. 品牌简介　周生生于 1934 年就已在广州开展零售业务，1948 年在香港奠基，并于 1973 年成为上市集团公司，1994 年开拓内地市场。

品牌理念：成为顾客首选的高素质、高品位珠宝品牌。

2. 数据汇总　见表 15－42。

表 15－42　周生生品牌的基础数据和基础指标汇总表

地区	类别	人口数（万人）	知名度（%）	认知度（%）	美誉度（%）	忠诚度（%）	品牌信息量估值（万比特）
北京	城市总人口	1 961.240 0	61.76	31.18	28.10	7.25	3 315.375 87
	目标消费者	1 059.854 1	71.79	48.72	26.25	11.62	2 282.839 55
成都	城市总人口	1 404.760 0	63.06	31.98	16.52	6.67	2 147.637 86
	目标消费者	759.132 3	56.47	28.82	18.95	8.08	965.551 76
深圳	城市总人口	1 035.790 0	78.97	41.42	38.61	19.07	3 002.411 13
	目标消费者	559.740 9	77.55	40.90	38.15	21.22	1 172.065 88
西安、	城市总人口	1 528.180 0	45.45	21.72	7.50	1.41	1 237.232 31
济南	目标消费者	825.828 5	65.52	34.48	6.67	4.37	1 296.401 65
南昌	城市总人口	504.260 0	76.32	38.16	35	8.95	1 286.619 07
	目标消费者	272.523 7	75.86	37.93	35	11.72	533.649 22
太原	城市总人口	420.160 0	33.96	15.57	13.64	3.02	236.383 95
	目标消费者	227.054 5	32.53	14.46	14.29	3.21	119.266 25
阳泉	城市总人口	136.850 0	26.17	13.42	30.00	0.76	67.965 14
	目标消费者	73.953 7	31.52	15.22	30.00	1.23	38.101 04
嘉祥	城市总人口	87.230 0	20	10	1	8	68.327 39
	目标消费者	47.139 1	13.04	6.52	1	4.35	7.817 79
全国	总人口	132 344.720 0	46.13	22.64	21.95	4.39	148 972.771 80
	目标消费者	71 519.926 1	51.56	26.41	21.88	6	83 886.548 49

3. 品牌质量分析　周生生品牌的信息质量比值为 0.255 2，品牌质量很好。品牌信息总量 14.89 亿比特，属超大规模品牌。品牌信息质量的基础指标较好，知名度、认知度较高，且比率关系合理。美誉度和忠诚度虽然在不同地区差别较大，但全国平均指标仍然处于行业内的较好水平。差异的产生原因可能是不同地区的消费者偏好不同，或者区域营销策略的原因。该品牌的各项指标表明，品牌处于成熟期，部分地区已接近鼎盛期（表 15－43）。

表 15－43　周生生的品牌质量比值分析表

品牌	品牌信息总量（比特）	信息基本量（比特）	品牌信息基本量的贡献率（%）	品牌信息质的贡献率（%）	品牌信息质量比值
周生生	1 489 727 718.0	1 186 799 622.0	79.67	20.33	0.255 2

4. 品牌信息平均值分析　周生生品牌的信息均值比为 1.042，属于专业专营特征较弱的大众品牌。该品牌信息量大，足以支撑其品牌延伸和扩张（表 15－44）。

表 15－44　周生生的品牌信息均值分析表

品牌	全国人口平均信息量（比特/人）	目标人群（人）	目标消费者平均信息量（比特/人）	信息均值比
周生生	1.125 64	715 199 261	1.172 91	1.041 99

5. 品牌信息的稳定性分析　周生生品牌的稳定性指数 7.93，具有较高的稳定性。品牌信息传播持久性较强，衰减周期较长，对信息维护的频次要求不高，维护成本较低。综合分析，周生生品牌是一个由成熟早期向鼎盛期过渡阶段，全国性大众化经营的大规模品牌，品质优良（表 15－45）。

表 15－45　周生生的品牌稳定性分析表

品牌	$N(E)$ 函数值	品牌衰减系数	品牌信息的衰减速率	品牌稳定性指数
周生生	9.140 56	0.110 12	$0.110\ 12^{t}$	7.93

十二、谢瑞麟

1. 品牌简介　谢瑞麟珠宝（国际）有限公司是亚洲区著名珠宝集团，主要从事珠宝首饰设计、零售、出口及制造业务。谢瑞麟珠宝（国际）有限公司于 1971 年成立，并于 1987 年在香港联合交易所有限公司上市。

目前集团分别在亚洲区多个大城市经营逾 190 间分店及销售点，包括北京、上海、广州、澳门、香港及吉隆坡等地。另外，集团的出口业务在欧洲及美国均拥有多元化的客户网络。

集团一直致力提高于中国市场的覆盖比率，在中国已发展 22 间以现代爵士乐为主题的「TSL¦Saxx」品牌的新概念珠宝连锁店。「TSL¦Saxx」悉心为顾客提供优质的产品与服务，迎合内地追求时尚的年轻消费者的需求。

2. 数据汇总　见表 15 - 46。

表 15 - 46　谢瑞麟品牌的基础数据和基础指标汇总表

地区	类别	人口数（万人）	知名度（%）	认知度（%）	美誉度（%）	忠诚度（%）	品牌信息量估值（万比特）
北京	城市总人口	1 961.240 0	17.06	7.06	13.33	0.98	433.473 41
	目标消费者	1 059.854 1	25.64	12.82	13.33	4.27	416.985 85
成都	城市总人口	1 404.760 0	25.23	14.41	16.15	3.90	586.954 93
	目标消费者	759.132 3	36.92	20.00	13.64	4.92	501.706 01
深圳	城市总人口	1 035.790 0	31.74	16.06	33.29	5.45	694.192 55
	目标消费者	559.740 9	32.25	16.89	31.54	4.99	305.124 95
西安、济南	城市总人口	1 528.180 0	5.05	4.55	5	0.27	83.350 23
	目标消费者	825.828 5	6.90	10.34	5	0.92	81.545 73
南昌	城市总人口	504.260 0	34.21	14.47	25	2.98	317.407 96
	目标消费者	272.523 7	34.62	13.46	25	4.36	147.290 67
太原	城市总人口	420.160 0	0.94	0	0	0	3.381 42
	目标消费者	227.054 5	0	0	0	0	0
阳泉	城市总人口	136.850 0	1.34	0.67	0	0	1.613 88
	目标消费者	73.953 7	2.17	1.09	0	0	1.436 40
嘉祥	城市总人口	87.230 0	4	2	50	4	5.815 21
	目标消费者	47.139 1	4	2	50	4	2.042 78
全国	总人口	132 344.720 0	10.27	5.07	8.62	1.03	22 930.257 44
	目标消费者	71 519.926 1	11.51	6.88	8.45	1.57	12 801.862 59

3. 品牌质量分析　谢瑞麟品牌的信息质量比值为 0.392 6，指标达到最优值域范围，品牌质量优良。品牌的信息总量为 2.29 亿比特，属中等偏小规模品牌。从品牌质量基础指标来看，品牌的知名度、认知度的结构虽然合理但量值较低，且存在明显的地区差异，说明品牌信息传播力度不足，仍处于成长阶段，还不具备全国性的影响力。相对于品牌的知名度和认知度，品牌的美誉度较高，说明消费者对品牌产品的评价较高，品牌有良好的消费者口碑，但由于品牌的消费人群规模较小，口碑传播效应有限（表 15 - 47）。

表 15 - 47　谢瑞麟的品牌质量比值分析表

品牌	品牌信息总量（比特）	信息基本量（比特）	品牌信息基本量的贡献率（%）	品牌信息质的贡献率（%）	品牌信息质量比值
谢瑞麟	229 302 574.4	164 664 929.2	71.81	28.19	0.392 6

4. 品牌信息平均值分析　谢瑞麟品牌的信息均值比为 1.033 1，属于专业专营特征较弱的大众品牌。信息量太小，不足以支撑其进行跨行业的延伸和大幅扩张（表 15－48）。

表 15－48　谢瑞麟的品牌信息均值分析表

品牌	全国人口平均信息量（比特/人）	目标人群（人）	目标消费者平均信息量（比特/人）	信息均值比
谢瑞麟	0.173 26	715 199 261	0.179 00	1.033 10

5. 品牌信息的稳定性分析　谢瑞麟品牌的稳定性指数为 2.97，属弱稳定性品牌。抗风险能力弱，间隔期短，若要品牌发挥作用需要较高的投入。综合分析，该品牌处于成长后期向成熟期过渡中的品牌，品牌指标结构失稳，全国性大众化经营的中等偏小规模的品牌（表 15－49）。

表 15－49　谢瑞麟的品牌稳定性分析表

品牌	*N*（*E*）函数值	品牌衰减系数	品牌信息的衰减速率	品牌稳定性指数
谢瑞麟	23.663 17	0.042 29	0.042 29*t*	2.97

十三、六福珠宝

1. 品牌简介　六福集团成立于 1991 年，并于 1997 年 5 月在香港联合交易所有限公司主板上市，是香港及中国内地主要珠宝零售商之一。六福集团（国际）有限公司及其附属公司主要从事各类黄铂金首饰、黄金饰品及珠宝首饰之采购、设计、批发、商标授权及零售业务。目前，在中国内地、中国香港、中国澳门、新加坡、美国、加拿大及澳洲共有拥有超过 1 300 间店铺。

品牌理念：人为本、和为贵、效为先。

2. 数据汇总　见表 15－50。

表 15－50　六福珠宝品牌的基础数据和基础指标汇总表

地区	类别	人口数（万人）	知名度（%）	认知度（%）	美誉度（%）	忠诚度（%）	品牌信息量估值（万比特）
北京	城市总人口	1 961.240 0	69.41	33.53	28.89	6.00	3 920.898 92
	目标消费者	684.276 6	75.76	35.61	25.88	5.41	1 267.354 30
成都	城市总人口	1 404.760 0	73.87	37.84	23.18	8.89	3 004.839 08
	目标消费者	490.120 8	82.76	43.10	21.25	12.64	1 119.890 85

（续）

地区	类别	人口数（万人）	知名度（%）	认知度（%）	美誉度（%）	忠诚度（%）	品牌信息量估值（万比特）
深圳	城市总人口	1 035.790 0	81.03	42.52	34.77	19.67	2 994.686 32
	目标消费者	361.387 1	76.97	39.39	32.61	17.95	727.888 78
西安、济南	城市总人口	1 528.180 0	65.66	28.79	15	1.08	2 253.491 75
	目标消费者	533.182 0	34.62	15.38	10	1.03	287.661 04
南昌	城市总人口	504.260 0	65.79	31.58	25	5.96	881.998 15
	目标消费者	175.950 3	66.67	33.33	16.67	5.61	266.170 90
太原	城市总人口	420.160 0	61.32	28.77	14.71	7.04	576.443 46
	目标消费者	146.593 8	60.53	27.63	13.33	6.87	188.182 93
阳泉	城市总人口	136.850 0	73.83	38.59	15.93	5.91	271.996 03
	目标消费者	47.747 0	70.11	35.06	13.13	6.44	80.185 94
嘉祥	城市总人口	87.230 0	56	28	52.50	12.53	167.710 58
	目标消费者	30.434 5	46.15	23.08	5	8.72	23.947 63
全国	总人口	132 344.720 0	67.22	32.35	19.19	6.04	227 390.410 40
	目标消费者	46 175.622 0	59.41	28.51	14.87	5.97	60 652.537 41

3. 品牌质量分析　六福珠宝品牌信息质量比值为 0.088 4，处于较好水平。品牌信息总量 22 亿比特，属大规模品牌。品牌的知名度、认知度、美誉度和忠诚度等基础指标较高，且结构理想，未见地区性差异。该品牌呈现出逐次下降的结构，有过大规模品牌运作，注重传播量，忽略了质。但品牌信息传播推广效果良好；美誉度和忠诚度指标高于其他竞争品牌，表明该品牌拥有较大规模的消费人群，消费口碑好，品牌信息有较好的自传播能力。该品牌的主要问题在于目标消费者的美誉度指标远低于全国总人口指标，意味着有过消费体验的直接消费者对该品牌的认可程度低于没有过消费体验的一般消费者，这可能是该品牌的产品质量或服务水平出现的问题，万幸的是该品牌所处行业的重复购买率本身很低，所以看不出造成的特别严重影响，该现象可以被视为一种衰退信号。建议企业及时查明原因，如能查明原因予以解决，该品牌还是一个品质优良的品牌。

从品牌信息的各项指标来看，该品牌达到鼎盛期后期，可根据品牌的美誉度和忠诚度变化来进一步判断其衰退程度（表 15－51）。

表 15-51　六福珠宝的品牌质量比值分析表

品牌	品牌信息总量（比特）	信息基本量（比特）	品牌信息基本量的贡献率（%）	品牌信息质的贡献率（%）	品牌信息质量比值
六福珠宝	2 273 904 104.0	2 089 335 457.0	91.88	8.12	0.088 4

4. 品牌信息平均值分析　六福珠宝品牌信息均值比为 0.764 5，小于 1，属于没有专业专营特征的大众品牌。该品牌具备良好的产品延伸和跨行业扩张的条件（表 15-52）。

表 15-52　六福珠宝的品牌信息均值分析表

品牌	全国人口平均信息量（比特/人）	目标人群（人）	目标消费者平均信息量（比特/人）	信息均值比
六福珠宝	1.718 17	461 756 220	1.313 52	0.764 49

5. 品牌信息的稳定性分析　六福珠宝的品牌稳定性指数 5.31，属一般稳定性偏弱品牌。也是一种失稳现象，品牌的信息衰减较快，还需要较高频次的品牌信息维护。综合分析，该品牌是一个处于鼎盛期后期出现衰退迹象的品牌，是一个全国性大众化经营的大规模品牌（表 15-53）。

表 15-53　六福珠宝的品牌稳定性分析表

品牌	*N*（*E*）函数值	品牌衰减系数	品牌信息的衰减速率	品牌稳定性指数
六福珠宝	13.445 47	0.074 71	0.074 71′	5.31

十四、周大福

1. 品牌简介　周大福珠宝集团有限公司于 2011 年 12 月在香港联合交易所主板上市。核心业务为制造及销售主流珠宝及名贵珠宝，包括珠宝镶嵌产品、黄金产品与铂金/K 金产品，并代理多个国际名表。

品牌理念：真诚、永恒。

2. 数据汇总　见表 15-54。

表 15-54 周大福品牌的基础数据和基础指标汇总表

地区	类别	人口数（万人）	知名度（%）	认知度（%）	美誉度（%）	忠诚度（%）	品牌信息量估值（万比特）
北京	城市总人口	1 961.240 0	90.00	32.06	21.69	16.86	4 553.171 25
	目标消费者	261.943 2	90.00	32.06	21.69	16.86	550.846 45
成都	城市总人口	1 404.760 0	90.09	47.75	13.41	15.86	3 791.976 27
	目标消费者	187.619 7	90.57	48.11	13.41	16.60	510.751 07
深圳	城市总人口	1 035.790 0	94.19	50.17	37.91	32.45	4 026.966 93
	目标消费者	138.340 1	94.09	50.72	38.15	32.54	405.797 34
西安、	城市总人口	1 528.180 0	74.75	32.83	36.43	6.26	3 550.417 26
济南	目标消费者	204.120 7	75.51	33.16	36.43	6.33	367.209 21
南昌	城市总人口	504.260 0	94.74	47.37	29.33	18.95	1 715.937 09
	目标消费者	67.354 3	94.74	47.37	29.33	18.95	189.829 87
太原	城市总人口	420.160 0	74.53	36.79	19.23	9.81	851.044 45
	目标消费者	56.116 6	74.51	36.76	19.23	10.20	105.891 12
阳泉	城市总人口	136.850 0	79.87	41.28	31.94	6.85	370.240 34
	目标消费者	18.277 7	79.87	41.28	31.94	6.85	39.721 71
嘉祥	城市总人口	87.230 0	72	36	86	13.07	368.454 32
	目标消费者	58.252 2	72	36	86	13.07	104.889 19
全国	总人口	132 344.720 0	80.96	39.1	29.1	11.63	344 033.094 30
	目标消费者	18 654.663 5	80.66	39.04	32.1	11.85	39 818.447 24

3. 品牌质量分析 周大福品牌信息质量比值为 0.220 9，很好的质量水平，品牌质量较好。品牌信息总量为 34.4 亿比特，属大规模品牌。从品牌信息质量的基本指标来看，该品牌知名度很高，认知度和美誉度比例基本合理，均处于较高水平，特别是品牌忠诚度是行业内最高的，说明品牌影响力较大，拥有较大规模的消费人群，且消费人群的重复购买率高，已经形成了品牌偏好。该品牌呈现出逐次下降的结构，曾有过大规模品牌运作，信息质量指标显示，该品牌已经进入鼎盛期（表 15-55）。

表 15-55 周大福的品牌质量比值分析表

品牌	品牌信息总量（比特）	信息基本量（比特）	品牌信息基本量的贡献率（%）	品牌信息质的贡献率（%）	品牌信息质量比值
周大福	3 440 330 943.0	2 817 960 056.0	81.91	18.09	0.220 9

4. 品牌信息平均值分析 周大福品牌的信息均值比为 0.821 1，属于没有专业专营特征的大众品牌。具有进行跨行业延伸和大幅扩张的条件（表 15－56）。

表 15－56 周大福的品牌信息均值分析表

品牌	全国人口平均信息量（比特/人）	目标人群（人）	目标消费者平均信息量（比特/人）	信息均值比
周大福	2.599 52	186 546 635	2.134 50	0.821 11

5. 品牌信息的稳定性分析 周大福品牌的信息稳定性指数 12.01，属很强稳定性品牌。该品牌拥有较大规模的消费人群，形成了品牌偏好，品牌信息的自传播能力强，品牌信息衰减慢，维护成本低。综合分析，周大福一个处于成熟期鼎盛期、全国性大众化经营的大规模品牌，质量优良（表 15－57）。

表 15－57 周大福的品牌稳定性分析表

品牌	N（E）函数值	品牌衰减系数	品牌信息的衰减速率	品牌稳定性指数
周大福	6.231 36	0.163 59	0.163 59	12.01

第十六章 》》》

钟表类连锁经营品牌分析报告

第一节 钟表行业品牌质量简述

瑞士名表基本垄断了高端销售渠道，根据业内对全国 102 家重点购物中心的调研统计，平均每个购物中心引进 5、6 个钟表品牌，其中 72%为欧米茄、伯爵、万国、宝玑等瑞士品牌，其次为日本品牌，国内品牌占比仅 3%。根据全国百家商场的销售统计数据，浪琴、欧米茄、劳力士零售额排名前三，合计市场占有率高达 40%，其次为天梭（8%）、帝舵（6%）、雷达（4%）等瑞士中端品牌，飞亚达、天王、罗西尼、依波四大国产品牌合计市场份额在 10%左右。本报告的钟表品牌只有 7 个国内品牌，不具有行业代表性，以下只对这 7 个品牌的整体情况做简要说明。本次调研的品牌中，信息总量均值为506 483 864.0比特，其中宝时捷品牌的信息量最大，属于大规模品牌，紧随其后的是飞亚达和天王品牌信息总量在 5 亿～7 亿，属于中等偏大规模，均高于均值。依波品牌属中等规模，海鸥和上海属于中等偏小规模。在质量方面，海鸥手表质量最好，其次是天王品牌，质量处于优良水平，宝时捷品牌质量略高于该行业平均水平，质量相对良好，飞亚达、依波和上海 3 个品牌均低于该行业平均水平，但不意味着这几个品牌质量很差，主要原因是该行业由于国外品牌占据国内大部分市场，因此该品牌的整体水平较高，相比该行业的质量水平，这 3 个品牌相对较低。在所调研的品牌当中都属于有专营特征的大众品牌。品牌信息的稳定性所要解释的主要是对目标消费者消费偏好影响的持久性问题，本次调研的手表品牌稳定性均值为 6.40。海鸥和依波具有很强的稳定性，维护费用低，品牌信息有效间隔期长，有很强的抗风险能力。飞亚达、宝时捷、上海具有一定的稳定性，天王具有较弱的稳定性（表 16－1）。

表 16－1　钟表品牌分析数据汇总表

品　牌	品牌信息总量（比特）	品牌信息质量比值	信息均值比	品牌稳定性指数
飞亚达	695 039 405.5	－0.022 2	1.050 258 84	5.09
天王	585 302 007.8	0.076 9	1.345 874 31	3.03
海鸥	287 763 711.9	0.089 9	0.868 742 91	11.78
罗西尼	586 606 759.8	－0.057 3	1.048 706 84	5.21
宝时捷	807 830 435.2	0.009 1	0.972 656 37	9.69
依波	480 601 501.2	－0.027 5	1.021 120 66	6.29
上海	182 366 122.6	－0.141 3	1.107 420 04	3.72
均值	506 483 864.0	－0.002 5	1.084 200 58	6.40

第二节　钟表类连锁品牌质量个案分析

一、飞亚达

1. 品牌简介　飞亚达作为一家专业生产手表的企业，创立于 1987 年改革开放的前沿城市——深圳。目前，深圳市飞亚达（集团）股份有限公司是我国境内唯一一家表业上市公司，已成长为中国手表的旗舰企业。公司集手表研发、设计、制造、销售为一体，拥有飞亚达和亨吉利两大品牌，营销网络覆盖全国，并延伸至国外。飞亚达多次为中国航天、亚洲帆船锦标赛等重大活动提供计时设备。2003 年至今，飞亚达制表专家多次代表国家钟表行业，参加国际标准化组织钟表技术委员会工作会议，与来自瑞士、德国等国的钟表界人士共同修订钟表行业国际标准。目前，以中国所有省会城市为重点，广泛覆盖中国各级城市，并在加拿大、阿联酋、新加坡、马来西亚、越南、香港 6 个国家和地区建立了销售终端。

品牌定位：引领国内表业潮流，塑造国际化品牌，成为全球化企业。

品牌理念：“矢志前行，续写时间传奇历史”和“It’ s my time”表达了飞亚达腕表为品味人士呈现精湛工艺，匠心设计，记录完美人生时刻的品牌理念。每一只飞亚达表，不但有领先于潮流的产品风格和艺术的审美价值，而且制作精湛，佩戴舒适。在演绎经典钟表文化的同时，也衬托出佩戴者的气质，并传达着对时间的认知、对生活的主张。

2. 数据汇总　见表 16－2。

表 16－2　飞亚达品牌的基础数据和基础指标汇总表

地区	类别	人口数（万人）	知名度（%）	认知度（%）	美誉度（%）	忠诚度（%）	品牌信息量估值（万比特）
北京	城市总人口	1 961.240 0	24.71	12.06	14.44	2.75	620.640 29
	目标消费者	261.943 2	24.71	12.06	14.44	2.75	93.374 09
成都	城市总人口	1 404.760 0	38.74	18.92	27.27	4.44	944.956 45
	目标消费者	187.619 7	39.62	19.34	27.27	4.65	127.096 22
深圳	城市总人口	1 035.790 0	57.42	32.32	36.85	10.34	1 483.253 85
	目标消费者	138.340 1	55.45	31.14	36.14	10.65	163.489 75
西安、	城市总人口	1 528.180 0	21.21	11.62	0	0.13	349.208 63
济南	目标消费者	204.120 7	20.41	11.22	0	0.14	44.422 93
南昌	城市总人口	504.260 0	57.89	35.53	3.33	1.05	527.262 66
	目标消费者	67.354 3	57.89	35.53	3.33	1.05	89.834 28
太原	城市总人口	420.160 0	21.70	8.49	28.33	4.03	124.012 40
	目标消费者	56.116 6	21.57	8.33	28.33	4.18	15.804 78
阳泉	城市总人口	136.850 0	38.26	19.13	17.14	1.79	81.541 61
	目标消费者	18.277 7	38.26	19.13	17.14	1.79	11.902 66
嘉祥	城市总人口	87.230 0	32	16	0	0	33.462 59
	目标消费者	58.252 2	32	16	0	0	22.346 32
全国	总人口	132 344.720 0	32.92	17.2	15.14	2.48	69 503.940 55
	目标消费者	18 654.663 5	32.59	16.96	14.31	2.42	10 289.317 63

3. 品牌质量分析　飞亚达品牌的信息质量比值为－0.022 2，品牌信息质量低于行业平均水平。品牌信息总量 6.9 亿比特，属中等偏上规模的品牌。该品牌的特殊之处在于，其目标消费者信息指标全部低于全国的指标，是造成信息质量比值很低的主要原因。可能是由于目标市场定位不清晰，或者信息传播方式、传播途径上与消费者媒体偏好不一致，导致信息传播效率偏低。基础指标中，消费者忠诚度指标偏低，消费者重复购买率低，没有形成消费者偏好。

其实，单就该品牌的基础指标而言，知名度、认知度、美誉度等指标尚可，但由于行业其他品牌质量的平均水平较高，导致其品牌信息质量水平相对较差，导致该品牌信息质的贡献率为负，品牌信息质量低于行业平均水平（表 16－3）。

表 16-3　飞亚达的品牌质量比值分析表

品牌	品牌信息总量（比特）	信息基本量（比特）	品牌信息基本量的贡献率（%）	品牌信息质的贡献率（%）	品牌信息质量比值
飞亚达	695 039 405.5	710 834 834.2	—	−2.27	−0.022 2

4. 品牌信息平均值分析　飞亚达品牌信息均值比为1.050，表明消费者已淡化该品牌的专业、专营特征，品牌属大众化倾向的品牌，结合其中等偏上的信息总量，该品牌具备跨行业延伸的条件。但该品牌的信息质量比值为负，说明该品牌在行业内的品牌质量低于平均水平，短期内不建议其进行跨行业延伸。如果仅依据其基础指标强行进行延伸，将面临极高的风险。建议其等到信息质量比值恢复至行业内较高水平时再进行延伸和扩张（表16-4）。

表 16-4　飞亚达的品牌信息均值分析表

品牌	全国人口平均信息量（比特/人）	目标人群（人）	目标消费者平均信息量（比特/人）	信息均值比
飞亚达	0.525 173 51	186 546 635	0.551 568 12	1.050 258 84

5. 品牌信息的稳定性分析　品牌稳定性指数为5.09，属于稳定性中等偏下的品牌。该品牌的基础指标中忠诚度较低，原因可能是没有形成消费者偏好，或者消费者偏好发生了转移。但该品牌美誉度较高，表明该品牌有过一定规模的消费人群，只是消费者偏好发生了改变，不再重复购买该品牌产品，具有典型的从成熟期向衰退期转变的品牌特征。从品牌稳定性指标来看，品牌信息的抗衰减能力不足，品牌信息的最优间隔期较短，因而要求较高频次的信息维护和较高的维护成本。综合上述指标，该品牌衰退迹象明显（表16-5）。

表 16-5　飞亚达的品牌稳定性分析表

品牌	$N(E)$ 函数值	品牌衰减系数	品牌信息的衰减速率	品牌稳定性指数
飞亚达	13.975 906	0.071 676	$0.071\,676^{t}$	5.09

二、天王

1. 品牌简介　天王电子（深圳）有限公司创立于1988年，是香港时计宝集团全资附属公司。20世纪90年代，“天王表为您准确报时”这一广告语极大地提升了品牌知名度。2003年，天王表邀请著名影星担任品牌代言人，开创了国内同类企业聘请明星代言人之先河，旨在摆脱同质化竞争，开始通过提升企业文化和品牌内涵，积极应对众多国外品牌竞争。2004 年，天王表发起了“明天是中国时间”（Tomorrow is the times of China）的主题活动，向着“中国创造”的方向健康发展。2005 年，天王表荣获了“中国名牌”称号，2009 年天王表以 10 亿多的品牌价值再度跻身“中国最具品牌价值 500 强”。

品牌定位：天王表采用皇冠造型作为企业标志，尊贵典雅、简洁明了，借此表达做一流钟表企业的目标。

品牌理念：将品牌作为企业的核心竞争力，并重视质量服务、性价比等基础竞争力的建设。将诚信品牌和可靠产品作为企业持续发展的动力和源泉，充分了解本土消费者的需求，赋予天王表品牌中国特色文化的内涵。

2. 数据汇总　见表 16－6。

表 16－6　天王品牌的基础数据和基础指标汇总表

地区	类别	人口数（万人）	知名度（%）	认知度（%）	美誉度（%）	忠诚度（%）	品牌信息量估值（万比特）
北京	城市总人口	1 961.240 0	25.88	11.47	15.00	1.18	644.295 4
	目标消费者	1 059.854 1	35.90	17.95	0	0	476.691 5
成都	城市总人口	1 404.760 0	19.82	9.46	7.50	0.48	308.101 51
	目标消费者	759.132 3	27.69	13.85	7.50	0.82	317.049 24
深圳	城市总人口	1 035.790 0	32	15.55	38.10	3.68	602.285 14
	目标消费者	559.740 9	33.27	15.38	37.92	4.56	290.947 76
西安、济南	城市总人口	1 528.180 0	24.24	11.11	0	0	393.858 9
	目标消费者	825.828 5	34.48	15.52	0	0	337.562 12
南昌	城市总人口	504.260 0	39.47	21.05	10	0.35	298.008 16
	目标消费者	272.523 7	45.83	25	10	0.56	239.491 17
太原	城市总人口	420.160 0	20.75	9.91	3.33	1.27	93.206 54
	目标消费者	227.054 5	19.28	9.04	5.00	0.32	67.110 85
阳泉	城市总人口	136.850 0	50.34	25.17	20.00	2.82	125.203 23
	目标消费者	73.953 7	57.61	28.80	18.00	4.78	85.210 84
嘉祥	城市总人口	87.230 0	16	8	0	53	13.636 34
	目标消费者	47.139 1	17.39	8.70	0	58	8.168 33
全国	总人口	132 344.720 0	30.81	15.12	9.36	1.95	58 530.200 78
	目标消费者	71 519.926 1	36.01	17.68	8.61	2.16	42 570.128 01

3. 品牌质量分析　天王表的信息质量比值为－0.076 9，低于行业平均值。品牌信息总量5.8亿比特，属于中等偏上规模的品牌。该品牌信息质量的基础指标中，知名度、认知度较高，表明品牌在消费者中有较大范围的认知。该品牌的目标消费者美誉度低于全国总人口的美誉度，更有部分城市目标消费者的美誉度为0，说明品牌传播效果不理想，没有形成消费者口碑，抑或消费者的消费体验欠佳，未形成固定的消费偏好。对该品牌质量影响最大的指标为消费者忠诚度较低，原因是多方面的。在该品牌经营的过程中，曾经形成过一定规模的消费人群，在全国有较高的知名度。但由于随着社会经济的发展，原消费人群的消费偏好发生了改变，而新的消费人群并未形成，加上手表属于耐用消费品，原消费人群的重复购买率低。另外，手表行业境外品牌竞争激烈，其信息传播对消费者的诱导较强，也从另一方面压低了该品牌的信息质量（表16－7）。

表16－7　天王的品牌质量比值分析表

品牌	品牌信息总量（比特）	信息基本量（比特）	品牌信息基本量的贡献率（%）	品牌信息质的贡献率（%）	品牌信息质量比值
天王	585 302 007.8	634 055 159.5	—	－8.33	－0.076 9

4. 品牌信息平均值分析　天王表的品牌信息均值比为1.346，属大众化倾向较明显的专营大类品牌。虽然品牌的信息总量达到5.8亿比特，具有跨行业扩张的特征，但品牌的信息质量不高，没有形成固定的消费者偏好和较大规模的消费人群这些跨行业扩张的前提条件。品牌处于由成熟转向衰退的时期，短期内不建议扩张业务（表16－8）。

表16－8　天王的品牌信息均值分析表

品牌	全国人口平均信息量（比特/人）	目标人群（人）	目标消费者平均信息量（比特/人）	信息均值比
天王	0.442 255 65	715 199 261	0.595 220 53	1.345 874 31

5. 品牌信息的稳定性分析　品牌稳定性指数为3.03，属于稳定性较弱的品牌。品牌信息传播衰减较大，需要高频次的信息维护。在品牌信息维护方面，建议针对品牌美誉度较低的问题，选择合适的途径和手段进行专题推广（表16－9）。

表 16-9　天王的品牌稳定性分析表

品牌	N（E）函数值	品牌衰减系数	品牌信息的衰减速率	品牌稳定性指数
天王	23.219 880	0.043 107	0.043 107 t	3.03

三、海鸥

1. 品牌简介　海鸥牌手表诞生于1955年，是“新中国第一只手表”。经过50多年的发展，公司由天津手表厂发展成为中国最大的表业制造集团，拥有雄厚的技术基础，集手表机芯的研发、生产、组装和销售于一体。中国内地的机械手表机芯整机生产的年产量约1 000万只，约占世界机械手表机芯年产量的一半；其中，海鸥机械手表机芯产量占国内份额的50%，在数量上进入世界前三。为实施海鸥手表品牌战略，海鸥手表积极发展自主知识产权产品，申报专利项目数量占全国手表行业专利总数量的50%以上。掌握“陀飞轮表”、“三问表”、“万年历表”世界手表三大经典复杂结构研发制造技术，具备进军世界手表高端技术领域的实力。

品牌定位：传承中华老字号品牌，走国际化道路。

品牌理念：自主创新打造核心竞争力，瞄准瑞士同类产品水平，创“中国第一”民族品牌。

2. 数据汇总　见表16-10。

表 16-10　海鸥品牌的基础数据和基础指标汇总表

地区	类别	人口数（万人）	知名度（%）	认知度（%）	美誉度（%）	忠诚度（%）	品牌信息量估值（万比特）
北京	城市总人口	1 961.240 0	17.65	5.88	60.00	0.08	622.079 98
	目标消费者	261.943 2	17.65	5.88	60.00	0.08	56.209 87
成都	城市总人口	1 404.760 0	19.82	8.11	3.33	1.86	283.240 08
	目标消费者	187.619 7	20.75	8.49	3.33	1.95	51.061 35
深圳	城市总人口	1 035.790 0	17.03	5.74	42.50	1.28	259.518 59
	目标消费者	138.340 1	16.95	5.56	42.50	1.31	28.233 39
西安、济南	城市总人口	1 528.180 0	16.16	3.03	50	1.01	362.676 05
	目标消费者	204.120 7	16.33	3.06	50	1.02	37.076 26
南昌	城市总人口	504.260 0	36.84	17.11	0	0.70	228.414 54
	目标消费者	67.354 3	36.84	17.11	0	0.70	30.509 46

（续）

地区	类别	人口数（万人）	知名度（%）	认知度（%）	美誉度（%）	忠诚度（%）	品牌信息量估值（万比特）
太原	城市总人口	420.160 0	9.43	2.83	0	0.13	33.033 36
	目标消费者	56.116 6	9.80	2.94	0	0.13	4.601 82
阳泉	城市总人口	136.850 0	10.74	2.68	50.00	0.76	21.335 49
	目标消费者	18.277 7	10.74	2.68	50.00	0.76	2.156 10
嘉祥	城市总人口	87.230 0	16	6	1	4	39.384 53
	目标消费者	58.252 2	16	6	1	4	11.372 69
全国	总人口	132 344.720 0	16.6	5.5	28.33	0.71	28 776.371 19
	目标消费者	18 654.663 5	16.72	5.56	32.08	0.89	3 523.774 43

3. 品牌质量分析 海鸥品牌的信息质量比值为 0.089 9，高于行业平均值。品牌信息总量 2.8 亿比特属于中等偏下规模的品牌。该品牌的基本信息质量指标中，除美誉度较高外，知名度、认知度、忠诚度等指标严重偏低。对比上述指标在目标消费者和全国总人口的数值差异，结合该品牌的发展沿革，可以认为该品牌所拥有的固定消费人群的老化倾向十分明显。品牌的知名度、美誉度均来自品牌发展早期所形成的消费者人群，而该人群的购买力不强，虽然给予品牌较高的美誉度，但重复购买率低（表 16－11）。

表 16－11 海鸥的品牌质量比值分析表

品牌	品牌信息总量（比特）	信息基本量（比特）	品牌信息基本量的贡献率（%）	品牌信息质的贡献率（%）	品牌信息质量比值
海鸥	287 763 711.9	264 011 264.4	91.75	8.25	0.089 9

4. 品牌信息平均值分析 海鸥品牌的信息均值比为 0.869，属大众化经营的中等偏小规模品牌。建议该品牌在信息传播上重新定位目标消费人群，充分利用其老字号美誉度高的优势，扩大知名度和认知度，培育新的目标消费者（表 16－12）。

表 16－12 海鸥的品牌信息均值分析表

品牌	全国人口平均信息量（比特/人）	目标人群（人）	目标消费者平均信息量（比特/人）	信息均值比
海鸥	0.217 434 98	186 546 635	0.188 895 09	0.868 742 91

5. 品牌信息的稳定性分析　海鸥品牌的稳定性指数 11.78，属于高稳定性品牌。品牌的高美誉度赋予了品牌一定的自传播能力，也使得品牌信息的衰减期延长，品牌信息维护成本较低。综合分析，该品牌为处于成熟期后期的全国性大众化品牌（表 16－13）。

表 16－13　海鸥的品牌稳定性分析表

品牌	N（E）函数值	品牌衰减系数	品牌信息的衰减速率	品牌稳定性指数
海鸥	6.233 744	0.160 646	$0.160\ 646^t$	11.78

四、罗西尼

1. 品牌简介　经过多年的市场运营和品牌积淀，罗西尼品牌现已成长为中国表业唯一“亚洲品牌 500 强”，正逐步发展成为国际多元化的时尚精品集团。目前同步开设有钟表、眼镜精品制造与品牌营销及华南首个钟表文化工业旅游项目，具备了年开发新品上百款、年生产成表上百万只的能力。

品牌定位：致力于打造高质量、高品位、高技术的知名时计文化产品。

品牌理念：Time always follows me，时间因我存在。用时间成就非凡，并用非凡的成就丰富着时间的价值和内涵。

2. 数据汇总　见表 16－14。

表 16－14　罗西尼品牌的基础数据和基础指标汇总表

地区	类别	人口数（万人）	知名度（%）	认知度（%）	美誉度（%）	忠诚度（%）	品牌信息量估值（万比特）
北京	城市总人口	1 961.240 0	35.89	17.94	28.75	1.14	1 216.097 90
	目标消费者	1 309.716 1	35.89	17.94	28.75	1.14	779.433 17
成都	城市总人口	1 404.760 0	21.62	10.81	17.50	1.26	389.700 35
	目标消费者	938.098 7	21.70	10.85	17.50	1.32	284.626 95
深圳	城市总人口	1 035.790 0	16.26	7.61	36.50	1.57	244.827 99
	目标消费者	691.700 6	16.43	7.69	38.42	1.59	147.887 31
西安、	城市总人口	1 528.180 0	24.24	13.13	25	1.14	548.439 50
济南	目标消费者	1 020.518 6	23.47	11.73	25	1.16	342.625 08
南昌	城市总人口	504.260 0	52.63	26.32	0	0	394.067 89
	目标消费者	336.771 5	52.63	26.32	0	0	26 320.438 25
太原	城市总人口	420.160 0	14.15	7.08	5.00	1.32	59.826 97
	目标消费者	280.582 8	12.75	6.37	6.67	1.24	48.475 15

（续）

地区	类别	人口数（万人）	知名度（%）	认知度（%）	美誉度（%）	忠诚度（%）	品牌信息量估值（万比特）
阳泉	城市总人口	136.850 0	46.31	22.48	13.75	2.60	101.887 95
	目标消费者	91.388 4	46.31	22.48	13.75	2.60	77.238 27
嘉祥	城市总人口	87.230 0	36	18	10	53	44.049 92
	目标消费者	58.252 2	36	18	10	53	34.824 10
全国	总人口	132 344.720 0	30.2	15.18	14.07	2.04	58 660.675 98
	目标消费者	88 380.836 0	29.65	14.66	14.64	2.03	1 058 369.352 00

3. 品牌质量分析 罗西尼品牌的信息质量比值为－0.057 3，低于行业平均值。品牌信息总量8.8亿比特属于大规模的品牌。该品牌的基本信息质量指标中，知名度、认知度、美誉度等指标结构合理，但略微偏小；忠诚度指标较低。从知名度、认知度和美誉度等指标之间的关系来看，该品牌信息传播途径和方式的选择基本合理，目标消费人群定位清楚，品牌信息传递有效率。但品牌的忠诚度较低，特别是大城市低于小城市，这表明该品牌更易被二、三线城市的消费者接受。目标消费者总体的忠诚度较低表明该品牌的消费偏好发生了改变，或者潜在消费人群并非其目标消费人群。这也解释了该品牌信息质量的基础指标结构合理，信息传播效率也较高，但知名度、认知度和忠诚度偏低的问题（表16－15）。

表16－15 罗西尼的品牌质量比值分析表

品牌	品牌信息总量（比特）	信息基本量（比特）	品牌信息基本量的贡献率（%）	品牌信息质的贡献率（%）	品牌信息质量比值
罗西尼	586 606 759.8	622 290 902.5	—	－6.08	－0.057 3

4. 品牌信息平均值分析 罗西尼品牌的信息均值比为1.049，属有大众倾向的专营大类产品品牌。该品牌虽属全国品牌，但品牌信息质量指标在二、三线城市更好（表16－16）。

表16－16 罗西尼的品牌信息均值分析表

品牌	全国人口平均信息量（比特/人）	目标人群（人）	目标消费者平均信息量（比特/人）	信息均值比
罗西尼	0.443 241 53	883 808 360	0.464 830 42	1.048 706 84

5. 品牌信息的稳定性分析　罗西尼品牌的稳定性指数为5.21，属于一般稳定性品牌。品牌的消费者忠诚度较低，品牌信息的衰减期较短，品牌信息维护成本较高。建议适当调整目标市场，扩大品牌知名度，慎重对待跨行业扩张（表16－17）。

表16－17　罗西尼的品牌稳定性分析表

品牌	*N*（*E*）函数值	品牌衰减系数	品牌信息的衰减速率	品牌稳定性指数
罗西尼	13.664 528	0.073 291	$0.073\ 291^{t}$	5.21

五、宝时捷

1. 品牌简介　宝时捷品牌创立于1997年，历经十多年成长，为集手表研发、设计、制造、销售为一体的企业，并获得"深圳知名品牌"、"广东省著名商标"、"广东省名牌产品"、"中国驰名商标"、"中国500强"、"最具价值品牌"等荣誉。

品牌定位：时尚、超前、名贵。

品牌理念："我的人生提前十分钟"。

2. 数据汇总　见表16－18。

表16－18　宝时捷品牌的基础数据和基础指标汇总表

地区	类别	人口数（万人）	知名度（%）	认知度（%）	美誉度（%）	忠诚度（%）	品牌信息量估值（万比特）
北京	城市总人口	1 961.240 0	37.65	7.94	0	0	720.224 43
	目标消费者	261.943 2	37.65	7.94	0	0	96.193 17
成都	城市总人口	1 404.760 0	43.24	11.26	5.00	0.48	685.671 67
	目标消费者	187.619 7	45.28	11.79	5.00	0.50	121.713 29
深圳	城市总人口	1 035.790 0	44.9	17.23	31.32	4.27	814.057 61
	目标消费者	138.340 1	45.34	17.41	31.13	4.21	102.625 45
西安、济南	城市总人口	1 528.180 0	45.45	12.63	16	0.67	918.287 88
	目标消费者	204.120 7	45.92	12.76	16	0.68	137.626 28
南昌	城市总人口	504.260 0	31.58	0	0	0	120.275 91
	目标消费者	67.354 3	31.58	0	0	0	16.065 32
太原	城市总人口	420.160 0	37.74	9.43	50	0.38	282.096 82
	目标消费者	56.116 6	38.12	8.82	50	0.39	28.316 00

（续）

地区	类别	人口数（万人）	知名度（%）	认知度（%）	美誉度（%）	忠诚度（%）	品牌信息量估值（万比特）
阳泉	城市总人口	136.850 0	53.69	23.83	10.00	2.82	116.345 47
	目标消费者	18.277 7	53.69	23.83	10.00	2.82	18.395 62
嘉祥	城市总人口	87.230 0	23	12	1	8	66.832 17
	目标消费者	58.252 2	23	12	1	8	19.298 49
全国	总人口	132 344.720 0	42.03	11.97	22.57	1.16	80 783.043 52
	目标消费者	18 654.663 5	41.31	11.87	26.62	1.52	11 075.426 11

3. 品牌质量分析 宝时捷品牌的信息质量比值为 0.009 1，略高于行业平均值。品牌信息总量 8.07 亿比特属于中等规模的品牌。该品牌的基本信息质量指标中，知名度和美誉度较高，认知度、忠诚度较低。相比知名度，品牌的认知度较低，说明品牌信息在传播过程中出现了较大的偏差。品牌忠诚度低表明品牌尚未形成消费者偏好，相对于行业内的竞争品牌，宝时捷目前还缺乏足够的竞争力（表 16－19）。

表 16－19 宝时捷的品牌质量比值分析表

品牌	品牌信息总量（比特）	信息基本量（比特）	品牌信息基本量的贡献率（%）	品牌信息质的贡献率（%）	品牌信息质量比值
宝时捷	807 830 435.2	800 535 458.0	99.10	0.90	0.009 1

4. 品牌信息平均值分析 宝时捷品牌的信息均值比为 0.973，属大众化经营的中等偏小规模品牌。建议该品牌在信息传播上将准确的品牌信息明白无误地传达给消费人群，提高品牌认知度，这是形成固定消费人群和消费者偏好的基础（表 16－20）。

表 16－20 宝时捷的品牌信息均值分析表

品牌	全国人口平均信息量（比特/人）	目标人群（人）	目标消费者平均信息量（比特/人）	信息均值比
宝时捷	0.610 398 69	186 546 635	0.593 708 17	0.972 656 37

5. 品牌信息的稳定性分析 宝时捷品牌稳定性指数达 9.69，属高稳定性品牌，品牌正进入成熟期。不可否认，该品牌的高稳定性来自品牌的嫁接效应，这虽然使得品牌信息衰减慢，信息维护周期长，维护成本低，但也造成了

消费者认知度低的问题（表 16－21）。

表 16－21　宝时捷的品牌稳定性分析表

品牌	N（E）函数值	品牌衰减系数	品牌信息的衰减速率	品牌稳定性指数
宝时捷	7.512 369	0.133 384	0.133 384 ^{t}	9.69

六、依波

1. 品牌简介　依波品牌创立于 1991 年。公司是一个专业设计、制造、营销品牌手表、贵金属饰品和精制品的集团化企业。依波公司下设依波企业技术中心、深圳帕玛精密制造有限公司、深圳依波精品在线电子商务有限公司及瑞士营销公司等企业。

品牌定位：实行品牌差异化营销，高中低端全面覆盖。

品牌理念：依波人造就的不仅是精确华美的计时工具，更是传情达意的情感和人类文明不断升华的精神。依波表是人类情感的表现和人文精神的彰显，忠实记载着人生中“时时刻刻、分分秒秒”的真切感受；始终追求着“真材实料”与“真情实感”的完美融合。

2. 数据汇总　见表 16－22。

表 16－22　依波品牌的基础数据和基础指标汇总表

地区	类别	人口数（万人）	知名度（%）	认知度（%）	美誉度（%）	忠诚度（%）	品牌信息量估值（万比特）
北京	城市总人口	1 961.240 0	34.12	16.47	16.67	0.47	977.222 27
	目标消费者	1 309.716 1	34.12	16.47	16.67	0.47	716.988 36
成都	城市总人口	1 404.760 0	18.92	9.01	12.00	1.38	305.509 19
	目标消费者	938.098 7	18.88	8.96	12.00	1.45	235.353 47
深圳	城市总人口	1 035.790 0	35.35	18.13	35.08	5.44	681.980 26
	目标消费者	691.700 6	37.14	18.37	30.00	5.53	412.962 98
西安、	城市总人口	1 528.180 0	23.23	12.12	0	0.27	387.386 67
济南	目标消费者	1 020.518 6	23.47	12.24	0	0.27	262.166 23
南昌	城市总人口	504.260 0	42.11	21.05	10	2.63	317.940 81
	目标消费者	336.771 5	42.11	21.05	10	2.63	251.371 13
太原	城市总人口	420.160 0	13.21	6.60	24.00	1.45	68.118 84
	目标消费者	280.582 8	12.75	6.37	24.00	1.50	44.137 59

（续）

地区	类别	人口数（万人）	知名度（%）	认知度（%）	美誉度（%）	忠诚度（%）	品牌信息量估值（万比特）
阳泉	城市总人口	136.850 0	28.86	14.43	34.55	2.15	67.164 15
	目标消费者	91.388 4	28.86	14.43	34.55	2.15	40.342 23
嘉祥	城市总人口	87.230 0	16	8	0	53	13.636 34
	目标消费者	58.252 2	16.67	8.33	0	0	9.576 50
全国	总人口	132 344.720 0	25.41	12.8	17.84	2.36	48 060.150 12
	目标消费者	88 380.836 0	25.44	12.78	17.56	1.65	32 772.809 53

3. 品牌质量分析 依波品牌的信息质量比值为－0.027 5，品牌信息质量低于行业平均水平。品牌信息总量 4.8 亿比特，属中等偏下规模的品牌。该品牌信息质量的基础指标偏低，特别是消费者忠诚度较低，这是造成品牌信息质量比值较低的原因。目前国内手表品牌同质化竞争较为严重，国外品牌的竞争以及可穿戴电子设备的兴起，都对国内手表品牌的既有目标消费人群形成了切割。在此背景下，依波品牌进行差异化品牌营销无疑是突破重围的一种选择，但这种营销策略客观上又分散了目标消费人群，导致品牌的知名度和认知度偏低，品牌信息总量不足（表 16－23）。

表 16－23　依波的品牌质量比值分析表

品牌	品牌信息总量（比特）	信息基本量（比特）	品牌信息基本量的贡献率（%）	品牌信息质的贡献率（%）	品牌信息质量比值
依波	480 601 501.2	494 182 755.1	—	－2.83	－0.027 5

4. 品牌信息平均值分析 依波品牌的信息均值比为 1.021，略大于 1，属于有大众倾向的专营大类产品品牌。消费者对品牌的专业特征基本淡忘，品牌信息质量指标在不同地区之间表现出了一定的差异，可能是由于品牌的区域营销策略造成的，但总的来说，该品牌属于全国性品牌（表 16－24）。

表 16－24　依波的品牌信息均值分析表

品牌	全国人口平均信息量（比特/人）	目标人群（人）	目标消费者平均信息量（比特/人）	信息均值比
依波	0.363 143 69	883 808 360	0.370 813 53	1.021 120 66

5. 品牌信息的稳定性分析 依波品牌稳定性指数 6.29，属一般稳定性品牌，品牌信息衰减较快，信息维护周期较短，维护成本较高。综合分析，该品

牌处于成熟期向衰退期过渡的时期（表 16－25）。

表 16－25　依波的品牌稳定性分析表

品牌	N（E）函数值	品牌衰减系数	品牌信息的衰减速率	品牌稳定性指数
依波	11.387 577	0.087 942	0.087 942	6.29

七、上海

1. 品牌简介　上海表品牌为中华老字号，创立于 1958 年。

品牌定位："中国第一名表"。

品牌理念：坚持创新驱动、转型发展的路径，继续加大投入，再创民族品牌的辉煌。

2. 数据汇总　见表 16－26。

表 16－26　上海品牌的基础数据和基础指标汇总表

地区	类别	人口数（万人）	知名度（%）	认知度（%）	美誉度（%）	忠诚度（%）	品牌信息量估值（万比特）
北京	城市总人口	1 961.240 0	11.76	7.06	20.00	16.00	274.353 40
	目标消费者	1 309.716 1	11.76	7.06	20.00	16.00	193.930 18
成都	城市总人口	1 404.760 0	5.41	3.60	5.00	0.24	68.723 25
	目标消费者	938.098 7	5.66	3.77	5.00	0.25	60.442 75
深圳	城市总人口	1 035.790 0	7.35	2.13	16.67	0.16	74.709 25
	目标消费者	691.700 6	7.23	2.04	16.67	0.17	53.754 10
西安、	城市总人口	1 528.180 0	17.17	8.59	10	2.15	291.518 28
济南	目标消费者	1 020.518 6	17.35	8.67	10	2.18	233.398 51
南昌	城市总人口	504.260 0	23.86	10.53	0	0.70	125.991 57
	目标消费者	336.771 5	23.86	10.53	0	0.70	84.143 84
太原	城市总人口	420.160 0	10.38	4.72	10.00	0.13	43.221 98
	目标消费者	280.582 8	9.80	4.41	10.00	0.13	31.947 44
阳泉	城市总人口	136.850 0	7.38	3.69	10.00	0.18	9.686 58
	目标消费者	91.388 4	7.38	3.69	10.00	0.18	7.657 82
嘉祥	城市总人口	87.230 0	4	2	1	4	8.661 56
	目标消费者	58.252 2	4	2	1	4	2.501 12
全国	总人口	132 344.720 0	13.07	6.2	10.52	1.61	18 236.612 26
	目标消费者	88 380.836 0	12.95	6.14	10.52	1.62	13 486.772 44

3. 品牌质量分析 上海品牌的信息质量比值为－0.141 3，品牌信息质量低于行业平均水平。品牌信息总量1.8亿比特，属中小规模的品牌。作为老字号品牌，上海品牌的原有消费人群老化流失，潜在消费人群培育不足，品牌知名度、认知度低于行业平均水平。品牌信息总量明显比行业内其他品牌低，说明品牌信息维护投入不足，这是导致品牌信息质量低的原因之一。老字号品牌虽然遗留了较好的美誉度，但对于新一代的潜在消费者，品牌本身缺乏时代感，难以引起年轻消费者的共鸣，而原有消费人群消费力明显不足，重复购买率低。这是该品牌信息质量的基础指标以及品牌信息质量比值低的原因之二（表16－27）。

表16－27 上海的品牌质量比值分析表

品牌	品牌信息总量（比特）	信息基本量（比特）	品牌信息基本量的贡献率（%）	品牌信息质的贡献率（%）	品牌信息质量比值
上海	182 366 122.6	212 364 599.8	—	－16.45	－0.141 3

4. 品牌信息平均值分析 上海品牌的信息均值比为1.107，属于专业专营特征较弱的全国性大众品牌。建议该品牌针对年轻消费人群在品牌信息上作适当调整，充分利用其老字号美誉度高的优势，扩大知名度和认知度，培育新的目标消费者（表16－28）。

表16－28 上海的品牌信息均值分析表

品牌	全国人口平均信息量（比特/人）	目标人群（人）	目标消费者平均信息量（比特/人）	信息均值比
上海	0.137 796 30	883 808 360	0.152 598 38	1.107 420 04

5. 品牌信息的稳定性分析 上海品牌稳定性指数3.72，属稳定性较弱的品牌，品牌信息衰减较快，信息维护周期较短，维护成本较高。结合该品牌经营的历史，可以认为品牌缺乏必要的信息维护，品牌信息长期处于自然衰减的状态。综合分析，该品牌处于衰退期，建议加大品牌营销力度（表16－29）。

表16－29 上海的品牌稳定性分析表

品牌	$N(E)$ 函数值	品牌衰减系数	品牌信息的衰减速率	品牌稳定性指数
上海	19.018 419	0.052 625	$0.052\,625^{t}$	3.72

第十七章 》》》

美容化妆类连锁经营品牌分析报告

第一节 美容化妆行业品牌质量简述

据《2014—2018 年中国美容美发产业运行趋势分析及投资潜力研究报告》称，国内大约有 5 000 余家化妆品生产企业，年增长率约为 5.84%，其中近 51%左右的机构是近 5 年开业的。8 000 多家美发美容培训机构（包含企业自建内部培训学校），化妆品企业和美容教育机构呈下降状态。从上游原材料生产企业，到服务流通领域，全产业链形成了 8 000 亿规模。

化妆品占有率跻身前三甲的品牌分别是玉兰油（9.1%）、欧莱雅（8.7%）和雅芳（7.2%），占有率均达到 7%以上，前三名品牌用户占有率之和仅为 25%，市场集中度相对分散。其他品牌市场占有率均在 5%以下，处于用户争夺胶着状态，众品牌差距较小。其中妮维雅为 4.8%、安利为 4.7%、美宝莲为 4.5%、玫琳凯为 3.5%、大宝为 3%、丁家宜为 2.9%。雅芳、安利、玫琳凯等直销化妆品品牌本年度也跻身品牌市场占有率前十。

美容化妆行业属于典型的寡头垄断行业，市场中占到 0.5%以上份额的品牌共有 31 个，行业平均美誉度为 0.294 0，R_{max} 取值为 4.989，N_{31} 取值 1.075 9。

本报告的美容化妆品品牌只有 6 个，不具有行业代表性，以下只对这6 个品牌的整体情况作简要说明。

在所调研的 6 个品牌当中，自然堂的信息量最大，价值最高，达到 33 亿比特以上的水平，首脑品牌最小，不足 1 亿比特。从质量比、稳定性及信息均值比各项指标综合看质量最好的是佰草集品牌。首脑品牌的质量比处于最优状态，品牌作用发挥的最为充分，但总量太小，稳定性太弱，属于发展健康但还没有形成规模的品牌。必瘦站和雪姬美素品牌具有很好的成长性（表 17 - 1）。

表 17－1　美容化妆品牌分析数据汇总表

品　牌	品牌信息总量（比特）	品牌信息质量比值	信息均值比	品牌稳定性指数
自然堂	3 370 808 725.0	0.015 6	1.156 84	12.97
佰草集	1 593 291 469.0	0.078 4	1.527 47	12.26
玫瑰人生	187 505 676.5	0.041 8	1.272 67	0.65
必瘦站	127 209 895.4	0.104 6	1.011 85	0.41
雪姬美素	118 529 092.5	0.127 4	1.093 82	1.34
首脑	92 469 923.5	0.336 0	0.970 99	0.69
均值	914 969 130.3	0.117 3	1.172 273 333	4.72

第二节　美容化妆类连锁品牌质量个案分析

一、佰草集

1. 品牌简介　佰草集属于上海家化联合股份有限公司旗下品牌，1998 年成立于上海。佰草集是中国第一套具有完整意义的现代中草药中高档个人护理品，是现代生物科技与传统中草药精华结合的成果，在产品开发中科学地运用了中医独有的平衡理论和整体观念，并以高科技手段萃取天然草本精华，使产品能有效调养身心，焕发自然、个性、健康根源之美。

2. 数据汇总　见表 17－2。

表 17－2　佰草集品牌的基础数据和基础指标汇总表

地区	类别	人口数（万人）	知名度（%）	认知度（%）	美誉度（%）	忠诚度（%）	品牌信息量估值（万比特）
北京	城市总人口	1 961.240 0	74.12	33.82	27.44	12.24	3 887.415 06
	目标消费者	279.182 5	82.93	73.17	15.63	11.18	1 043.327 21
成都	城市总人口	1 404.760 0	76.58	38.74	25.14	16.70	3 121.671 25
	目标消费者	199.967 6	93.10	45.69	20.00	21.72	601.475 02
深圳	城市总人口	1 035.790 0	62.06	29.42	30.27	9.50	1 589.744 25
	目标消费者	147.444 7	69.60	33.24	33.06	10.57	274.648 96
西安、济南	城市总人口	1 528.180 0	48.48	23.23	24.62	6.13	1 580.567 34
	目标消费者	217.536 4	62.32	29.71	24.62	8.79	336.512 91
南昌	城市总人口	504.260 0	71.05	44.74	44	6.32	1 200.821 35
	目标消费者	71.773 6	100	46.15	66.67	16.41	246.131 53

（续）

地区	类别	人口数（万人）	知名度（%）	认知度（%）	美誉度（%）	忠诚度（%）	品牌信息量估值（万比特）
太原	城市总人口	420.160 0	26.42	12.74	32.50	2.96	182.967 67
	目标消费者	59.809 8	47.73	22.73	32.50	7.12	60.919 75
阳泉	城市总人口	136.850 0	49.66	25.84	17.14	5.95	150.896 13
	目标消费者	19.480 6	55.00	29.50	18.89	6.73	26.681 75
嘉祥	城市总人口	87.230 0	56	28	50	4.53	123.245 02
	目标消费者	12.417 2	75	37.50	1	25	28.765 45
全国	总人口	132 344.720 0	49.12	25.51	29.06	6.07	159 329.146 90
	目标消费者	18 838.968 2	65.15	33.34	32.82	9.91	34 643.289 47

3. 品牌质量分析　佰草集品牌的信息质量比值为0.078 4，略高于该行业品牌的平均水平，该品牌的信息总量高为1 593 291 469比特，各项指标结构的比例都较为理想，目标消费者信息指标对全国指标有一定的优势，没有明显的区域品牌特征，反映出该品牌是一个发展比较成熟的全国性品牌的品牌，具备了进行品牌延伸和再升级的基本条件（表17－3）。

表17－3　佰草集的品牌质量比值分析表

品牌	品牌信息总量（比特）	信息基本量（比特）	品牌信息基本量的贡献率（%）	品牌信息质的贡献率（%）	品牌信息质量比值
佰草集	1 593 291 469.0	1 477 382 341.0	92.73	7.27	0.078 4

4. 品牌信息平均值分析　佰草集品牌信息均值比是1.527 47，属于偏向大众品牌的专营品牌类型，而且更接近大众品牌，在所调研的城市当中，佰草集在全国各个级别的城市中的各项指标差异不大，没有区域特征（表17－4）。

表17－4　佰草集的品牌信息均值分析表

品牌	全国人口平均信息量（比特/人）	目标人群（人）	目标消费者平均信息量（比特/人）	信息均值比
佰草集	1.203 90	188 389 682	1.838 92	1.527 47

5. 品牌信息的稳定性分析　佰草集品牌的品牌稳定性指数是12.26，是一个相当稳定的品牌，品牌信息衰减速率缓慢，信息有效间隔期长，使得维护品

牌的费用较低，综合分析，该品牌是一个处在成熟期的全国性专业品牌，质量优良（表 17－5）。

表 17－5　佰草集的品牌稳定性分析表

品牌	*N*（*E*）函数值	品牌衰减系数	品牌信息的衰减速率	品牌稳定性指数
佰草集	6.094 51	0.166 80	$0.166\ 80^{t}$	12.26

二、自然堂

1. 品牌简介　伽蓝（集团）股份有限公司 2001 年创立于上海。十多年来，伽蓝以“汇聚全球力量、打造中国品牌”的经营理念，与法美德日等国在科技、创意、设计等领域居于全球领先的企业合作，先后创立了美素、自然堂、雅格丽白、医婷 4 个个性鲜明的品牌。伽蓝在第 2 个十年中，将继续聚焦化妆品、个人清洁与护理品核心业务，分 3 个阶段实现“成为中国化妆品行业领军企业、进入国际市场、打造中国人自己的世界级品牌”这 3 个目标。有赖于明确的发展战略，伽蓝迅速发展壮大。如今，伽蓝已成为中国市场业务规模和增长速度均居于领先地位的行业领跑者。

2. 数据汇总　见表 17－6。

表 17－6　自然堂品牌的基础数据和基础指标汇总表

地区	类别	人口数（万人）	知名度（%）	认知度（%）	美誉度（%）	忠诚度（%）	品牌信息量估值（万比特）
北京	城市总人口	1 961.240 0	74.12	34.41	22.25	10.27	3 879.568 07
	目标消费者	127.697 3	75.00	27.94	24.00	12.73	217.344 98
成都	城市总人口	1 404.760 0	85.59	42.79	20.49	19.76	3 686.423 35
	目标消费者	91.464 6	93.06	46.53	17.65	25.56	279.853 77
深圳	城市总人口	1 035.790 0	88.90	43.16	35.28	32.55	2 946.365 30
	目标消费者	67.440 8	91.64	44.58	36.20	36.17	199.638 50
西安、	城市总人口	1 528.180 0	83.84	50.51	22.50	16.90	4 433.072 67
济南	目标消费者	99.500 6	84.69	51.02	22.50	17.07	298.759 40
南昌	城市总人口	504.260 0	78.95	38.16	73.33	7.89	1 289.578 73
	目标消费者	32.829 0	94.12	44.12	73.33	17.65	98.911 13
太原	城市总人口	420.160 0	74.53	35.38	27.50	12.52	861.796 39
	目标消费者	27.356 8	88.89	44.44	28.75	20.37	78.492 56

（续）

地区	类别	人口数（万人）	知名度（%）	认知度（%）	美誉度（%）	忠诚度（%）	品牌信息量估值（万比特）
阳泉	城市总人口	136.850 0	88.59	46.98	29.38	24.92	405.370 71
	目标消费者	8.910 4	94.49	51.18	29.05	29.13	29.892 80
嘉祥	城市总人口	87.230 0	52	34	20	14.13	119.473 78
	目标消费者	5.679 6	63.64	31.82	32.50	78.33	9.790 07
全国	总人口	132 344.720 0	80.84	42.13	33.34	16.45	337 080.872 50
	目标消费者	8 616.893 1	88.93	46.22	33.85	22.29	25 389.312 73

3. 品牌质量分析　自然堂品牌的信息质量比值为0.015 6，质量比值略高于该行业的平均水平，品牌信息量为本次调研美容化妆类品牌中信息量最大的品牌，高达3 370 808 725比特。该品牌是个高知名度、高认知度的品牌，品牌信息指标基本处于合理区间，品牌质量和发展状况基本正常，是消费者熟知的品牌。在知名度和认知度上，目标消费者对全国指标的优势不明显，说明这已经是一个处于成熟期的全国性品牌，具有强大的品牌延伸能力和扩张基础。而在80%以上的高知名度下品牌信息量中仅有1.54%的贡献率，是全国指标中的自传播比率较低的缘故，缺乏高自传播率的支持，是整体品牌质量比值的偏低的主要原因，这个问题不能及时解决的话，会使得该品牌很容易老化（表17-7）。

表17-7　自然堂的品牌质量比值分析表

品牌	品牌信息总量（比特）	信息基本量（比特）	品牌信息基本量的贡献率（%）	品牌信息质的贡献率（%）	品牌信息质量比值
自然堂	3 370 808 725.0	3 318 824 577.0	98.46	1.54	0.015 6

4. 品牌信息平均值分析　自然堂品牌的信息均值比为1.156 84，基本接近大众品牌范围，有很弱的专营特征，造成这个现象的原因有可能是在品牌传播过程中经常使用大众媒体，或是目标消费者的媒体偏好不够集中所致。该品牌也没有明显的区域特征，是全国性的品牌。综合分析，该品牌是一个处在成熟期的全国性专营品牌（表17-8）。

表17-8　自然堂的品牌信息均值分析表

品牌	全国人口平均信息量（比特/人）	目标人群（人）	目标消费者平均信息量（比特/人）	信息均值比
自然堂	2.546 99	86 168 931	2.946 46	1.156 84

5. 品牌信息的稳定性分析 自然堂品牌的稳定性指数为12.97，属于具有较强稳定性的品牌，品牌信息的最优间隔期符合该行业成熟期品牌的规律。品牌对消费者偏好的影响也较为持久，使得品牌信息有效期和有效范围都比该行业的平均水平高，该品牌具有相当高的应对风险的能力（表17－9）。

表17－9 自然堂的品牌稳定性分析表

品牌	$N(E)$ 函数值	品牌衰减系数	品牌信息的衰减速率	品牌稳定性指数
自然堂	5.908 41	0.175 88	0.175 88′	12.97

三、雪姬美素

1. 品牌简介 深圳雪姬美素美容连锁有限公司是一家集化妆品生产、连锁经营、美容培训学校于一体的综合性企业。通过ISO 9001国际质量体系认证，获两项卫生部特殊用途化妆品批号，拥有上千家连锁美容院营销网络。

2. 数据汇总 见表17－10。

表17－10 雪姬美素品牌的基础数据和基础指标汇总表

地区	类别	人口数（万人）	知名度（%）	认知度（%）	美誉度（%）	忠诚度（%）	品牌信息量估值（万比特）
北京	城市总人口	1 961.240 0	9.41	3.24	0	0.16	199.260 57
	目标消费者	638.486 6	9.09	6.82	0	0.20	72.298 54
成都	城市总人口	1 404.760 0	4.50	2.25	10.00	0.12	66.996 62
	目标消费者	457.323 1	5.56	2.78	10.00	0.19	28.953 76
深圳	城市总人口	1 035.790 0	36.39	18.13	22.50	3.13	705.633 80
	目标消费者	337.204 0	38.91	19.46	21.63	3.43	257.858 28
西安、	城市总人口	1 528.180 0	5.05	2.02	10	1.01	80.946 94
济南	目标消费者	497.502 8	5.10	2.04	10	1.02	27.954 96
南昌	城市总人口	504.260 0	5.26	1.32	0	0	26.276 43
	目标消费者	164.145 2	5.82	2.94	0	0	10.181 70
太原	城市总人口	420.160 0	1.89	0.94	0	0	7.726 96
	目标消费者	136.784 1	1.85	0.93	0	0	2.461 12
阳泉	城市总人口	136.850 0	8.72	4.03	0	0	13.321 49
	目标消费者	44.551 9	9.45	4.33	0	0	4.758 48

（续）

地区	类别	人口数（万人）	知名度（%）	认知度（%）	美誉度（%）	忠诚度（%）	品牌信息量估值（万比特）
嘉祥	城市总人口	87.230 0	8	4	0	0	7.780 47
	目标消费者	28.397 9	0	0	0	0	0
全国	总人口	132 344.720 0	6.91	3	3.88	0.42	11 852.909 25
	目标消费者	43 084.458 1	7.18	3.52	3.83	0.44	4 220.715 35

3. 品牌质量分析 雪姬美素品牌的信息质量比值为0.127 4，反映出该品牌是一个质量优良的品牌。但信息总量偏小，除在深圳具有一定的知名度，在其他城市知名度很低，这是个典型的区域品牌。品牌信息的各项指标均偏小，尤其是消费者对品牌的认知程度非常低，属于中等偏小的品牌类型，处于刚刚完成导入期进入成长早期的阶段（表 17－11）。

表 17－11 雪姬美素的品牌质量比值分析表

品牌	品牌信息总量（比特）	信息基本量（比特）	品牌信息基本量的贡献率（%）	品牌信息质的贡献率（%）	品牌信息质量比值
雪姬美素	118 529 092.5	105 131 450.9	88.70	11.30	0.127 4

4. 品牌信息平均值分析 雪姬美素品牌的信息均值比为1.093 82，属于偏向大众品牌的专营品牌类型，消费者对该品牌认知度不高是造成专业形象不足的部分原因。深圳的指标显著高于其他城市，有比较明显的区域特征（表 17－12）。

表 17－12 雪姬美素的品牌信息均值分析表

品牌	全国人口平均信息量（比特/人）	目标人群（人）	目标消费者平均信息量（比特/人）	信息均值比
雪姬美素	0.089 56	430 844 581	0.097 96	1.093 82

5. 品牌信息的稳定性分析 雪姬美素品牌的稳定性指数是 1.34，属于弱稳定性范围，信息有效间隔期较短，抵抗环境风险的能力较弱。综合分析，该品牌是处于成长早期品牌量较小时所表现出来的较弱影响力的品牌特征（表 17－13）。

表 17-13　雪姬美素的品牌稳定性分析表

品牌	N（E）函数值	品牌衰减系数	品牌信息的衰减速率	品牌稳定性指数
雪姬美素	52.159 80	0.019 17	$0.019\ 17^t$	1.34

四、玫瑰人生

1. 品牌简介　玫瑰人生创立于2002年，是天然精油产品及服务的国际品牌。公司拥有多个香草种植园、标准的现代化生产加工基地及功能完备的实验设施，在国内中心城市拥有近百间专卖店和精油芳疗机构，业务覆盖整个产业链。拥有完善的连锁专卖服务体系，提供从品牌推广、店铺选址、店面管理、人员培训等一系列专业化支持。

2. 数据汇总　见表17-14。

表 17-14　玫瑰人生品牌的基础数据和基础指标汇总表

地区	类别	人口数（万人）	知名度（%）	认知度（%）	美誉度（%）	忠诚度（%）	品牌信息量估值（万比特）
北京	城市总人口	1 961.240 0	5.88	2.06	0	0	118.201 35
	目标消费者	638.486 6	6.06	22.73	0	0	76.744 43
成都	城市总人口	1 404.760 0	8.11	4.05	3.33	1.14	128.343 50
	目标消费者	457.323 1	9.72	4.86	3.33	1.76	55.229 83
深圳	城市总人口	1 035.790 0	39.48	18.26	30.96	4.72	784.500 90
	目标消费者	337.204 0	41.80	19.50	32.06	5.43	278.800 16
西安、	城市总人口	1 528.180 0	14.14	3.54	0	0	236.311 45
济南	目标消费者	497.502 8	17.39	4.35	0	0	97.863 66
南昌	城市总人口	504.260 0	10.53	3.95	0	0	59.078 42
	目标消费者	164.145 2	11.76	5.88	0	0	23.204 96
太原	城市总人口	420.160 0	4.72	2.36	0	0	20.602 78
	目标消费者	136.784 1	9.26	4.63	0	0	14.492 04
阳泉	城市总人口	136.850 0	12.08	5.03	0	0.67	19.221 12
	目标消费者	44.551 9	12.60	5.51	0	0.79	6.651 80
嘉祥	城市总人口	87.230 0	0	0	0	0	0
	目标消费者	28.397 9	0	0	0	0	0
全国	总人口	132 344.720 0	11.21	4.26	1.81	0.42	18 750.567 65
	目标消费者	43 084.458 1	13.68	6.66	1.87	0.50	7 768.647 63

3. 品牌质量分析　玫瑰人生品牌的信息质量比值为0.041 8，信息量和各项指标都偏低，但其品牌质量的各项指标均处于较为合理阈值，属于质量良好的小规模品牌。深圳指标要高于其他地区，具有区域性品牌特征，仅从深圳的指标看，深圳消费者对玫瑰人生品牌有着很高的知名度和美誉度，自传播率很高，对相当一部分消费者的偏好有影响，有较高的重复购买率，基础指标间的结构也正常，体现出经营者对品牌较高水平的运营能力，该品牌在深圳的发展很成熟，是一个优质的本地品牌。但从全国指标看，还是处于成长期早期阶段（表 17－15）。

表 17－15　玫瑰人生的品牌质量比值分析表

品牌	品牌信息总量（比特）	信息基本量（比特）	品牌信息基本量的贡献率（%）	品牌信息质的贡献率（%）	品牌信息质量比值
玫瑰人生	187 505 676.5	179 979 024.2	95.99	4.01	0.041 8

4. 品牌信息平均值分析　玫瑰人生品牌的信息均值比为1.272 67，是一个倾向于大众品牌的专营某大类产品的品牌，但该品牌的基数小，反应的不是很明显。综合分析，该品牌是一个处于成长期的区域性小规模品牌（表 17－16）。

表 17－16　玫瑰人生的品牌信息均值分析表

品牌	全国人口平均信息量（比特/人）	目标人群（人）	目标消费者平均信息量（比特/人）	信息均值比
玫瑰人生	0.141 68	430 844 581	0.180 31	1.272 67

5. 品牌信息的稳定性分析　玫瑰人生品牌的品牌稳定性指数是 0.65，属于基本不具备稳定性的品牌，品牌信息的最优间隔期很短。品牌对消费者偏好的影响也非常有限，使得品牌信息有效期和有效范围都比该行业的平均水平低很多，该品牌基本不具备应对风险的能力。在除深圳之外的城市发展，需要较高的传播密度和较高的运营费用（表 17－17）。

表 17－17　玫瑰人生的品牌稳定性分析表

品牌	N（E）函数值	品牌衰减系数	品牌信息的衰减速率	品牌稳定性指数
玫瑰人生	106.883 07	0.009 36	$0.009\ 36^{t}$	0.65

五、首脑

1. 品牌简介　深圳市首脑美容美发艺术有限公司创建于 1991 年。一贯秉承“诚信、品质、创新、共赢”的企业理念，不断创新技术、优化管理、完善服务，形成了“务实创新、追求卓越”的企业精神，并发展成为拥有105家专业美发沙龙、10家高端美容会所和4所美容美发化妆培训学校，在全国美容美发行业颇具影响力的大型连锁企业。首脑，这个立志将“走进首脑最安全，走出首脑最美丽”为宗旨的美容美发连锁王国，多次被市委市政府评选为“文明企业”，被中国美发美容协会等众多行业组织授予“五星级美发店”、“五星级美容院”、“中国美容美发行业十强金牌连锁企业”、“深圳老字号”等荣誉称号等。

2. 数据汇总 见表17－18。

表17－18 首脑品牌的基础数据和基础指标汇总表

地区	类别	人口数（万人）	知名度（%）	认知度（%）	美誉度（%）	忠诚度（%）	品牌信息量估值（万比特）
北京	城市总人口	1 961.240 0	1.76	0.29	0	0	32.546 92
	目标消费者	455.392 6	0.08	0.77	0	0	0.351 62
成都	城市总人口	1 404.760 0	0.90	0.45	0	0	12.014 76
	目标消费者	326.180 0	0	0	0	0	0
深圳	城市总人口	1 035.790 0	39.74	19.68	35.31	8.32	827.854 31
	目标消费者	240.506 6	43.18	21.19	35.80	8.96	213.855 55
西安、	城市总人口	1 528.180 0	4.04	1.01	0	2.02	60.274 57
济南	目标消费者	354.837 7	5.80	1.45	0	2.90	20.512 50
南昌	城市总人口	504.260 0	2.63	0	0	0	12.326 46
	目标消费者	117.074 5	0	0	0	0	0
太原	城市总人口	420.160 0	3.77	1.42	10.00	0.13	16.162 82
	目标消费者	97.252 1	1.92	0.96	0	0	1.818 64
阳泉	城市总人口	136.850 0	0.67	0	0	0	0.852 21
	目标消费者	31.776 1	0	0	0	0	0
嘉祥	城市总人口	87.230 0	0	0	0	0	0
	目标消费者	20.254 5	0	0	0	0	0
全国	总人口	132 344.720 0	4.81	1.74	4.68	0.97	9 246.992 35
	目标消费者	30 703.007 9	4.27	1.81	1.98	1.17	2 082.994 99

3. 品牌质量分析 首脑品牌的信息质量比值为0.336，是在本次调研美容化妆类品牌信息质量比最高的品牌，属于质量优良的品牌，属于健康发展的成长期品牌类型。但知名度仅仅为4.81%，认知度仅为1.74%，信息总量明

显偏小，但质量较高，品牌发展的上升空间很大，可选择的方向也很多。深圳各项指标都高于其他地区，是个明显的区域品牌。仅从深圳的指标看，深圳消费者对首脑品牌有着很高的认知度和美誉度，自传播率很高，对相当一部分消费者的偏好有影响，有较高的重复购买率（表 17－19）。

表 17－19 首脑的品牌质量比值分析表

品牌	品牌信息总量（比特）	信息基本量（比特）	品牌信息基本量的贡献率（%）	品牌信息质的贡献率（%）	品牌信息质量比值
首脑	92 469 923.5	69 209 544.4	74.85	25.15	0.336 0

4. 品牌信息平均值分析 首脑的信息均值比为 0.97，是趋于大众品牌的专营品牌类型，从数据中看，可能是由于全国（除深圳之外）的目标消费者指标偏低致使，如仅从深圳的指标看信息均值比首脑具有专业专营的特征（表 17－20）。

表 17－20 首脑的品牌信息均值分析表

品牌	全国人口平均信息量（比特/人）	目标人群（人）	目标消费者平均信息量（比特/人）	信息均值比
首脑	0.069 87	307 030 079	0.067 84	0.970 99

5. 品牌信息的稳定性分析 首脑的品牌稳定性指数是 0.69，基本不具备稳定性，抵御风险的能力较弱，这也是处于成长期早期之前品牌的一个重要特点，在之后的发展中，随着品牌的逐步成长，品牌稳定性会逐步增加，直至向成熟期过渡之前。该品牌的有效间隔期较短，在除深圳之外的城市发展，需要较高的传播密度和较高的运营费用（表 17－21）。

表 17－21 首脑的品牌稳定性分析表

品牌	N（E）函数值	品牌衰减系数	品牌信息的衰减速率	品牌稳定性指数
首脑	101.026 07	0.009 90	0.009 90^{t}	0.69

六、必瘦站

1. 品牌简介 必瘦站成立于 2003 年，是香港最大的上市医学美容集团之一，也是香港交易所主板上市公司。集团一直致力为顾客提供世界级的医学美容、医学瘦身及医学抗衰老服务。凭借决心、信心、用心真诚待客，成就我们赢得 Hong Kong Superbrand 荣誉。至今已有超过1 000 000人次使用本公司的优质医学美容、医学瘦身及医学抗衰老服务。

2. 数据汇总 见表 17-22。

表 17-22 必瘦站品牌的基础数据和基础指标汇总表

地区	类别	人口数（万人）	知名度（%）	认知度（%）	美誉度（%）	忠诚度（%）	品牌信息量估值（万比特）
北京	城市总人口	1 961.240 0	6.47	3.82	0	0	140.417 63
	目标消费者	638.486 6	6.82	4.17	0	0	48.892 93
成都	城市总人口	1 404.760 0	8.11	3.60	0	0.12	124.907 15
	目标消费者	457.323 1	6.94	3.47	0	0	34.606 09
深圳	城市总人口	1 035.790 0	37.29	17.49	21.48	1.81	709.160 62
	目标消费者	337.204 0	37.15	17.65	21.48	2.17	235.579 98
西安、济南	城市总人口	1 528.180 0	9.09	3.54	0	0	151.914 51
	目标消费者	497.502 8	13.04	5.07	0	0	75.549 62
南昌	城市总人口	504.260 0	2.63	0	0	0	12.326 46
	目标消费者	164.145 2	0	0	0	0	0
太原	城市总人口	420.160 0	2.83	1.42	0	0	11.834 65
	目标消费者	136.784 1	0	0	0	0	0
阳泉	城市总人口	136.850 0	8.05	4.03	0	0.76	12.297 94
	目标消费者	44.551 9	7.87	3.94	0	0.89	3.899 47
嘉祥	城市总人口	87.230 0	0	0	0	0	0
	目标消费者	28.397 9	0	0	0	0	0
全国	总人口	132 344.720 0	7.48	3.27	1.19	0.25	12 720.989 54
	目标消费者	43 084.458 1	7.18	3.24	1.19	0.29	4 190.376 34

3. 品牌质量分析 必瘦站品牌的信息质量比值为0.104 6，信息总量与各项指标偏低，属于质量良好的，具有区域品牌特征的中等偏小的品牌类型。目标消费者信息量仅为 419037634 比特，属于典型的小众市场发展格局，自传播率较低。虽然品牌质量处于较好水平，但不足以支撑其发展品牌延伸的策略。从品牌信息指标的结构看，品牌运作基本合理，较低知名度下能够获得品牌较高质量水平可能是企业在产品质量和服务信用方面成效突出产生的结果，属于缓慢撇脂营销类型，如果该品牌保持了相当长时期这样的品牌指标没有较大变化，该品牌应该是进入了成熟期（表 17-23）。

表 17-23　必瘦站的品牌质量比值分析表

品牌	品牌信息总量（比特）	信息基本量（比特）	品牌信息基本量的贡献率（%）	品牌信息质的贡献率（%）	品牌信息质量比值
必瘦站	127 209 895.4	115 159 639.2	90.53	9.47	0.104 6

4. 品牌信息平均值分析　必瘦站品牌的信息均比值为 1.01，是一个大众品牌的专营某大类产品的品牌，但该品牌的基数小，反应的不是很明显。综上分析，该品牌是一个处于成熟期的区域性小规模品牌（表 17-24）。

表 17-24　必瘦站的品牌信息均值分析表

品牌	全国人口平均信息量（比特/人）	目标人群（人）	目标消费者平均信息量（比特/人）	信息均值比
必瘦站	0.096 12	430 844 581	0.097 26	1.011 85

5. 品牌信息的稳定性分析　必瘦站品牌的品牌稳定性指数是 0.41，属于基本不具备稳定性的品牌，品牌信息的最优间隔期很短。品牌对消费者偏好的影响也非常有限，使得品牌信息有效期和有效范围都比该行业的平均水平低很多，该品牌基本不具备应对风险的能力（表 17-25）。

表 17-25　必瘦站的品牌稳定性分析表

品牌	N（E）函数值	品牌衰减系数	品牌信息的衰减速率	品牌稳定性指数
必瘦站	168.521 84	0.005 93	$0.005\ 93^{t}$	0.41

第十八章 ›››

食品类连锁经营品牌分析报告

第一节 食品行业品牌质量简述

本报告各地推荐的食品类品牌 21 个，具有一定的代表性，对它们的分析能够在一定程度上代表国内食品行业的整体分析。

从本次调研的数据分析看，该行业信息总量均值为791 048 098.6比特，处于大规模水平，其中好利来、德州扒鸡、绝味、周黑鸭 4 个品牌的信息总量超过了 20 亿比特，这些品牌都被人们熟知。

该行业品牌信息质量比值的均值为 0.244 1，距离最优状态（0.3～0.4）仅一步之遥，通过数据分析可以看出，有近半的品牌能够保持较为合理的品牌指标结构，说明食品类品牌质量状况整体处于优良水平。

该行业信息均值比平均为 0.882 2，基本都在 1 左右，整体属于专营大类产品的类型，有多数品牌有属于大众品牌范畴。按照地区分析品牌信息量构成中，八马、自然派，品牌信息量绝大多数由深圳贡献，是典型的区域品牌。

品牌信息的稳定性所要解释的主要是对目标消费者消费偏好影响的持久性问题，食品类行业的品牌稳定性指数为 7.71，说明该行业的品牌信息质量总体看还是比较稳定的。所调研的 21 个品牌当中有 7 个具有很强的稳定性，6 个具有较强的稳定性，2 个具有一定的稳定性，6 个品牌稳定性很弱（表 18－1）。

表 18－1 食品品牌分析数据汇总表

品 牌	品牌信息总量（比特）	品牌信息质量比值	信息均值比	品牌稳定性指数
八马	214 554 847.9	0.081 2	0.908 47	2.13
曹祥泰	91 639 080.9	－0.203 1	1.079 55	0.81
德州扒鸡	2 536 869 530.0	0.077 4	0.953 17	7.98
古越龙山	196 356 079.4	0.115 7	1.019 20	6.19
冠生园	1 111 465 091.0	0.625 5	0.921 15	8.82
桂发祥	241 222 370.1	0.212 0	0.835 68	12.08

（续）

品　牌	品牌信息总量（比特）	品牌信息质量比值	信息均值比	品牌稳定性指数
桂美轩	49 911 192.7	−0.073 3	0.941 32	1.38
好利来	2 555 327 625.0	0.210 4	0.848 08	12.11
好想你	876 156 101.5	0.363 0	0.838 85	10.21
黄则和	75 115 785.1	1.231 6	0.462 03	6.37
钜记饼家	212 370 723.8	−0.094 6	1.012 16	1.65
绝味	2 404 389 133.0	0.574 8	0.712 56	16
六必居	1 026 354 013.0	0.083 7	1.028 00	7.88
罗莎蛋糕店	499 330 789.1	0.215 2	0.921 48	9.02
同兴食品	163 471 859.1	−0.022 0	0.988 43	4.34
五芳斋	359 168 356.9	0.232 1	0.875 81	7.85
月盛斋	85 909 787.6	0.055 0	0.858 39	1.34
周村烧饼	952 885 507.0	0.410 2	0.763 46	9.3
周黑鸭	2 070 483 589.0	0.434 5	0.765 08	14.28
自然派	542 013 154.3	0.471 2	0.775 17	11.46
来伊粉	347 015 453.4	0.126 6	1.019 08	10.63
均值	791 048 098.6	0.244 1	0.882 24	7.71

第二节　食品类连锁品牌质量个案分析

一、八马

1. 品牌简介　八马茶业有限公司源于百年前的信记茶行，掌门人王文礼先生是非物质文化遗产代表性传承人，也是铁观音发现者王士让的第 13 代传人。公司旗下有安溪八马茶业有限公司（为公司总部并具体负责产品生产和外销）、深圳八马茶业连锁有限公司（负责全国自营连锁）、厦门八马茶业有限公司（负责加盟及福建自营）。目前，公司参与管理茶园基地50 000多亩，现有西坪和龙门 2 个加工厂，总建筑面积 6 万米^2，年加工能力6 000吨，其中龙门加工厂是目前亚洲最具现代化的乌龙茶铁观音精制加工厂。

2. 数据汇总　见表 18－2。

表 18－2　八马品牌的基础数据和基础指标汇总表

地区	类别	人口数（万人）	知名度（%）	认知度（%）	美誉度（%）	忠诚度（%）	品牌信息量估值（万比特）
北京	城市总人口	1 961.240 0	2.94	0.59	0	1.18	44.493 19
	目标消费者	1 309.716 1	2.94	0.59	0	1.18	29.712 55
成都	城市总人口	1 404.760 0	9.91	4.05	20.00	1.92	160.495 64
	目标消费者	938.098 7	10.28	4.21	20.00	1.99	111.336 67
深圳	城市总人口	1 035.790 0	51.48	24.45	29.93	9.55	1 169.417 48
	目标消费者	691.700 6	51.77	24.70	29.93	9.72	682.701 49
西安、	城市总人口	1 528.180 0	8.08	3.03	35	2.02	170.452 73
济南	目标消费者	1 020.518 6	7.14	2.55	10	1.02	65.209 19
南昌	城市总人口	504.260 0	13.16	5.26	10	0.35	68.932 63
	目标消费者	336.771 5	13.16	5.26	10	0.35	52.874 58
太原	城市总人口	420.160 0	11.32	1.42	0	0.13	37.795 14
	目标消费者	280.582 8	11.76	1.47	0	0.13	26.266 37
阳泉	城市总人口	136.850 0	14.09	5.03	0	0.09	17.252 02
	目标消费者	91.388 4	14.09	5.03	0	0.09	11.520 89
嘉祥	城市总人口	87.230 0	0	0	0	0	0
	目标消费者	58.252 2	0	0	0	0	0
全国	总人口	132 344.720 0	12.93	4.34	11.93	12.26	21 455.484 79
	目标消费者	88 380.836 0	12.86	4.26	6.08	1	13 016.644 25

3. 品牌质量分析　八马品牌信息质量比值为0.081 2，属于质量较好的品牌。总信息量214 554 847.9比特，是中等偏小规模的品牌，从全国范围的指标看，该品牌的基础指标偏低，且认知度与知名度之间的关系略有失衡，消费者对该品牌的认知程度有限，而该品牌却获得了相对较好的美誉度和忠诚度，可以看出该品牌的产品或服务是能够得到消费者认可的，也具有一定的口碑以及一定程度的重复购买率和自传播率。但总体知名度和认知度太低，严重制约了品牌的发展，使得品牌影响力不大。但从各区域的指标看，该品牌有着非常明显的区域品牌特征，深圳的各项指标明显高于其他城市，单独计算该品牌在深圳的指标会发现，该品牌质量优良，是具有高知名度和美誉度的品牌，各项基础指标的比率关系都处于较合理的范围内。应该说这个品牌处于区域品牌向

全国范围发展扩张的过渡阶段。是一个典型的区域品牌，现在还没有完成全国性扩张，区域特点仍然十分明显。总体来看，该品牌是个成长性很好的品牌（表 18－3）。

表 18－3　八马的品牌质量比值分析表

品牌	品牌信息总量（比特）	信息基本量（比特）	品牌信息基本量的贡献率（%）	品牌信息质的贡献率（%）	品牌信息质量比值
八马	214 554 847.9	198 445 382.1	92.49	7.51	0.081 2

4. 品牌信息平均值分析　八马品牌信息均值比为0.908 47，略小于 1，属于大众品牌类型（表 18－4）。

表 18－4　八马的品牌信息均值分析表

品牌	全国人口平均信息量（比特/人）	目标人群（人）	目标消费者平均信息量（比特/人）	信息均值比
八马	0.162 12	883 808 360	0.147 28	0.908 47

5. 品牌信息的稳定性分析　八马品牌稳定性指数为 2.13，是弱稳定性，一般处于过渡期间的品牌都会出现失稳现象，品牌信息的有效间隔期短，品牌传播和维护的成本较高。综合其他指标分析，该品牌仍保有明显的区域品牌特征，由区域品牌向全国性品牌过渡阶段，处于成长后期向成熟早期的过渡时期，是一个专业特征基本淡化的区域性中等偏小规模的品牌（表 18－5）。

表 18－5　八马的品牌稳定性分析表

品牌	*N*（*E*）函数值	品牌衰减系数	品牌信息的衰减速率	品牌稳定性指数
八马	32.892 98	0.030 41	0.030 41	2.13

二、曹祥泰

1. 品牌简介　曹祥泰为中华老字号，始建于 1884 年。武汉曹祥泰食品有限责任公司是闻名荆楚大地及武汉三镇的传统食品企业，其产品芝麻糕和绿豆糕等节令食品深受消费者喜爱。曹祥泰是武昌以经营杂货出名的老店铺，最早经营干货、水果，后又经销大米、五金等。

2. 数据汇总　见表 18－6。

表 18-6　曹祥泰品牌的基础数据和基础指标汇总表

地区	类别	人口数（万人）	知名度（%）	认知度（%）	美誉度（%）	忠诚度（%）	品牌信息量估值（万比特）
北京	城市总人口	1 961.240 0	6.47	1.47	0	0	101.010 53
	目标消费者	1 309.716 1	6.47	1.47	0	0	67.454 83
成都	城市总人口	1 404.760 0	8.11	1.35	3.33	0.36	94.688 60
	目标消费者	938.098 7	8.49	1.42	0.09	0.38	63.771 31
深圳	城市总人口	1 035.790 0	13.81	3.29	17.14	0.46	154.496 02
	目标消费者	691.700 6	13.80	3.29	17.14	0.46	106.980 17
西安、	城市总人口	1 528.180 0	12.12	0	0	0	139.890 80
济南	目标消费者	1 020.518 6	12.24	0	0	0	94.344 02
南昌	城市总人口	504.260 0	13.16	2.63	0	0	54.959 07
	目标消费者	336.771 5	13.16	2.63	0	0	36.704 57
太原	城市总人口	420.160 0	7.55	1.42	5	0.25	27.065 11
	目标消费者	280.582 8	7.84	1.47	5	0.26	23.184 44
阳泉	城市总人口	136.850 0	0.67	0.34	0	0	0.701 16
	目标消费者	91.388 4	0.67	0.34	0	0	0.468 23
嘉祥	城市总人口	87.230 0	0	0	0	0	0
	目标消费者	58.252 2	0	0	0	0	0
全国	总人口	132 344.720 0	8.34	1.15	2.41	0.10	9 163.908 09
	目标消费者	88 380.836 0	8.46	1.16	2.32	0.11	6 606.524 94

3. 品牌质量分析　曹祥泰品牌信息质量比值为−0.203 1，低于行业平均水平。这一品牌的各项指标均处在极低的水平上，反映出该企业对其品牌没有做过有规模的运作和宣传，依靠日积月累的消费者体验和营销过程中自然形成的消费者认知和自传播，对营销略有影响。整个品牌指标结构松散微弱，可以说该品牌的作用还没有完全形成。分析其超低质量比的原因，在于该品牌为区域品牌，但本次调研没有对其所在原产地进行，所以从指标中看不出明显的区域特点，所以才会出现各地指标均很低的状态基础指标上看，品牌知名度不高，认知度、美誉度和忠诚度均处于较低水平，指标间比率关系基本都处于失衡状态。于全国角度看，这个品牌还处在成长早期，如能够在其所在地进行调

研，所获得的指标可能会大不一样，这是受到调研数据的系统影响的结果，只作为企业对原产地之外的市场进行分析的参考（表 18－7）。

表 18－7　曹祥泰的品牌质量比值分析表

品牌	品牌信息总量（比特）	信息基本量（比特）	品牌信息基本量的贡献率（%）	品牌信息质的贡献率（%）	品牌信息质量比值
曹祥泰	91 639 080.9	114 995 965.7	—	−25.49	−0.203 1

4. 品牌信息平均值分析　曹祥泰品牌信息均值比为1.079 55，信息均值比略大于 1，应该具有大众倾向专营某大类品牌的特征（表 18－8）。

表 18－8　曹祥泰的品牌信息均值分析表

品牌	全国人口平均信息量（比特/人）	目标人群（人）	目标消费者平均信息量（比特/人）	信息均值比
曹祥泰	0.069 24	883 808 360	0.074 75	1.079 55

5. 品牌信息的稳定性分析　曹祥泰品牌稳定指数为 0.81，品牌稳定指数处于行业末位，属于很弱稳定性品牌，品牌信息的有效间隔期短，品牌如要形成一定的影响力需要付出很高的成本。由于调研取得样本有限以及该品牌基础指标较过低，各项指标及所分析的结果仅限于所调研的城市状况，其他信息和结论不能确定（表 18－9）。

表 18－9　曹祥泰的品牌稳定性分析表

品牌	N（E）函数值	品牌衰减系数	品牌信息的衰减速率	品牌稳定性指数
曹祥泰	86.386 54	0.011 58	0.011 58	0.81

三、德州扒鸡

1. 品牌简介　德州扒鸡创产于 1692 年，已有 300 多年的历史。曾被清康熙皇帝御封为“神州一奇”，素有“中华第一鸡”之誉，历获“省优”、“部优”、“山东省著名商标”、“山东名牌”、“中国驰名商标”等百余项荣誉称号。先后通过国家绿色食品认证、ISO 9002 国际质量体系认证、HACCP 国家质量控制体系认证。全国各地拥有数百家德州扒鸡连锁店，营销网络遍布全国 30 多个省（自治区、直辖市）。

2. 数据汇总　见表 18－10。

表 18－10 德州扒鸡品牌的基础数据和基础指标汇总表

地区	类别	人口数（万人）	知名度（%）	认知度（%）	美誉度（%）	忠诚度（%）	品牌信息量估值（万比特）
北京	城市总人口	1 961.240 0	89.41	55.00	21.75	27.69	5 446.520 02
	目标消费者	1 309.716 1	89.41	55.00	21.75	27.69	3 534.715 31
成都	城市总人口	1 404.760 0	45.05	24.77	10.50	4.74	1 059.405 76
	目标消费者	938.098 7	46.23	25.47	10.50	4.97	839.067 81
深圳	城市总人口	1 035.790 0	39.48	18.97	25.35	5.81	751.217 26
	目标消费者	691.700 6	39.42	18.92	25.35	5.91	461.999 48
西安、	城市总人口	1 528.180 0	81.82	58.08	25.64	21.89	4 258.159 73
济南	目标消费者	1 020.518 6	81.63	57.14	25	21.09	2 561.974 54
南昌	城市总人口	504.260 0	52.63	31.58	12	6.32	513.269 87
	目标消费者	336.771 5	52.63	31.58	12	6.32	382.664 81
太原	城市总人口	420.160 0	68.87	38.21	20.42	28.93	701.894 87
	目标消费者	280.582 8	69.61	38.73	20.42	30.07	472.930 80
阳泉	城市总人口	136.850 0	77.85	41.95	26.14	21.39	296.333 42
	目标消费者	91.388 4	77.85	41.95	26.14	21.39	180.679 56
嘉祥	城市总人口	87.230 0	72	36	40	37.07	194.450 80
	目标消费者	58.252 2	72	36	40	37.07	97.354 80
全国	总人口	132 344.720 0	70.01	42	21.80	20.52	253 686.953 00
	目标消费者	88 380.836 0	70.20	41.94	21.65	20.66	161 480.965 50

3. 品牌质量分析 德州扒鸡品牌信息质量比值为0.077 4，品牌信息质的贡献率为7.18%，是一个具有很高知名度的品牌，品牌各项指标间的比率关系合理，忠诚度也均处于较高水平，已然形成对消费者消费习惯的影响，具有高重复购买率和自传播率。0.077 4的质量比在这样高的基础指标下显得有些低，这是一种衰退迹象。有可能在高美誉和高忠诚下的消费者的偏好发生了变化的缘故。建议企业适时发展新产品战略，适应消费者偏好的变化（表 18－11）。

表 18－11 德州扒鸡的品牌质量比值分析表

品牌	品牌信息总量（比特）	信息基本量（比特）	品牌信息基本量的贡献率（%）	品牌信息质的贡献率（%）	品牌信息质量比值
德州扒鸡	2 536 869 530.0	2 354 779 954.0	92.82	7.18	0.077 4

4. 品牌信息平均值分析　德州扒鸡品牌信息均值比为0.953 17，品牌信息均值比略小于1，属于大众品牌范畴。各类型城市的指标接近，没有明显的差异，是全国性品牌（表18-12）。

表18-12　德州扒鸡的品牌信息均值分析表

品牌	全国人口平均信息量（比特/人）	目标人群（人）	目标消费者平均信息量（比特/人）	信息均值比
德州扒鸡	1.916 86	883 808 360	1.827 10	0.953 17

5. 品牌信息的稳定性分析　德州扒鸡品牌稳定指数为7.98，属于较好稳定的品牌，品牌信息的有效间隔期长，品牌维护成本较低。综合分析，该品牌处于成熟后期有衰退迹象出现，全国性大众化类型的大规模品牌（表18-13）。

表18-13　德州扒鸡的品牌稳定性分析表

品牌	$N(E)$ 函数值	品牌衰减系数	品牌信息的衰减速率	品牌稳定性指数
德州扒鸡	9.238 01	0.110 72	0.110 72′	7.98

四、古越龙山

1. 品牌简介　浙江古越龙山绍兴酒股份有限公司，是我国最大的黄酒生产、经营、出口企业，拥有国内一流的黄酒生产工艺设备和全国唯一的省级黄酒技术中心，聚集多名国家级评酒大师，黄酒年生产能力11万吨。主要产品古越龙山、沈永和、状元红、鉴湖、古纤道牌绍兴酒是国家优质产品，多次荣获国际国内金奖，是中国首批原产地域保护产品。古越龙山是黄酒行业唯一集“中国名牌”、“中国驰名商标”、“国宴专用黄酒”于一身的品牌；具有300多年历史的“沈永和”老字号和“鉴湖”是浙江省著名商标。公司产品畅销全国各大城市，远销东南亚、欧美等30多个国家和地区，享有“东方名酒之冠”的美誉。

2. 数据汇总　见表18-14。

表18-14　古越龙山品牌的基础数据和基础指标汇总表

地区	类别	人口数（万人）	知名度（%）	认知度（%）	美誉度（%）	忠诚度（%）	品牌信息量估值（万比特）
北京	城市总人口	1 961.240 0	14.12	6.18	19.33	2.71	337.761 17
	目标消费者	1 309.716 1	14.12	6.18	19.33	2.71	226.875 58

（续）

地区	类别	人口数（万人）	知名度（%）	认知度（%）	美誉度（%）	忠诚度（%）	品牌信息量估值（万比特）
成都	城市总人口	1 404.760 0	13.51	6.76	4.00	2.16	189.371 57
	目标消费者	938.098 7	14.15	7.08	4.00	2.26	167.231 85
深圳	城市总人口	1 035.790 0	12.26	5.29	23.08	0.89	159.016 40
	目标消费者	691.700 6	12.22	5.26	22.31	0.91	99.903 02
西安、	城市总人口	1 528.180 0	9.09	5.05	50	1.01	253.177 45
济南	目标消费者	1 020.518 6	8.16	4.59	50	1.02	97.302 13
南昌	城市总人口	504.260 0	34.21	19.74	3.33	5.61	235.577 54
	目标消费者	336.771 5	34.21	19.74	3.33	5.61	198.674 00
太原	城市总人口	420.160 0	6.60	2.83	10	0.13	26.652 12
	目标消费者	280.582 8	5.88	2.45	10	0.13	17.981 71
阳泉	城市总人口	136.850 0	0.67	0	0	0	0.692 519
	目标消费者	91.388 4	0.67	0	0	0	0.462 464
嘉祥	城市总人口	87.230 0	0	0	0	0	0
	目标消费者	58.252 2	0	0	0	0	0
全国	总人口	132 344.720 0	11	5.72	17.36	1.37	19 635.607 94
	目标消费者	88 380.836 0	10.59	5.52	17.32	1.37	13 364.531 62

3. 品牌质量分析 古越龙山品牌信息质量比值为0.115 7，属于质量良好的品牌。总信息量属于中等偏小规模，从基础指标上看，该品牌各项指标都偏低，但指标结构比例处于理想状态。在仅有 5.72%的低认知度下，其美誉度达到了 17.36%，说明该企业品牌有很好的口碑，形成了一定程度的自传播率，企业与消费者的关系很融洽。但在美誉度与忠诚度的比例关系中，忠诚度很小，仅为 1.37%，指标间比率关系处于失衡状态，说明消费者的重复购买率很低，没有形成消费偏好或习惯（表 18－15）。

表 18－15 古越龙山的品牌质量比值分析表

品牌	品牌信息总量（比特）	信息基本量（比特）	品牌信息基本量的贡献率（%）	品牌信息质的贡献率（%）	品牌信息质量比值
古越龙山	196 356 079.4	175 991 378.7	89.63	10.37	0.115 7

4. 品牌信息平均值分析 古越龙山品牌信息平均值比为1.019 20，品牌

信息平均值比略大于1，属于有大众倾向的专营某大类产品品牌，各城市之间指标差异不大，没有明显的区域特征，属于全国性品牌（表18－16）。

表18－16 古越龙山的品牌信息均值分析表

品牌	全国人口平均信息量（比特/人）	目标人群（人）	目标消费者平均信息量（比特/人）	信息均值比
古越龙山	0.148 37	883 808 360	0.151 22	1.019 20

5. 品牌信息的稳定性分析 古越龙山品牌稳定性指数为6.19，属于具有一定稳定性的品牌，品牌信息的有效间隔期较长，品牌维护成本较低。综合分析，该品牌处于成熟期后期，全国性专营大类产品类型的中等偏小规模品牌（表18－17）。

表18－17 古越龙山的品牌稳定性分析表

品牌	$N(E)$ 函数值	品牌衰减系数	品牌信息的衰减速率	品牌稳定性指数
古越龙山	11.547 56	0.086 70	$0.086\ 70^{t}$	6.19

五、冠生园

1. 品牌简介 冠生园品牌创建于1915年，是中国民族工业的名牌老字号企业。冠生园（集团）有限公司主要生产和经营糖果、蜂制品、酒类、面制品、味精、冷冻食品、保健食品、生物医药、休闲食品等近20个系列上千品种。冠生园品牌被认定为1981—2001年中国食品工业20大著名品牌。冠生园集团先后被评为“全国轻工行业优秀企业”、“中国食品工业20大杰出企业”、“上海市优秀企业”、“上海市最佳工业企业形象单位”、“全国食品行业质量效益型先进企业”，被列入“中国500家最佳经济效益企业”之一。

2. 数据汇总 见表18－18。

表18－18 冠生园品牌的基础数据和基础指标汇总表

地区	类别	人口数（万人）	知名度（%）	认知度（%）	美誉度（%）	忠诚度（%）	品牌信息量估值（万比特）
北京	城市总人口	1 961.240 0	30.00	17.94	19.55	9.37	973.122 64
	目标消费者	1 309.716 1	30.00	17.94	19.55	9.37	651.609 17
成都	城市总人口	1 404.760 0	60.36	31.98	25.12	29.13	1 989.591 42
	目标消费者	938.098 7	61.32	32.55	24.50	29.56	1 253.703 12

（续）

地区	类别	人口数（万人）	知名度（%）	认知度（%）	美誉度（%）	忠诚度（%）	品牌信息量估值（万比特）
深圳	城市总人口	1 035.790 0	24.65	12.26	28.17	5.62	417.341 66
	目标消费者	691.700 6	24.18	12.02	29.14	5.57	243.374 95
西安、	城市总人口	1 528.180 0	26.26	14.65	30	7.34	713.970 47
济南	目标消费者	1 020.518 6	26.53	14.80	30	7.41	417.800 67
南昌	城市总人口	504.260 0	84.21	42.11	26	30.35	1 181.500 67
	目标消费者	336.771 5	84.21	42.11	26	30.35	721.873 92
太原	城市总人口	420.160 0	44.34	26.89	26	20.94	404.605 47
	目标消费者	280.582 8	44.12	26.96	26.90	21.63	248.682 28
阳泉	城市总人口	136.850 0	12.75	6.38	12.22	3.13	19.350 31
	目标消费者	91.388 4	12.75	6.38	12.22	3.13	14.380 30
嘉祥	城市总人口	87.230 0	4	2	0	4	2.828 78
	目标消费者	58.252 2	4	2	0	4	1.889 06
全国	总人口	132 344.720 0	38.06	20.89	23.69	14.29	111 146.509 10
	目标消费者	88 380.836 0	38.07	20.95	23.97	14.51	68 371.827 35

3. 品牌质量分析 冠生园品牌信息质量比值为0.625 5，品牌信息总量1 111 146 509比特，属于大规模品牌，目标消费者信息指标与全国指标非常接近，该品牌各项指标间关系很理想，是一个质量优良的品牌。该品牌的知名度与认知度的比率关系合理，处于优良水平，说明该企业品牌传播效率很高，效果很好。其他指标间的比率也很合理，说明该品牌内涵能够得到消费者的认可，消费者对该品牌熟悉，也具相当程度的口碑以及一定程度的重复购买率和自传播率，综合分析，该品牌是处在成熟期的优质品牌。该品牌的质量比高于最优信息质量比值上线0.4，说明该品牌在基础信息量方面不足，建议企业采取相应措施提高品牌知名度和认知度，能够迅速提高品牌信息量，使质量比下降至最优状态，品牌的作用发挥的最为充分（表18－19）。

表18－19　冠生园的品牌质量比值分析表

品牌	品牌信息总量（比特）	信息基本量（比特）	品牌信息基本量的贡献率（%）	品牌信息质的贡献率（%）	品牌信息质量比值
冠生园	1 111 465 091.0	683 718 273.5	61.52	38.48	0.625 5

4. 品牌信息平均值分析　冠生园品牌信息均值比为0.921 15，品牌信息平均值比略小于1，属于没有专业专营特征的大众品牌，城市间各项指标没有明显差异，不具有区域品牌特征（表18－20）。

表18－20　冠生园的品牌信息均值分析表

品牌	全国人口平均信息量（比特/人）	目标人群（人）	目标消费者平均信息量（比特/人）	信息均值比
冠生园	0.839 83	883 808 360	0.773 60	0.921 15

5. 品牌信息的稳定性分析　冠生园品牌稳定性指数为8.82，属于稳定性很好的品牌，品牌信息的有效间隔期长，品牌维护成本较低，也反映出良好的品牌管理能力。结合品牌质量分析，该品牌是处于鼎盛期，全国性大众化发展的大规模品牌，质量优良（表18－21）。

表18－21　冠生园的品牌稳定性分析表

品牌	N（E）函数值	品牌衰减系数	品牌信息的衰减速率	品牌稳定性指数
冠生园	8.344 35	0.121 96	$0.121\ 96^{t}$	8.82

六、桂发祥

1. 品牌简介　天津市桂发祥麻花饮食集团有限公司坐落于河西区洞庭路32号，是以生产和经营桂发祥十八街麻花为主的企业集团，目前拥有7个子公司，涉及食品制造、餐饮、机械制造和印刷等行业。主营产品“桂发祥十八街麻花”的生产基地占地36亩，厂区建筑面积1.5万米^2，生产厂区完全执行国家环保标准，实行全封闭无菌净化生产，采用电脑程控生产线及数字化视频现场监控管理，使进货、生产、存货等20多道关键工序实现自动化连续作业，日产麻花达50吨。

2. 数据汇总　见表18－22。

表18－22　桂发祥品牌的基础数据和基础指标汇总表

地区	类别	人口数（万人）	知名度（%）	认知度（%）	美誉度（%）	忠诚度（%）	品牌信息量估值（万比特）
北京	城市总人口	1 961.240 0	20.59	11.47	6.92	4.59	478.196 41
	目标消费者	1 309.716 1	20.59	11.47	6.92	4.59	383.188 09

（续）

地区	类别	人口数（万人）	知名度（%）	认知度（%）	美誉度（%）	忠诚度（%）	品牌信息量估值（万比特）
成都	城市总人口	1 404.760 0	10.81	6.76	15.71	3.18	178.974 23
	目标消费者	938.098 7	11.32	7.08	15.71	3.33	133.785 48
深圳	城市总人口	1 035.790 0	14.32	6.45	33.50	1.35	223.073 42
	目标消费者	691.700 6	14.32	6.44	31	1.38	119.923 91
西安、	城市总人口	1 528.180 0	11.11	5.05	50	2.15	309.439 10
济南	目标消费者	1 020.518 6	11.22	5.10	50	2.18	135.933 56
南昌	城市总人口	504.260 0	18.42	14.47	27.50	8.25	158.799 33
	目标消费者	336.771 5	18.42	14.47	27.50	8.25	94.976 04
太原	城市总人口	420.160 0	11.32	5.66	24	3.90	61.028 43
	目标消费者	280.582 8	9.80	4.90	30	3.92	34.799 94
阳泉	城市总人口	136.850 0	6.71	3.36	25.00	2.28	11.115 95
	目标消费者	91.388 4	6.71	3.36	25.00	2.28	6.888 33
嘉祥	城市总人口	87.230 0	8	4	1	4	25.050 86
	目标消费者	58.252 2	8	4	1	4	5.344 29
全国	总人口	132 344.720 0	12.05	6.76	31.20	3.70	24 122.237 01
	目标消费者	88 380.836 0	11.68	6.57	32.70	3.72	13 461.967 55

3. 品牌质量分析　桂发祥品牌的信息质量比值为0.212 0，趋于最优区间，品牌信息总量为241 222 370.1比特，品牌信息总量中等偏小规模，从品牌各项基础指标上看，各项指标之间比率基本合理，说明该品牌是一个质量不错的品牌。其中该品牌的美誉度高达32.70%，可以看出该品牌有很好的口碑和自传播率。但是在高美誉度的同时，品牌的忠诚度略显不足，仅有3.72%，说明消费者的重复购买率低，没有形成消费者消费偏好或习惯，或者曾经有过很高的忠诚度，但随着消费者消费习惯的变化而逐步丧失了，如是后者，这是一种衰退信号，如是前者，这是还未到达成熟期。需要连续观察忠诚度变化的趋势才能确定该品牌的确切周期位置（表18－23）。

表18－23　桂发祥的品牌质量比值分析表

品牌	品牌信息总量（比特）	信息基本量（比特）	品牌信息基本量的贡献率（%）	品牌信息质的贡献率（%）	品牌信息质量比值
桂发祥	241 222 370.1	199 032 926.8	82.51	17.49	0.212 0

4. 品牌信息平均值分析　桂发祥品牌信息均值比为0.835 68，小于品牌信息平均值比1，属于没有专业专营特征的大众品牌，城市间各项指标没有明显差异，不具有区域品牌特征，有可能是调研安排的城市没有该品牌的原产地，仅从全国范围分析很难得出准确的结论（表18－24）。

表18－24　桂发祥的品牌信息均值分析表

品牌	全国人口平均信息量（比特/人）	目标人群（人）	目标消费者平均信息量（比特/人）	信息均值比
桂发祥	0.182 27	883 808 360	0.152 32	0.835 68

5. 品牌信息的稳定性分析　桂发祥品牌稳定性指数为12.08，属于稳定性相当好的品牌，品牌信息的有效间隔期很长，品牌维护成本低，具有很强的抗风险能力（表18－25）。

表18－25　桂发祥的品牌稳定性分析表

品牌	$N(E)$ 函数值	品牌衰减系数	品牌信息的衰减速率	品牌稳定性指数
桂发祥	6.116 24	0.164 50	$0.164\ 50^t$	12.08

七、桂美轩

1. 品牌简介　昆明老字号糕点作坊桂美轩创建于1936年，在度过了70多年的风雨历程后，依然作为云南本土老品牌屹立在食品行业中。2006年中秋月饼质量大赛中，昆明桂美轩食品有限公司又获金奖。2006年被商务部认定为“中华老字号”。

2. 数据汇总　见表18－26。

表18－26　桂美轩品牌的基础数据和基础指标汇总表

地区	类别	人口数（万人）	知名度（%）	认知度（%）	美誉度（%）	忠诚度（%）	品牌信息量估值（万比特）
北京	城市总人口	1 961.240 0	4.71	1.76	0	0	74.275 72
	目标消费者	1 309.716 1	4.71	1.76	0	0	49.601 33
成都	城市总人口	1 404.760 0	12.61	5.86	3.33	1.50	170.446 99
	目标消费者	938.098 7	13.21	6.13	3.33	1.57	151.801 88

（续）

地区	类别	人口数（万人）	知名度（%）	认知度（%）	美誉度（%）	忠诚度（%）	品牌信息量估值（万比特）
深圳	城市总人口	1 035.790 0	14.06	6.84	31.82	0.64	216.328 67
	目标消费者	691.700 6	14.06	6.90	27.27	0.65	117.086 08
西安、济南	城市总人口	1 528.180 0	2.02	1.01	10	0.13	27.873 49
	目标消费者	1 020.518 6	2.04	1.02	10	0.14	21.597 90
南昌	城市总人口	504.260 0	5.26	9.21	0	0	26.804 68
	目标消费者	336.771 5	5.26	9.21	0	0	17.901 58
太原	城市总人口	420.160 0	3.77	1.89	0	0	12.793 61
	目标消费者	280.582 8	2.94	1.47	0	0	6.566 59
阳泉	城市总人口	136.850 0	0	0	0	0	0
	目标消费者	91.388 4	0	0	0	0	0
嘉祥	城市总人口	87.230 0	0	0	0	0	0
	目标消费者	58.252 2	0	0	0	0	0
全国	总人口	132 344.720 0	3.69	2.77	4.20	0.11	4 991.119 27
	目标消费者	88 380.836 0	3.49	2.67	3.95	0.12	3 137.529 68

3. 品牌质量分析 桂美轩品牌信息质量比值为－0.073 3，低于该行业的平均水平，品牌信息总量仅为49 911 192.7比特。这一品牌的各项指标均处在极低的水平上，反映出该企业对其品牌没有做过有规模的运作和宣传，依靠日积月累的消费者体验和营销过程中自然形成的消费者认知和自传播，品牌对营销的影响很小。整个品牌指标结构很微弱，可以说该品牌的作用还没有完全形成。分析其超低质量比的原因，在于这个品牌应该是个区域品牌，虽然从指标中看不出明显的区域特点，但本次调研没有对其所在原产地进行，所以才会出现各地指标均很低的状态。从全国角度看，这个品牌还处在成长早期，如能够在其所在地进行调研，所获得的指标可能会大不一样，这是受到调研数据的系统影响的结果，只作为企业对原产地之外的市场进行分析的参考（表18－27）。

表 18－27 桂美轩的品牌质量比值分析表

品牌	品牌信息总量（比特）	信息基本量（比特）	品牌信息基本量的贡献率（%）	品牌信息质的贡献率（%）	品牌信息质量比值
桂美轩	49 911 192.7	53 859 039.6	—	－7.91	－0.073 3

4. 品牌信息平均值分析　桂美轩品牌信息均值比为0.941 32，信息平均值比略小于1，应该是具有大众倾向专营某大类品牌的特征（表18－28）。

表18－28　桂美轩的品牌信息均值分析表

品牌	全国人口平均信息量（比特/人）	目标人群（人）	目标消费者平均信息量（比特/人）	信息均值比
桂美轩	0.037 71	883 808 360	0.035 50	0.941 32

5. 品牌信息的稳定性分析　桂美轩品牌稳定性指数为1.38，属于很弱稳定性品牌，品牌信息的有效间隔期短，品牌如要形成一定的影响力需要付出很高的成本。由于调研取得样本有限以及该品牌基础指标较过低，各项指标及所分析的结果仅限于所调研的城市状况，其他信息和结论不能确定（表18－29）。

表18－29　桂美轩的品牌稳定性分析表

品牌	$N(E)$ 函数值	品牌衰减系数	品牌信息的衰减速率	品牌稳定性指数
桂美轩	50.686 06	0.019 73	$0.019\ 73^t$	1.38

八、好利来

1. 品牌简介　好利来创建于1992年9月。经过多年努力，现已发展成为生产经营蛋糕、面包、西点、中点、月饼、汤圆、粽子等产品为主，拥有分布于全国70多个大中型城市的近千家直营连锁店，北京、天津、沈阳3座国内一流的大型现代化食品工业园，上万名高素质员工的国内焙烤行业领军企业。好利来在行业里率先吸纳和采用国际一流先进技术、硬件设施、生产理念，将原本劳动密集型的焙烤食品产业创新为资本与技术密集型产业，有效地保证了生产加工食品的安全卫生，带动和推进了行业的快速发展及行业的技术进步。

2. 数据汇总　见表18－30。

表18－30　好利来品牌的基础数据和基础指标汇总表

地区	类别	人口数（万人）	知名度（%）	认知度（%）	美誉度（%）	忠诚度（%）	品牌信息量估值（万比特）
北京	城市总人口	1 961.240 0	84.71	41.76	34.02	51.73	5 154.718 36
	目标消费者	1 309.716 1	84.71	41.76	34.02	51.73	2 809.810 81
成都	城市总人口	1 404.760 0	69.37	36.04	25.63	37.00	2 461.102 89
	目标消费者	938.098 7	70.75	36.79	24.04	37.80	1 532.911 14

（续）

地区	类别	人口数（万人）	知名度（%）	认知度（%）	美誉度（%）	忠诚度（%）	品牌信息量估值（万比特）
深圳	城市总人口	1 035.790 0	28.90	11.03	30.47	3.76	489.822 32
	目标消费者	691.700 6	28.25	4.20	30.23	3.83	225.027 21
西安、济南	城市总人口	1 528.180 0	64.65	24.24	29.26	22.02	2 137.458 14
	目标消费者	1 020.518 6	64.29	23.98	29.26	22.24	1 233.495 15
南昌	城市总人口	504.260 0	76.32	35.53	26.15	27.37	971.282 93
	目标消费者	336.771 5	76.32	35.53	26.15	27.37	592.170 72
太原	城市总人口	420.160 0	77.36	36.79	32.96	41.95	921.857 58
	目标消费者	280.582 8	78.43	37.25	33.58	42.62	523.658 40
阳泉	城市总人口	136.850 0	81.21	39.93	35.00	37.85	340.386 74
	目标消费者	91.388 4	81.21	39.93	35.00	37.85	182.975 71
嘉祥	城市总人口	87.230 0	64	28	33.64	33.60	137.929 14
	目标消费者	58.252 2	64	28	33.64	33.60	75.591 78
全国	总人口	132 344.720 0	72.26	32.97	31.18	32.49	255 532.762 50
	目标消费者	88 380.836 0	72.48	32.68	31.29	32.75	144 722.418 50

3. 品牌质量分析 好利来品牌的信息质量比值为0.210 4，品牌信息总量高达2 555 327 625.0比特，是个具有高知名度、品质优良的品牌，基础指标很高，各项指标的比例关系都很理想，是一个成熟期品牌，品牌的知名度、认知度、美誉度和忠诚度之间的关系体现出企业对品牌运作的细致及科学的管理水平。最难能可贵的是好利来品牌获得了高于美誉度的忠诚度指标，这意味着消费者偏好的形成，消费者对该品牌的认可已经转化成为一种消费习惯，而且，目标人群的指标和全国指标接近，是一个质量上乘的成熟品牌。建议企业注重品牌的认知度建设，品牌质量很快会进入最优状态（表 18－31）。

表 18－31 好利来的品牌质量比值分析表

品牌	品牌信息总量（比特）	信息基本量（比特）	品牌信息基本量的贡献率（%）	品牌信息质的贡献率（%）	品牌信息质量比值
好利来	2 555 327 625.0	2 113 483 230.0	82.71	17.29	0.210 4

4. 品牌信息平均值分析 好利来品牌信息均值比为0.848 08，小于品牌信息平均值比 1，属于没有专业专营特征的大众品牌。该品牌具有进行跨行业延伸的条件和快速扩张的基础（表 18－32）。

表 18－32 好利来的品牌信息均值分析表

品牌	全国人口平均信息量（比特/人）	目标人群（人）	目标消费者平均信息量（比特/人）	信息均值比
好利来	1.930 81	883 808 360	1.637 49	0.848 08

5. 品牌信息的稳定性分析 好利来品牌稳定性指数为 12.11，品牌稳定性相当好，品牌信息的有效间隔期长，品牌维护成本较低，反映出高水平的品牌管理能力。该品牌具有很高的基础指标，很强的稳定性，很好的质量比以及完全大众化的品牌形象，综合分析，该品牌处于成熟中期的鼎盛时期，是一个全国性大众化大规模品牌，且品质优良（表 18－33）。

表 18－33 好利来的品牌稳定性分析表

品牌	$N(E)$ 函数值	品牌衰减系数	品牌信息的衰减速率	品牌稳定性指数
好利来	6.392 04	0.164 89	$0.164\ 89^t$	12.11

九、好想你

1. 品牌简介 好想你枣业股份有限公司作为国内红枣制品种类多、规模大的红枣加工企业，位于中国红枣之乡、黄帝故里——河南新郑。公司注册资金7 380万元，目前拥有 16 家全资子公司和 1 家参股子公司，拥有遍及全国 280 多个城市近2 000家红枣专卖店，是集红枣种植、红枣加工、冷藏保鲜、科技研发、贸易出口、观光旅游为一体的综合性企业。公司在自身发展的同时，成功带动周边枣农走上了增产增收的致富路。2010 年以来，公司安排农村就业人员2 000余人，带动创业青年6 000多人，带动了河南数万劳动大军奔赴西部种植红枣致富，间接带动了五省八地数百万枣农创业致富。2011 年 5 月 20 日，公司在深圳证券交易所中小企业板成功上市，成为中国红枣第一股。

2. 数据汇总 见表 18－34。

表 18－34 好想你品牌的基础数据和基础指标汇总表

地区	类别	人口数（万人）	知名度（%）	认知度（%）	美誉度（%）	忠诚度（%）	品牌信息量估值（万比特）
北京	城市总人口	1 961.240 0	51.18	26.67	30.18	19.18	2 304.061 49
	目标消费者	1 309.716 1	51.18	26.67	30.18	19.18	1 326.407 40
成都	城市总人口	1 404.760 0	51.35	25.68	15.65	11.35	1 322.024 09
	目标消费者	938.098 7	51.89	25.94	15.91	11.76	954.633 23

（续）

地区	类别	人口数（万人）	知名度（%）	认知度（%）	美誉度（%）	忠诚度（%）	品牌信息量估值（万比特）
深圳	城市总人口	1 035.790 0	50.19	24.84	41.32	18.12	1 350.646 42
	目标消费者	691.700 6	50.33	24.99	41.27	18.43	667.190 47
西安、济南	城市总人口	1 528.180 0	26.26	11.11	25.56	6.46	613.659 32
	目标消费者	1 020.518 6	26.53	11.22	25.56	6.53	382.228 75
南昌	城市总人口	504.260 0	68.42	34.21	36.15	27.37	982.670 92
	目标消费者	336.771 5	68.42	34.21	36.15	27.37	519.711 80
太原	城市总人口	420.160 0	15.09	7.55	11.67	2.39	72.192 85
	目标消费者	280.582 8	14.71	7.35	11.67	2.48	52.407 11
阳泉	城市总人口	136.850 0	17.45	9.40	42.22	2.55	44.214 29
	目标消费者	91.388 4	17.45	9.40	42.22	2.55	21.448 77
嘉祥	城市总人口	87.230 0	20	10	50	4	36.669 91
	目标消费者	58.252 2	20	10	50	4	15.926 15
全国	总人口	132 344.720 0	31.13	15.27	27.69	9.16	87 615.610 15
	目标消费者	88 380.836 0	31.11	15.26	27.69	9.23	49 081.682 38

3. 品牌质量分析 好想你的品牌信息质量比值为0.363 0，处于最优品牌信息质量比值范围。品牌信息总量达到了大规模水平，各项指标间的比率关系都处于合理范围，各项基础指标也都处于较高水平，品牌结构的优良体现出企业对品牌管理的水平，该品牌是一个质量上乘的成熟品牌（表18－35）。

表18－35 好想你的品牌质量比值分析表

品牌	品牌信息总量（比特）	信息基本量（比特）	品牌信息基本量的贡献率（%）	品牌信息质的贡献率（%）	品牌信息质量比值
好想你	876 156 101.5	642 852 026.8	73.37	26.63	0.363 0

4. 品牌信息平均值分析 好想你信息均值比为0.838 85，小于信息平均值比1，属于没有专业专营特征的大众品牌。该品牌具有进行跨行业延伸的条件和扩张基础（表18－36）。

表18－36 好想你的品牌信息均值分析表

品牌	全国人口平均信息量（比特/人）	目标人群（人）	目标消费者平均信息量（比特/人）	信息均值比
好想你	0.662 03	883 808 360	0.555 34	0.838 85

5. 品牌信息的稳定性分析　好想你的稳定性指数为10.21，是一个稳定性很好的品牌，品牌信息的有效间隔期长，品牌维护成本较低。综合分析，该品牌处于成熟期，全国性大众化发展的大规模品牌（表18－37）。

表18－37　好想你的品牌稳定性分析表

品牌	N（E）函数值	品牌衰减系数	品牌信息的衰减速率	品牌稳定性指数
好想你	7.222 21	0.140 25	0.140 25^t	10.21

十、黄则和

1. 品牌简介　黄则和始创于20世纪40年代，主营餐饮、中西糕点、婚庆喜饼、早餐工程。历经70多年的洗礼，如今的黄则和已成为老字号的名牌企业和厦门城市的一张名片，在海内外华侨中享有很高的声誉。目前，黄则和食品有限公司秉承“以质量求生存，以信誉求发展”的方针，黄则和食品有限公司发挥创新意识，不断推出新产品，现已发展200多种各式糕点、面包、营养早餐等产品。为扩大和树立黄则和老字号的品牌影响力，2001年至今发展了100多家加盟店，获得良好的口碑，拥有一批忠实的顾客。

2. 数据汇总　见表18－38。

表18－38　黄则和品牌的基础数据和基础指标汇总表

地区	类别	人口数（万人）	知名度（%）	认知度（%）	美誉度（%）	忠诚度（%）	品牌信息量估值（万比特）
北京	城市总人口	1 961.240 0	5.29	4.12	30.00	0.16	138.194 52
	目标消费者	1 309.716 1	5.29	4.12	30.00	0.16	79.760 00
成都	城市总人口	1 404.760 0	2.70	0.90	0	0.24	29.593 13
	目标消费者	938.098 7	2.83	0.94	0	0.25	20.743 24
深圳	城市总人口	1 035.790 0	7.48	3.03	23.64	0.86	91.001 21
	目标消费者	691.700 6	7.49	3.02	23.64	0.88	57.550 50
西安、济南	城市总人口	1 528.180 0	2.02	0.51	0	0	23.751 52
	目标消费者	1 020.518 6	2.04	0.51	0	0	16.018 31
南昌	城市总人口	504.260 0	7.89	5.26	100	2.63	148.582 02
	目标消费者	336.771 5	7.89	5.26	100	2.63	31.700 64
太原	城市总人口	420.160 0	0	0	0	0	0
	目标消费者	280.582 8	0	0	0	0	0

（续）

地区	类别	人口数（万人）	知名度（%）	认知度（%）	美誉度（%）	忠诚度（%）	品牌信息量估值（万比特）
阳泉	城市总人口	136.850 0	0	0	0	0	0
	目标消费者	91.388 4	0	0	0	0	0
嘉祥	城市总人口	87.230 0	0	0	0	0	0
	目标消费者	58.252 2	0	0	0	0	0
全国	总人口	132 344.720 0	2.43	1.32	17.80	0.45	7 511.578 51
	目标消费者	88 380.836 0	2.44	1.32	17.80	0.46	2 317.694 32

3. 品牌质量分析 黄则和品牌信息质量比值为1.231 6，居本行业之首，远超品牌信息质量比值最优范围上限 0.4，品牌信息总量不为75 115 785.1比特，位于本行业倒数第二，是个小规模的品牌。质量比值一旦超过上限很多，则反映出另一个问题，即品牌质余而量不足，这是小众品牌的特征，往往出现在少数奢侈品品牌的指标结构上，在餐饮企业出现这一现象的原因是这个品牌口碑甚好，拥有一批固定的忠诚消费者，但为数不多，有小众特点。该品牌的基础指标均很低，知名度仅仅为 2.43%，看不出该企业大规模运作过品牌的迹象，微小的知名度和认知度主要依靠消费者长期的体验自然形成。虽然指标里没有反应出明显的区域特点，但调研城市当中没有该品牌所在地，它的主要消费者应该是集中在其所在地周围，当属于成长期品牌，是一个由区域品牌向全国品牌过渡中的品牌，在发展周期中看，是一个成长期早期向中期过渡的品牌。在稳定性指标中会有较为明显的反应。品牌量的匮乏使得质量比畸高，品牌本身具有的优势没有发挥出来，该品牌应当加大品牌宣传力度，扩大品牌经营规模（表 18－39）。

表 18－39 黄则和的品牌质量比值分析表

品牌	品牌信息总量（比特）	信息基本量（比特）	品牌信息基本量的贡献率（%）	品牌信息质的贡献率（%）	品牌信息质量比值
黄则和	75 115 785.1	33 662 704.0	44.81	55.19	1.231 6

4. 品牌信息平均值分析 黄则和品牌信息均值比为0.462 03，信息平均值比明显小于 1，属于没有专业专营的大众品牌，目标消费人群对品牌的了解主要集中在人口密集的大型城市（北京、成都、深圳），其他城市目标消费人

群对品牌的了解几乎为零。可以看出该品牌的发展路径是由上至下的发展方向（表 18－40）。

表 18－40　黄则和的品牌信息均值分析表

品牌	全国人口平均信息量（比特/人）	目标人群（人）	目标消费者平均信息量（比特/人）	信息均值比
黄则和	0.056 76	883 808 360	0.026 22	0.462 03

5. 品牌信息的稳定性分析　黄则和品牌稳定性指数为 6.37，属于一般稳定的品牌，这与其所处的过渡时期有关，是比较典型的过渡期失稳现象。若要该品牌发挥出作用，品牌运营需要较高的费用，该品牌具有一定的抗风险能力。综合分析，该品牌处于成长早期向中期过渡，面向全国发展但仍保留着区域特征，是大众化经营的小规模品牌（表 18－41）。

表 18－41　黄则和的品牌稳定性分析表

品牌	*N*（*E*）函数值	品牌衰减系数	品牌信息的衰减速率	品牌稳定性指数
黄则和	11.234 35	0.089 05	$0.089\ 05^t$	6.37

十一、钜记饼家

1. 品牌简介　钜记饼家最初在街头一角，以推车卖花生糖为主，在 1997 年，开设第一间店铺，首创即制即卖炭烧杏仁和蛋卷儿驰名。钜记饼家已连续九年为澳门销量冠军，至 2009 年 12 月手信市场占有率 74.7%，在短短十年间，创出如此佳绩，可说是澳门手信传奇。2004 年，钜记饼家冲出澳门，在世界各地建立零售网，令世界各地的人们都可以品尝到“钜记”的优质食品。

2. 数据汇总　见表 18－42。

表 18－42　钜记饼家品牌的基础数据和基础指标汇总表

地区	类别	人口数（万人）	知名度（%）	认知度（%）	美誉度（%）	忠诚度（%）	品牌信息量估值（万比特）
北京	城市总人口	1 961.240 0	15.29	9.71	14.00	1.41	374.860 46
	目标消费者	1 309.716 1	15.29	9.71	14.00	1.41	271.618 07
成都	城市总人口	1 404.760 0	18.92	9.01	20.00	2.40	354.975 24
	目标消费者	938.098 7	19.81	9.43	20.00	2.52	250.152 13

（续）

地区	类别	人口数（万人）	知名度（%）	认知度（%）	美誉度（%）	忠诚度（%）	品牌信息量估值（万比特）
深圳	城市总人口	1 035.790 0	39.23	19.48	25.45	5.65	755.771 03
	目标消费者	691.700 6	39.68	19.71	25.45	5.76	473.004 28
西安、	城市总人口	1 528.180 0	13.13	6.06	0	0	185.253 02
济南	目标消费者	1 020.518 6	12.24	5.61	0	0	113.768 22
南昌	城市总人口	504.260 0	10.53	3.95	0	0	45.918 44
	目标消费者	336.771 5	10.53	3.95	0	0	30.666 76
太原	城市总人口	420.160 0	11.32	5.19	0	0	42.765 42
	目标消费者	280.582 8	11.76	5.39	0	0	29.851 72
阳泉	城市总人口	136.850 0	14.09	7.05	6.67	0.27	20.155 20
	目标消费者	91.388 4	14.09	7.05	6.67	0.27	16.208 26
嘉祥	城市总人口	87.230 0	16	8	50	53	27.760 76
	目标消费者	58.252 2	16	8	50	53	12.056 81
全国	总人口	132 344.720 0	14.20	6.75	4.73	1.25	21 237.072 38
	目标消费者	88 380.836 0	14.17	6.73	4.73	1.25	14 354.775 77

3. 品牌质量分析 钜记饼家品牌质量比值为−0.094 6，低于本行业平均水平，品牌信息总量为212 370 723.8，属于中等偏小规模的品牌。指标间的比率关系也有些失调，单从基础指标看，该品牌有一定的知名度，但其他指标与其均不成比例，是一种发展时间不长的品牌特征，品牌指标结构还没有形成，品牌对消费者的影响还很弱，传播途径有限，各项指标均需要进一步提高，该品牌属于成长早期的一般品牌（表 18－43）。

表 18－43 钜记饼家的品牌质量比值分析表

品牌	品牌信息总量（比特）	信息基本量（比特）	品牌信息基本量的贡献率（%）	品牌信息质的贡献率（%）	品牌信息质量比值
钜记饼家	212 370 723.8	234 568 683.5	—	−10.45	−0.094 6

4. 品牌信息平均值分析 钜记饼家品牌信息均值比为1.012 16，略高于品牌信息平均值比 1，属于专业专营特征很弱的大众品牌，城市间各项指标没有明显差异，不具有区域品牌特征，也可能是调研城市没有其所在地的缘故，指标中没有反应出其地域特征（表 18－44）。

表 18-44　钜记饼家的品牌信息均值分析表

品牌	全国人口平均信息量（比特/人）	目标人群（人）	目标消费者平均信息量（比特/人）	信息均值比
钜记饼家	0.160 47	883 808 360	0.162 42	1.012 16

5. 品牌信息的稳定性分析　钜记饼家品牌稳定性指数为 1.65，属于稳定性很弱的品牌。品牌信息的有效间隔期短，品牌维护成本较高。综合分析，该品牌处于成长期早期的中等偏小规模的品牌（表 18-45）。

表 18-45　钜记饼家的品牌稳定性分析表

品牌	$N(E)$ 函数值	品牌衰减系数	品牌信息的衰减速率	品牌稳定性指数
钜记饼家	42.297 10	0.023 65	$0.023\,65^t$	1.65

十二、绝味

1. 品牌简介　绝味是以休闲熟食生产销售、连锁加盟体系运营管理为主营业务的公司。采用标准生产线，严格把关，连锁门店超过5 000家。现有五大风味百余种产品，招牌产品绝味鸭脖鲜、香、麻、辣回味无穷。绝味鸭脖为绝味轩旗下著名品牌产品，采用秘制香料精心烹制而成，融入楚湘传统美食烹饪技法，结合祖国传统药膳食谱，博采众长，积数年心血研制而成。现属于绝味招牌风味系列。

2. 数据汇总　见表 18-46。

表 18-46　绝味品牌的基础数据和基础指标汇总表

地区	类别	人口数（万人）	知名度（%）	认知度（%）	美誉度（%）	忠诚度（%）	品牌信息量估值（万比特）
北京	城市总人口	1 961.240 0	75.29	38.24	39.55	41.57	4 703.441 58
	目标消费者	1 309.716 1	75.29	38.24	39.55	41.57	2 369.965 18
成都	城市总人口	1 404.760 0	76.58	29.87	30.62	48.41	2 632.307 54
	目标消费者	938.098 7	77.36	40.57	28.25	49.62	1 767.427 39
深圳	城市总人口	1 035.790 0	73.68	38.13	51.87	43.75	2 891.418 01
	目标消费者	691.700 6	73.72	38.17	51.88	44.29	1 224.306 11
西安、济南	城市总人口	1 528.180 0	82.83	48.48	47.74	29.90	5 238.117 47
	目标消费者	1 020.518 6	82.65	47.45	47.74	30.20	2 312.270 12

（续）

地区	类别	人口数（万人）	知名度（%）	认知度（%）	美誉度（%）	忠诚度（%）	品牌信息量估值（万比特）
南昌	城市总人口	504.260 0	81.58	43.42	37.06	40.18	1 364.809 70
	目标消费者	336.771 5	81.58	43.42	37.06	40.18	712.537 34
太原	城市总人口	420.160 0	26.42	12.74	31.82	8.75	193.434 00
	目标消费者	280.582 8	25.49	12.25	31.82	9.08	103.674 41
阳泉	城市总人口	136.850 0	29.53	16.11	42.78	8.59	89.229 31
	目标消费者	91.388 4	29.53	16.11	42.78	8.59	42.942 70
嘉祥	城市总人口	87.230 0	32	16	1	8	138.684 05
	目标消费者	58.252 2	32	16	1	8	29.586 53
全国	总人口	132 344.720 0	55.25	29.65	40.85	23.23	240 438.913 30
	目标消费者	88 380.836 0	54.98	29.60	40.78	23.45	114 413.868 30

3. 品牌质量分析 绝味品牌信息质量比值为0.574 8，比最优状态品牌高，品牌信息总量达到24亿比特以上，是一个大规模的品牌，基础指标结构优良，在一线和部分二线城市知名度、美誉度和忠诚度指标都比较高，属于信息质量优良品牌。基础指标关系较好，都处于合理阈内，说明该品牌的运作得当，传播方式和途径符合所处周期的特点。大规模信息量下仍具有高于上限的质量比值，说明该品牌具有的上升空间很大（表18－47）。

表18－47 绝味的品牌质量比值分析表

品牌	品牌信息总量（比特）	信息基本量（比特）	品牌信息基本量的贡献率（%）	品牌信息质的贡献率（%）	品牌信息质量比值
绝味	2 404 389 133.0	1 526 743 867.0	63.50	36.50	0.574 8

4. 品牌信息平均值分析 绝味品牌信息均值比为0.712 56，信息均值小于1，该品牌基本上没有专业专营特征，属于大众品牌。结合品牌质量分析，该品牌是一个成熟期品牌（表18－48）。

表18－48 绝味的品牌信息均值分析表

品牌	全国人口平均信息量（比特/人）	目标人群（人）	目标消费者平均信息量（比特/人）	信息均值比
绝味	1.816 76	883 808 360	1.294 56	0.712 56

5. 品牌信息的稳定性分析　绝味品牌稳定性指数是 16，名列本行业中稳定性最好的品牌，稳定性极高，品牌有效信息间隔时间很长，品牌衰减速度慢，品牌维护成本低，综合分析，该品牌管理水平较高，处于成熟中期的鼎盛期，是个全国性大众化经营的大规模品牌，成长空间大且品质优良（表18－49）。

表 18－49　绝味的品牌稳定性分析表

品牌	N（E）函数值	品牌衰减系数	品牌信息的衰减速率	品牌稳定性指数
绝味	4.904 31	0.214 14	0.214 14	16

十三、六必居

1. 品牌简介　北京六必居食品有限公司在全国同行业中规模最大、技术力量强，为机械设备先进的生产经营酱腌菜及调味品的专业公司。拥有京城著名的具有 470 年历史、堪称老字号之最的六必居及 270 多年历史的桂馨斋、130 多年历史的天源等老字号。公司酱腌菜产品的年产量达 2 万余吨，销售额过亿元，创利税近千万元。

2. 数据汇总　见表 18－50。

表 18－50　六必居品牌的基础数据和基础指标汇总表

地区	类别	人口数（万人）	知名度（%）	认知度（%）	美誉度（%）	忠诚度（%）	品牌信息量估值（万比特）
北京	城市总人口	1 961.240 0	78.82	42.35	30.26	37.65	4 585.505 86
	目标消费者	1 309.716 1	78.82	42.35	30.26	37.65	2 636.793 68
成都	城市总人口	1 404.760 0	18.02	9.01	6.00	0.60	277.067 98
	目标消费者	938.098 7	17.92	8.96	6.00	0.63	223.386 34
深圳	城市总人口	1 035.790 0	15.48	6.52	28.80	1.88	226.024 76
	目标消费者	691.700 6	15.37	6.50	30	1.79	133.224 54
西安、	城市总人口	1 528.180 0	29.29	15.66	8	3.30	596.495 47
济南	目标消费者	1 020.518 6	28.57	14.29	10	2.31	476.775 96
南昌	城市总人口	504.260 0	31.58	19.74	15	8.25	256.715 05
	目标消费者	336.771 5	31.58	19.74	15	8.25	183.400 32
太原	城市总人口	420.160 0	50.94	26.42	25.52	18.36	457.661 48
	目标消费者	280.582 8	51.96	26.96	35.52	19.08	323.758 39
阳泉	城市总人口	136.850 0	45.64	23.49	20.37	9.40	117.349 03
	目标消费者	91.388 4	45.64	23.49	20.37	9.40	77.666 86

（续）

地区	类别	人口数（万人）	知名度（%）	认知度（%）	美誉度（%）	忠诚度（%）	品牌信息量估值（万比特）
嘉祥	城市总人口	87.230 0	20	10	0	4	18.012 60
	目标消费者	58.252 2	20	10	0	4	12.028 82
全国	总人口	132 344.720 0	40.11	21.36	18.37	11.02	102 635.401 30
	目标消费者	88 380.836 0	40.21	21.19	21.64	10.98	70 459.712 96

3. 品牌质量分析　六必居品牌信息质量比值为0.083 7，属质量略偏上的水平，信息总量达到10亿比特以上，该品牌基础指标均处于较高水平，且指标间比率关系基本合理，从基础指标看这是一个质量不错的品牌。质量比值不高可能是受到南北差异的影响，该品牌在北方地区的基础指标明显高于南方地区，具有一定的区域特征，这和食品具有的地域性有关（表 18－51）。

表 18－51　六必居的品牌质量比值分析表

品牌	品牌信息总量（比特）	信息基本量（比特）	品牌信息基本量的贡献率（%）	品牌信息质的贡献率（%）	品牌信息质量比值
六必居	1 026 354 013.0	947 068 305.1	92.28	7.72	0.083 7

4. 品牌信息平均值分析　六必居品牌的信息均值比为1.028 00，略高于品牌信息平均值比 1，属于专业专营特征较弱的大众品牌。具有跨行业延伸的条件和扩张基础（表 18－52）。

表 18－52　六必居的品牌信息均值分析表

品牌	全国人口平均信息量（比特/人）	目标人群（人）	目标消费者平均信息量（比特/人）	信息均值比
六必居	0.775 52	883 808 360	0.797 23	1.028 00

5. 品牌信息的稳定性分析　六必居品牌稳定性指数为 7.88，属于较好稳定性品牌，品牌信息的有效间隔期较长，品牌维护成本较低，品牌具有一定的抗风险能力。综合分析，该品牌是一个处于成熟期中后期，全国性大众化经营的大规模品牌（表 18－53）。

表 18－53　六必居的品牌稳定性分析表

品牌	N（E）函数值	品牌衰减系数	品牌信息的衰减速率	品牌稳定性指数
六必居	9.243 77	0.109 48	$0.109\ 48^t$	7.88

十四、罗莎蛋糕店

1. 品牌简介　长沙罗莎食品有限公司是台商独资从事开发、生产、销售食品的企业，于1993年3月创立。20多年来，公司各项事业发展迅速。目前在全国拥有200多家连锁店，2000多名员工。发展的脚步从长沙扩展到整个湖南，又进而从湖南扩展到全国。现在店面已覆盖长沙、株洲、湘潭、常德、成都、绵阳、温江、咸宁、重庆、昆明、南昌、武汉、黄石、黄冈、孝感、仙桃等城市。

罗莎蛋糕店主要生产并销售国际流行口味的蛋糕、面包、西点、月饼、粽类、糖果、饮品七大类产品。其中蛋糕和面包十余年来一直引领湖南同类产品的潮流。在注重口味的同时，罗莎一直致力于开发营养健康的特色产品，给无数消费者带来美味又健康的食品。而罗莎月饼也以独特的配方和口味、精美的包装，成为长沙市场高档月饼的消费首选。公司把质量和信誉视为企业的生命，尊奉“顾客就是上帝”的宗旨，以“品质第一，服务至上”为企业精神，开创“食品售出亦可退换”之先河。

2. 数据汇总　见表18－54。

表18－54　罗莎蛋糕店品牌的基础数据和基础指标汇总表

地区	类别	人口数（万人）	知名度（%）	认知度（%）	美誉度（%）	忠诚度（%）	品牌信息量估值（万比特）
北京	城市总人口	1 961.240 0	18.24	7.94	18.75	1.65	455.515 08
	目标消费者	572.682 1	18.99	8.23	18.75	1.77	141.599 99
成都	城市总人口	1 404.760 0	56.76	28.38	32.94	21.26	1 963.854 61
	目标消费者	410.189 9	55.68	27.84	25.93	20.83	434.978 50
深圳	城市总人口	1 035.790 0	36.39	17.61	32.10	4.98	739.738 53
	目标消费者	302.450 7	37.05	18.29	32.41	5.01	187.784 40
西安、	城市总人口	1 528.180 0	18.18	9.09	30	1.14	428.693 67
济南	目标消费者	446.228 6	19.10	9.55	30	1.27	115.101 38
南昌	城市总人口	504.260 0	47.37	22.37	27.50	5.96	485.711 38
	目标消费者	147.255 6	43.75	20.31	50	3.13	141.470 43
太原	城市总人口	420.160 0	15.09	7.08	20.00	1.19	80.172 12
	目标消费者	122.686 7	12.99	5.84	25.00	1.47	20.759 39
阳泉	城市总人口	136.850 0	10.74	5.37	10.00	0.89	15.319 01
	目标消费者	39.960 2	10.83	5.42	0	0	3.918 83

（续）

地区	类别	人口数（万人）	知名度（%）	认知度（%）	美誉度（%）	忠诚度（%）	品牌信息量估值（万比特）
嘉祥	城市总人口	87.230 0	8	4	0	0	6.044 43
	目标消费者	25.471 2	0	0	0	0	0
全国	总人口	132 344.720 0	22.28	10.72	22.26	2.65	49 933.078 91
	目标消费者	38 645.114 3	21.34	10.18	24.86	2.16	13 435.711 93

3. 品牌质量分析 罗莎蛋糕店品牌信息质量比值为0.215 2，趋于品牌信息质量比值最优值下线0.3，品牌信息总量处于中等水平，说明该品牌是一个质量优良，中等规模的品牌。该品牌的基础指标中，知名度、认知度和美誉度之间的比率处于合理范围，说明该企业与消费者之间有较好的关系，该品牌具有一定的口碑，但在美誉度与忠诚度之间的关系中，忠诚度偏小，说明该品牌对消费者消费偏好的影响力不够，消费者的重复购买率较低。综合其他指标分析，该品牌处于成长中后期，质量优良的品牌（表18－55）。

表18－55 罗莎蛋糕店的品牌质量比值分析表

品牌	品牌信息总量（比特）	信息基本量（比特）	品牌信息基本量的贡献率（%）	品牌信息质的贡献率（%）	品牌信息质量比值
罗莎蛋糕店	499 330 789.1	410 923 863.3	82.29	17.71	0.215 2

4. 品牌信息平均值分析 罗莎蛋糕店品牌信息均值比为0.921 48，略低于品牌信息平均值1，属于没有专业专营特征的大众品牌，在各地区的指标中，没有明显的区域品牌特征，属于全国性品牌，具有了跨行业延伸的基础（表18－56）。

表18－56 罗莎蛋糕店的品牌信息均值分析表

品牌	全国人口平均信息量（比特/人）	目标人群（人）	目标消费者平均信息量（比特/人）	信息均值比
罗莎蛋糕店	0.377 30	386 451 143	0.347 67	0.921 48

5. 品牌信息的稳定性分析 罗莎蛋糕店品牌稳定性指数为9.02，是具有很好稳定性的品牌，品牌信息的有效间隔期长，品牌维护成本较低，品牌管理水平较高。综合分析，该品牌是一个处于成长期中后期、质量优良的大众品牌（表18－57）。

表 18-57　罗莎蛋糕店的品牌稳定性分析表

品牌	$N(E)$ 函数值	品牌衰减系数	品牌信息的衰减速率	品牌稳定性指数
罗莎蛋糕店	8.043 59	0.124 66	0.124 66t	9.02

十五、同兴食品

1. 品牌简介　浙江新昌同兴食品实业有限公司是一家创建于清道光三十年（1850 年）的百年老店、浙江名店、中华老字号企业。公司主要生产传统芝麻酥糖、小麻饼、月饼、酥京枣、桃酥等江南传统糕点以及金薯脆片、小京生花生、香榧、小核桃等炒货食品。企业历代掌门人视产品质量为企业生命的经营方针及诚实守信，维护顾客合法权益的经营理念一直延续至今。因管理严格，质量过硬，同兴荣获"绍兴市名牌产品"、"绍兴市著名商标"、"绍兴市消费者信得过单位"、"浙江名店"、"浙江省工商企业信用 AAA 级企业"、"浙江农博会金奖"、"国家质量卫生安全全面达标食品"、"全国商业质量管理优秀企业"等荣誉称号。

2. 数据汇总　见表 18-58。

表 18-58　同兴食品品牌的基础数据和基础指标汇总表

地区	类别	人口数（万人）	知名度（%）	认知度（%）	美誉度（%）	忠诚度（%）	品牌信息量估值（万比特）
北京	城市总人口	1 961.240 0	8.82	3.53	3.33	0.75	154.731 54
	目标消费者	1 309.716 1	8.82	3.53	3.33	0.75	130.482 30
成都	城市总人口	1 404.760 0	7.21	3.60	10.00	1.02	99.836 32
	目标消费者	938.098 7	7.55	3.77	10.00	1.07	80.625 93
深圳	城市总人口	1 035.790 0	22.45	10.97	18.89	1.02	322.235 30
	目标消费者	691.700 6	22.06	11.04	18.89	1.27	214.413 39
西安、济南	城市总人口	1 528.180 0	13.13	6.06	10	1.14	213.556 11
	目标消费者	1 020.518 6	12.24	5.61	10	1.16	150.629 13
南昌	城市总人口	504.260 0	10.53	3.95	50	2.63	93.480 41
	目标消费者	336.771 5	10.53	3.95	50	2.63	40.602 79
太原	城市总人口	420.160 0	4.72	2.36	0	0	16.275 83
	目标消费者	280.582 8	3.92	1.96	0	0	8.904 84
阳泉	城市总人口	136.850 0	14.77	7.38	5.00	1.52	20.830 69
	目标消费者	91.388 4	14.77	7.38	5.00	1.52	17.153 96

（续）

地区	类别	人口数（万人）	知名度（%）	认知度（%）	美誉度（%）	忠诚度（%）	品牌信息量估值（万比特）
嘉祥	城市总人口	87.230 0	0	0	0	0	0
	目标消费者	58.252 2	0	0	0	0	0
全国	总人口	132 344.720 0	10.68	4.97	12.26	1.08	16 347.185 91
	目标消费者	88 380.836 0	10.24	4.76	12.26	1.10	10 790.468 13

3. 品牌质量分析 同兴食品品牌信息质量比值为−0.022 0，略低于该行业平均水平，品牌信息总量为163 471 859.1比特，该品牌是一个质量不高的中等偏小规模品牌。从基础指标中可以看出各项指标都偏低，指标结构比较松散，品牌指标结构还没有完全形成，品牌对消费者的影响还很弱，可能是传播途径有限，各项指标均需要进一步提高，该品牌属于成长早期的一般品牌（表18－59）。

表 18－59 同兴食品的品牌质量比值分析表

品牌	品牌信息总量（比特）	信息基本量（比特）	品牌信息基本量的贡献率（%）	品牌信息质的贡献率（%）	品牌信息质量比值
同兴食品	163 471 859.1	167 144 017.8	—	−2.25	−0.022 0

4. 品牌信息平均值分析 同兴食品品牌信息均值比为0.988 43，略高于品牌信息平均值比1，没有专业专营特征的大众品牌，城市间各项指标没有明显差异，不具有区域品牌特征，也可能是调研城市没有其所在地的缘故，指标中没有反应出其地域特征（表18－60）。

表 18－60 同兴食品的品牌信息均值分析表

品牌	全国人口平均信息量（比特/人）	目标人群（人）	目标消费者平均信息量（比特/人）	信息均值比
同兴食品	0.123 52	883 808 360	0.122 09	0.988 43

5. 品牌信息的稳定性分析 同兴食品品牌信息稳定性指数为4.34，属于弱稳定性品牌。品牌信息的有效间隔期短，品牌维护成本较高，抵抗风险能力不高。综合分析，该品牌处于成长早期，全国性大众化经营的中等偏小规模品牌（表18－61）。

表 18－61　同兴食品的品牌稳定性分析表

品牌	N（E）函数值	品牌衰减系数	品牌信息的衰减速率	品牌稳定性指数
同兴食品	16.317 94	0.061 32	0.061 32^{t}	4.34

十六、五芳斋

1. 品牌简介　浙江嘉兴五芳斋粽子是获国家质量监督检验检疫总局国家地理标志注册的产品，五芳斋商标是国家商标局认定的中国驰名商标。五芳斋在传承民族饮食文化的基础上不断创新，对明清两代极具盛名的嘉湖细点的制作工艺进行了现代化改造，现已形成以粽子为主导，集传统糕点、卤味制品、米制品、肉食品、蛋制品、酒、调味品等为一体的系列产品群。五芳斋号称“江南粽子大王”，以糯而不烂、肥而不腻、肉嫩味美、咸甜适中而著称。

2. 数据汇总　见表 18－62。

表 18－62　五芳斋品牌的基础数据和基础指标汇总表

地区	类别	人口数（万人）	知名度（%）	认知度（%）	美誉度（%）	忠诚度（%）	品牌信息量估值（万比特）
北京	城市总人口	1 961.240 0	30.59	16.18	18.50	8.20	939.483 35
	目标消费者	1 309.716 1	30.59	16.18	18.50	8.20	638.545 87
成都	城市总人口	1 404.760 0	39.64	19.82	38.10	15.02	1 248.803 55
	目标消费者	938.098 7	40.57	20.28	37.50	15.60	660.920 54
深圳	城市总人口	1 035.790 0	39.48	18.84	33.84	13.45	845.211 15
	目标消费者	691.700 6	39.95	19.05	33.84	13.69	469.529 43
西安、济南	城市总人口	1 528.180 0	12.12	4.55	0	0	163.250 46
	目标消费者	1 020.518 6	12.24	4.59	0	0	110.236 55
南昌	城市总人口	504.260 0	36.84	19.74	27.50	10.53	357.719 16
	目标消费者	336.771 5	36.84	19.74	27.50	10.53	213.947 68
太原	城市总人口	420.160 0	4.71	3.30	50.00	0.25	34.113 74
	目标消费者	280.582 8	3.92	2.94	50.00	0.26	12.185 60
阳泉	城市总人口	136.850 0	12.08	5.70	0	0	15.097 96
	目标消费者	91.388 4	12.08	5.70	0	0	10.082 42
嘉祥	城市总人口	87.230 0	0	0	0	0	0
	目标消费者	58.252 2	0	0	0	0	0
全国	总人口	132 344.720 0	16.93	8.50	21.76	3.27	35 916.835 69
	目标消费者	88 380.836 0	16.78	8.44	21.74	3.30	21 006.782 40

3. 品牌质量分析 五芳斋品牌信息质量比值为0.232 1，趋于品牌信息质量比值最优值下线0.3，信息总量处于中等水平，该品牌是一个质量优良的中等规模品牌。品牌基础指标都不高，但指标间的比率关系比较理想，基本都处在处于合理范围。在基础数据中该品牌没有明显的地域特征，但还是对所发展的城市有所选择，所调研的城市指标间的差距还是很明显。综合其他指标分析，该品牌处于成熟期质量较好的品牌（表 18－63）。

表 18－63 五芳斋的品牌质量比值分析表

品牌	品牌信息总量（比特）	信息基本量（比特）	品牌信息基本量的贡献率（%）	品牌信息质的贡献率（%）	品牌信息质量比值
五芳斋	359 168 356.9	294 004 169.1	81.16	18.84	0.232 1

4. 品牌信息平均值分析 五芳斋品牌信息均值比为0.875 81，小于品牌信息平均值1，属于没有专业专营特征的大众品牌。综合分析，该品牌是一个质量较好的大众品牌（表 18－64）。

表 18－64 五芳斋的品牌信息均值分析表

品牌	全国人口平均信息量（比特/人）	目标人群（人）	目标消费者平均信息量（比特/人）	信息均值比
五芳斋	0.271 39	883 808 360	0.237 68	0.875 81

5. 品牌信息的稳定性分析 五芳斋品牌信息稳定性指数为 7.85，属于较好稳定性品牌，品牌信息的有效间隔期长，品牌维护成本较低，品牌管理水平较高。综合分析，该品牌是一个处于成熟期的较好大众品牌（表 18－65）。

表 18－65 五芳斋的品牌稳定性分析表

品牌	N（E）函数值	品牌衰减系数	品牌信息的衰减速率	品牌稳定性指数
五芳斋	9.199 94	0.109 09	0.109 09	7.85

十七、月盛斋

1. 品牌简介 月盛斋是一家专门经营清真酱牛羊肉的老字号，位于前门大街路西，也就是原前门五牌楼的旁边。月盛斋开业于清乾隆四十年（1775），已有 230 多年的历史。主要经营月盛斋中、西式熟肉制品，禽类，水产品，加工制造速冻食品，糕点，仓储，商品配送，货物进出口。常年担负着首都信仰伊斯兰教的少数民族清真肉食品供应任务，承担着党和国家重要会议特供工作。客户涵盖市内、外埠肉食品批发商、零售业、连锁店、餐厅、宾馆和饭店。

2. 数据汇总　见表 18－66。

表 18－66　月盛斋品牌的基础数据和基础指标汇总表

地区	类别	人口数（万人）	知名度（%）	认知度（%）	美誉度（%）	忠诚度（%）	品牌信息量估值（万比特）
北京	城市总人口	1 961.240 0	25.29	14.12	39.47	7.61	996.864 07
	目标消费者	1 309.716 1	25.29	14.12	39.47	7.61	502.870 46
成都	城市总人口	1 404.760 0	1.80	0.90	5.00	0.24	21.182 29
	目标消费者	938.098 7	1.89	0.94	5.00	0.25	18.341 72
深圳	城市总人口	1 035.790 0	9.94	4.45	28.00	0.96	134.697 09
	目标消费者	691.700 6	9.97	4.46	28.00	0.97	80.250 48
西安、济南	城市总人口	1 528.180 0	3.03	1.52	0	0.13	36.923 62
	目标消费者	1 020.518 6	3.06	1.53	0	0.14	24.910 38
南昌	城市总人口	504.260 0	7.89	2.63	0	0	32.950 38
	目标消费者	336.771 5	7.89	2.63	0	0	22.006 01
太原	城市总人口	420.160 0	2.83	0.47	0	0	9.135 67
	目标消费者	280.582 8	1.96	0	0	0	4.153 64
阳泉	城市总人口	136.850 0	5.37	2.68	0	0	6.096 41
	目标消费者	91.388 4	5.37	2.68	0	0	4.071 18
嘉祥	城市总人口	87.230 0	0	0	0	0	0
	目标消费者	58.252 2	0	0	0	0	0
全国	总人口	132 344.720 0	5.65	2.42	3.83	0.50	8 590.978 76
	目标消费者	88 380.836 0	5.42	2.30	3.83	0.50	4 924.663 64

3. 品牌质量分析　月盛斋品牌信息质量比值为0.055 0，品牌信息总量为85 909 787.6比特，是一个质量一般的小规模品牌。从各城市指标上看，在北京地区的各项指标均高于其他城市，具有较典型的区域品牌特征。单看北京地区的指标，这个品牌指标结构相当不错，认知度和知名度的比率合理，美誉度也很高，说明该品牌在京有相当好的口碑，且忠诚度也形成一定的规模，有一批形成消费习惯或偏好的消费者。是一个表现优良的区域品牌。但从全国指标

看，该品牌的各项指标均很小，品牌作用较弱，这是一个在北京有一定影响力的区域品牌，在其他地区的影响力有限，在深圳也有一定的影响力，说明该品牌正在向全国市场发展，首先选择的是一线城市，二、三线城市的影响力很微弱，到地级县市几乎没有影响力，这与该品牌发展的路径有关，该企业使用该品牌进行的市场扩张次序是按照城市级别从上至下，逐次展开的（表 18－67）。

表 18－67　月盛斋的品牌质量比值分析表

品牌	品牌信息总量（比特）	信息基本量（比特）	品牌信息基本量的贡献率（%）	品牌信息质的贡献率（%）	品牌信息质量比值
月盛斋	85 909 787.6	81 434 520.1	94.79	5.21	0.055 0

4. 品牌信息平均值分析　月盛斋品牌信息均值比为0.858 39，小于品牌信息平均值比 1，属于没有专业专营特征的大众品牌。如仅从北京的指标看，该品牌确实具有扩张基础和跨行业延伸的条件，如从全国指标看，该品牌远没有达到扩张的条件。应该说这是一个由区域向全国发展中的品牌类型，仍处于过渡期（表 18－68）。

表 18－68　月盛斋的品牌信息均值分析表

品牌	全国人口平均信息量（比特/人）	目标人群（人）	目标消费者平均信息量（比特/人）	信息均值比
月盛斋	0.064 91	883 808 360	0.055 72	0.858 39

5. 品牌信息的稳定性分析　月盛斋品牌稳定性指数为 1.34，属于稳定性很弱的品牌。品牌信息的有效间隔期短，品牌维护成本较高。如单从北京的指标看，该品牌是一个成熟期的品牌，但从全国看，这个品牌还在成长期。作为一个区域品牌，发展空间是十分有限的，走出所在区域是必然的选择，在向全国市场发展的过程中，区域品牌一方面要复制在所在地成功的经营经验，另一方面也需要适应现代市场的变化和其他地区的风俗传统，这需要一个摸索的过程，结构的失稳是正常的，对于其他地区来说，即使再成熟的区域品牌，刚进入市场时都是要经历导入期的新品牌，建议企业综合考虑品牌发展的规划，有步骤的逐次发展，切忌一步到位的跳跃式发展。综合分析，该品牌处于区域品牌向全国品牌的过渡时期，在区域内是个成熟品牌，在全国范围看是个由成长期向成熟期过渡的品牌，是一个面向全国发展大众化经营的小规模区域品牌（表 18－69）。

表 18-69 月盛斋的品牌稳定性分析表

品牌	$N(E)$ 函数值	品牌衰减系数	品牌信息的衰减速率	品牌稳定性指数
月盛斋	52.238 18	0.019 14	$0.019\ 14^t$	1.34

十八、周村烧饼

1. 品牌简介 山东周村烧饼有限公司始建于1956年，是一个有着50多年生产历史的老字号企业。主要生产有着千年历史的地方特产——周村烧饼。公司坐落在山东省淄博市周村区。公司占地5万米^2，职工500余人，是山东省食品生产骨干企业。产品销往全国二十几个省（自治区、直辖市）。

2. 数据汇总 见表18-70。

表 18-70 周村烧饼品牌的基础数据和基础指标汇总表

地区	类别	人口数（万人）	知名度（%）	认知度（%）	美誉度（%）	忠诚度（%）	品牌信息量估值（万比特）
北京	城市总人口	1 961.240 0	31.76	18.24	8.42	5.57	885.271 46
	目标消费者	1 309.716 1	31.76	18.24	8.42	5.57	694.416 69
成都	城市总人口	1 404.760 0	13.51	8.56	20.00	3.84	250.327 46
	目标消费者	938.098 7	13.21	8.49	24.00	3.90	171.919 34
深圳	城市总人口	1 035.790 0	35.35	17.87	27.67	4.72	678.643 59
	目标消费者	691.700 6	35.12	17.75	27.04	4.52	398.617 47
西安、济南	城市总人口	1 528.180 0	56.57	30.81	44.64	20.40	2 624.446 85
	目标消费者	1 020.518 6	56.12	29.59	44.64	20.61	1 194.656 65
南昌	城市总人口	504.260 0	36.84	18.42	43.33	5.61	435.423 88
	目标消费者	336.771 5	36.84	18.42	43.33	5.61	207.937 39
太原	城市总人口	420.160 0	14.15	6.60	24.00	2.26	78.464 60
	目标消费者	280.582 8	12.75	5.88	17.50	2.22	40.310 73
阳泉	城市总人口	136.850 0	22.15	11.07	5.71	1.21	34.918 56
	目标消费者	91.388 4	22.15	11.07	5.71	1.21	28.466 44
嘉祥	城市总人口	87.230 0	64	32	35.56	22.13	152.008 74
	目标消费者	58.252 2	64	32	35.56	22.13	81.064 69
全国	总人口	132 344.720 0	31.77	16.54	27.61	7.44	95 288.550 70
	目标消费者	88 380.836 0	30.38	15.60	25.43	7.16	48 582.592 57

3. 品牌质量分析 周村烧饼品牌信息质量比值为0.410 2，略高于品牌信息质量比值最优上限0.4，接近最优状态，品牌作用非常好的发挥了出来，在基础指标中有突出的地区，西安、济南和嘉祥的调研指标明显高于其他地区，这个品牌的所在地在山东，但其他地区的指标并不差，说明该品牌已经不再是个区域品牌，而是一个仍有一定区域特点的全国性品牌，该品牌的知名度、认知度、美誉度和忠诚度各指标间比例处于理想状态，具有较高的知名度、美誉度，属于质量上乘的品牌，处于成熟期（表18－71）。

表18－71 周村烧饼的品牌质量比值分析表

品牌	品牌信息总量（比特）	信息基本量（比特）	品牌信息基本量的贡献率（%）	品牌信息质的贡献率（%）	品牌信息质量比值
周村烧饼	952 885 507.0	675 664 639.7	70.91	29.09	0.410 2

注：本次调研，山东济南和陕西西安的数据进行了合并统计。

4. 品牌信息平均值分析 周村烧饼品牌信息均值比为0.763 46，小于1，属于没有专业专营特征的大众品牌，各城市间指标差异不够大，不能算作区域品牌（表18－72）。

表18－72 周村烧饼的品牌信息均值分析表

品牌	全国人口平均信息量（比特/人）	目标人群（人）	目标消费者平均信息量（比特/人）	信息均值比
周村烧饼	0.720 00	883 808 360	0.549 70	0.763 46

5. 品牌信息的稳定性分析 周村烧饼品牌稳定性指数为9.3，是品牌稳定性很好的品牌。品牌信息的有效间隔期长，品牌维护成本低。综合分析，该品牌是一个处于成熟期鼎盛期，全国性大众化经营的大规模品牌，品质优良（表18－73）。

表18－73 周村烧饼的品牌稳定性分析表

品牌	$N(E)$ 函数值	品牌衰减系数	品牌信息的衰减速率	品牌稳定性指数
周村烧饼	7.865 45	0.128 31	$0.128\ 31^t$	9.3

十九、周黑鸭

1. 品牌简介 湖北周黑鸭食品有限公司是一家专业从事鸭类、鹅类、鸭副产品和素食产品等熟卤制品生产的品牌企业，其前身为武汉世纪周黑鸭食品有限公司。2008 年 5 月，经报请湖北省工商管理局批准，更名为湖北周黑鸭食品有限公司。主要经营周黑鸭系列产品，目前在武汉市区内拥有 40 家直营门店，基本遍布武汉三镇一类商圈，产品享誉全江城。2011 年，周黑鸭被认定为“中国驰名商标”，为武汉市唯一一家荣获“中国驰名商标”的食品加工类商标品牌，随着全国更多城市分公司和专卖店的建立进一步扩大宣传范围，促进商标的知名度与美誉度不断提升，周黑鸭 3 年开出 400 家直营店。

2. 数据汇总　见表 18－74。

表 18－74　周黑鸭品牌的基础数据和基础指标汇总表

地区	类别	人口数（万人）	知名度（%）	认知度（%）	美誉度（%）	忠诚度（%）	品牌信息量估值（万比特）
北京	城市总人口	1 961.240 0	81.76	45.00	43.44	46.04	5 955.290 27
	目标消费者	1 309.716 1	81.76	45.00	43.44	46.04	2 839.289 53
成都	城市总人口	1 404.760 0	72.07	40.54	30.39	35.80	2 930.457 96
	目标消费者	938.098 7	73.58	41.51	29.39	35.60	1 725.784 44
深圳	城市总人口	1 035.790 0	85.42	45.81	51.90	53.14	3 747.505 26
	目标消费者	691.700 6	85.47	45.75	52.52	53.08	1 589.149 31
西安、	城市总人口	1 528.180 0	50.51	23.23	47.50	15.82	2 121.917 76
济南	目标消费者	1 020.518 6	51.02	23.47	47.50	15.99	969.145 96
南昌	城市总人口	504.260 0	92.11	48.68	33.75	37.54	1 579.560 28
	目标消费者	336.771 5	92.11	48.68	33.75	37.54	864.390 31
太原	城市总人口	420.160 0	35.85	16.51	22.22	12.08	250.576 39
	目标消费者	280.582 8	36.27	16.67	22.22	12.55	164.027 55
阳泉	城市总人口	136.850 0	37.58	19.46	41.85	12.30	120.720 34
	目标消费者	91.388 4	37.58	19.46	41.85	12.30	58.871 46
嘉祥	城市总人口	87.230 0	44	22	45	18.13	99.344 77
	目标消费者	58.252 2	44	22	45	18.13	46.325 41
全国	总人口	132 344.720 0	54.40	27.39	36.95	21.68	207 048.358 90
	目标消费者	88 380.836 0	54.68	27.51	36.95	21.84	105 786.733 60

3. 品牌质量分析　周黑鸭品牌信息质量比值为0.434 5，略高于品牌信息质量比值最优范围 0.4 上线，该品牌基础指标均处于高水平，各指标间比率关系也处于较优状态，信息总量规模大，是一个质量上乘的品牌（表 18－75）。

表 18-75　周黑鸭的品牌质量比值分析表

品牌	品牌信息总量（比特）	信息基本量（比特）	品牌信息基本量的贡献率（%）	品牌信息质的贡献率（%）	品牌信息质量比值
周黑鸭	2 070 483 589.0	1 443 437 414.0	69.71	30.29	0.434 5

4. 品牌信息平均值分析　周黑鸭品牌信息均值比为0.765 08，小于品牌信息平均值比 1，属于没有专业专营特征的大众品牌，各城市间指标差异不大，没有区域品牌特征（表 18-76）。

表 18-76　周黑鸭的品牌信息均值分析表

品牌	全国人口平均信息量（比特/人）	目标人群（人）	目标消费者平均信息量（比特/人）	信息均值比
周黑鸭	1.564 46	883 808 360	1.196 94	0.765 08

5. 品牌信息的稳定性分析　周黑鸭品牌稳定性指数为 14.28，属于稳定性相当好的品牌，品牌信息的有效间隔期长，品牌维护成本低，该品牌的指标结构反映出该企业的高水平品牌管理能力。综合分析，该品牌处于成熟期的鼎盛时期，没有衰退迹象，全国性大众化经营的大规模品牌，品质优良（表 18-77）。

表 18-77　周黑鸭的品牌稳定性分析表

品牌	$N(E)$ 函数值	品牌衰减系数	品牌信息的衰减速率	品牌稳定性指数
周黑鸭	5.412 56	0.192 52	$0.192\ 52^{t}$	14.28

二十、自然派

1. 品牌简介　自然派食品成立于 2005 年，致力于休闲食品与饮料的开发及经营，自主品牌自然派系列包装休闲零食及饮料，产品类型涉及 50 多个单品，100 多种口味，主营产品有肉干、肉条、果仁、糖果等，同时也将开发出更多更好的品牌。公司秉承“以自主品牌为核心、以品质求市场，以服务求发展”的经营宗旨，以市场需求为目标，追求完美，不断创新，将大力推广及开发自主品牌产品，来满足不同消费者的需求，公司凭借优质的产品、良好的售后服务赢得了合作伙伴的信赖。销售遍及广东地区的深圳、惠州、东莞、广州、佛山、珠海等地，其他城市有武汉、上海、厦门、成都等地。

2. 数据汇总　见表 18－78。

表 18－78　自然派品牌的基础数据和基础指标汇总表

地区	类别	人口数（万人）	知名度（%）	认知度（%）	美誉度（%）	忠诚度（%）	品牌信息量估值（万比特）
北京	城市总人口	1 961.240 0	23.53	10.29	31.05	8.12	746.663 42
	目标消费者	1 309.716 1	23.53	10.29	31.05	8.12	424.556 78
成都	城市总人口	1 404.760 0	33.33	11.71	13.13	7.39	609.375 67
	目标消费者	938.098 7	33.96	11.79	10.67	7.61	433.044 74
深圳	城市总人口	1 035.790 0	78.06	37.87	49.64	46.31	2 955.899 88
	目标消费者	691.700 6	77.92	37.79	49.64	46.47	1 286.471 14
西安、济南	城市总人口	1 528.180 0	21.21	7.07	29.09	7.61	466.268 23
	目标消费者	1 020.518 6	21.43	7.14	29.09	7.69	276.004 10
南昌	城市总人口	504.260 0	26.32	7.89	33.33	7.89	207.633 17
	目标消费者	336.771 5	26.32	7.89	33.33	7.89	114.304 62
太原	城市总人口	420.160 0	12.26	3.77	25.00	1.89	63.192 16
	目标消费者	280.582 8	11.76	3.43	25.00	1.96	37.150 17
阳泉	城市总人口	136.850 0	14.77	5.03	40.00	0.94	31.937 15
	目标消费者	91.388 4	14.77	5.03	40.00	0.94	15.989 82
嘉祥	城市总人口	87.230 0	0	0	0	0	0
	目标消费者	58.252 2	0	0	0	0	0
全国	总人口	132 344.720 0	21.63	7.82	31.05	6.87	54 201.315 43
	目标消费者	88 380.836 0	21.56	7.74	30.98	6.92	28 057.953 56

3. 品牌质量分析　自然派品牌信息质量比值为0.471 2，略高于品牌信息质量比值最优上限 0.4，总量为 5 亿以上，是一个质量优良的中等偏上规模的品牌，该品牌的各项基础指标中，美誉度处于较高水平，而知名度和认知度相对较低，这是该品牌质量比值高于上限的原因，是一种质余而量亏的品牌，尤其是认知度明显偏低，建议企业在经营中采取相应措施适度提高知名度，关注认知度的变化，将质量比降至 0.3～0.4 范围内，品牌的作用会更加明显。

在调研数据中，深圳地区的指标水平很高，单看深圳的指标，这是个成熟的优质品牌，具有高知名度、高美誉度和极高的忠诚度的品牌，在深圳已经形成了很高的自传播率和重复购买率，消费者偏好和消费习惯基本形成，处于鼎盛时期。但全国的指标远未达到与深圳相当的水平，不过全国指标并不低，该品牌应该是处于由区域品牌发展起来的全国性品牌，应该算是仍有一些区域特征的全国性品牌，应该是完成过渡失稳期（表 18－79）。

表 18－79　自然派的品牌质量比值分析表

品牌	品牌信息总量（比特）	信息基本量（比特）	品牌信息基本量的贡献率（%）	品牌信息质的贡献率（%）	品牌信息质量比值
自然派	542 013 154.3	368 415 381.8	67.97	32.03	0.471 2

4. 品牌信息平均值分析　自然派品牌信息均值比为0.775 17，小于品牌信息平均值比 1，属于没有专业专营特征的大众品牌。消费者对其产品所属行业的专业特征基本淡化，具有跨行业延伸的条件，但基本信息量不足，不足以支持其快速扩张（表 18－80）。

表 18－80　自然派的品牌信息均值分析表

品牌	全国人口平均信息量（比特/人）	目标人群（人）	目标消费者平均信息量（比特/人）	信息均值比
自然派	0.409 55	883 808 360	0.317 47	0.775 17

5. 品牌信息的稳定性分析　自然派品牌稳定性指数为 11.46，属于稳定性相当好的品牌，品牌信息的有效间隔期长，品牌维护成本低，该品牌的指标结构反映出企业具有高水平的品牌管理能力。综合分析，该品牌处于成熟期早期，仍有巨大的上升空间的品牌，是一个保留着原产地特点的全国性大众化经营的中等偏大规模的品牌，具有很好的成长性，质量上乘（表 18－81）。

表 18－81　自然派的品牌稳定性分析表

品牌	*N*（*E*）函数值	品牌衰减系数	品牌信息的衰减速率	品牌稳定性指数
自然派	6.456 74	0.156 56	0.156 56′	11.46

二十一、来伊份

1. 品牌简介　来伊份成立于 1999 年，公司主营业务为休闲食品经营，产品覆盖炒货、蜜饯、肉制品等九大系列，达到 700 多种。目前已拥有超过2 500家连锁直营专卖店，并获得上海市著名商标、上海名牌产品、2010 上海世博会特许产品零售商等多项荣誉。

2. 数据汇总　见表 18－82。

表 18-82　来伊份品牌的基础数据和基础指标汇总表

地区	类别	人口数（万人）	知名度（%）	认知度（%）	美誉度（%）	忠诚度（%）	品牌信息量估值（万比特）
北京	城市总人口	1 961.240 0	33.53	16.18	20.00	12.12	1 175.095 73
	目标消费者	1 309.716 1	33.53	16.18	20.00	12.12	791.220 95
成都	城市总人口	1 404.760 0	11.71	5.86	32.00	2.16	220.379 50
	目标消费者	938.098 7	12.26	6.13	32.00	2.26	149.944 48
深圳	城市总人口	1 035.790 0	12	5.48	62.11	1.89	184.059 97
	目标消费者	691.700 6	12.22	5.58	62.11	1.93	107.896 27
西安、济南	城市总人口	1 528.180 0	16.16	7.58	23.33	1.28	341.226 46
	目标消费者	1 020.518 6	16.33	7.65	23.33	1.29	229.820 88
南昌	城市总人口	504.260 0	28.95	13.16	10	0.35	230.245 01
	目标消费者	336.771 5	28.95	13.16	10	0.35	161.069 92
太原	城市总人口	420.160 0	0.94	0.47	50.00	0.94	4.494 26
	目标消费者	280.582 8	0.98	0.49	50.00	0.98	2.816 47
阳泉	城市总人口	136.850 0	28.86	14.43	15.56	6.26	66.050 15
	目标消费者	91.388 4	28.86	14.43	15.56	6.26	45.232 77
嘉祥	城市总人口	87.230 0	0	0	0	0	0.000 00
	目标消费者	58.252 2	0	0	0	0	0.000 00
全国	总人口	132 344.720 0	16.68	7.97	29.05	2.63	34 701.545 34
	目标消费者	88 380.836 0	16.76	8.01	29.05	2.65	23 616.091 59

3. 品牌质量分析　来伊份品牌的信息质量比值为 0.126，是一个质量较好的品牌，信息总量达到 3 亿比特以上，是个中等规模的品牌，该品牌在各地数据中差异悬殊，可能与该企业的经营模式有关。品牌基础指标偏低，但结构基本合理，比较突出的是拥有较高的美誉度，该品牌极有可能是依靠口碑传播和渠道营销获得了较高的自传播率。从全国的指标看是一个仍处于成长期的品牌（表 18-83）。

表 18-83　来伊份的品牌质量比值分析表

品牌	品牌信息总量（比特）	信息基本量（比特）	品牌信息基本量的贡献率（%）	品牌信息质的贡献率（%）	品牌信息质量比值
来伊份	347 015 453.4	308 005 763.4	88.76	11.24	0.126 6

4. 品牌信息平均值分析 该品牌的信息均值比为 1.019 08，属于大众化经营倾向的专营大类产品的品牌，全国人均指标与目标消费者指标没有显著差异，与该品牌所在行业的特点或该企业采用的大众化的品牌传播方式有关。该指标使得来伊份品牌具有进行延伸的基本条件，但总信息量太小，不足以支撑该品牌的跨行业延伸和扩张，应当谨慎选择（表 18－84）。

表 18－84 来伊份的品牌信息均值分析表

品牌	全国人口平均信息量（比特/人）	目标人群（人）	目标消费者平均信息量（比特/人）	信息均值比
来伊份	0.262 21	883 808 360	0.267 21	1.019 08

5. 品牌信息的稳定性分析 该品牌的稳定性指数为 10.63，是个具有强稳定结构的品牌类型，该品牌信息间隔期较长，品牌抗风险能力较强。综合分析，该品牌处于成长期中期，全国性专营大类商品的中等规模品牌（表 18－85）。

表 18－85 来伊份的品牌稳定性分析表

品牌	N（E）函数值	品牌衰减系数	品牌信息的衰减速率	品牌稳定性指数
来伊份	6.885 74	0.145 79	$0.145\ 79^t$	10.63

第十九章 >>>

休闲装类连锁经营品牌分析报告

第一节 休闲装行业品牌质量简述

根据Euromonitor的市场分析数据，2008年，美特斯邦威、森马、以纯、真维斯、班尼路和佐丹奴这六大品牌的市场占有率为5.23%，其中，美特斯邦威以1.27%的市场份额居首位，森马品牌以1.03%的市场份额紧随其后。

本报告的休闲装品牌有9个，基本能够代表该行业的情况，以下只对这9个品牌的整体情况作简要说明。

在所调研的9个品牌当中，美特斯邦威的信息量最大，价值最高，达到27亿比特以上的水平，TOUGH Jeansmith品牌最小，不足1亿比特。信息质量比值在0.1以上的有2个品牌，分别是美特斯邦威和以纯，这两个品牌的质量优良。从质量比、稳定性及信息均值比各项指标综合看，质量最好的是美特斯邦威品牌，森马、以纯和真维斯的各项指标结构也很好，稳定性很高，是健康发展，成长性很好的品牌。TOUGH Jeansmith品牌是一个成长初期的品牌，品牌的作用还没有完全形成（表19-1）。

表19-1 休闲装品牌分析数据汇总表

品 牌	品牌信息总量（比特）	品牌信息质量比值	信息均值比	品牌稳定性指数
Izzue	218 087 620.1	0.050 0	0.504 19	1.51
TOUGH Jeansmith	81 176 547.4	−0.047 8	0.849 30	1.06
潮流前线	1 632 950 920.5	0.034 7	1.252 13	6.8
卡宾	216 516 219.7	0.084 1	1.404 93	11.54
美特斯邦威	2 741 826 988.0	0.161 2	1.039 66	14.14
森马	1 867 327 475.0	0.088 0	1.033 47	10.58
唐狮	1 662 698 754.0	0.071 4	1.109 76	8.26
以纯	2 399 195 315.0	0.112 5	1.155 85	13.22
真维斯	2 593 769 011.0	0.070 8	0.929 07	12
均值	1 490 394 317	0.069 433 333	1.030 928 889	8.79

第二节　休闲装类连锁品牌质量个案分析

一、Izzue

1. 品牌简介　Izzue始于1999冬季，为IT旗下最受本地年青男女欢迎的创作品牌。Izzue服装主分为男女装系列，男装细分为basic和trend两大方向，basic系列以denim及简约的服饰为主，适合爱自我运用颜色配搭的年轻一族。而Trend方面则仍以简约为本，并混合了运动服和板仔服的设计概念，设计出一系列属于香港年轻人的潮流服饰。

2. 数据汇总　见表19－2。

表19－2　Izzue品牌的基础数据和基础指标汇总表

地区	类别	人口数（万人）	知名度（%）	认知度（%）	美誉度（%）	忠诚度（%）	品牌信息量估值（万比特）
北京	城市总人口	1 961.240 0	32.94	5.88	30.00	4.59	8 764 521.4
	目标消费者	322.820 1	33.33	11.11	50.00	0.08	1 754 511.4
成都	城市总人口	1 404.760 0	18.92	7.66	17.14	1.62	3 544 496.2
	目标消费者	231.223 5	25.53	10.64	14.00	2.98	858 501.5
深圳	城市总人口	1 035.790 0	19.10	8.26	25.76	1.80	2 838 829.1
	目标消费者	170.491 0	18.56	7.05	21.76	1.42	410 754.6
西安、济南	城市总人口	1 528.180 0	6.06	3.54	40	1.28	1 223 660.5
	目标消费者	251.538 4	0	0	0	0	0
南昌	城市总人口	504.260 0	10.53	3.95	0	0	557 150.9
	目标消费者	83.007 8	10	5	0	0	90 637.2
太原	城市总人口	420.160 0	5.66	1.89	0	0.13	229 637.3
	目标消费者	69.158 3	5.17	0.86	0	0.23	33 030.6
阳泉	城市总人口	136.850 0	4.70	2.01	10.00	0.09	66 390.7
	目标消费者	22.525 5	0	0	0	0	0
嘉祥	城市总人口	87.230 0	0	0	0	0	0
	目标消费者	14.358 1	0	0	0	0	0
全国	总人口	132 344.720 0	8.83	3.32	14.83	0.75	140 564 549.2
	目标消费者	21 784.193 9	6.49	2.29	4.32	0.23	18 099 362.0

3. 品牌质量分析　Izzue品牌的信息质量比值为0.044 5，信息质的贡献率不高，该品牌信息总量小，是一个质量一般的中等偏小规模品牌。从全国的基础指标看普遍偏低，指标结构松散，可以说该品牌的作用还没有完全形成，该品牌对消费者的影响力不大。各个地区的指标没有明显的区域品牌特征，属于全国性品牌，但一线城市（北京、成都、深圳）的指标相比其他城市的指标有一定优势，说明该品牌在全国范围的发展有次序，发展路径由主要城市到次要城市逐次进行（表19-3）。

表19-3　Izzue的品牌质量比值分析表

品牌	品牌信息总量（比特）	信息基本量（比特）	品牌信息基本量的贡献率（%）	品牌信息质的贡献率（%）	品牌信息质量比值
Izzue	140 564 549.2	134 577 835.3	95.74	4.26	0.044 5

4. 品牌信息平均值分析　Izzue品牌信息均值比为0.782 3，表示这一品牌没有专业专营的特征的大众品牌，消费者对其品牌的产品所属行业的专业性没有形成显著的认知（表19-4）。

表19-4　Izzue的品牌信息均值分析表

品牌	全国人口平均信息量（比特/人）	目标人群（人）	目标消费者平均信息量（比特/人）	信息均值比
Izzue	0.106 2	217 841 939	0.083 08	0.782 3

5. 品牌信息的稳定性分析　Izzue品牌的稳定性指标为1.51，属于稳定性很弱的品牌类型，品牌信息的有效间隔期短，品牌传播和维护的成本较高，抵抗风险的能力不强。综合分析，该品牌是处于成长期，全国性大众化经营的中等偏小规模品牌（表19-5）。

表19-5　Izzue的品牌稳定性分析表

品牌	$N(E)$ 函数值	品牌衰减系数	品牌信息的衰减速率	品牌稳定性指数
Izzue	46.270 06	0.021 61	0.021 61t	1.51

二、TOUGH Jeansmith

1. 品牌简介　1994年，创立于香港的TOUGH Jeansmith，一直以来所坚持精神就是要带给消费者简单又独特的生活品位；在TOUGH世界里或许看不到过度鲜艳色彩或繁复累赘的装饰，但从实用简单的单品中，不用刻意装扮就能混搭出散发浓厚自我风格的有型 look!

2. 数据汇总 见表 19－6。

表 19－6 TOUGH Jeansmith 品牌的基础数据和基础指标汇总表

地区	类别	人口数（万人）	知名度（%）	认知度（%）	美誉度（%）	忠诚度（%）	品牌信息量估值（万比特）
北京	城市总人口	1 961.240 0	10.00	1.47	43.33	3.02	2 429 891.0
	目标消费者	279.280 6	10.37	1.48	40.00	2.27	306 407.6
成都	城市总人口	1 404.760 0	9.91	4.95	0	0.12	1 517 242.0
	目标消费者	200.037 8	8.70	4.35	0	0.29	185 435.2
深圳	城市总人口	1 035.790 0	12	4.26	18.89	0.98	1 482 810.0
	目标消费者	147.496 5	12.50	5.07	16	1.40	223 015.4
西安、济南	城市总人口	1 528.180 0	8.08	2.53	0	0	1 224 420.0
	目标消费者	217.612 8	9.59	3.42	0	0	214 483.1
南昌	城市总人口	504.260 0	7.89	2.63	0	0	396 141.8
	目标消费者	71.812 3	0	0	0	0	0
太原	城市总人口	420.160 0	2.83	1.42	10	0.94	119 704.6
	目标消费者	59.830 8	3.45	1.72	0	0	19 789.7
阳泉	城市总人口	136.850 0	2.68	2.01	10.00	0.09	37 856.8
	目标消费者	19.487 4	1.67	0.83	0	0	3 002.5
嘉祥	城市总人口	87.230 0	0	0	0	0	0
	目标消费者	12.421 6	0	0	0	0	0
全国	总人口	132 344.720 0	5.85	2.22	8.03	0.49	81 176 547.4
	目标消费者	18 846.104 1	5.02	1.92	3.04	0.21	9 817 654.0

3. 品牌质量分析 TOUGH Jeansmith 品牌的信息质量比值为－0.047 8，略低于该行业平均水平，信息总量小，该品牌是质量不高的小规模品牌。从全国基础指标看，整体指标普遍较低，反映出该企业对其品牌没有做过有规模的运作和宣传，依营销过程中的消费者体验自然形成的消费者认知和自传播，对营销略有影响，但不大。整个品牌指标结构松散微弱，可以说该品牌的作用还没有完全形成。从各个地区的指标看，没有明显的区域品牌特征，是一个处于成长初期的全国性品牌（表 19－7）。

表 19-7　TOUGH Jeansmith 的品牌质量比值分析表

品牌	品牌信息总量（比特）	信息基本量（比特）	品牌信息基本量的贡献率（%）	品牌信息质的贡献率（%）	品牌信息质量比值
TOUGH Jeansmith	81 176 547.4	85 255 586.3	—	−5.02	−0.047 8

4. 品牌信息平均值分析　TOUGH Jeansmith 品牌的信息均值比为 0.849 3，该品牌基本没有专业专营的特征，接近大众品牌，消费者对其专业专营没有形成显著的认知（表 19-8）。

表 19-8　TOUGH Jeansmith 的品牌信息均值分析表

品牌	全国人口平均信息量（比特/人）	目标人群（人）	目标消费者平均信息量（比特/人）	信息均值比
TOUGH Jeansmith	0.061 34	188 461 041	0.052 09	0.849 3

5. 品牌信息的稳定性分析　TOUGH Jeansmith 品牌的稳定性指数为 1.06，属于很弱稳定性品牌，品牌信息的有效间隔期短，处于成长期的品牌，结构失衡不稳定属于正常现象，品牌如要形成一定的影响力需要付出很高的成本。综合分析，该品牌是处于成长期早期的全国性大众化经营的小规模品牌（表 19-9）。

表 19-9　TOUGH Jeansmith 的品牌稳定性分析表

品牌	N（E）函数值	品牌衰减系数	品牌信息的衰减速率	品牌稳定性指数
TOUGH Jeansmith	65.696 21	0.015 22	0.015 22t	1.06

三、潮流前线

1. 品牌简介　东莞市搜于特服装股份有限公司，是集研发、设计、销售和品牌建设与推广为一体的服装企业。目前，公司旗下拥有著名的青春休闲服饰品牌——潮流前线。

潮流前线品牌，以快速、平价、时尚的市场定位和大众时尚的经营理念，令消费者能将时尚触手可及。同时，潮流前线品牌在产品设计上，体现出休闲、时尚、时尚优雅三大主题风格。并因拥有最实惠的价格、优良的品质和周到的服务，而使得潮流前线品牌的知名度和美誉度在不断提升，深受广大消费者的青睐和喜爱。经过短短几年的健康快速发展，目前，潮流前线品牌庞大的市场销售网络已经遍布了全国各省、市、县、镇。

品牌理念：大众时尚。

品牌风格：青春休闲服饰。

2. 数据汇总 见表19－10。

表19－10 潮流前线品牌的基础数据和基础指标汇总表

地区	类别	人口数（万人）	知名度（%）	认知度（%）	美誉度（%）	忠诚度（%）	品牌信息量估值（万比特）
北京	城市总人口	1 961.240 0	40.00	17.06	24.50	6.67	14 430 046.9
	目标消费者	1 309.716 1	43.36	18.53	24.00	7.93	10 460 684.2
成都	城市总人口	1 404.760 0	43.24	21.17	10.00	2.52	11 295 803.6
	目标消费者	938.098 7	44.93	21.74	14.00	2.22	8 805 854.9
深圳	城市总人口	1 035.790 0	62.45	28	26.94	16.85	15 470 878.9
	目标消费者	691.700 6	67.84	30.19	27.07	19.61	11 170 173.9
西安、济南	城市总人口	1 528.180 0	71.72	33.33	25.95	24.24	28 837 483.3
	目标消费者	1 020.518 6	80.95	37.50	25.95	28.57	22 412 359.1
南昌	城市总人口	504.260 0	71.05	30.26	14	12.63	8 270 517.3
	目标消费者	336.771 5	70.59	32.35	17.14	15.69	6 047 952.8
太原	城市总人口	420.160 0	50	22.17	18.18	17.23	4 204 166.5
	目标消费者	280.582 8	65.96	31.91	17.60	31.06	4 531 368.8
阳泉	城市总人口	136.850 0	37.58	18.79	6.09	4.38	882 008.1
	目标消费者	91.388 4	40.00	19.41	8.00	5.41	715 624.3
嘉祥	城市总人口	87.230 0	24	12	33.33	8.53	353 798.7
	目标消费者	58.252 2	45.45	22.73	33.33	19.39	539 654.4
全国	总人口	132 344.720 0	55.42	25.21	17.85	14.58	1 632 950 920.5
	目标消费者	88 380.836 0	63.16	29.64	18.63	20.38	1 365 443 661.0

3. 品牌质量分析 潮流前线品牌的信息质量比值为0.034 7，品牌信息质的贡献率不高，信息量大，属于大规模品牌。从基础指标看，该品牌是个高知名度的品牌，品牌信息指标基本处于合理区间，品牌质量和发展状况基本正常，消费者对这个品牌认知程度较高，有一定的口碑传播率。从目标消费者的指标看，该品牌有相对较好的忠诚度，对消费者偏好有一定的影响力，有相当数量的消费者已经形成消费习惯。从各个地区的指标看，没有明显的区域品牌特征，属于全国性品牌（表19－11）。

表 19－11　潮流前线的品牌质量比值分析表

品牌	品牌信息总量（比特）	信息基本量（比特）	品牌信息基本量的贡献率（%）	品牌信息质的贡献率（%）	品牌信息质量比值
潮流前线	1 632 950 920.5	1 578 327 498.3	96.65	3.35	0.034 7

4. 品牌信息平均值分析　潮流前线品牌的信息均值比为1.252 1，属于专营某大类的品牌，消费者对其产品依然存有一定的行业认识，但很微弱，是一个很靠近大众化的品牌，具有较好的延伸基础（表 19－12）。

表 19－12　潮流前线的品牌信息均值分析表

品牌	全国人口平均信息量（比特/人）	目标人群（人）	目标消费者平均信息量（比特/人）	信息均值比
潮流前线	1.233 86	88 380.836 0	1.544 95	1.252 1

5. 品牌信息的稳定性分析　潮流前线品牌的稳定性指数为 6.8，属于具有一定的稳定性的品牌，但尚处于较弱范畴，应该是刚结束过渡期后的失稳恢复状态，品牌信息的最优间隔期不算长，该品牌具备较强的应对风险能力，综合分析，该品牌处在成熟早期，是一个全国性专营大类产品的大规模品牌（表 19－13）。

表 19－13　潮流前线的品牌稳定性分析表

品牌	N（E）函数值	品牌衰减系数	品牌信息的衰减速率	品牌稳定性指数
潮流前线	10.736 14	0.094 95	$0.094\ 95^t$	6.8

四、卡宾

1. 品牌简介　卡宾（CABBEEN）品牌 1997 年由卡宾先生在香港创立，目前已发展为中国规模最大、最具时尚号召力的设计师品牌之一。CABBEEN 是专为激情个性的生活态度所设计的男装。“颠覆流行”是 CABBEEN 的设计哲学。设计师将早年从事拳击、赛车等运动生涯的独特经历融入服装设计之中，逐步形成独树一帜的“CABBEEN 风格”。秉承不断创新的理念，突出男装个性需求，将突破与传统融合一起，非常规的设计思维，夸张的细节和精致的工艺结合，阳刚的气质和儒雅的风度并存，则是 CABBEEN 个性设计追求的精髓所在。

从 1997 年进入内地市场至今，CABBEEN 的专卖店已经遍及上海、北京、广州、成都等国内时尚城市，达到 300 余家；2002 年开始，CABBEEN 在东南亚地区开设多家专卖店；2006 年在纽约开设第一家专卖店。2007 年 2 月，CABBEEN 在国际四大时装周之一的纽约时装周举办专场发布会，成为第一个登上纽约国际时装舞台的中国设计师品牌。CABBEEN 展示给世界“中国设计”，而不再是“中国制造”，整个美国时尚界为之震撼，《纽约时报》等近百家媒体争相报道。CABBEEN 十年耕耘，以独特而前卫的风格和东方时尚魅力，得到了国内外时尚人士的广泛赞誉。

2. 数据汇总　见表 19－14。

表 19－14　卡宾品牌的基础数据和基础指标汇总表

地区	类别	人口数（万人）	知名度（%）	认知度（%）	美誉度（%）	忠诚度（%）	品牌信息量估值（万比特）
北京	城市总人口	1 961.240 0	11.76	5.88	7.50	1.33	2 723 863.0
	目标消费者	261.536 3	18.18	12.12	10.00	3.43	768 294.2
成都	城市总人口	1 404.760 0	18.92	9.01	15.00	2.28	3 657 854.0
	目标消费者	187.328 3	17.24	8.62	5.00	6.90	416 128.6
深圳	城市总人口	1 035.790 0	23.61	10.32	29.11	3.12	3 827 111.0
	目标消费者	138.125 2	30.93	15.46	30	5.09	731 560.3
西安、	城市总人口	1 528.180 0	6.06	3.03	30	0.27	1 127 445.9
济南	目标消费者	203.786 6	10	5	50	0.67	270 780.3
南昌	城市总人口	504.260 0	26.32	10.53	27.50	5.96	2 069 933.4
	目标消费者	67.261 7	33.33	11.11	33.33	11.85	346 502.2
太原	城市总人口	420.160 0	9.43	4.25	5.00	1.07	433 723.4
	目标消费者	56.029 4	6.67	3.33	10.00	3.33	48 438.4
阳泉	城市总人口	136.850 0	8.72	3.69	30.00	0.76	149 128.9
	目标消费者	18.249 3	18.75	3.13	50.00	6.25	42 304.6
嘉祥	城市总人口	87.230 0	4	2	0	53	33 848.7
	目标消费者	11.632 3	12.50	12.50	0	1.17	20 304.8
全国	总人口	132 344.720 0	12.14	5.33	20.67	2.43	216 516 219.7
	目标消费者	17 649.179 5	16.08	6.27	31.29	4.71	40 565 956.1

3. 品牌质量分析　卡宾品牌的信息质量比值为0.084 1，质量比处于较好水平，信息量处于中等偏下水平，从基础指标看，各项指标都偏低，但有较高的美誉度，说明该品牌有一定的口碑，该品牌的产品和服务得到了消费者的认可。由于基础量指标过低，该品牌的作用没有完全发挥出来，建议企业适当增加知名度的投入，关注认知度和消费者偏好的变化，保持品牌协调发展（表19－15）。

表 19－15　卡宾的品牌质量比值分析表

品牌	品牌信息总量（比特）	信息基本量（比特）	品牌信息基本量的贡献率（%）	品牌信息质的贡献率（%）	品牌信息质量比值
卡宾	216 516 219.7	199 712 963.6	92.24	7.76	0.084 1

4. 品牌信息平均值分析　卡宾品牌的信息均值比为1.404 9，属于有一定专营某大类产品的品牌，消费者对其产品依然存有一定的行业认识，但很微弱，是一个很靠近大众化的品牌（表19－16）。

表 19－16　卡宾的品牌信息均值分析表

品牌	全国人口平均信息量（比特/人）	目标人群（人）	目标消费者平均信息量（比特/人）	信息均值比
卡宾	0.163 60	176 491 795	0.229 85	1.404 9

5. 品牌信息的稳定性分析　卡宾品牌的稳定性指数为11.54，属于稳定性很强的品牌，品牌信息的有效间隔期很长，品牌维护费用低，具有很强的抗风险能力。综合分析，该品牌处于成长期中期，全国性大众化经营的中等偏小规模品牌（表19－17）。

表 19－17　卡宾的品牌稳定性分析表

品牌	N（E）函数值	品牌衰减系数	品牌信息的衰减速率	品牌稳定性指数
卡宾	6.391 87	0.157 61	$0.157\ 61^t$	11.54

五、美特斯邦威

1. 品牌简介　美特斯邦威集团公司于1995年创建于中国浙江省温州市，主要研发、生产、销售美特斯邦威品牌休闲系列服饰。品牌名称凝聚了集团创始人周成建先生永不忘却的民族品牌情节和对于服饰文化的情有独钟。在社会各界及广大消费者的关心与支持下，美特斯邦威集团迅速发展壮大。

2. 数据汇总 见表19-18。

表19-18 美特斯邦威品牌的基础数据和基础指标汇总表

地区	类别	人口数（万人）	知名度（%）	认知度（%）	美誉度（%）	忠诚度（%）	品牌信息量估值（万比特）
北京	城市总人口	1 961.240 0	81.18	37.35	35.11	43.10	47 550 949.3
	目标消费者	279.280 6	83.70	37.41	35.35	42.96	6 337 338.0
成都	城市总人口	1 404.760 0	76.58	38.29	28.45	42.88	31 326 131.9
	目标消费者	200.037 8	93.48	46.74	28.48	62.32	5 863 186.3
深圳	城市总人口	1 035.790 0	60.90	28.97	37.93	27.56	16 458 105.4
	目标消费者	147.496 5	69.59	33.78	39.45	33.58	2 622 628.3
西安、	城市总人口	1 528.180 0	78.79	38.89	41.28	40.47	38 325 328.8
济南	目标消费者	217.612 8	86.30	41.10	45.90	48.68	5 475 546.5
南昌	城市总人口	504.260 0	76.32	38.16	44.29	34.56	12 329 418.3
	目标消费者	71.812 3	61.54	30.77	62.50	10.53	1 115 852.2
太原	城市总人口	420.160 0	50.00	25.00	54.25	25.47	5 588 108.9
	目标消费者	59.830 8	75.86	37.93	20.00	44.14	1 151 399.7
阳泉	城市总人口	136.850 0	77.85	40.27	27.94	30.52	3 194 376.1
	目标消费者	19.487 4	85.00	45.83	26.67	40.56	509 682.9
嘉祥	城市总人口	87.230 0	64	32	50	29.07	1 662 555.3
	目标消费者	12.421 6	0	0	0	0	0
全国	总人口	132 344.720 0	69.25	34.51	41.94	32.94	2 741 826 988.0
	目标消费者	18 846.104 1	77.47	38.60	35.54	38.81	405 925 940.8

3. 品牌质量分析 美特斯邦威品牌的信息质量比值为0.161 2，信息总量达到27亿比特以上的大规模，是一个质量优良的大规模品牌。从全国指标来看，各项指标都很理想，指标结构比率非常合理，品牌质量和发展状况基本正常，消费者对这个品牌很熟悉，有很高的认知。知名度和认知度之间的比率关系合理，处于优良水平，说明该企业的品牌传播效率很高，效果很好。美誉度与忠诚度之间的比率关系也很理想，说明该品牌的产品与服务得到了消费者的认可，使得该品牌有了很好的口碑，消费者形成了一定的消费习惯，并形成了消费者的消费习惯，对消费者的消费偏好有较大的影响。从各个地区的指标看，没有明显的区域品牌特征，是一个全国性品牌（表19-19）。

表 19－19　美特斯邦威的品牌质量比值分析表

品牌	品牌信息总量（比特）	信息基本量（比特）	品牌信息基本量的贡献率（%）	品牌信息质的贡献率（%）	品牌信息质量比值
美特斯邦威	2 741 826 988.0	2 361 136 840.0	86.12	13.88	0.161 2

4. 品牌信息平均值分析　美特斯邦威品牌的信息均值比为1.039 7，属于专营某大类的品牌，消费者对其产品依然存有一定的行业认识，但很微弱，是个很靠近大众化的品牌，具有较好的跨行业延伸与扩展基础（表 19－20）。

表 19－20　美特斯邦威的品牌信息均值分析表

品牌	全国人口平均信息量（比特/人）	目标人群（人）	目标消费者平均信息量（比特/人）	信息均值比
美特斯邦威	2.071 73	188 461 041	2.153 90	1.039 7

5. 品牌信息的稳定性分析　美特斯邦威品牌的稳定性指数为 14.14，是本次调研休闲类品牌中稳定性最好的品牌，稳定性很高，品牌有效信息间隔时间很长，品牌衰减速度慢，品牌维护成本低，综合分析，该品牌处于成熟中期的鼎盛期，是一个全国性大众化经营的大规模品牌，成长空间大且品质优良（表 19－21）。

表 19－21　美特斯邦威的品牌稳定性分析表

品牌	*N*（*E*）函数值	品牌衰减系数	品牌信息的衰减速率	品牌稳定性指数
美特斯邦威	5.627 88	0.190 85	0.190 85	14.14

六、森马

1. 品牌简介　森马集团有限公司以“创大众服饰名牌”为发展宗旨，积极推行特许经营发展模式，休闲装和童装品牌连锁网点遍布全国 29 个省（自治区、直辖市），形成了完整的市场网络格局。集团公司现有休闲装 semir 及童装 balabala 两个知名服装品牌。森马集团有限公司于 1996 年 12 月 18 日创立于浙江省温州市，是一家以虚拟经营模式为特色，以系列休闲服饰为主导产业的无区域集团。其公司注册资本为人民币 2.38 亿元，总资产达 10 多亿元，是温州市大企业大集团之一。

2. 数据汇总　见表 19－22。

表 19-22　森马品牌的基础数据和基础指标汇总表

地区	类别	人口数（万人）	知名度（%）	认知度（%）	美誉度（%）	忠诚度（%）	品牌信息量估值（万比特）
北京	城市总人口	1 961.240 0	73.53	32.65	31.41	32.08	38 758 927.2
	目标消费者	510.903 0	76.51	33.56	30.88	35.17	9 881 718.5
成都	城市总人口	1 404.760 0	53.15	26.58	18.18	18.80	16 437 200.7
	目标消费者	365.940 0	55.84	27.92	17.86	22.86	4 639 914.1
深圳	城市总人口	1 035.790 0	40.77	18.32	37	8.32	8 661 135.1
	目标消费者	269.823 3	46.49	20.39	37.18	9.93	2 424 171.9
西安、济南	城市总人口	1 528.180 0	67.68	32.83	28.68	28.75	27 424 247.3
	目标消费者	398.090 9	70.24	31.55	29.43	30.32	6 847 129.8
南昌	城市总人口	504.260 0	60.53	34.21	33.33	15.79	8 538 633.8
	目标消费者	131.370 2	65	37.50	30	25	2 289 545.3
太原	城市总人口	420.160 0	41.51	19.81	18.06	19.43	3 300 910.8
	目标消费者	109.451 7	49.12	24.56	21.36	24.91	1 165 608.5
阳泉	城市总人口	136.850 0	63.09	32.21	32.26	23.36	2 313 871.4
	目标消费者	35.649 4	63.16	32.63	33.33	26.95	562 968.5
嘉祥	城市总人口	87.230 0	44	22	35.71	14.13	852 428.9
	目标消费者	22.723 4	45.45	22.73	10	21.82	193 396.4
全国	总人口	132 344.720 0	56.66	28.21	27.55	21.80	1 867 327 475.0
	目标消费者	88 380.836 0	60.59	29.99	27.95	26.20	502 726 505.6

3. 品牌质量分析　森马品牌的信息质量比值为 0.088 0，处于较高水平，信息总量到达 18 亿比特以上的大规模，是一个质量较好的大规模品牌。是个具有很高知名度的品牌，品牌各项指标间的比率关系合理，忠诚度也均处于较高水平，已然形成对消费者消费习惯的影响，具有高重复购买率和自传播率。从各城市指标看，没有明显的区域品牌特征，属于全国性发展健康的品牌（表 19-23）。

表 19-23　森马的品牌质量比值分析表

品牌	品牌信息总量（比特）	信息基本量（比特）	品牌信息基本量的贡献率（%）	品牌信息质的贡献率（%）	品牌信息质量比值
森马	1 867 327 475.0	1 716 181 710.0	91.91	8.09	0.088 0

4. 品牌信息平均值分析　森马品牌的信息均值比为1.033 5，属于专营某

大类的品牌，消费者对其产品依然存有一定的行业认识，但很微弱，是一个很靠近大众化的品牌，具有较好的跨行业延伸基础（表19-24）。

表19-24　森马的品牌信息均值分析表

品牌	全国人口平均信息量（比特/人）	目标人群（人）	目标消费者平均信息量（比特/人）	信息均值比
森马	1.410 96	883 808 360	1.458 18	1.033 5

5. 品牌信息的稳定性分析　森马品牌的稳定性指数为10.58，是一个稳定性很好的品牌，品牌信息的有效间隔期长，品牌维护成本较低。综合分析，该品牌处于成熟鼎盛期，全国性大众化经营的大规模品牌（表19-25）。

表19-25　森马的品牌稳定性分析表

品牌	N（E）函数值	品牌衰减系数	品牌信息的衰减速率	品牌稳定性指数
森马	7.156 40	0.145 05	0.145 05^{t}	10.58

七、唐狮

1. 品牌简介　唐狮是宁波博洋集团直属的服饰有限公司，旗下共六大品牌，分别是唐狮、艾夫斯、三十三层、德·玛纳、涉趣、华尔思丹。公司从创立时的单一生产销售衬衫一个系列，发展到有T恤类、毛衫类、夹克类、风衣类、羽绒服类、裤类、饰品类等几大系列，近千个品种。

公司从设计、采购、销售一条龙，发展到以经营为工作重心，把采购、生产采取社会分工协作的方式转移到既有生产技术优势，又有成本优势的珠江三角洲生产基地。即公司先注入tonlion品牌的设计理念，再通过公司科学、完善的管理把品牌逐步推广。

品牌风格：年轻、休闲、简约、时尚。

2. 数据汇总　见表19-26。

表19-26　唐狮品牌的基础数据和基础指标汇总表

地区	类别	人口数（万人）	知名度（%）	认知度（%）	美誉度（%）	忠诚度（%）	品牌信息量估值（万比特）
北京	城市总人口	1 961.240 0	65.88	29.71	26.50	11.69	31 875 219.6
	目标消费者	572.682 1	68.15	30.06	27.42	12.49	9 299 907.8

（续）

地区	类别	人口数（万人）	知名度（%）	认知度（%）	美誉度（%）	忠诚度（%）	品牌信息量估值（万比特）
成都	城市总人口	1 404.760 0	48.65	24.32	15.71	11.95	14 127 309.3
	目标消费者	410.189 9	59.05	29.55	15.71	15.08	5 691 724.8
深圳	城市总人口	1 035.790 0	24.39	11.16	20.41	3.86	3 844 850.7
	目标消费者	302.450 7	26.51	12.17	20.70	4.11	1 249 625.8
西安、	城市总人口	1 528.180 0	71.72	34.34	27.74	20.81	29 690 684.0
济南	目标消费者	446.228 6	76.40	36.52	27.74	23.15	9 096 506.0
南昌	城市总人口	504.260 0	63.16	31.58	31.43	11.58	8 393 090.2
	目标消费者	147.255 6	65.63	32.81	31.43	13.75	2 414 898.6
太原	城市总人口	420.160 0	46.23	22.64	18.00	19.31	3 924 280.5
	目标消费者	122.686 7	54.55	26.62	16.30	22.68	1 466 666.5
阳泉	城市总人口	136.850 0	40.94	20.47	17.78	5.10	1 075 298.8
	目标消费者	39.960 2	45.83	22.92	18.82	6.22	377 471.6
嘉祥	城市总人口	87.230 0	40	20	18.33	20.53	664 491.1
	目标消费者	25.471 2	50	25	12	34.44	261 923.2
全国	总人口	132 344.720 0	53.54	26.05	22.76	14.33	1 662 698 754.0
	目标消费者	38 645.114 3	58.90	28.60	22.48	16.67	538 801 910.8

3. 品牌质量分析 唐狮品牌的信息质量比值为 0.071 4，质量接近较好水平，信息总量达到 16 亿比特以上的大规模水平，是一个质量良好的大规模品牌。从基础指标看，品牌各项指标间的比率关系合理，只有忠诚度相对略显不足，表明该品牌具有良好的口碑效应，拥有一批忠实的消费者，但数量不多。从各城市指标看，没有明显的区域品牌特征，属于全国性品牌（表 19 - 27）。

表 19 - 27 唐狮的品牌质量比值分析表

品牌	品牌信息总量（比特）	信息基本量（比特）	品牌信息基本量的贡献率（%）	品牌信息质的贡献率（%）	品牌信息质量比值
唐狮	1 662 698 754.0	1 551 907 207.0	93.34	6.66	0.071 4

4. 品牌信息平均值分析 唐狮品牌的信息均值比为 1.109 8，属于专营某大类的品牌，消费者对其产品依然存有一定的行业认识，但很微弱，是一个很靠近大众化的品牌，具有较好的延伸基础（表 19 - 28）。

表 19-28　唐狮的品牌信息均值分析表

品牌	全国人口平均信息量（比特/人）	目标人群（人）	目标消费者平均信息量（比特/人）	信息均值比
唐狮	1.256 34	386 451 143	1.394 23	1.109 8

5. 品牌信息的稳定性分析　唐狮品牌的稳定性指数为 8.26，属于较好稳定性品牌，品牌信息的有效间隔期长，品牌维护成本较低，品牌管理水平较高。综合分析，该品牌处于成熟期，健康发展的全国性大规模品牌（表 19-29）。

表 19-29　唐狮的品牌稳定性分析表

品牌	$N(E)$ 函数值	品牌衰减系数	品牌信息的衰减速率	品牌稳定性指数
唐狮	8.898 73	0.114 52	0.114 52t	8.26

八、以纯

1. 品牌简介　以纯是东莞市以纯集团有限公司时尚品牌，是国内时尚休闲服饰领先品牌。受到现在中国多区域、多元素、多文化生活方式的影响，以“爱”的名义，把时尚、活力、自由的精神逐渐融入以纯的设计当中，逐渐演变成中国时尚都市风格的年轻化代表。依托高质量的产品、先进的 CAD 生产系统和日臻完善的营销体系，在全国拥有以纯专卖店千余家，销售点遍布全国 28 省（自治区、直辖市），且已成功拓展至东南亚、南亚、中东与部分欧洲市场。

2. 数据汇总　见表 19-30。

表 19-30　以纯品牌的基础数据和基础指标汇总表

地区	类别	人口数（万人）	知名度（%）	认知度（%）	美誉度（%）	忠诚度（%）	品牌信息量估值（万比特）
北京	城市总人口	1 961.240 0	74.12	38.24	22.96	28.51	40 888 309.1
	目标消费者	446.782 7	79.66	74.58	26.96	34.97	16 009 329.4
成都	城市总人口	1 404.760 0	63.96	31.98	28.04	35.02	23 361 374.5
	目标消费者	320.013 1	66.20	33.10	24.05	38.69	5 233 209.7
深圳	城市总人口	1 035.790 0	60.39	29.35	47.67	28.03	17 459 496.2
	目标消费者	235.959 4	64.44	86.85	49.69	30.10	7 590 690.1

（续）

地区	类别	人口数（万人）	知名度（%）	认知度（%）	美誉度（%）	忠诚度（%）	品牌信息量估值（万比特）
西安、济南	城市总人口	1 528.180 0	84.85	41.41	36.73	42.02	41 795 552.8
	目标消费者	348.129 0	89.29	43.45	37.76	46.98	9 308 762.6
南昌	城市总人口	504.260 0	71.05	32.89	27.86	27.72	9 462 359.8
	目标消费者	114.903 3	63.64	29.55	22.50	20.61	1 679 810.3
太原	城市总人口	420.160 0	43.40	23.11	8.68	22.01	3 515 105.2
	目标消费者	95.715 1	55.36	31.25	32.00	24.88	1 765 078.2
阳泉	城市总人口	136.850 0	67.79	33.89	39.57	37.58	2 681 589.0
	目标消费者	31.175 3	65.26	33.16	36.51	39.79	506 986.8
嘉祥	城市总人口	87.230 0	76	38	52.31	27.73	2 225 553.1
	目标消费者	19.871 5	54.55	27.27	70	29.70	253 322.8
全国	总人口	132 344.720 0	65.54	32.54	28.11	31.67	2 399 195 315.0
	目标消费者	30 150.119 3	68.55	39.63	33.79	33.58	631 754 115.8

3. 品牌质量分析 以纯品牌的信息质量比值为0.112 5，处于较好水平，信息总量达到23亿比特以上的大规模水平，是一个质量优良的大规模品牌。从全国指标来看，各项指标都很理想，指标结构比率非常合理，品牌质量和发展状况正常，消费者对这个品牌有很高的认知。知名度和认知度之间的比率关系合理，处于优良水平，说明该企业的品牌传播效率很高，效果很好。美誉度与忠诚度之间的比率关系也很理想，说明该品牌的产品与服务得到了消费者的认可，使得该品牌有了很好的口碑，消费者形成了一定的消费习惯，可以说该品牌对消费者的消费偏好有较大的影响，消费者的重复购买率很高，从各个地区的指标看，没有明显的区域品牌特征，是一个全国性品牌（表19－31）。

表19－31 以纯的品牌质量比值分析表

品牌	品牌信息总量（比特）	信息基本量（比特）	品牌信息基本量的贡献率（%）	品牌信息质的贡献率（%）	品牌信息质量比值
以纯	2 399 195 315.0	2 156 589 155.6	89.89	10.11	0.112 5

4. 品牌信息平均值分析 以纯品牌的信息均值比为1.155 9，属于专营某大类的品牌，消费者对其产品依然存有一定的行业认识，但很微弱，是一个很靠近大众化的品牌，具有进行跨行业延伸基础和扩张的条件（表19－32）。

表 19－32　以纯的品牌信息均值分析表

品牌	全国人口平均信息量（比特/人）	目标人群（人）	目标消费者平均信息量（比特/人）	信息均值比
以纯	1.812 84	30 150.119 3	2.095 36	1.155 9

5. 品牌信息的稳定性分析　以纯品牌的稳定性指数为 13.22，稳定性很高，品牌有效信息间隔时间很长，品牌衰减速度慢，品牌维护成本低。综合分析，该品牌的指标状况能够说明该企业对品牌的管理水平很高，这是一个处于成熟中期的鼎盛时期的品牌，是一个全国性大众化经营的大规模品牌（表19－33）。

表 19－33　以纯的品牌稳定性分析表

品牌	N（E）函数值	品牌衰减系数	品牌信息的衰减速率	品牌稳定性指数
以纯	5.919 20	0.179 10	$0.179\ 10^{t}$	13.22

九、真维斯

1. 品牌简介　真维斯服饰有限公司是亚洲最大成衣制造及出口贸易商之一的香港旭日集团附属公司，于 1993 年 5 月在上海开设第一间真维斯专卖店，其后的多年不断扩充，如今已在国内开设了2 000多间专卖店，拥有现时中国最大的休闲服饰零售网络。

2. 数据汇总　见表 19－34。

表 19－34　真维斯品牌的基础数据和基础指标汇总表

地区	类别	人口数（万人）	知名度（%）	认知度（%）	美誉度（%）	忠诚度（%）	品牌信息量估值（万比特）
北京	城市总人口	1 961.240 0	88.24	39.41	27.71	44.24	51 099 051.0
	目标消费者	279.280 6	87.41	38.89	32.00	39.65	6 902 685.1
成都	城市总人口	1 404.760 0	76.58	38.29	21.35	35.14	29 984 852.0
	目标消费者	200.037 8	86.96	43.48	21.20	44.93	5 190 226.3
深圳	城市总人口	1 035.790 0	62.58	29.16	41.43	27.60	17 345 468.9
	目标消费者	147.496 5	62.63	28.79	41.55	26.82	2 139 375.7
西安、	城市总人口	1 528.180 0	73.74	33.84	30.77	27.14	30 825 820.1
济南	目标消费者	217.612 8	73.97	34.93	28.62	26.67	4 143 850.5

（续）

地区	类别	人口数（万人）	知名度（%）	认知度（%）	美誉度（%）	忠诚度（%）	品牌信息量估值（万比特）
南昌	城市总人口	504.260 0	78.95	39.47	34.29	30	12 253 525.8
	目标消费者	71.812 3	69.23	34.62	42.50	24.10	1 320 087.9
太原	城市总人口	420.160 0	68.87	33.96	21.82	40.44	7 506 872.8
	目标消费者	59.830 8	72.41	36.21	25.79	53.56	1 174 743.4
阳泉	城市总人口	136.850 0	62.42	30.87	30.83	14.77	2 213 005.7
	目标消费者	19.487 4	60.00	30.00	33.18	15.00	279 657.0
嘉祥	城市总人口	87.230 0	72	36	51.88	39.73	2 032 616.6
	目标消费者	12.421 6	0	0	0	0	0
全国	总人口	132 344.720 0	71.25	34.35	29.29	30.20	2 593 769 011.0
	目标消费者	18 846.104 1	69.63	33.94	31.06	32.29	343 158 914.1

3. 品牌质量分析　真维斯品牌的信息质量比值为0.070 8，接近较好水平，品牌质的贡献率不算高，信息量很大，达到25亿比特以上的量，是一个质量良好的大规模品牌。该品牌具有很高的知名度，品牌各项指标间的比率关系合理，忠诚度也均处于较高水平，已然形成对消费者消费习惯的影响，具有高重复购买率和自传播率。0.070 8的质量比在这样高的基础指标下显低，这是一种衰退迹象。有可能是在高美誉和高忠诚下的消费者偏好发生了变化的缘故。建议企业适时发展新产品战略，适应消费者偏好的变化（表19－35）。

表19－35　真维斯的品牌质量比值分析表

品牌	品牌信息总量（比特）	信息基本量（比特）	品牌信息基本量的贡献率（%）	品牌信息质的贡献率（%）	品牌信息质量比值
真维斯	2 593 769 011.0	2 422 446 162.0	93.39	5.61	0.070 8

4. 品牌信息平均值分析　真维斯品牌的信息均值比为0.929 1，品牌信息均值比略小于1，属于大众品牌范畴。各类型城市的指标接近，没有明显的差异，是全国性品牌（表19－36）。

表19－36　真维斯的品牌信息均值分析表

品牌	全国人口平均信息量（比特/人）	目标人群（人）	目标消费者平均信息量（比特/人）	信息均值比
真维斯	1.959 86	188 461 041	1.820 85	0.929 1

5. 品牌信息的稳定性分析　真维斯品牌的稳定性指数为 12，具有很强的稳定性，品牌信息的有效间隔期很长，维护费用很低，抗风险能力很强。综合分析，该品牌处于成熟期中后期，质量良好，全国性大众化经营的大规模品牌（表 19－37）。

表 19－37　真维斯的品牌稳定性分析表

品牌	N（E）函数值	品牌衰减系数	品牌信息的衰减速率	品牌稳定性指数
真维斯	6.438 75	0.163 51	$0.163\ 51^t$	12

后　记 >>>

本报告除了对连锁经营企业的品牌状况进行了全面分析之外，得出了一些国内消费者对品牌偏好上的数据，如下做一简单整理。

一、性别上的差异

1. 在知名度调研中，女性对品牌的知晓程度远高于男性，这可能与女性比男性购物的频率高有关。

2. 在认知度调研上，男性消费者对品牌的认知度整体上要明显高于女性，对发展时间较短的品牌，女性更容易接受，而男性认知的品牌在发展年限上要远高于女性。

3. 在美誉度调研上，女性对品牌的自传播量要明显高于男性，这与女性更愿意在一起对购物经验进行交流有关。女性较男性而言，更容易成为口碑传播者。

4. 在忠诚度调研上，男性对品牌的忠诚度明显高于女性，重复购买率达到较高水平，尤其是对中高档品牌，男性消费者的购买时间也远低于女性消费者。

二、年龄段的差异

1. 26 岁以下的消费者与 37 岁以上的消费者对品牌的认知程度明显不同。认知品牌的行业区别也非常明显。品牌中定位于中年女性和青年女性的品牌，消费者的认知也明显不同。中年女性在选择品牌上明显比青年女性稳定，忠诚度要明显高于青年女性。

2. 在 26～37 岁的女性消费者偏好非常分散，没有明显集中的消费习惯。男性消费略集中一点。

三、行业间的差异

品牌认知度高的品牌基本属于大众化品牌；有些行业的品牌整体处于弱忠诚度，如珠宝类，这类行业重复购买率很低；有些行业全部处于老化迹象明显的阶段，行业间差别明显。

本次调研基本做到了真实可靠的数据来源，详尽仔细的分析过程，未对任何一个数据做过调整和修改。其中分析属于横截面数据分析，没有连续调查没有时间序列的数据。由于样本量有限，时间紧，工作量大等原因，有分析不到位的情况，敬请谅解，本次调研数据仅为各个品牌的质量现状分析，目的是对国内连锁经营企业的品牌进行总体分析，如企业使用本报告的数据作为决策参考，请联系本报告版权所有者单位，并谨慎使用。

编　者

2015年1月

图书在版编目（CIP）数据

中国连锁品牌发展质量报告．2014／周云，花涛，莫月主编．—北京：中国农业出版社，2015.5

ISBN 978-7-109-20480-5

Ⅰ.①中…　Ⅱ.①周…　②花…　③莫…　Ⅲ.①连锁经营—商业品牌—研究报告—中国—2014　Ⅳ.①F717.6

中国版本图书馆 CIP 数据核字（2015）第 096674 号

中国农业出版社出版
（北京市朝阳区麦子店街 18 号楼）
（邮政编码 100125）
责任编辑　李文宾　廖　宁

北京中科印刷有限公司印刷　　新华书店北京发行所发行
2015 年 7 月第 1 版　　2015 年 7 月北京第 1 次印刷

开本：720mm×960mm　1/16　　印张：26.5
字数：478 千字
定价：80.00 元